U0557313

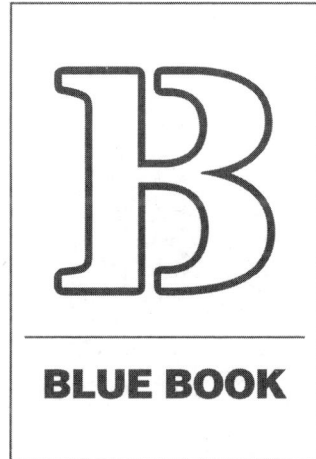

BLUE BOOK

智 库 成 果 出 版 与 传 播 平 台

自动驾驶蓝皮书
BLUE BOOK OF AUTONOMOUS DRIVING

中国自动驾驶产业发展报告 (2021)

ANNUAL REPORT ON THE DEVELOPMENT OF AUTONOMOUS DRIVING
INDUSTRY IN CHINA (2021)

中国智能交通协会　　 / 研创
中国汽车技术研究中心有限公司

社会科学文献出版社
SOCIAL SCIENCES ACADEMIC PRESS (CHINA)

图书在版编目（CIP）数据

中国自动驾驶产业发展报告.2021/中国智能交通
协会，中国汽车技术研究中心有限公司研创.－－北京：
社会科学文献出版社，2021.11
 （自动驾驶蓝皮书）
 ISBN 978－7－5201－9191－3

 Ⅰ.①中… Ⅱ.①中… ②中… Ⅲ.①汽车驾驶－自
动驾驶系统－汽车工业－产业发展－研究报告－中国－
2021 Ⅳ.①F426.471

 中国版本图书馆 CIP 数据核字（2021）第 210748 号

自动驾驶蓝皮书

中国自动驾驶产业发展报告（2021）

研　　创／ 中国智能交通协会
　　　　　中国汽车技术研究中心有限公司

出 版 人／王利民
组稿编辑／任文武
责任编辑／张丽丽
文稿编辑／孙玉铖
责任印制／王京美

出　　版／社会科学文献出版社·城市和绿色发展分社（010）59367143
　　　　　地址：北京市北三环中路甲 29 号院华龙大厦　邮编：100029
　　　　　网址：www.ssap.com.cn
发　　行／市场营销中心（010）59367081　59367083
印　　装／三河市东方印刷有限公司

规　　格／开 本：787mm×1092mm　1/16
　　　　　印 张：23.25　字 数：348 千字
版　　次／2021 年 11 月第 1 版　2021 年 11 月第 1 次印刷
书　　号／ISBN 978－7－5201－9191－3
定　　价／128.00 元

自动驾驶蓝皮书编委会

陈　炯　　陈　超　　陈　蒛　　陈书锋　　郁淑聪
周　彬　　周博林　　郑　彤　　赵　帅　　赵　津
赵启东　　赵鹏超　　郝　斌　　胡晓雅　　贺　宜
耿兆龙　　夏宁馨　　顾佳巍　　高　林　　郭宇晴
郭丽君　　唐嵩涛　　黄晓延　　崔昀宽　　葛　扬
葛经纬　　裴华鑫　　廖亚萍　　翟　洋　　黎宇科
潘　霞

研创单位简介

中国智能交通协会　2008 年，由科技部牵头，公安部、交通运输部、住房和城乡建设部、中国国家铁路集团有限公司、中国民航局等交通行业主管部门共同发起成立，是经民政部注册、登记的具有法人资格的全国性、行业性非营利社会组织，是代表中国智能交通行业面向世界的唯一的国家级社会组织。自成立以来，一直在政府的领导下，面向企业，建立政府与企业沟通的桥梁，促进企业间的横向联系与合作；推动行业技术进步和产业资源整合，促成产、学、研合作，推进国际交流与合作；加快交通领域的信息化、智能化进程，依法维护行业和会员的合法权益，促进中国智能交通产业的健康可持续发展。

中国汽车技术研究中心有限公司　简称"中汽中心"，成立于 1985 年，总部位于天津，是隶属于国务院国资委的中央企业，是在国内外汽车行业具有广泛影响力的综合性科技企业集团。自成立以来，中汽中心始终以推动中国汽车产业健康持续发展为使命，坚持独立、公正、第三方的行业定位，艰苦奋斗、干事创业，为推动我国汽车产业发展和实现国有资产保值增值做出了贡献。目前中汽中心共有职能部门 9 个、直属机构 5 个、全资子公司 35 家、控股公司 10 家，总资产 143 亿元，净资产 107 亿元，占地总面积 8085 亩，员工总数 4953 人。形成了以行业智库服务、汽车产品检测认证、共性及前瞻性技术研发为核心的覆盖汽车全产业链和全生命周期的技术服务能力，业务涵盖行业服务、标准业务、政策研究、检测试验、工程技术研发、认证业务、大数据、工程设计与总包、咨询业务、新能源、产业化和战略新兴业务等 12 大领域。

主要编撰者简介

杨　颖　中国智能交通协会秘书长，高级工程师。主要研究领域为智能交通。曾参与国家科技攻关计划、国家高技术研究发展计划（简称863计划）、国家科技支撑计划项目并主持参与了多个课题，如"汽车行业电子商务标准体系""交通安全信息集成、分析及平台构建技术开发与示范应用""动静态一体化城市交通智能联网联控技术集成及示范""新技术背景下的智能交通系统发展趋势与战略研究"等。多年来一直从事智能交通行业图书编写工作，自2011年起每年组织出版《中国智能交通行业发展年鉴》、《中国智能交通年会优秀论文集》以及《智能交通产品与技术应用汇编》。

杜志彬　高级工程师、ISO/TC22国际注册专家、天津市通信学会理事。现任中汽数据有限公司副总经理，长期从事智能网联及自动驾驶领域战略发展规划制定及关键技术研发工作，深入参与了联合国世界车辆法规协调论坛（UN/WP29）、国际标准化组织（ISO SC32/SC33）相关工作，参与了联合国GRVA自动驾驶工作组、TFCS/OTA信息安全与软件安全工作组等的法规制定。曾获省部级二等奖2项，2项科技成果被天津市鉴定为国际领先水平和国际先进水平，牵头或重点参与科技部、工信部重点研发课题10余项。

序　一

自动驾驶是汽车产业与大数据、物联网、高性能计算、人工智能等新一代信息技术以及交通出行、城市管理等多领域深度融合的产物，对降低交通事故率，减少交通拥堵，构建安全、高效的出行结构具有重大意义，对城市交通规划具有深远影响，对交通运输新趋势也具有一定的引领作用。

2020年是我国自动驾驶产业从技术探索到实现产业落地的关键一年，工信部公示了《汽车驾驶自动化分级》推荐性国家标准，标准体系继续完善，关键技术取得突破，产品品质全面提升，测试验证方法逐步丰富，新发展格局加快构建，实现了"十三五"圆满收官。展望"十四五"，跨界融合、生态重塑将成为产业发展新特征，以场景为先导自动驾驶将分批实现商业化落地，L3自动驾驶技术量产将被重点布局，V2X将成为高级无人驾驶发展的驱动力，政企合作也将推动自动驾驶落地。2021年伊始，中共中央、国务院印发了《国家综合立体交通网规划纲要》，旨在加快提升交通运输科技创新能力，推进交通基础设施数字化、网联化，推进自动驾驶汽车应用，有力支撑交通强国建设。

自动驾驶技术的快速发展将促进科技进步、经济发展，带动企业转型升级，并推动智能交通产业的变革和进步。自动驾驶蓝皮书旨在为行业内提供一本全面概述自动驾驶发展状况的年度报告，从内容上涵盖总报告、产业篇、应用篇、技术篇、案例篇、借鉴篇及附录几大板块，梳理了自动驾驶汽车相关政策法规和标准化工作的最新进展，深入分析了我国自动驾驶产业发展现状、关键技术进展，密切跟踪市场应用现状、企业发展动态以及自动驾

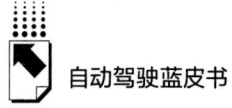

驶测试示范区运营状况，明确我国自动驾驶发展存在的短板，并展望自动驾驶未来发展趋势，以期为我国自动驾驶产业发展提供参考与借鉴。

中国智能交通协会是我国智能交通领域唯一的全国性、行业性的国家级社会组织，在国家各有关部门的指导和支持下，始终为加快交通领域的信息化、智能化进程不懈努力，在智能交通领域的平台建设、科技进步、产业发展等方面发挥着积极的推动和引领作用。

此次，中国智能交通协会联合中国汽车技术研究中心有限公司组织行业内资深专家、学者研创自动驾驶蓝皮书，旨在促进自动驾驶产业的快速、健康发展，推动我国自动驾驶产业转型升级，对我国自动驾驶汽车产业发展具有重大意义。感谢自动驾驶相关领域专家为本书策划和编写提出了许多宝贵的意见和建议，感谢社会科学文献出版社为本书的出版提供了大量帮助，感谢本书每篇报告作者的辛勤工作。由于时间仓促，书中难免会有疏漏和不足，请各位专家、读者指正。

中国智能交通协会期待与各界同仁一起，共同促进自动驾驶产业创新发展和技术进步，合力推动我国自动驾驶产业的转型升级，为自动驾驶汽车的进一步落地贡献力量！

2021 年 9 月

序 二

随着自动驾驶技术的发展，新一轮科技革命和产业变革正在重构全球汽车产业版图。在未来汽车产业发展趋向智能化、网联化、电动化和共享化的形势下，自动驾驶汽车将成为汽车产业发展的重要方向和战略制高点，将成为全球汽车产业协同发展的重要载体。

自动驾驶汽车产业的发展离不开国家层面的支撑与引导，《中国制造2025》《汽车产业中长期发展规划》《智能汽车创新发展战略》等系列文件为中国自动驾驶汽车的发展指明了方向，同时"十四五"规划更是明确了注重关键技术自主研发能力建设和推动自动驾驶与车路协同服务升级的自动驾驶汽车发展战略思想。中国汽车技术研究中心有限公司（简称"中汽中心"）作为第三方综合性技术服务机构和行业高端智库，高度重视自动驾驶汽车的发展。近年来，中汽中心在各有关部门的指导和支持下认真贯彻国家发展规划，积极开展自动驾驶领域的关键技术理论研究和测试验证工作，并配合国家相关部委在自动驾驶汽车的政策、标准、法规制定等方面开展了大量的工作，勇担央企责任，积极寻求与交通、通信等领域的相关部门、企业和科研机构开展交流合作，促进自动驾驶产业跨行业融合发展，为自动驾驶汽车的进一步落地贡献力量。

目前，自动驾驶技术仍处于持续、快速创新发展的阶段。近年来自动驾驶相关产品开发投入力度持续加大，自动驾驶汽车的模拟仿真测试验证、封闭场地测试验证、开放道路测试验证技术水平快速提升，正在逐步形成以仿真测试、封闭测试场与开放道路测试、先导区及示范区为代表的多层级、渐

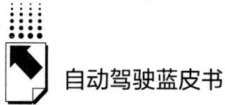
进式自动驾驶汽车测试验证与示范应用体系。但与此同时，高级别自动驾驶汽车进入产业化阶段之前也面临着网络安全、数据安全和预期功能安全等方面的挑战和问题。工信部印发的《关于加强智能网联汽车生产企业及产品准入管理的意见》明确了自动驾驶汽车的管理方向和原则要求，为后续有序推进准入管理工作提供了遵循路径，意义重大。面对快速发展的新技术和发展过程中不断遇到的新问题，全行业应当积极应对，持续完善管理制度和提升技术水平，为自动驾驶汽车产业健康发展保驾护航，推动自动驾驶汽车产业走上科学、规范发展的快车道。

自动驾驶蓝皮书由中国智能交通协会联合中汽中心共同研创，旨在为行业内提供一本能够全面记述自动驾驶发展状况的年度报告。本书着眼于我国自动驾驶产业发展现状和所面临的挑战，梳理国家层面发布的自动驾驶相关政策法规、介绍国内外自动驾驶标准化建设工作的最新进展，分析整理自动驾驶关键技术、产业应用场景以及企业的发展动态，对国内自动驾驶示范区建设运营情况进行跟踪，并重点介绍美国、欧洲等国家及地区自动驾驶立法、路线规划和产业发展的情况，通过对比分析，提出我国在自动驾驶方面存在的问题，研判自动驾驶未来的发展趋势。本书是行业内专家共同的智慧结晶，感谢自动驾驶相关领域的专家对本书的支持工作。同时由于时间紧迫，书中难免还有疏漏和不足，敬请各位专家读者批评指正。

不忘初心，牢记使命，中汽中心愿团结和携手广大的科技工作者，共同攻克自动驾驶汽车产业化链条中的共性关键技术和难题，为科技进步、产业升级贡献力量，推动实现由大到强的中国汽车梦。

2021 年 9 月

序 三

当前中国数字经济发展迅速，5G、人工智能、大数据、云计算、区块链等新技术融合创新正在催生新应用、新业态、新模式。自动驾驶及 C－V2X 车联网不仅是中国战略性新兴产业的重要发展方向，也成为全球创新热点和未来汽车产业发展的战略制高点，为汽车产业和交通行业的创新转型提供了变革性新机遇，进而为我国实现"碳达峰"与"碳中和"战略目标提供了支撑。

为迎接新一轮全球科技革命带来的挑战，紧抓新机遇，加快我国汽车产业转型升级与应用部署，2020 年初国家发改委等 11 部委共同发布了《智能汽车创新发展战略》，2021 年初中共中央、国务院印发了《国家综合立体交通网规划纲要》，以推动汽车、交通、信息通信等领域的交叉融合与协同创新。各级政府、科研机构及企业开展了一系列的政策创新、技术创新、产业创新、应用创新等先导性工作，相关标准体系逐步完善，有效推动了自动驾驶产业的快速发展。

目前，基于 C－V2X 的车车协同与车路协同的融合成为自动驾驶发展的重要趋势，可以解决单纯依赖单车智能存在的危险工况感知能力不足、成本较高、计算能力受限等问题。在环境感知、智能决策、控制执行等车辆关键技术不断进步的同时，C－V2X 车联网通信、大数据与云平台、端边云协同等信息交互技术水平也逐步提升，高精度定位导航、信息安全防护、测试评价等基础支撑技术成为近来的研究热点。各企业纷纷探索以网联协同赋能自动驾驶发展，推动网联协同感知、协同决策与控制功能的应用，以及"车、路、云、网"的一体化互联互通，使自动驾驶技术及其应用发展路径逐步

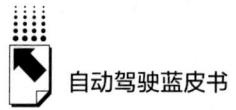

形成"中国方案"。

随着整车和道路智能化水平的提升，自动驾驶汽车将呈现出跨领域合作趋势明显、商用步伐加速的特征。自动驾驶依托技术快速演进及产业体系加速完善"双引擎"驱动，将进入商业应用的新阶段。自动驾驶技术在自动泊车、无人矿区、智慧港口、干线物流及无人配送等封闭区域或指定道路等场景中的应用将逐步实现商业化落地。政策法规的完善和长期的测试积累，将推动未来实现全场景、开放道路的无人驾驶。

《自动驾驶蓝皮书：中国自动驾驶产业发展报告（2021）》研创团队长期致力于推动自动驾驶技术的研究与产业实践及自动驾驶技术标准制定推广工作，承担了多项国家专项科研项目，深入开展自动驾驶产业政策研究及辅助驾驶、自动驾驶、车路协同等关键技术攻关，着力推进我国汽车产业高质量发展。

本书深入分析了我国自动驾驶产业发展现状，梳理了国家层面发布的自动驾驶汽车相关政策法规，介绍了自动驾驶汽车标准化工作的新进展，分析了自动驾驶关键技术研究现状及发展趋势，总结了目前自动驾驶商业化进展以及企业的发展动态，对国内智能网联自动驾驶测试示范区运营情况进行跟踪，无论是对于从事自动驾驶研究的专业人员而言，还是对车联网、智慧交通、智慧城市等相关领域的工程人员、研究学者而言，都具有重要的参考价值。我相信，该书的出版必将加速自动驾驶技术发展与应用落地，推动中国汽车产业变革与模式创新、交通管理模式变革、物流与出行服务创新，为实现中国自动驾驶汽车产业发展提供巨大助力。

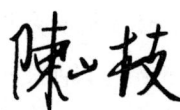

中国信息通信科技集团有限公司副总经理、 专家委主任

无线移动通信国家重点实验室主任， IEEE Fellow

2021 年 9 月

摘　要

随着自动驾驶技术的发展，新一轮科技革命和产业变革正在重构全球汽车产业的版图。在新冠肺炎疫情的冲击下，2020 年自动驾驶产业仍然取得了一系列的突破和进展。在宏观法规标准层面，联合国欧洲经济委员会（UNECE）世界车辆法规协调论坛通过了 L3 车辆自动化的第一份具有约束力的国际法规"Proposal for a New UN Regulation on Uniform Provisions Concerning the Approval of Vehicles with Regards to Automated Lane Keeping System"，中国在 2020 年 3 月也对《汽车驾驶自动化分级》推荐性国家标准进行了公示，根据中国实际情况定义了自动驾驶分级标准。在产业层面，自动驾驶芯片、智能座舱、车载传感器、网联通信、高精地图和道路基础设施等产业相关部件、技术等不断发展。在应用层面，无人驾驶开始在自动泊车、矿区、港口和末端配送等多个应用场景进行商业化探索。在技术层面，基于场景的仿真测试和场景库构建技术，以其风险小、场景覆盖率高、成本低等优势越来越得到业界专家的重视，我国正逐步形成"仿真测试、封闭测试场与开放道路测试"的综合测试验证体系，同时功能安全与预期功能安全、人机共驾与人机交互、网络安全和车路协同技术研究也在持续开展。

自动驾驶蓝皮书是全面系统记述我国乃至国际自动驾驶产业发展状况的综合性年度研究报告，2020 年首次出版，本书为第二部。本书由总报告、产业篇、应用篇、技术篇、案例篇、借鉴篇及附录组成，旨在向行业和社会公众展示中国自动驾驶产业发展现状，普及行业知识。同时，本书各报告从科学的角度对中国自动驾驶产业全貌进行了系统的分析梳理，汇集了中国自

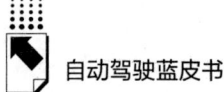

自动驾驶蓝皮书

动驾驶产业领域诸多专家的精彩观点。与上一部相比，本书增加了对国际标准 ISO/TC22 道路车辆技术委员会智能网联汽车相关标准和中国智能网联汽车标准体系的介绍，并对自动驾驶在自动泊车、矿山、港口、无人配送等特定场景下的商业化应用进行了分析和研究；在技术篇重点对自动驾驶的仿真测试、场景库构建、功能安全与预期功能安全、人机共驾和人机交互、网络安全等关键技术进行了梳理。

目前，自动驾驶产业发展仍面临部分法律法规和标准不适用、相关技术不成熟、自动驾驶安全性面临挑战、基础设施建设尚不足以匹配自动驾驶、社会公众对自动驾驶认可度尚有待提升、自动驾驶落地缺少保险保障等诸多问题。随着市场的发展和技术的提升，未来自动驾驶将逐渐呈现根据无人驾驶应用的具体场景分批实现商业化、产业链趋于精细化发展、L3 自动驾驶量产技术更受关注、政企共同推动自动驾驶落地、车路协同技术驱动高级别自动驾驶发展等特点和趋势。

关键词： 自动驾驶　智慧交通　通信技术　智能网联汽车　车路协同

目 录

I 总报告

II 产业篇

Ⅲ 应用篇

Ⅳ 技术篇

Ⅴ 案例篇

Ⅵ　借鉴篇

Ⅶ　附录

皮书数据库阅读**使用指南**

总 报 告
General Report

B.1

2020年中国自动驾驶产业发展状况
与未来发展趋势

杜志彬 王成浩 张雅雅 马秀丹 王文博 杨泽林 陈 炯*

摘　要： 2020年是中国自动驾驶从技术探索到实现产业落地的关键一
年，国家发改委等11个部委联合下发了《智能汽车创新发展
战略》，使自动驾驶产业战略规划得到持续升级和细化。此
外，汽车自动化分级标准体系进一步完善，芯片、5G通信和
高精地图等关键技术取得突破，测试验证方法更加丰富和规
范，车企与互联网、零部件和通信巨头合作更为紧密。虽然
自动驾驶产业已经进入新的发展阶段，但还面临诸多问题。
如，法律法规标准依旧存在盲区，技术仍不成熟，配套设

---

* 杜志彬，高级工程师，中汽数据有限公司副总经理；王成浩，上海汽车集团股份有限公司乘
用车公司仿真与测试经理；张雅雅，上海汽车集团股份有限公司乘用车公司仿真与测试工程
师；马秀丹，上海汽车集团股份有限公司乘用车公司仿真与测试工程师；王文博，东风汽车
股份有限公司商品研发院工程师；杨泽林，东风汽车股份有限公司商品研发院工程师；陈
炯，博士，上海蔚来汽车有限公司主任工程师。

施、保险有待完善,数据安全和社会宣传有待加强等。未来,以场景为先导自动驾驶将分批实现商业化落地,自动驾驶产业链将趋于精细化发展,L3自动驾驶技术量产将被重点布局,V2X将成为高级无人驾驶发展的驱动力,政企合作也将推动自动驾驶落地。

关键词: 自动驾驶产业 驾驶自动化分级 车路协同

一 中国自动驾驶产业发展现状

(一)战略规划持续升级

我国关于自动驾驶的官方阐述最早见于2015年国务院印发的《中国制造2025》,文件提出力争到2020年掌握智能辅助驾驶总体技术及各项关键技术,到2025年建立较完善的智能网联汽车研发体系、生产配套体系和产业群。国务院办公厅在2020年10月发布的《新能源汽车产业发展规划(2021~2035年)》,进一步确立了我国高度自动驾驶汽车在2025年实现限定区域和特定场景的商业化应用,到2035年实现规模化应用的发展愿景,这标志着我国正式将自动驾驶列入国家战略。

2020年,国家政策持续加码。国家发改委、科技部和工信部等11个部委在2020年2月联合下发了《智能汽车创新发展战略》。该战略强调力争到2025年,围绕技术创新、产业生态、基础设施、法规标准、产品监督和网络安全等,基本形成"中国标准"智能汽车发展体系,有条件自动驾驶的智能汽车达到规模化生产,高度自动驾驶的智能汽车实现特定环境下的市场化应用;2035年到2050年,"中国标准"智能汽车发展体系全面建成。

2020年11月,世界智能网联汽车大会正式发布《智能网联汽车技术路

线图 2.0》，系统地梳理、更新、完善了智能网联汽车的定义、技术架构和智能化网联化分级。结合智能网联汽车的技术发展现状和未来演进趋势，对《智能网联汽车技术路线图 1.0》实现程度和实施效果进行了评估。在此基础上，研究了面向 2035 年的智能网联汽车技术发展的总体目标、愿景、里程碑与发展路径，提出创新发展需求，为制定中长期发展规划指明了方向，为我国汽车产业紧抓历史机遇、加速转型升级、推进制造强国建设提供了决策支撑。

在多重政策的驱动下，2021～2030 年将成为自动驾驶发展的"黄金十年"，全球自动驾驶产业和技术有望获得质的突破。然而新冠肺炎疫情扰乱了全球各行业前进的步伐。从市场公开的融资状况来看，虽然全球经济和投融资受疫情影响较大，但是自动驾驶行业风景独好，备受资本青睐，这为我国自动驾驶产业发展提供了持久的续航动力。

不仅如此，经过多年的积累，我国已经在智能驾驶领域拥有了明显的行业优势，主要体现为发展基础较为扎实、汽车产业体系完善、关键技术不断取得突破以及品牌质量逐步提升。同时，在交叉学科领域，互联网和信息通信等行业涌现了一批知名的企业，这些企业技术实力雄厚，竞争力凸显。路网规模、5G 通信和北斗卫星导航定位系统水平国际领先，且基础设施保障能力较强，这为智能网联汽车产业的长远发展提供了坚实的技术体系支撑。

（二）标准体系继续完善

促进智能网联汽车技术的快速发展和应用，为驾驶辅助及低级别自动驾驶的智能网联汽车提供标准体系支撑，是《国家车联网产业标准体系建设指南（智能网联汽车）》所描述的第一阶段目标，为此我国不断加强智能网联汽车的标准研究。工信部在《2020 年智能网联汽车标准化工作要点》中提出，采用标准体系与产业需求相互对接协同、与技术发展相互支撑的方式，建立国标、行标、团标协同的新型标准体系。

国家出台明确的标准是自动驾驶技术大规模应用落地、自动驾驶汽车大

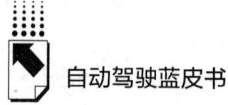

规模量产的关键前置条件，也有助于各类企业更有针对性地开展技术部署和产品研发。2020年3月9日，工信部公示了《汽车驾驶自动化分级》推荐性国家标准。该标准与SAE划分等级的标准基本一致，而且进一步解释了汽车驾驶自动化系统的分级原则和技术要求，为后续法律法规的出台和智能网联汽车的发展提供了支撑。

国际上，自动驾驶分级多数采用SAE分级标准，图1为SAE最新的驾驶自动化分级标准。我国主要是根据自动驾驶系统能够执行动态驾驶任务的程度，即自动驾驶在动态驾驶任务执行中的角色以及有无运行条件限制进行等级划分。相应地，驾驶自动化等级分为0~5级，分别是0级（应急辅助）、1级（部分驾驶辅助）、2级（组合驾驶辅助）、3级（有条件自动驾驶）、4级（高度自动驾驶）、5级（完全自动驾驶）（见表1）。

中国与SAE的分级标准对自动化程度的6种等级界定相差不大，3级（有条件自动驾驶）是自动驾驶的分水岭。按中国版分级标准，在0~2级自动驾驶中"目标和事件探测与响应"（监测路况并做出反应）由驾驶员与自动驾驶系统共同完成。按SAE分级标准，在L0~L2自动驾驶中"目标和事件检测与决策任务"全部由人类驾驶员完成。二者0~2级自动驾驶功能差别并不大，因为监管责任均由驾驶员承担，即使车辆能够对目标和事件进行探测和响应，也仅是辅助驾驶员进行监管与决策。除此之外，在中国版的分级标准中，3级和4级分别被称为"有条件自动驾驶""高度自动驾驶"。换句话说，只有在某些特定的安全环境条件（比如路况和车况合乎标准）下，驾驶员才被允许激活车辆的L3自动驾驶系统。从功能区别上来看，这与SAE分级标准一致，但应用条件的限制对L3自动驾驶量产落地有一定帮助。

自2020年起，长安汽车、上汽、广汽、吉利、长城汽车、小鹏等我国汽车自主品牌厂商，或是发布了L3自动驾驶量产车，或是发布了L3自动驾驶系统。

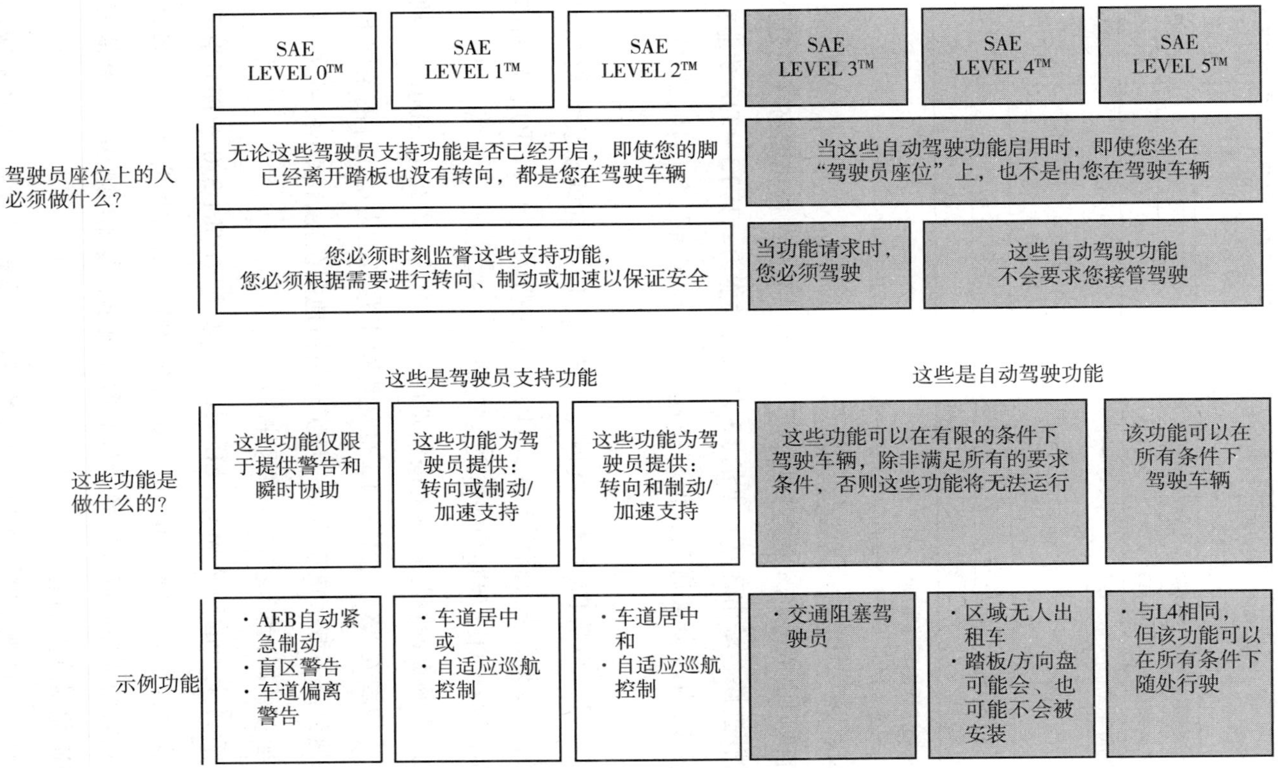

	SAE LEVEL 0™	SAE LEVEL 1™	SAE LEVEL 2™	SAE LEVEL 3™	SAE LEVEL 4™	SAE LEVEL 5™
驾驶员座位上的人必须做什么?	无论这些驾驶员支持功能是否已经开启,即使您的脚已经离开踏板也没有转向,都是您在驾驶车辆			当这些自动驾驶功能启用时,即使您坐在"驾驶员座位"上,也不是由您在驾驶车辆		
	您必须刻刻监督这些支持功能,您必须根据需要进行转向、制动或加速以保证安全			当功能请求时,您必须驾驶	这些自动驾驶功能不会要求您接管驾驶	
	这些是驾驶员支持功能			这些是自动驾驶功能		
这些功能是做什么的?	这些功能仅限于提供警告和瞬时协助	这些功能为驾驶员提供:转向或制动加速支持	这些功能为驾驶员提供:转向和制动加速支持	这些功能可以在有限的条件下驾驶车辆,除非满足所有的要求条件,否则这些功能将无法运行		该功能可以在所有条件下驾驶车辆
示例功能	·AEB自动紧急制动 ·盲区警告 ·车道偏离警告	·车道居中或·自适应巡航控制	·车道居中和·自适应巡航控制	·交通阻塞驾驶员	·区域无人出租车 ·踏板/方向盘可能会,也可能不会被安装	·与L4相同,但该功能可以在所有条件下随处行驶

图 1 SAE 驾驶自动化分级

资料来源:《SAE J3016:驾驶自动化分级》。

005

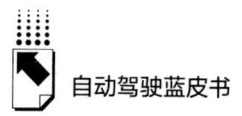

表1　中国汽车驾驶自动化分级标准

分级	名称	车辆横向和纵向运动控制	目标和事件探测与响应	动态驾驶任务接管	设计运行条件
0级	应急辅助	驾驶员	驾驶员及系统	驾驶员	有限制
1级	部分驾驶辅助	驾驶员和系统	驾驶员及系统	驾驶员	有限制
2级	组合驾驶辅助	系统	驾驶员及系统	驾驶员	有限制
3级	有条件自动驾驶	系统	系统	动态驾驶任务接管用户（接管后成为驾驶员）	有限制
4级	高度自动驾驶	系统	系统	系统	有限制
5级	完全自动驾驶	系统	系统	系统	无限制*

* 排除商业和法规因素等限制。

资料来源：根据工信部《汽车驾驶自动化分级》推荐性国家标准整理。

2020年3月，长安汽车通过直播演示了UNI-T在结构化道路（高速公路、封闭式快速路、城市环路）上的L3自动驾驶能力。其L3-TJP功能在车速40km/h以内时会被激活，但车速超过40km/h后，会保持L2 ADAS功能。

2020年4月，小鹏P7上市，其顶配车型搭载L3驾驶辅助系统XPILOT 3.0。该系统可实现高速公路引导（HWP）、交通拥堵引导（TJP）、自动泊车和高精地图等L3自动驾驶功能要求。

同月，广汽新能源宣称在百度高精地图的支持下，搭载了ADiGO自动驾驶系统3.0的埃安LX，已具有L3自动驾驶能力。在法规允许的条件下，全中国的高速公路与城市快速路等一旦实现高精地图覆盖，该车便可在0~120km/h全速域范围内实现L3自动驾驶。

2021年2月上市的荣威MARVEL-R，配备了R Pilot 3.0智能驾驶系统，芯片是Mobileye Eye Q4H和华为5G巴龙5000，宣称可实现L3有条件自动驾驶，具备智能停车起步引导、智能弯道减速、智能车速引导、智能交通路口冲突避免提醒等功能。

同年5月，长城汽车摩卡上市，其首次搭载咖啡智驾功能，配备全球首款量产的车规级ibeo全固态激光雷达、毫米波雷达以及辅助摄像头等传感

器，搭载车规级高通 8155 芯片、车规级 5G + V2X，宣称可以实现 L3/L4 以及更高级别的自动驾驶，并支持高速驾驶辅助（HWA）、高速自动领航辅助驾驶（NOH）、高速公路领航驾驶系统（HWP）等功能。

（三）关键技术取得突破

2021 年 4 月 18 日，华为轮值董事长徐直军在华为全球分析师大会上提出的"1000 公里无干预自动驾驶"在行业内引发热议。此时，全球首款搭载了华为高阶自动驾驶 ADS 系统的量产车型——极狐阿尔法 S-HI（ARCFox α S-HI）参加了 2021 年上海国际车展，与众多新车型同台竞技。在这届车展上，百度宣布下半年百度 Apollo 自动驾驶将迎来量产高峰，每月均会有一款新车上市。小鹏 P5、极氪 001、智己 L7、WEY 摩卡、威马 W6 等新车型也推出了各具特色的自动驾驶功能，甚至支持 L4 自动驾驶。

这样欣欣向荣的自动驾驶发展局面，得益于国内自动驾驶在感知、预测、决策、规划等方面的关键技术不断取得突破，包括大幅提升的芯片算力、海量数据积累、人工智能算法的视觉应用等，促进形成了更成熟的系统解决方案。此外，先进传感器、高精地图、5G - V2X（车与外界信息交换）、智慧道路、智慧城市等各方面的进步也为智能网联汽车的蓬勃发展提供了有力支撑。

新冠肺炎疫情的暴发，加上半导体产业数个黑天鹅事件的集中出现，导致 2020 年底汽车行业芯片出现断供危机，大众、保时捷、丰田、通用等多家车企受到波及，而且这一影响很有可能会持续数年。芯片危机让汽车行业充分认识到了芯片在电动化与智能化时代的重要性，因此以上汽和长城汽车为代表的多家整车企业开始积极布局汽车芯片领域。上汽战略性投资了地平线、晶晨半导体等"独角兽"企业，并与地平线联合建立人工智能实验室，以推动机器视觉算法的深入研究和产业化应用。华为在车规级芯片研究上成果显著，极狐品牌与华为联手打造的车型阿尔法 S 华为 HI 座舱搭载的便是华为麒麟 990A 芯片。此外，华为还重磅推出了目前业界算力最大的量产智能驾驶计算平台 MDC810。

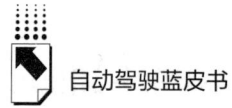

对于自动驾驶汽车来说，要想实现大规模商用，安全是第一要义。自动驾驶汽车要想实现高度安全，需要在雷达、摄像头、处理系统等软硬件上下功夫，但关键在网联化建设这一环节。网联化的关键在于通信，而5G作为新一代通信技术，具备低时延、大容量、高速率等多重优势，能够很好地满足自动驾驶汽车在网联化方面的严格要求。因此，凭借在5G建设方面的优势，中国自动驾驶将迎来新的发展和突破。

"新基建"包括信息基础设施、融合基础设施和创新基础设施三方面内容，涉及5G、物联网、云计算等多项技术，是国家在疫情防控常态化时期刺激经济复苏的重要战略部署。5G新基建为自动驾驶车辆感知、信息交互、协同控制等关键技术提供载体，将进一步夯实自动驾驶技术环境支撑基础，促进自动驾驶产业迎来加速发展的黄金窗口期。未来，基于5G的智能网联示范区建设项目将在各地"开花"，推动自动驾驶领域创新技术发展及商业化落地进程。

2020年上汽集团发布全球首款整舱交互5G的量产车型MARVEL－R，其iECU（域控制器）、iBOX（5G智能网关）、iEPS（智驾底盘）和iBS（智能系统），即智驾"4i核心技术"已实现产业化落地。上汽洋山港5G智能重型卡车在港区内采用"一拖四"队列行驶的智驾技术，已完成全年2万标准箱的商业化运营任务。公司还携手华为、中国移动在上海嘉定区建设全球首个"5G智慧交通示范区"。2020年9月19日，中国移动在其首届5G自动驾驶峰会上发布了中国第一条5G自动驾驶车辆测试道路与"领先计划"，成立了5G自动驾驶联盟，重磅推出了中国移动"和路通"智能ETC，这拉开了5G车联网应用的序幕。

5G技术加速了高精地图在自动驾驶领域的应用，各大主机厂相关车型相继配置了基于高精地图的自动驾驶及辅助驾驶功能。高精地图能够提供高精定位、超视距感知、车道及路径规划等服务，有效地提升了自动驾驶汽车的安全性和乘坐舒适性，逐步成为自动驾驶不可或缺的模块。

截止到2020年10月，根据自然资源部的审批公示，我国目前拥有高精地图测绘资质的厂商一共有28家，按照背景可分为以下三类：

（1）传统图商，以四维图新、凯立德、立得空间等为代表，共 13 家；

（2）互联网企业子公司，以高德、长地万方、滴图等为代表，共 10 家；

（3）事业单位，以国家基础地理信息中心、江苏省测绘工程院为代表，共 5 家。

随着技术的深入融合，高精地图将朝着亚米级精度，具备独特环境感知和云计算能力，深度融合城市、自然资源等多源实时动态数据的方向纵深发展。

2021 年，随着 L3 及更高级别的自动驾驶技术的批量落地，高精地图技术在无人驾驶位置感知、路径规划等方面的应用也将越发广泛。抢滩高级别自动驾驶高精地图的规模化量产，将是各家图商逐鹿市场的决胜因素，高精地图数据的创建、使用、更新与分享或会产生新的商业模式，产业发展或将进入量产化博弈新阶段。

（四）测试验证方法逐步丰富

经过多年的积累，我国正在逐步形成以仿真测试、封闭测试场与开放道路测试、先导区及示范区为代表的多层级、渐进式智能网联汽车测试验证与示范应用体系。

以国汽智联为代表的多家单位积极开展智能网联汽车场景库理论体系架构研究，进行中国实际道路环境下的场景数据采集，从而为自动驾驶产业生态构建的中国方案提供坚实的理论依据和方法指导。

2018 年，工信部、公安部、交通运输部联合印发了《智能网联汽车道路测试管理规范（试行）》。以此为基础，20 多个省（区、市）相继颁布实施相关细则，为智能网联汽车道路测试提供指导。国内已有包括北京、上海、重庆、广州、长沙在内的 20 多个城市允许进行智能网联汽车道路测试。

2020 年 11 月，在世界智能网联汽车大会上，中国智能网联汽车产业创新联盟发布《智能网联汽车测试互认推进路线图》，提出争取在 2021 年底实现测试结果互认，在 2022～2023 年实现测试通知书互认。

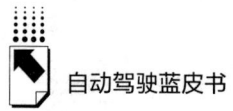

2021 年 7 月，《智能网联汽车道路测试与示范应用管理规范（试行）》发布，适用范围从有限道路拓展到有限区域，增加并细化了对道路测试、示范应用和测试区（场）的界定和要求。同时，将高速公路和地级市纳入可制定详细实施细则并组织道路测试和示范应用的行列。

2020～2021 年，在工信部的支持和推动下，天津（西青）、湖南（长沙）、重庆（两江新区）先后创建国家级车联网先导区，构建了开放融合与创新发展的产业生态，形成了可复制与可推广的宝贵经验，使车联网先导区建设进入了新阶段。

2020 年全球各经济体都受到疫情冲击，但我国自动驾驶产业依旧延续高质量发展态势，与世界先进水平的差距进一步缩小，部分领域甚至由跟随变为引领，为我国的汽车强国建设做出了突出贡献。

（五）跨界合作持续加强

自动驾驶行业属于典型的跨界融合行业，具有很长的产业链，并且需要产业链上下游的众多参与主体在高度竞争中逐步完善、走向成熟。为了更好地实现智能驾驶，车企选择开放系统与多方合作。车企的合作对象主要分为四类：第一类是互联网科技巨头，如华为、百度、阿里巴巴、腾讯等；第二类是传统零部件巨头，如伟世通、英飞凌、安波福等；第三类是智能驾驶领域新兴的供应商，如 Mobileye、中海庭、地平线、小马智能等；第四类是传统的通信巨头，如中国移动、中国联通、中国电信等。

上汽深入贯彻了上述战略思路，与多方合作共同开展 5G 等智能网联前瞻技术研究和标准体系建设，并通过与中海庭合作，成为国内首个获得国家导航电子地图制作甲级测绘资质的汽车集团，加快了车用高精地图数据生成平台的建设。

2020 年，长安汽车坚定第三次创业方向，发布创新创业计划 3.0，加速"北斗天枢"计划和"香格里拉"计划的落地。为此，公司先后投入 41.42 亿元用于技术研究和产品开发，完成国内首个 L3 自动驾驶量产技术发布，持续打造行业领先的研发实力。公司与华为、宁德时代深度合作，联合打造智能网联电动汽车平台。长安汽车以"北斗天枢"智能化战略为牵引，积极构建长安整车软件平台，高度聚焦整车软件平台的研发。

广汽总经理冯兴亚在出席 2021 年上海国际车展时表示，广汽将跨界联合华为、腾讯、科大讯飞等推出新车和新产品。其中，广汽和华为联合打造的汽车将于 2024 年投产，广汽和腾讯将合作探索自动驾驶业务，广汽和科大讯飞则将联合开发汽车智能座舱。

二　中国自动驾驶产业发展所面临的问题

自动驾驶汽车作为人工智能、新兴科技的杰出代表，自问世起就受到社会各界的广泛关注。在政策驱动和关键技术不断取得突破的背景下，中国自动驾驶产业取得了长足的进步，但仍处在较为初级的阶段，存在一系列的问题。自动驾驶技术的安全性与可靠性仍需加强，相应的交通安全法律法规仍需补充和完善。此外，巨额研发投入对应低商品化回报率也是影响产业发展的重要因素之一。

（一）法律法规标准存在盲区，执行落实细节待完善

1. 法律法规标准制定方面

目前，在我国法律法规层面，《公路法》《保险法》《道路交通安全法》等尚未涉及自动驾驶方面的内容，而《网络安全法》《标准化法》《测绘法》等仍旧存在不适用于自动驾驶产业的规定。此外，现有标准制定权依旧分散在汽车、通信、交通、基建等多部门和多行业内，核心产品与技术的标准体系并未建立，跨组织、部门和行业的协同合作仍待加强。

2. 法律法规标准落实方面

自动驾驶汽车的车型准入类型、准入区域以及驾驶自动辅助与人工辅助的责任划分等都需更详细的法律法规来定义。在进行自动驾驶汽车交通事故侵权责任认定时，关于责任承担的主体及形式问题，学界争论已久。在比较域外的立法尝试，探索典型学说的适用性之后，我国既要观察到自动驾驶汽

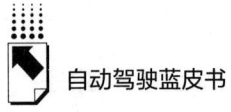

车主体说的四个原则，也要认识到当前完全赋予自动驾驶汽车独立人格的条件尚不具备。同时，应当将自动驾驶汽车的制造商界定为侵权责任的优势风险承担者，以实现受害人的损害救济、风险的合理化分配以及社会成本最小化。由于自动驾驶系统具有不可预见性，理论上其驾驶操控能力也将超越人类，但产品缺陷认定存在模糊性，因此有必要从产品缺陷的判断标准和传统困境出发，论证并建构制造商企业责任"共力模式"的现实路径，合理借鉴"风险效用测试"判断制造商的免责条件，并通过保险和基金制度的合理运用，调适现行责任体系，规范自动驾驶汽车产业的发展。

除此之外，在产品与法规的融合层面，相关法规指标、开发流程、测试评价方法在量产或概念产品的体现方式、融合深度上仍待进一步深耕细作，产品经验反馈并融入法规升级的进程也需不断升级。

（二）技术不成熟，自动驾驶安全性面临挑战

自动驾驶可以让人畅想美好的未来，不过现实却很"骨感"。2020～2021 年，国内外先后曝出特斯拉汽车所发生的多起事故，虽然还未能确定导致事故的根本原因，但却再次将自动驾驶汽车的安全性和技术是否成熟等话题推向舆论争议的顶峰。

安全问题是自动驾驶目前所面临的一大痛点问题，也是最需要解决的问题。由于自动驾驶软硬件技术体系的成熟需要时间，成本也亟待降低，因此从 L1 到 L4 逐级演进更符合产业发展规律。但自动驾驶有很长的产业链，实现驾驶安全依赖于自动驾驶技术自身的安全和一系列配套条件的安全，故有很多技术点需要突破。

汽车智能化严重依赖芯片算力，2～4 TOPS 的芯片算力仅能够支持辅助驾驶，L5 自动驾驶的芯片算力需求远超 1000 TOPS。因此，对车企而言，获取高算力芯片已经成为其研发高性能智能汽车所必须跨过去的一道门槛，高算力芯片本身也将成为智能汽车的核心竞争力。

感知能力是任何级别无人驾驶都必不可少的，只有获得车辆周围的路况环境信息后，系统才能给出相应的路径规划和行为决策。然而，目前所用的

感知传感器很难适用于任何环境。例如，雨雾会限制激光雷达的穿透能力；汽车的黑色外壳会使雷达波的反射率有限；超声波雷达的感知距离和频率有限；毫米波雷达对动物体的反射迟钝；对可见光成像原理的依赖，使摄像头在雨雾天和黑夜等条件下灵敏度下降。因此，多传感器融合成为目前普遍采用的方案。虽然多传感器融合能够提高环境感知的效果，但同时也使得传感器冗余，增加了成本和系统的复杂度。

如何提高汽车的视觉能力是当前无人驾驶汽车发展中的一个难点。无人驾驶汽车需要识别的对象不仅是各种环境下的其他车辆，还包括车道、行人、交通标志等一系列因素。一旦无人驾驶汽车处于雨雪天气等恶劣环境，便可能发生汽车无法精确识别周围环境中全部因素的情况，从而导致其无法做出判断和决策。虽然高精地图和5G的使用在很大程度上改善了无人驾驶汽车在复杂环境下的环境感知问题，但是高精地图的制作及商业应用还有很多问题待解决，这也限制了自动驾驶的发展。

复杂的路况问题也是无人驾驶汽车所需要考虑和解决的一个难题。不同国家、城市或地区的道路状况都会存在一定程度的差异，尤其在中国这样一个道路环境极其复杂的国家，自动驾驶功能只有适应更加复杂多样的道路环境才能得到用户的认可。

而人工智能解决方案的非理性特征、"算法黑箱"、既有设备技术条件的限制、"人机混合驾驶"、自动驾驶汽车与传统机动车并存等问题的存在，使自动驾驶汽车的驾驶安全根本无从保障。从当前的技术条件来看，自动驾驶车辆存在制造、设计和警示三方面的缺陷，然而其认定方法却并不一致。在设计缺陷的认定过程中，应当融入部分过失责任的要素，以鼓励生产者持续提高自动驾驶技术的安全性能。在缺陷认定过程中对生产者过失因素的考量并不影响产品责任的本质，自动驾驶汽车生产者需要对由车辆硬件和软件的各类缺陷所导致的损害承担严格的产品责任。《产品质量法》应当借鉴制造缺陷、设计缺陷和警示缺陷的功能性分类，细化认定标准，实现消费者保护和鼓励技术创新的平衡。在自动驾驶的运用领域，如乘用车、商用车等，在实际的系统产品集成方面，尽管现在已经有了长足的进步，也不断有自动

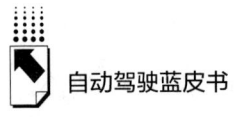

驾驶或辅助驾驶产品的出现，但是自主创新能力还有待加强，技术还有待提升。

与发达国家相比，中国的自动驾驶产业在硬件基础上仍然相对较弱。常用的自动驾驶车辆传感器（比如16线以上的激光雷达、高精度的摄像机）、车用操作系统芯片、CAN通信模块，基本被国外企业垄断。底盘领域，如电助力转向系统、电助制动系统，中国也无成熟的供应商体系。

（三）基础设施建设不完善

自动驾驶已突破传统汽车产品层面，涉及车、网、路、云等一体化的交通体系，因此发展自动驾驶还面临基础设施不够完善的问题。我国交通基础设施虽已经取得长足发展，但其智能化程度还远远不够，自动驾驶所涉及的智能交通设施建设还面临投资大和周期长的问题。

目前，在各方面源源不断投入大量资金的情况下，中国自动驾驶的商业模式并不清晰，产业生态还不健全。如何将自动驾驶技术集成于产品、如何使产品具有商品化特性、如何确定产品的应用领域以及投资回报周期和比例等问题都有待解决。产品投产入市后，客运、货运、区域物流等领域在自动驾驶运营方面，还有一系列的问题需要解决。相应的产业生态链，同样面临着如何进行商业化运营和布局的问题。

（四）社会认可度有待进一步提高

自动驾驶汽车的大规模落地，不仅需要可靠的技术、完备的法律法规，更依赖于消费者的信心。随着自动驾驶级别的提升，客户的信心与消费意愿的加强将成为推动自动驾驶技术发展的一个重要因素。

近年来，自动驾驶汽车频发的意外事故导致消费者存在顾虑，成为这一新技术挥之不去的阴霾。调查显示，影响用户信心和认可度的主要因素包括安全性、质量可靠性、技术可行性以及附带的事故责任等。因此，解决技术本身存在的问题并不能完全解决上述问题，自动驾驶汽车厂商和技术提供方更应该考虑自身所要承担的社会责任，以便让消费者更加放心。与此同时，

加强自动驾驶技术的公众科普也十分有必要。消费者对自动驾驶的了解和使用越多，其信心和认可度就越高。

即使无人驾驶汽车技术已经成熟，从车辆上市到提高消费者认知，再到建立消费者信心，进而促成消费者购买，甚至提高整个社会对自动驾驶的认可度，也将是非常有挑战性的一个过程。

（五）自动驾驶落地缺少相关保险保障

虽然理论上自动驾驶能减少交通事故，但车辆保险公司对此并不认可。它们认为，现有技术条件下，车辆并不能完全识别准确的路况信息，而且自动控制技术也不如人类司机那样可靠。因此，保险公司认为自动驾驶可能会导致更多交通事故的发生。

实际上，在自动驾驶车辆的驾驶过程中，存在驾驶人员的过错风险、自然社会风险、汽车零配件装置和传感设备的安全质量风险以及智能驾驶系统的技术风险和网络信息安全风险等。

保险公司认为，如果驾驶员不控制汽车，那么他们将被归类为乘客，这将使保险公司为保险人承担额外的责任，导致更高的保险费用。全球保险业目前还没有可以直接覆盖自动驾驶所有风险的险种。

因此，自动驾驶汽车量产落地，除了有技术上的困难、法律法规上的限制之外，还需有保险方面的保障。

（六）数据安全问题亟待解决

在2021年4月举行的上海车展上，一名特斯拉车主穿着"刹车失灵"字样的T恤站在车顶维权，引起了全社会的关注。之后，特斯拉首次提供事故发生前的数据，又引起了网上新一波争论，原因是核心数据不全，并不能还原事件的真相。之后，2021年又发生了几起特斯拉撞车事件，虽然事件发生的真实原因不清楚，但是一定程度上降低了消费者对自动驾驶产品的热情，同时引起了消费者对自动驾驶数据安全的重视。

从自动驾驶数据的产生流程来看，首先，自动驾驶系统主要依赖感知、决策和执行三大模块来实现，每个模块在工作过程中都会产生一系列数据，即自动驾驶数据。如果自动驾驶数据遭到窃取或篡改，会直接造成财产或生命损失，相比传统数据受到破坏危害更大。然而，关于自动驾驶数据的确权以及车企在发生事故后公布数据的流程，目前还没有明确的法律规定。其次，如何保证车辆数据存储的完整性、真实性和防篡改性将是未来自动驾驶产业面临的另一个重要挑战。最后，针对自动驾驶的数据安全监管，各主要汽车强国均未建立完整的管理体系。

尽管有着种种的挑战与变化，中国自动驾驶技术仍有较大的发展机遇。随着《汽车驾驶自动化分级》国家推荐性标准的实施，《道路交通安全法（修订建议稿）》155 条修订内容的公布，我国将从法律法规上逐渐明确对自动驾驶上路的规范。同时中国发展自动驾驶技术是有国家级技术平台（比如，卫星通信、移动通信 5G）在支撑的，《智能网联汽车技术路线图 2.0》也为各大自动驾驶相关企业指明了发展方向。

三　中国自动驾驶产业发展趋势

自动驾驶汽车可以长时间高效工作，因此在未来有可能逐步替代人类的体力劳动。自动驾驶作为全球汽车产业的新兴领域，打破了传统汽车产业的固有壁垒，极大地缩小了中外汽车的技术代差。同时中国在 5G 领域的技术积累，也刺激了国内自动驾驶技术的发展。可以预见在自动驾驶领域，中国将不再是追赶者，而是会成为行业的领航员。由于自动驾驶涉及汽车、信息通信、智能交通等多个领域，因此在技术、产品和竞争主体方面将呈现以下五个趋势。

（一）以场景为先导分批实现商业化

自动驾驶已经逐渐从技术研究阶段演进至产品落地阶段，处于稳定发展期，因此应用场景的重要性在这一过程中不断凸显。目前，自动驾驶技术还无法适配所有驾驶场景，因此围绕典型应用场景进行技术攻关，是多数自动

驾驶全栈解决方案提供商的商业化路径。

目前，典型应用场景包括各类园区、机场、矿区、停车场、港口、高速公路、城市道路等，根据各个场景下自动驾驶技术实现的难易程度，自动驾驶全栈解决方案供应商将分批实现产业化落地。

限定场景是指某些具有地理约束性质的特定区域，例如园区、机场、矿区、停车场、港口等。这些区域的典型特点是驾驶环境单一、交通情况简单，几乎没有或只有少量外界车辆和行人能够进入，因此限定场景下的自动驾驶技术将率先实现商业化。限定场景下自动驾驶车辆分为无人行李车、无人配送车、无人清扫车、无人接驳车、自动驾驶公交车、自动驾驶宽体自卸车、自动驾驶矿卡、具有 AVP 功能的乘用车等类型。目前，新石器、智行者、主线科技、慧拓、踏歌智行、驭势科技等初创企业均已在园区、矿区、港口、机场等限定场景下实现试点运营。总体来说，限定场景下的自动驾驶正处于由早期向中期发展的过渡阶段。

为保证安全和便于推广运营，矿区、港口等限定场景下的自动驾驶车辆仍配备安全员，但众多企业计划用一年左右的时间逐步去掉安全员。由于产品应用普遍提前于标准出台，在未来几年，限定场景下的自动驾驶将以大规模试点运营与小规模商业化运营为主，而随着相关标准出台，限定场景下的自动驾驶将迎来大规模商业化运营。

在自动驾驶的诸多应用场景中，与限定场景对应的是开放场景，这无疑是最具有挑战性的，该场景具有以下三个难点。

（1）无地理约束限制。在该区域的行人、车辆等交通要素种类多，行为类型更为丰富，且不可控，因此极易发生边角案例（Corner Case），这对自动驾驶汽车技术要求更高。

（2）主车与交通车辆速度快，紧急情况发生时的制动难度大，安全性会降低。

（3）车辆类型主要是乘用车和商用车。由于涉及人身安全，当前阶段仍无法去掉安全员的角色，配有驾驶位。同时，自动驾驶车辆需加装多种高性能传感器，导致整体成本上升，量产难度增大。

两个常见的开放场景是城市道路和高速公路，相应的典型自动驾驶产品为自动驾驶出租车（Robotaxi）与自动驾驶卡车。高速公路相对于城市道路，复杂情况较少，可以算是半封闭式环境，目前很多车企发布了应用于高速公路的 L3 自动驾驶产品。虽然开放道路环境下的自动驾驶研发难度最大，但也是最具市场规模和发展前景的。据蔚来资本测算，跨城物流的市场潜力约为 7000 亿元，同城物流的市场潜力约为 2500 亿元，Robotaxi 的市场潜力约为 3500 亿元。但上述场景下的自动驾驶若要实现大规模商业化，技术完备、路权供给、供应链成熟、成本大幅降低四个条件缺一不可。

（二）自动驾驶产业链趋于精细化发展

在自动驾驶技术发展过程中，以美国 Waymo 和中国百度为代表的全栈解决方案提供商率先出现。但经过近几年的技术迭代开发，自动驾驶产业链逐渐由粗放式发展模式转变为精细式发展模式，自动驾驶非全栈解决方案提供商陆续出现，诸多关键模块技术也取得显著突破。

从产业链构成来看，目前自动驾驶执行层基本被国际 Tier1 垄断，它们拥有体系化的底盘控制系统，与主机厂具有深度绑定关系，因而初创企业很难进入其中。自动驾驶非全栈解决方案提供商主要集中于感知层和决策层，这些层的零组件供应链分散，企业类型丰富，初创企业容易介入。

自动驾驶感知层分为环境感知与车辆运动感知。前者包括摄像头、激光雷达、毫米波雷达、超声波雷达等传感器，为自动驾驶车辆实现环境建模；后者包括 MEMS、GNSS、IMU 等传感器，为自动驾驶车辆提供速度、位置、姿态等信息。据法国行业研究公司 Yole 测算，未来数年，传感器收入规模将进入高速扩张期。其中，激光雷达、IMU、摄像头市场收入或将排名前三。

在环境感知领域，由于具有较多技术路线与庞大的市场规模，激光雷达和毫米波雷达在过去几年间一直是国内创业公司相对集中的两个领域。在2021 年上海车展举办期间，大疆、华为两大巨头齐亮相，均对外正式发布了 4D 成像雷达、激光雷达、智能摄像头等车载自动驾驶传感器。禾赛科技、速腾聚创等公司已推出性价比较高的产品，并获得稳定营收。即便竞争企业已经较多，环境感知领域广阔的市场前景仍将吸引更多新企业加入。

然而，仅环境感知并不能保证自动驾驶车辆的绝对安全，车辆运动感知同样重要。为了更加精准地定位车辆位置，由 4G/5G 模块、RTK 接收机和 IMU 组成的高精度定位模块变得不可替代。以"GNSS + IMU"的高精度定位传感器为基础，综合考虑周围环境特征的方案将更受关注。未来，各家自动驾驶公司对高精度定位模块的需求将向趋同化方向发展。

总体而言，我国自动驾驶非全栈解决方案提供商集中在感知层，但随着技术性能的提高，其也越发开始关注决策层和执行层。正如前文所述，执行层多被国际 Tier1 垄断，初创中小企业难以介入，而决策层与场景具有紧密联系，企业难以将其单独拆分并提供标准化产品。为不断训练行为预测与规划模型，与数据相关的诸多细分领域，如未来计算平台、场景测试、仿真平台、高精地图、激光雷达等都将产生发展机会。作为未来车型一大亮点的人机交互技术将会成为传统车企与造车新势力的布局热点，V2X 和 5G 技术的研发将进一步提速，驾驶辅助系统的新车渗透率也将逐渐提高。

（三）车企更注重 L3 自动驾驶技术量产

2014～2015 年，百度成立自动驾驶事业部，开始研发自动驾驶技术。由于企业"基因"不同，拥有百年发展历史的车企对科技公司的业务并不感兴趣，此时百度发布的战略多与智能网联有关。

2016～2017 年，上汽在其前瞻技术论坛上，提出"电动化、智能化、网联化、共享化"的新四化布局，这立即成为各车企追求的目标。与此同时，小马智行、主线科技、禾多科技等一众自动驾驶公司诞生，车企开始重新审视并跟进自动驾驶这项代表未来的新技术。

在 2017 年奥迪发布全球第一款量产的 L3 自动驾驶汽车（新款 A8）后，北汽、上汽、长安汽车等国内主流车企陆续公布了更加聚焦自动驾驶领域的战略规划。

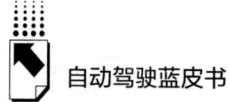

百年以来，车企凭集成和制造经验，始终在汽车产业链中占据主导地位。但自动驾驶浪潮似乎正在改变这一格局：零部件企业以图像识别、高精地图等技术为切入点，试图占领"高地"；互联网巨头嗅觉敏锐，早早踏上自动驾驶的研发之路；自动驾驶初创企业虽然体量尚小，但经过不断成长，大多已在技术方面取得较大进步，实力不容小觑。来自四面八方的威胁使车企认识到，如果不及时顺应浪潮做出改变，就有沦为自动驾驶企业"代工厂"的危险。

在这样的背景下，各大车企一方面与科技企业携手探索研发自动驾驶技术，另一方面在集团内部组建研发团队，制定自动驾驶战略规划。经过不断探索，车企掌握了一些与 ADAS 相关的技术，但也逐渐明晰了高等级自动驾驶技术的量产难度，开始陆续重新调整战略规划。众多企业将已掌握的技术先应用在现有产品中完成迭代升级，后不断增强产品科技属性，为用户创造价值。行业不再一味追求实现 L4/L5 自动驾驶，而 L2 量产车将加速落地，商用车领域将率先在特定场景下实现 L3 自动驾驶功能的商业化普及，如HWP、TJP、AVP 等。

（四）政企合作将推动自动驾驶落地

毕马威在 2018 年 1 月发布的《自动驾驶汽车成熟度指数报告》（Autonomous Vehicles Readiness Index）中指出，衡量自动驾驶汽车成熟度的标准有四项：政策和立法、技术和创新、基础设施建设、消费者接受度。其中，政策和立法、基础设施建设这两项标准的主导者都是政府，其在自动驾驶发展道路上占据着至关重要的地位。①

基于国家战略规划，各地方政府围绕开放公共道路测试路段和建立智能网联示范区两方面相继出台自动驾驶相关政策，在税收、土地、基建等方面给予相关企业一定的优惠待遇，同时与相关企业共同探索更多合作模式。目前，比较主流的合作模式是相关企业与地方政府共同成立合资公司，例如合

---

① ISO 国际标准化组织网站，https：//www. iso. org/committee/46706. html。

力运营自动驾驶出租车。在某些地方，合资公司中也有当地车企和出行公司的身影。

未来，自动驾驶相关企业、地方政府、车企、出行公司之间的联系将更加紧密，合资公司的运营模式或将在更多地方被复制。

（五）车路协同技术将成为高等级自动驾驶发展背后的驱动力

车路协同是指采用新一代无线通信和互联网技术实现车"X"的全方位网络连接，即车车（V2V）、车路（V2I）、车人（V2P）、车平台（V2N）之间的信息交互。同时，在全时空动态交通信息采集与融合基础上，开展对车辆主动安全控制和道路协同的统一管理，充分实现人、车、路的有效协同。

目前，国际上有两种主流技术路线：DSRC（专用短距离通信技术），相关技术标准由美国 IEEE 主导，在美国、欧洲、日本等国家和地区均有应用示范；C－V2X（蜂窝通信技术），相关标准由 3GPP 制定（华为、大唐参与），包括 LTE－V2X/LTE－eV2X 技术及基于 5GNR 平滑演进形成的 NR－V2X 技术，为我国主要采用的通信技术。基于我国采用的 C－V2X 技术路线，国内已基本完成 LTE－V2X 标准体系建设和核心标准规范工作，政府和企业两方也正在推动 LTE－V2X 的产业化进程。

车路协同技术可以将人、车、路、云等交通要素有机联系在一起，保证交通安全，提高通行效率。从演进阶段来看，车路协同共分为协同感知、协同决策和协同控制三个阶段，目前我国仍处于协同感知阶段。

在政府和企业的联合推动下，车路协同在近几年得到快速发展。在 2020 年 11 月中国汽车工程学会年会暨展览会（SAECCE）期间，在工信部指导下，40 余家整车企业、40 余家终端企业、10 余家芯片模组企业、20 余家信息安全企业、5 家图商及 5 家定位服务商等，共同成功完成了 2020 智能网联汽车 C－V2X"新四跨"暨大规模先导应用示范活动，成为推动我国 C－V2X 大规模应用部署和产业生态体系构建的重要一步。

从路侧建设进度来看，各地政府大多已建立智能网联示范区，并开始着

手改造示范区道路，部署车路协同路侧设备。由于投资大、进程慢，未来路侧建设还将持续。

从应用类型来看，目前车路协同技术有智慧路口、智慧矿山、自动代客泊车、高速公路车辆编队行驶四个典型应用场景。未来，智慧路口和智慧矿山将成为车路协同技术的落地场景。

从配套技术来看，由于高等级自动驾驶技术离成熟期仍较远，未来，车路协同技术与自动驾驶的结合应用还将在智能网联示范区或特定路段小范围进行。作为更多依靠基础设施建设的技术，车路协同技术的大爆发还需等待自动驾驶技术的进一步成熟。互联网企业尤其是在算法、云计算、5G、UI方面有技术积累的公司将在自动驾驶领域深度参与，整体汽车产业生态将发生重大变革。

参考文献

《上汽集团2018年年度报告》，新浪财经网，2019年4月2日，http：//vip. stock. finance. sina. com. cn/corp/view/vCB_ AllBulletinDetail. php？id＝5143078&stockid＝600104。

《自动驾驶汽车成熟度指数报告》，毕马威国际网站，2018年1月17日，https：//home. kpmg/xx/en/home/insights/2018/01/2018－autonomous－vehicles－readiness－index. html。

产 业 篇
Industry Reports

B.2
2020年整车企业自动驾驶市场
发展状况分析

朱观宏　郝　斌　郁淑聪[*]

摘　要： 本文从各个车企的自动驾驶发展规划、自动驾驶技术进展、
自动驾驶汽车量产实现情况等出发，分析了2020年中国市场
上整车企业的自动驾驶发展总体特征。着重介绍了中国一
汽、东风汽车、广汽集团、上汽集团、特斯拉、大众、宝马、
奔驰等国内外主要整车企业的自动驾驶发展规划，从自动驾
驶数据采集技术（激光雷达、毫米波雷达、红外热成像传感
器、摄像头等）和V2X技术两个方面对自动驾驶的技术进展
进行了介绍。同时，对多地积极建设自动驾驶示范区的现状
和与高级别自动驾驶相关的法律法规尚不健全等问题进行了
探讨。2020年，各个车企研发的搭载自动驾驶辅助系统的车

---

[*] 朱观宏，中汽数据有限公司产品数据室专员；郝斌，中汽数据有限公司产品数据室技术经
理；郁淑聪，中汽数据有限公司产品数据室项目主管。

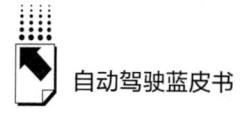

型陆续上市，部分 L3 产品落地，同时加紧对更高级别自动驾驶车辆的研发。自动驾驶汽车的研发也促进了越来越多的传统制造业车企与高新智能产业企业开展合作，促进双方特有的资源和技术积累的整合，未来将逐渐形成传统车企顺应时代发展成功转型和智能产业技术得以落地的双赢局面。

关键词： 整车企业　自动驾驶规划　自动驾驶技术

一　中国自动驾驶汽车市场发展概述

据统计，中国居民拥有的汽车总量在 2020 年底已经达到了 2.81 亿辆，而居民中驾驶人的数量也一直在增加，2020 年底达到了 4.18 亿人。但随着汽车保有量的上升，行车安全成了影响社会稳定的一个重要因素。2020 年，我国因遭遇道路行驶安全事故而死亡的人数达到了 1.66 万人，虽然相较于 2019 年的 1.8 万人，下降了 7.8%，但由于我国汽车数量比较多，交通事故造成的损失依然较大。造成交通事故的原因中与驾驶人自身相关的因素很多，如驾驶人疲劳、注意力不集中等都是交通事故发生的导火索。因此，如果能保证传统汽车非常看重的驾驶安全性和整车可靠性，并以此作为前提，减少驾驶人不安全状态和不安全行为对车辆行驶所造成的影响，便将开创我国交通安全领域的新局面。近年来，得益于 5G 通信、人工智能、智慧云计算等技术的发展，汽车自动驾驶技术发展较快，这使原本只存在于科幻电影中的"汽车在道路上飞驰，人们在车上做自己的事"的虚构场景也可能出现在真实生活中。关于自动驾驶技术如何能够脱离概念，进一步实现量产商业化的话题在持续发酵。

2019 年举办的上海车展首次设立了以自动驾驶、车联网等高新技术为主题的未来出行区，多家车企在车展上发布了无人驾驶概念车及自动驾驶最新技术。在同年举办的第二届全球自动驾驶论坛上，多位到会专家和业内人士也提出了自动驾驶的商业化即将到达冲刺阶段这一观点。

　　2020年3月9日，针对智能汽车，工信部发布了明确的分级指南，按照汽车驾驶的自动化程度，将自动驾驶汽车按照驾驶主体、自动化系统功能丰富程度等元素分为六个等级，即0~5级（L0-L5），各个等级的具体描述如表1所示，达到L2的驾驶自动化也被称为组合驾驶辅助，因为这一等级中更多的还是依赖驾驶员进行驾驶判断，驾驶员还需要随时准备好接管汽车驾驶控制功能。L2自动驾驶此前已经在特斯拉、大众、长安汽车等品牌企业中实现了量产。L3自动驾驶可以在一定的场景下，达到车辆自主控制驾驶行为的程度，虽然还没达到完全的汽车自动化程度，但驾驶员能得到更高级别的解放。我国多家自主品牌车企在不同场合发布了宣言，称其研发的L3自动驾驶汽车将于近年实现量产。在武汉举行的智慧交通相关论坛上，东风汽车就宣布了其在自动驾驶领域的雄心壮志，宣称将在2020年量产L3自动驾驶车。在新能源领域占有一席之地的广汽集团也不甘落后，宣布将于2020年发布L3自动驾驶汽车的消息。其他公司如比亚迪、长安汽车等也在其他场合透露，其自主研发的L3自动驾驶汽车将于2020年量产。因此，在大众关于自动驾驶的讨论中，出现了很多期盼的声音，很多人对2020年充满期待，认为这一年可能是"自动驾驶元年"①。

表1　我国自动驾驶分级标准

自动驾驶等级	名称	车辆横纵向运动控制	目标时间探测与响应	动态驾驶任务接管	设计运行条件
0级（L0）	应急辅助	驾驶员	驾驶员、系统协同	驾驶员	有限制
1级（L1）	部分驾驶辅助	驾驶员、系统协同	驾驶员、系统协同	驾驶员	有限制
2级（L2）	组合驾驶辅助	系统	驾驶员、系统协同	驾驶员	有限制
3级（L3）	有条件自动驾驶	系统	系统	接管后成为驾驶员	有限制
4级（L4）	高度自动驾驶	系统	系统	系统	有限制
5级（L5）	完全自动驾驶	系统	系统	系统	排除商业和法规因素后无限制

资料来源：根据工信部《汽车驾驶自动化分级》推荐性国家标准整理。

────────────

① 冯彬：《2020年，自动驾驶的分水岭》，《廉政瞭望》2020第7期。

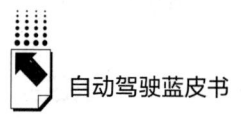
二　国内外整车企业的自动驾驶发展规划

伴随芯片计算能力的提升，以及机器学习算法的不断完善优化，涵盖了汽车、通信、电子等多学科、多产业的自动驾驶技术也不断地创新发展。自动驾驶技术的高速发展具有较大的推动力，能同时推动多项产业技术的发展，且能进一步推动城市交通管理的智能化、现代化建设。因此，自动驾驶领域是多国汽车产业和高端科技产业进行跨界合作和竞争的热点。多个国家发布了国家层面的自动驾驶规划，以迎接出行领域的新浪潮。各个企业也纷纷提出了各自在自动驾驶领域的规划，只为乘上自动驾驶发展的东风。

（一）国内企业的自动驾驶发展规划

1. 中国一汽

作为中国汽车工业的"长子"，中国一汽计划让自主品牌车辆都拥有自动驾驶功能，尤其是红旗全系车型，要让智能化成为该品牌的基础内涵。从2003年起，一汽集团就对自动驾驶领域保持高度关注，并且一直把自动驾驶技术的研发作为重点工作。中国一汽于2011年与相关高等院校达成了合作，将自动驾驶运用在了高速场景下，2015年，实现了以 V2X 为基础的自动驾驶车辆编队。针对 L4 及以上等级的更接近全自动化的车辆研发，中国一汽正在相对较封闭的限定示范区域内采用小批量运行的方式进行测试，以确认技术的成熟度和商业化可能性，力争2030年在所有用车情景、所有用车时间内都实现自动驾驶。现在，中国一汽已经和小马智行在自动驾驶领域开展了深入合作，二者将发挥各自的优势，将自动驾驶系统和现有的车辆项目平台结合在一起，共同探索如何将 L4 及以上级别的高级别自动驾驶车辆进一步商业化。

2. 东风汽车

原本东风汽车的技术战略是"绿能·智能"，在自动驾驶时代来临后，将转变为"五化＋N"战略，"五化"的概念包含了智能化、网联化等。同

时，东风汽车将打造 Sharing‑VAN2.0 技术平台，该技术平台从在武汉应对新冠肺炎疫情中所使用的 Sharing‑VAN 发展而来，将以车为载体，进行各个社区生态的融合，可以满足各个社区、地方之间的接驳、摆渡、物品运输等需求，除了载人载物之外，自动驾驶车辆还具备巡逻、清扫等功能，也可以作为一个移动的公共场所，如图书室等。东风汽车的规划中包含了自动驾驶领航项目，该项目是东风汽车在自动驾驶领域的布局点，集团对于该项目的投资预计将超过6亿元。下一步，东风汽车计划投放自动化车辆，并将示范区域扩展到整个武汉，该项目将在 2020～2022 年完成。2021 年 6 月，东风柳汽已经和华为完成合作签约，双方计划在领域内开展多方面的合作，基于华为的智能驾驶计算平台，东风汽车可以开展自己的汽车项目，研发新一代自动驾驶系统。

3. 广汽集团

广汽集团认为，单台自动驾驶车的智能控制与基于 V2X 的车路协同管理并不存在矛盾，在发展单车智能化的道路上，也要关注终端建设的发展。在政策支持和市场优势下，广汽集团的计划是将自动驾驶汽车与中国本土的实际状况相联系，发挥自身在人工智能、通信领域的优势进行研发。广汽集团下一步的计划是完善智能网联的终端平台，发展网联生态，2023 年投入运营高级别自动驾驶汽车示范区。2021 年 5 月，广汽新能源还与滴滴自动驾驶达成了合作，一起推出了智能车型。

4. 上汽集团

上汽集团的 R 品牌智能电动汽车在 2022 年可以达到商业化水平。在自动驾驶方面，上汽集团与其他各方达成了多项合作。例如，和阿里、政府部门开展三方合作，合作的内容是研发高端品牌"智己汽车"，该车可实现点到点自动驾驶；Momenta 公司基于名为"飞轮"的优势核心技术，向上汽集团提供自动驾驶方案。同时，上汽集团也和智能芯片公司地平线建立合作生态，探索汽车智能时代的合作新方式。

5. 长安汽车

长安汽车于 2020 年 3 月宣布其 L3 自动驾驶新车型达到商业化水平，并

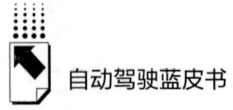

举办体验会，同时进行了全程道路行驶直播。其后，长安汽车以总投资 10 亿元启动了高级别自动驾驶项目，该项目计划在长安 CS55EV 版基础上对单车的智能控制和车路协同系统进行优化，并将产品应用于更复杂的场景，力争于 2025 年完成。长安汽车在自动驾驶领域还与华为、宁德时代合作研发了一款高端智能电动车，融合了目前最新的技术，并计划于 2021 年底发布。

6. 长城汽车

长城汽车召开发布会，在会上宣布了其"331 战略"，该战略的内容是长城汽车要用三年时间，在自动驾驶产品领域实现领先，包括消费者规模、消费者体验、用车场景等。该战略同时提出，长城汽车将推出中国首个以激光雷达为探测手段，能够实现全车冗余的 L3 自动驾驶汽车产品，该目标将在 2021 年实现。

7. 吉利汽车

早在 2017 年，吉利汽车就已经发布了从 G－Pilot 1.0 到 G－Pilot 4.0 的自动驾驶技术发展战略。吉利汽车同时宣布，2020 年后，其高级自动驾驶技术将会面世。此外，沃尔沃也对外宣称，和吉利汽车开展合作的方式是各自保持目前独立的状态，在智能化领域以达成战略目标为目的开展深化合作。

（二）国外企业的自动驾驶规划

1. 特斯拉

作为"一条"被投入全球汽车市场，引起整个行业发生翻天覆地的变化的"鲶鱼"，特斯拉一直在汽车智能化的风口浪尖上。2020 年 1 月 16 日，特斯拉通过官方发布渠道公布了其在高等级自动驾驶领域的产业进展，其现在生产的，装备了具有完全自动控制能力的控制器芯片的汽车总数已经超过了 60 万辆。早前，特斯拉还宣布其自动驾驶计程车服务将在 2020 年上线。特斯拉 CEO 马斯克更是宣称，特斯拉将会继续引领汽车智能化的风潮，并于 2021 年进入完全自动驾驶时代。

2. 大众

身为传统车企的代表，大众在自动驾驶领域也有自己的布局，即2025～2030年实现自动驾驶商业化。而且，大众汽车还宣布在2025年之前将 ID. BUZZ 厢式车投入市场，称该车型将达到 L4 自动驾驶标准。此外，大众旗下的子公司，Moia 宣称计划在2025年将与美国公司 Argo 合作开发的自动驾驶车辆投放到德国汉堡的道路上，大众旗下的奥迪品牌也有自己的高级别自动化电动汽车项目战略，即"Artemis"项目战略。

3. 宝马

宝马针对汽车智能化研究领域发布了 iNext 计划，iNext 车型为宝马开发的 L3 智能车型。此外，与其他车企相似，宝马在自动驾驶领域将与英特尔等高科技厂商合作开展研发。

4. 奔驰

在量产的多个奔驰车型上，已经搭载了不少自动驾驶相关的辅助功能，但其实奔驰与真正的自动驾驶相比还有一些差距。奔驰宣布公司的自动驾驶规划共分为四步将从低速限定的封闭环境，逐步开放到高速全场景全环境。在奔驰的计划中，自动化电动车 EQ 平台在2020年底前就可以投入研发，再之后将是商业化产品的陆续推出。

三 自动驾驶技术的发展

汽车自动化的研发道路主要包括两条：其一，研发单台车辆控制器的智能驾驶控制技术，即促使单台自动驾驶车辆在探测采集周边环境信息后，控制器利用智能算法确认行驶方式，从而操纵执行器达成驾驶效果。其二，研发 V2X（Vehicle to Everything）技术，即将单台自动驾驶车辆放置于一个完整的环境空间中，车辆与其他车辆、路上行人、道路等一切要素相联系，在车辆了解了一切信息的前提下再规划车辆的行驶路线和驾驶控制方式。两者是相辅而行的关系，在单车智能化达到一定程度后，V2X 的作用将会日益突出。

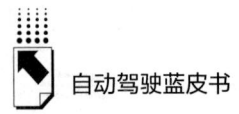

（一）自动驾驶数据采集技术

自动驾驶车辆在路上行驶时，往往需要实时获取精准的位置与速度。算法决策需要的数据包括车辆本身的运行数据，如整车数据、电池数据、加速数据、转向数据、制动数据等，以及行车环境数据，如障碍物数据、行人数据、路况数据和其他车路协同数据等。当初始的行车数据出现偏差时，自动驾驶算法决策会面临输入数据累积起来的误差引起的决策失误，影响行驶安全，因此，精准的行车数据采集非常重要。

车辆本身的数据由传感器采集得到，同时，传感器与整车或部件控制单元相连接，通过 CAN 网络的形式也可在车内传递数据。目前，车内数据传感器技术已经比较成熟，可靠性较高。

确保行车环境数据采集的精准性是自动驾驶研究中非常关键的一环。行车环境数据的采集需要通过车载环境监测设备实现，常见的自动驾驶数据采集设备，同时也是各个车企主要采用的探测手段，包括激光雷达、毫米波雷达、红外热成像传感器、摄像头等。出于对安全等因素的考虑，自动驾驶汽车的环境探测和数据采集不会采用单一的技术，而是会采用多种手段并行或相互辅助的形式。通过多传感器信息融合达成对环境的分析是主流的研究方向。与此同时，单种监测设备本身所使用的技术也在不断发展。

1. 激光雷达

激光雷达在测量物体的准确性和测量距离的精度方面是有优势的，特别是其获取三维物体信息的能力较强。但是，激光雷达受天气影响较大，下雨、起雾等天气都会对雷达测量结果产生较大影响，而有沙尘暴时，激光雷达会几乎完全失效。但其优越的探测性能依然得到了很多车企的青睐，因此，要加强激光雷达对环境的适应能力。

2. 毫米波雷达

毫米波雷达具有噪声低、动态范围大等特点，但是其在角度测量精度方面的性能一直较差。此外，其抗干扰性、复杂环境探测精度等综合性能也需要继续提升。

3. 红外热成像传感器

红外热成像传感器与其他几种传感器相比，有受天气影响相对较小的优势，因为其可以捕捉到分辨率更高的图像。不管在何种天气、空气质量下，行人、动物等在移动过程中都会自发地向外辐射热量，在路面上行驶的自动驾驶汽车能通过热成像技术获取他们的信息，正因如此，热成像技术受白昼夜晚、光线照明、雨雾天气等影响较小。加州大学圣地亚哥分校的研究人员设计了可穿透烟雾和硅片的新型红外成像仪，研究小组称该设备有望被用于自动驾驶车辆上，这项研究成果将会帮助汽车在恶劣的天气下更加有效地辨别环境。

4. 摄像头

车载摄像头在比较早的时候就已经被广泛运用于车辆领域，早期被用于驾驶记录、泊车观察方面，其后被延伸应用于 ADAS 辅助驾驶，是最先被商用于自动驾驶的探测设备。以特斯拉为代表的依靠摄像头感知环境的车企被称为"视觉派"，即它们利用摄像头模拟人眼进行环境探测。特斯拉计划在新车型中逐步取消雷达，将纯视觉方式作为环境探测方式，但目前纯视觉的自动驾驶探测在行业内还存在争议。与视觉处理相关的探测精度、图像处理算法还在不断革新中。

（二）自动驾驶 V2X 技术

随着自动驾驶等级的提升，算法决策将采集更大范围的交通数据，如行车位置所在的更大区域内的交通路况等。V2X 表示车辆与其他行驶相关的事物之间的通信联系，在"X"里面，包含了所有与自动驾驶汽车相关联的因素，包括交通基础设施、周围车辆、路面行人、智慧云平台等。协同式自动驾驶需要可靠的 V2X 进行信息交互，使汽车从智慧云平台实时获取交通信息、周围车辆情况等，以利于路径规划和驾驶决策算法的输入。

V2X 技术依赖海量数据的传输、接收与处理，而行车区域交通大数据的采集依赖于具有超高运算和储存能力的智慧云平台。归功于近年来 5G 通信技术的飞速发展，车与云平台之间可以实现低时延的交互通信，5G 通信

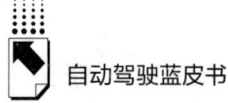

技术为自动驾驶提供了良好的推力。在未来,自动驾驶的发展路线将从单台车的智能决策演化为车路协同配合决策。5G 通信技术在其中将扮演重要角色,随着 5G 网络在多省市全面铺开,其将提升道路车辆与智慧云平台的衔接速度,给汽车提供"上帝视角",使汽车能从更高、更全面的角度做出行驶决策。

2020 年 1 月 15 日,在上海举行的 2020 中国智能汽车高峰论坛上,传统车企沃尔沃与电信运营商中国联通签约合作,该合作主要针对由 5G 通信技术支撑的 V2X 技术和汽车本体的合作开发。2020 年 12 月 10 日,Avenir 成了智能交通范畴内首批实现车路协同的量产车,该车型由别克研发并投产。Avenir 可获取周围的交通信息数据,如在其行进方向上的前车因为某些原因触发了 ABS 系统或者 ESP 系统,该车型便会对驾驶员发出警报。

四　自动驾驶汽车量产情况

(一)L2 自动驾驶汽车量产情况

当前自动驾驶汽车的商业化主要处在 L2 车型普及期。大数据显示,2020 年,国内具有自动驾驶辅助功能的自动驾驶乘用车的市场渗透率已经达到了 15%,搭载自动驾驶辅助技术的车辆同比增长 118.9%,虽然新冠肺炎疫情导致汽车整体市场不景气,但自动驾驶汽车领域仍表现出欣欣向荣的景象。

车企在推动 L2 产品落地方面非常积极。吉利汽车、长安汽车、上汽集团、广汽集团等公司都先后推出了搭载 L2 自动驾驶系统的车型。其中以蔚来等造车新势力表现最为积极,在自主品牌和合资品牌车型上,L2 配置已经达到了 100%,并在市场宣传中不断突出自己的特色。如蔚来在市场宣传中突出了 ES6 上的 3V4R 方案,即通过一个 3 目摄像头、4 个雷达,实现领航辅助、拥堵自动辅助、转向灯控制变道等多项 L2 功能,且该功能可以利用 OTA 进行优化完善升级。在一些车型中,车企甚至把 L2 自动驾驶辅助功能作为标配推荐给用户,如广汽丰田宣布第 12 代卡罗拉的全系车型标配都

具有 L2 自动驾驶的核心功能，即使最低配的车型也配有 ESP 车身稳固性操控系统及车道维持辅助、主动刹车等功能。

而许多国外车企，如奔驰、宝马、特斯拉等在较早之前就已将 L2 自动驾驶辅助配置搭载到了自家高端产品上，现在大众等公司也逐渐在将 L2 自动驾驶辅助配置搭载到中低档车型上。

2020 年 L2 自动驾驶辅助配置已经成了很多车型的卖点，在高、中、低不同档位的汽车领域中掀起了新一轮的竞争。

（二）L3 自动驾驶汽车量产情况

相较于 L2 自动驾驶汽车市场上各大车企的拼力厮杀，系统对驾驶行为具有更高掌控能力的 L3 自动驾驶汽车市场就安静许多。[①]

国内方面出现了两款 L3 自动驾驶产品。2019 年，广汽新能源车 Aion LX 揭开神秘面纱。广汽集团称该车型已经可以交付使用，成为第一个宣布 L3 自动驾驶汽车进入量产阶段的自主品牌车企。随后，同样宣称达到 L3 驾驶自动化的车型，即由长安汽车研发的 UNI－T 也出现在了公众的视野中，此为长安汽车的首个 L3 自动驾驶产品。长安汽车于 2020 年 3 月 10 日举办了体验活动，并全程进行了直播。但后续长安汽车上市的车型中未包含 L3 配置，这可能是因为 L2 以上的自动驾驶汽车目前尚未得到法律允许。

国外方面，2021 年 3 月 5 日，本田发布了车型"LEGEN"，此车型搭载了本田研发的 L3 自动化系统。本田称，该车型研发用时 7 年，积攒了 130 万公里的路测经验，是在 L3 自动驾驶领域，世界上首款获得认可的汽车。

（三）L4 及以上等级自动驾驶汽车量产情况

L4 自动驾驶车辆虽然依然存在驾驶舱，但是驾驶行为已经完全由汽车本身完成，是接近完全自动的汽车，而 L5 则可以取消驾驶舱，让人完

---

① 杜莎、高驰、陈琦：《大陆集团：L3 是自动驾驶必经之路，需全产业链协作》，《汽车与配件》2020 年第 9 期。

全成为乘客。但高自动化的乘用车目前仍未被真正投入市场，即使是宣称已经达到量产标准的品牌，也未将产品投入市场。虽然现在并未出现量产的全场景 L4 道路用车，但在限定场景下，一部分自动驾驶汽车已经在行驶路线较相似、障碍物和行人较少的环境下率先达到可量产标准，限定场景包括工业园区、宿舍区、大坝、港口等，这些场所的特点是封闭性相对较强，环境相对单一，道路上的移动或非移动障碍物也比较少。高级别的自动驾驶车辆在限定场景下可以取代人力，高效处理一些固定路线上的运输任务。

在特定区域，用于运送货物、定点接送人员的 L4 自动驾驶车辆已经进行了长时间的测试。如京东物流在多个城市都设置了无人配送物流车。在限定场景下，当低速运行时车辆比较稳定，因此按照计划，京东会在 2021 年将 L4 自动驾驶车辆大量投入使用。

虽然尚未真正有 L4 及以上等级的自动驾驶乘用车实现量产，但多个车企的发展计划中都包含了有限制场景、无限制场景的高度自动化车型，并已经提出了数款概念车，也透露了后续量产时间。

国内自主品牌车企方面，在 2020 年 11 月 11 日的世界智能网联汽车大会上，北汽集团推出一款车型，称该车型拥有限制场景的高等级自动驾驶功能，系其之前与滴滴自动驾驶合作的成果。北汽集团向参会人士提供试乘体验服务后宣布，集团在自动驾驶方面的目标是在 2025 年实现 L4 自动驾驶产品的商业化，同时到 2025 年，使 L5 自动驾驶车型的技术、开发流程达到成熟阶段。同日，长安汽车也宣布了其高级别自动驾驶车辆的量产计划，并表示，到 2022 年，L4 自动驾驶车辆量产将会逐步实现，其后就是 L5 自动驾驶车型的研发，并希望尽快将其投入量产。除此之外，广汽集团、东风汽车等多家自主品牌车企也在其他场所公布了各自高级别自动驾驶汽车的量产计划，各个企业都期盼早日实现 L4 自动驾驶车型的量产，最早的量产计划是在 2024 年。

国外部分品牌汽车也公布了高等级自动驾驶产品的研发和量产计划，如福特宣称将于 2021 年在美国量产第一款 L4 自动驾驶车型。特斯拉、大众、丰田等公司虽未曾在公开场合表态其L4自动驾驶产品的落地计划，但也一直在开展L4自动驾驶车辆的测试。

五　自动驾驶示范点的建设

为响应国家促进智能产业发展创新的号召，顺应出行产业发展的新浪潮，实现智能汽车技术的早日落地，2020年，我国多个城市和地区建设了一批自动驾驶示范点，用以测试自动驾驶技术在封闭性较强的实际道路上的表现，即对自动驾驶在限定场景下的实际运行状况进行测试验证。企业也积极与地方政府开展合作，在自动驾驶示范点中投放自己的车型，以期实现自动驾驶技术应用范围扩大、自动驾驶汽车早日投产的目标。如大众与合肥市政府合作开展了智慧城市项目等。

（一）自动驾驶智能港口示范点

天津港计划组建在港口区域示范运行的自动驾驶车队，建设示范区，还将同步使车队的智能管理调度系统支持车队50辆以上的智能车辆的自动化运行，同时还会配套建设智慧港口的交通云控制平台，形成完整的港口智能体系。2020年10月，天津港集装箱码头已经完成了全流程测试。

（二）自动驾驶载人专线示范点

2020年8月，郑州市郑东新区通车试运行了自动驾驶公交示范线，该示范线全长17.4公里，首批上线了13台宇通智能车辆。这些公交车具备车路协同等先进技术，并结合了其他智慧交通相关管控系统。

2020年9月3日，安徽省合肥市包河区开通了首条自动驾驶车辆和人工驾驶车辆混行的汽车示范线，第一批乘客也到这条全长4.4公里的环形回路示范线上进行了体验。该线路具备完整的自动驾驶交通体系。包河区表示将基于该示范线持续进行测试验证，推动自动驾驶技术的成熟和发展。

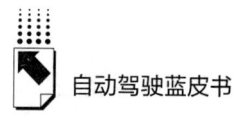

2019 年，河北省沧州市开放了一个自动驾驶测试路段，该测试路段可进行全域测试，实属中国首次。2020 年 9 月 22 日，沧州市还正式开通文化相关的自动驾驶汽车旅游专线。该旅游专线包括科技工业旅游和历史文化艺术旅游两条线路，旨在推动自动驾驶的常态化运营。

六　自动驾驶规范性文件的制定进展

虽然自动驾驶飞速发展，但是车企在制订量产计划时，也需要遵守法律规范。智能交通相关的政策法规是否完善，是自动驾驶汽车能否顺利上路的充分条件，也是车企高等级自动驾驶车辆能否顺利上市的重要影响因素。曾经有车企宣称因为法规尚不允许，所以取消 L3 自动驾驶配置在量产车型上的使用。自动驾驶法规的完善，是一个系统且复杂的工程，需要一系列相关的规范性文件做支撑。工信部在发文规范了汽车自动驾驶分级方法后，又与其他部门联合提出了一系列支撑智能交通建设的规范或政策，如组织 5G 网络设施的建设政策，以及公路工程基础设施与自动驾驶车辆的配套规范等。国外的自动驾驶相关法规也处于探索阶段，如美国的《自动驾驶法案》虽然在很早的时候就已被提出，2017 年在众议院获得一致通过，但后续还需要参议院予以修正。德国在法律方面走在了前列，联邦委员会通过了《自动驾驶法案》，在这项立法中，到 2022 年，L4 完全自动化汽车将可以走上公共道路，这是全球首个在全国范围内允许高等级无人驾驶车辆进入公共交通体系的国家。此外，2020 年，在联合国欧洲经委会举办的汽车法规协调世界论坛上，世界上第一个 L3 自动驾驶汽车国际法规获得通过，这将是第一个有约束力的高等级自动驾驶汽车的国际性规范。① 有完善的法律条文做支撑，自动驾驶车辆才能从封闭园区中走出来，真正在公共道路上得以使用，成为可以为人民服务的智慧交通工具。

---

① 潘康、赵燕、李阳：《自动驾驶汽车技术及相关法律问题的探讨》，《法制与社会》2020 年第 32 期。

七 总结与展望

汽车市场有需求，加之各国均推出了支持政策，让全球自动驾驶汽车研发领域呈现出蓬勃向上的发展势头。在过去的 2020 年，顺应时代发展浪潮，各个车企研发的搭载自动驾驶辅助系统的车型陆续上市，且受到了市场的欢迎，也有部分 L3 自动驾驶产品落地，更多同级别车型进入了量产前的冲刺阶段。同时，各个企业也在紧锣密鼓地加紧对更高级别自动驾驶车辆的研发。此外，对自动驾驶汽车的研发也促进了传统车企和高新智能产业企业的通力合作，促进双方特有的资源和技术积累的整合，形成了传统车企顺应时代发展成功转型和智能产业技术得以落地的双赢局面，在二者的合作中，诞生了多款让人眼前一亮且同时具有二者优点的产品。相信在 2021 ~ 2025 年，自动驾驶领域将会有更多创新突破与发展，人类距离科幻故事中的自动驾驶时代，将越来越近。

参考文献

冯彬：《2020 年，自动驾驶的分水岭》，《廉政瞭望》2020 年第 7 期。

杜莎、高驰、陈琦：《大陆集团：L3 是自动驾驶必经之路，需全产业链协作》，《汽车与配件》2020 年第 9 期。

潘康、赵燕、李阳：《自动驾驶汽车技术及相关法律问题的探讨》，《法制与社会》2020 年第 32 期。

B.3
2020年自动驾驶芯片市场
发展状况分析与未来展望

张玲玉　宋　琪　郭丽君　李凯龙*

摘　要：　为了解2020年自动驾驶芯片市场的发展现状，本文调研了国内的地平线、黑芝麻智能科技、华为，以及国外的 Mobileye、英伟达和特斯拉六家企业在自动驾驶芯片领域的发展情况。通过分析2020年自动驾驶芯片供应链以及各企业的优劣势可知，2020年是国内芯片企业发展的关键时期，中国自动驾驶芯片在性能和功耗上与外国芯片相比并不差，但是在架构设计、研发投入与车规级芯片应用等方面仍处于较为前期的探索阶段，相较国外仍存在明显差距。因此，针对我国自动驾驶芯片市场发展过程中存在的问题，未来芯片产业的发展应坚持长期投入、专注垂直领域、构建产学研用的生态体系，并且精进制造工艺。

关键词：　自动驾驶　芯片企业　芯片技术

一　2020年自动驾驶芯片市场发展状况

2020年，新冠肺炎疫情的暴发，影响了一些特定汽车电子元件的芯片供

---

* 张玲玉，北方工业大学在读博士研究生，主要研究方向为人机共驾控制权切换决策方法；宋琪，博士，中国智能交通协会咨询研究部工作人员；郭丽君，中国智能交通协会科技服务部部长；李凯龙，中国智能交通协会业务发展部主管。

应，中国"缺芯"态势愈演愈烈。疫情防控常态化时期，中国市场的全面复苏进一步推动了需求的增加，而多重因素的叠加影响，导致了汽车芯片供需矛盾日益凸显。汽车芯片是新能源汽车实现智能化和电动化的核心硬件，而自动驾驶又代表着汽车行业的未来，因此，作为自动驾驶系统的"大脑"，自动驾驶芯片显然已经成为"车企的必争之地"，并且竞争日益白热化。

2020年，我国L2自动驾驶的渗透率已经达到15%，全年有近300万辆配备L2自动驾驶功能的车辆进入市场，并且这一市场规模还在快速扩大。对于如此巨大的市场，各大车企都在加紧占领，由此使得L2自动驾驶的竞争愈加激烈。同时，L2自动驾驶芯片之战也拉开序幕。此前，L2自动驾驶芯片的巨头是Mobileye、赛灵思，但是从2020年开始，这一现象正在逐渐被改变，Mobileye、赛灵思等老牌厂商在L2自动驾驶芯片领域的地位可能会逐渐受到威胁。

2020年初，高通推出了基于Snapdragon Ride平台的自动驾驶解决方案，可以为L1/L2、L2+/L3、L4不同等级的自动驾驶系统提供不同的SoC。同年12月30日，高通与长城汽车在自动驾驶领域达成合作，长城汽车将采用高通Snapdragon Ride平台，将其自动驾驶解决方案搭载于长城汽车"咖啡智能"车型，预计2022年可在长城高端量产车型中完成搭载。

2020年6月，英伟达和奔驰达成合作，从2024年起，奔驰所有车型的自动驾驶系统都将采用英伟达完整的自动驾驶解决方案。中国的造车新势力如小鹏、理想、蔚来和智己也先后宣布采用英伟达的自动驾驶芯片，同时也在自主研发自动驾驶算法，与奔驰不同，它们采用的是"芯片+底层软件+开发工具链"的方案。[①]

2020年，Mobileye全年向蔚来提供了超过5万套系统，包括三目摄像头系统以及ADAS解决方案，随着更先进功能的加入，Mobileye需要选择比蔚来更强大和更有实力的OEM厂商。由此，Mobileye选择了与更大更强的吉利开展合作。2020年9月，Mobileye和吉利共同宣布，搭载Mobileye

---

① 《英伟达自动驾驶芯片升级　最高2000TOPS，应对L5无压力》，凤凰网汽车频道，2020年5月15日，https://auto.ifeng.com/quanmeiti/20200515/1423180.shtml。

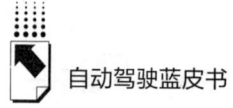

SuperVision 自动驾驶系统的吉利汽车将在 2021 年秋季正式量产。

2020 年 10 月，AMD 宣布以总价值 350 亿美元的全股票交易收购全球第一大 FPGA 厂商赛灵思。这一交易额大于当时 AMD 市值（大约 940 亿美元）的 1/3。AMD 除了看中赛灵思的 FPGA 架构之外，其未来也计划将汽车业务作为合并后公司的重点业务之一。

2020 年发生的自动驾驶芯片领域的这四件大事，实际上只是芯片巨头在 L2 自动驾驶领域的一个缩影。随着 L2 自动驾驶普及率的不断增高，汽车电子电气架构将由分布式计算模式向中央计算模式不断进化，各厂商的自动驾驶芯片之"战"也将不断升级。

对于芯片厂商提供的芯片，最终决定是否装车的还是整车企业，有 5 个关键指标影响着车企对自动驾驶芯片的选择，分别是：深度学习的算力和效能，能否支持多个不同种类传感器输入，软件开发的便利性，能否获得功能安全认证，能否提供完整的解决方案。

一些车企自主研发的自动驾驶系统，希望得到更加开放的软硬件解决方案，还有一些车企希望买整套技术集成进车内。车企对开放的解决方案的巨大需求，近年来也催生了一批自动驾驶芯片初创公司。国内汽车芯片初创公司中，唯一实现量产上车的就是地平线。当前地平线研发的 Journey 2 芯片能够让奇瑞蚂蚁实现"L2＋"自动驾驶，同时也被应用于长安 UNI－T 车型，实现智能座舱功能，这款芯片的出货量已经超 16 万。2020 年发布的 Journey 3 芯片，在算力增强的同时，也可以让车辆实现自动泊车功能，目前已经实现量产。

芯片之战已打响，无论是芯片巨头还是初创企业，它们看好的不仅是当前的市场，更是未来更高级别的自动驾驶市场，实现高算力以及中央计算模式的电子电气架构将是自动驾驶芯片厂商未来一个时期的主要目标。

二　自动驾驶芯片市场的主要竞争者

在自动驾驶领域，目前可实现车规级智能芯片前装量产的企业并不多。

随着自动驾驶级别的不断提高，传感器数量和算力要求也不断提高，并直接促使车载自动驾驶芯片的量价齐升。面对广阔的国内乘用车市场，未来高等级芯片赛道的竞争者主要有国内的地平线、黑芝麻智能科技、华为等，以及国外的 Mobileye、英伟达和特斯拉等。这些企业的自动驾驶芯片参数见表1所示。

表1　六家企业的自动驾驶芯片参数

企业名称	芯片名称	最大算力（TOPS）	功耗（W）	量产年份	适用等级	公司业务模式	芯片主要搭载厂商
地平线	Journey 2	4	2	2019	L1～L2	Tier2	长安、理想、奇瑞
	Journey 3	5	2.5	2020	L1～L2		
	Journey 5	96	15	2022	L3		
华为	Ascend 310	16	8	2018	L3	Tier1	奥迪、一汽、沃尔沃、东风等
	Ascend 910	512	310	2019	L4		
黑芝麻智能科技	A500	5.8	<2	2020	L1～L2	Tier2	—
	A1000	70	<8	2021	L3～L4		
	A1000L	16	<5	2021	L1～L2		
特斯拉	FSD	72	72	2019	L3	车企	特斯拉
英伟达	Xavier	30	30	2020	L4～L5	Tier2	全球六家 Tier1、小鹏、理想、蔚来、丰田、沃尔沃、奥迪、小马智行、文远知行等
	Orin	200	65	2022	L4～L5		
Mobileye	Eye Q4	2.5	3	2019	L1～L2	Tier2	奥迪、蔚来、宝马、小鹏、威马等
	Eye Q5	24	10	2021	L2～L3		
	Eye Q6	128	40	2023	L4～L5		

资料来源：根据各企业公开信息整理。

（一）地平线

2020 年是地平线车规级 AI 芯片的前装量产元年。地平线 Journey 2 在长安 UNI – T 和奇瑞蚂蚁两款车型上分别实现了智能座舱域和高级别辅助驾驶域国产 AI 芯片量产上车的零突破。截至 2020 年，中国首款车规级 AI 芯片地平线 Journey 系列芯片前装出货量已超 16 万。目前，地平线已同长安汽

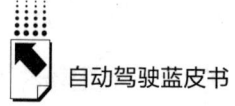

车、上汽集团、广汽集团、中国一汽、理想、奇瑞、长城汽车，以及奥迪、大陆集团、佛吉亚等国内外知名主机厂及 Tier1 深度合作，成功签下 20 余个量产定点车型，预计 2021 年装车量可达百万台。

在 2020 年国际消费类电子产品展览会（CES）上，地平线全新一代自动驾驶计算平台 Matrix 2 正式亮相，该平台是基于 Journey 2 芯片打造的。相比上一代产品而言，Matrix 2 具备高性能、低功耗等特点。Matrix 2 拥有 16TOPS 等效算力，功耗为上一代的 2/3。在感知层，Matrix 2 可支持包括摄像头、激光雷达等在内的多传感器感知和融合，实现最多 23 类语义分割以及 5 大类目标检测。该平台可满足高级别自动驾驶运营车队以及无人低速小车的感知计算需求。

2020 年 8 月 18 日，地平线与中国一汽智能网联开发院签署战略合作协议，双方将以高级驾驶辅助系统（ADAS）、高级别自动驾驶和智能座舱为重点，深入推进相关合作，共同探索汽车智能化、网联化技术，开发市场领先的智能网联汽车产品，实现共同发展。合作产品将会率先应用于中国一汽红旗。另外，地平线与奥迪将联合打造 L4 自动驾驶方案，并与 Robo Sense 达成初步合作意向，为 RS-LiDAR-Algorithms 激光雷达环境感知算法定制芯片。

在 2020 年北京车展上，地平线发布了 Journey 3 车载 AI 芯片，Journey 3 将成为全球首个量产落地的采用前视 800 万像素摄像头的智能驾驶方案的 AI 芯片，率先引领前视感知进入 800 万像素时代。同时，Journey 3 前视感知产品具有视觉高精度地图定位算法，在不需要高精度定位盒子的情况下，实现车道级的定位精度。Journey 3 针对我国特有的市场机会（国内有大量的车型配备单目的前视摄像头 + 四目的鱼眼环视摄像头），能同时做 5 路感知的计算，既可以实现高速公路上的辅助驾驶，也可以实现自主泊车，即低速工况下的自动驾驶。此外，Journey 3 还具备满足中国消费者需求的行车记录仪功能。

地平线是一家根植于中国的公司，核心研发团队深耕中国市场，具备本土化服务能力，这有利于提高地平线相对国外对手的竞争优势。Mobileye 的黑箱子解决方案的软硬件结合非常紧密，而英伟达的高开放性解决方案不能

完全适用于国内的部分传统车企,因为传统车企的软件算法研发能力较为薄弱。地平线定位在二者之间,可提供具有开放性的计算平台和软件算法,与车企配合更高效。地平线在提供 AI 芯片的同时,也有能力提供开放的基础算法软件和开发工具链,能配合具有不同软件研发能力及水平的车企。同时,地平线拥有其自主研发的 AI 计算加速架构、编译器和感知功能基础软件,核心技术的自主可控使地平线产品受中美摩擦的影响较小。而且地平线的工具与开发流程从 Journey 2 到 Journey 5 基本一致,所以已使用 Journey 2 或 Journey 3 芯片的车企后续若再升级到 Journey 5,在开发时间上有望缩短 6 ~ 9 个月,这有助于加快 Journey 5 的上车量产进度。

地平线在 2019 年发布的 Journey 2 是国内首款车规级 AI 芯片,能够用于车辆前装量产部署。2020 年量产的 Journey 3(单价几十美元)同样针对 L1 和 L2 辅助驾驶。通过 Journey 2 和 Journey 3,地平线希望能满足中国 20 万元以下车型对智能化的主流需求,因此,地平线有望成为 Mobileye 在中国市场最有力的竞争对手。地平线的 Journey 2 和 Journey 3,算力比 Mobileye 的 Eye Q4 更高,同时算力功耗比也高于 Eye Q4,这就意味着同等算力条件下其可以配备更少的散热设备,有利于集成上车应用。地图方面,地平线在国内具有数据采集的本土性优势,而 Mobileye 作为外企,在国内受到的限制相对较多,需要与国内公司(如上汽集团、紫光)合作,不能单独采集高精度地图数据。

地平线是同时获得英特尔和海力士两家芯片巨头投资的 AI 芯片公司,公司已完成高达 15 亿美元的大 C 轮融资,投后估值高达 50 亿美元。然而,地平线成立的时间较短,目前合作车企较少,主要营收来自委托设计(NRE)、智能座舱、智能家居以及安防解决方案和芯片。两个已量产的合作项目均属智能座舱领域,与辅助驾驶耦合程度较低。但未来公司期望辅助驾驶和自动驾驶业务的收入会在其营收中占较大比例。

(二)华为

2020 年 5 月 9 日,华为联合中国一汽、长安汽车、东风集团、上汽集

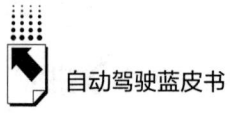

团、广汽集团、北汽集团、比亚迪、长城汽车、奇瑞、江淮汽车、宇通、赛力斯、南京依维柯、T3 出行等首批 18 家车企，正式成立"5G 汽车生态圈"。华为将整合各巨头资源，调配研发过程中所需的互联设备，并加快无人驾驶汽车的研发进度。

2020 年 7 月 12 日，全球第一款搭载华为 5G 技术（麒麟 710）的量产车型比亚迪汉上市发售。华为的 5G 技术主要为比亚迪的 DiPilot 和 Dilink 3.0 系统提供支持，能够为用户提供更佳的智能驾驶辅助和车联网服务体验。在硬件配置及华为 5G 技术的加持下，传统的"单机版"自动驾驶辅助功能在汉 EV 上变成了"网络版"的智慧驾驶辅助功能。

基于 HiCar 系统，汽车厂商可以低成本引入手机等外部设备的算力和移动互联网全生态服务，一步完成智能座舱体验升级。搭载了 HiCar 系统的车辆可以实现与 1.3 亿部华为智能终端设备的零级贴合式互联，其范围不再局限在车内，而是将"人、车、家"连接在了一起，构建出了智能生活新生态。截至 2020 年 12 月 31 日，华为 HiCar 系统已得到沃尔沃、中国一汽、东风汽车、广汽集团、比亚迪等 20 余家主流汽车厂商，百度、搜狗、凤凰 FM 等 30 余家应用开发商和德赛西威、飞歌、路畅等 30 余家车机系统集成商的支持，合作车型超过 120 款。

在 ADAS 领域，华为凭借 5G 技术，充分发挥 C－V2X 的优势，打破视距的限制，着力打造自动驾驶的"千里眼"。在此基础上，华为积极推进场景搭建和项目落地，基于 C－V2X 的公交解决方案首先在无锡投入运营，首个 5G 智慧公交在深圳落地。同时，华为还积极推进云布局，打造车联网生态联盟。

华为作为国内唯一定位 Tier1 的供应商，具备明确的国内市场竞争优势，相比国外供应商具有天然的本土性优势。目前，华为在智能汽车领域主要有 Ascend 310 和 Ascend 910 芯片，以及搭载自研芯片的智能驾驶计算平台 MDC600 和 MDC300，公司能力可以覆盖从 ADAS 到 L5 的"全赛道"。面对广阔的国产乘用车市场，华为未来或将成为地平线的最大竞争对手。

然而，虽然华为目前定位 Tier1，但华为自主研发的完整的解决方案或能使其有较强能力进军汽车产业，未来可能会给车企带来挑战，这使车企与华为的合作更加谨慎。此外，华为作为 DCU 供应商与车企合作的关系也有待考证。同时，华为也即将面临与积极转型的传统 Tier1 的竞争。传统的零部件供应商也在加强对自动驾驶技术的研发，积极参与转型。全球范围内，目前传统汽车零部件系统供应商巨头在毫米波雷达市场延续了自身的产品优势。博世、大陆集团和海拉等汽车电子企业市场占有率均位居前列。

目前，华为业务主要集中在芯片、算法、华为云、V2X、操作系统等软、硬件领域。若台积电代工受到中美贸易摩擦影响，华为转型造车也能凸显其技术优势。若华为参与造车，预计特斯拉和苹果将是其对标的竞争对手，相比特斯拉和苹果，华为于 2019 年 4 月才首次以 Tier1 的身份亮相上海国际车展，布局时间较晚。

（三）黑芝麻智能科技

黑芝麻智能科技（以下简称"黑芝麻"）定位 Tier2，并与车企和 Tier1 合作，如博世、上汽集团、中国一汽和通用汽车。2019 年 8 月，黑芝麻第一次发布了智能驾驶芯片华山 A500。2020 年 6 月 15 日，黑芝麻发布了自主研发的车规级芯片重磅产品，即华山二号 A1000 和华山二号 A1000L，这是黑芝麻继华山一号之后的第二代产品。两颗芯片都采用台积电 16nm 工艺，支持车规级 AEC - Q100 标准和多项传感器。黑芝麻经过 3 年的研发，芯片已成功流片。2020 年，黑芝麻与比亚迪、博世、上汽集团签署合作协议，并与中国一汽智能网联汽车开发院进行战略合作，共同打造中国智能网联汽车技术标准和平台。

目前，黑芝麻华山一号 A500 已经开始量产，但暂时没有看到搭载这一芯片的量产车型落地。另外，搭载华山二号 A1000 的国产车型预计将于 2021 年底正式量产。基于华山二号 A1000，黑芝麻提供了 4 种智能驾驶解决方案，分别用来支持 ADAS、L2 +、L3 和 L3/L4 不同级别的辅助驾驶和自动驾驶功能。此外，黑芝麻还可以提供客户所需的定制化解决方案。

黑芝麻的核心技术为自适应光控传感技术（ALCST）和学习型图像处

理技术（AIISP），能调整成像使其更清晰，可以应用于改善玻璃反光问题、大雾天气以及逆光等特殊环境下图像不清晰的问题。黑芝麻自主研发的神经网络加速器 NPU，使用 3D 的网络架构，一定程度上可以降低功耗，高算力芯片的算力功耗比可高于 5TOPS/W。

然而，黑芝麻成立时间较短，因此与之合作的车企仍较少。且目前只有华山一号 A500 正在量产，华山二号 A1000 预计将于 2021 年底量产。另外，芯片量产后还需要 1～2 年的测试时间，距应用于辅助驾驶的上车量产还有一段时间。目前尚未有量产车型发布，黑芝麻的芯片实际能力还有待考证。

（四）英伟达

英伟达在汽车领域的主要客户是奔驰和奥迪。奔驰的座舱一直使用英伟达的 SoC。奥迪的上一代车机采用的是英伟达芯片，但在 2019 年下半年新上市的车型中改用了高通芯片，2021 年起则改为三星的芯片。英伟达 2019 年汽车业务收入大约为 7 亿美元，2020 年失去奥迪这个大客户后，全年的汽车业务收入大幅度下滑 23.4%，降低至 5.36 亿美元。[①] 至于比较先进的自动驾驶芯片，目前对其营收的贡献还很低，几乎可以忽略不计，主要原因在于公司希望直接实现 L4 及以上的计算能力，虽然硬件屡有迭代，但这对合作方的研发要求较为严格，加上行业在 2019～2020 年整体发展不顺，价值放量的时点被推后。

近年，英伟达开始从 L2 自动驾驶着力，降低车企适配门槛，希望自上而下切入市场。目前，英伟达的 L2 自动驾驶芯片市场占有率也是相当可观的，奔驰、沃尔沃、丰田、小鹏的部分量产车当中已经搭载了英伟达的 L2 自动驾驶芯片。英伟达在硬件、算力和研发节奏方面当仁不让地属于"先行军"，不过目前仅与部分造车新势力合作较深入。

2020 年英伟达召开 GTC 大会，在自动驾驶方面，英伟达 CEO 黄仁勋宣布安培（Ampere）架构将用于制造自动驾驶芯片。安培架构是一种单一可

---

① 数据来源于 NVIDIA 官方网站。

编程的体系架构，制造出的自动驾驶芯片可以用于无人送货车、轿车、卡车等不同类型的车，使用范围更加广泛。基于安培架构，英伟达旗下的 Xavier 和 Orin 两个自动驾驶芯片的性能得到大幅提升。由于使用了安培 GPU，英伟达 Xavier 的算力提升至 200TOPS。在硬件方面，英伟达的自动驾驶芯片包含可实现 ADAS 的 Orin SoC、可实现 L2 自动驾驶的计算芯片和 DRIVE Pegasus Robotaxi 自动驾驶计算芯片。其中，Orin Soc 可被直接安装在车内后视镜区域，整体体积非常小，与车辆的摄像头可以融合成一个小盒子，而芯片的功耗仅有5W，算力可以达到10TOPS，也就是每秒可进行10万亿次的运算。

行业一般认为，L2 自动驾驶需要的算力在 10TOPS 以下，L3 自动驾驶需要 30~60TOPS 的算力，L4 自动驾驶需要超过 100TOPS 的算力，L5 自动驾驶需要超过 1000TOPS 的算力。针对这个算力需求水平，英伟达构建的高算力软硬件一体化自动驾驶闭环在 L4/L5 高级别自动驾驶领域已达到目前绝对领先水平。并且英伟达的解决方案具有较强的开放性，可以满足算法研发能力强的车企的研发需求，包括使用主动学习、联邦学习和迁移学习来训练深度神经网络，以英伟达作为平台通过联结分布在不同国家的多个数据集和 Constellation 模拟系统打造模拟训练场景，通过 DRIVE IX 打造车内驾驶员监控系统，再通过 DRIVE RC 构建从乘用车企、商用车企、Tier1 到初创公司的同一系统内平台。但这对于研发能力较弱的车企来说应用的难度较高。

英伟达在 2019 年底发布了全新自动驾驶平台 DRIVE AGX Orin，单芯片算力可达 200TOPS，落地到自动驾驶层面，从服务 L2 自动驾驶的单摄像头的 Orin S 升级到服务 L5 自动驾驶的 2 块 Orin + 2 块 GPU 芯片，算力从 36TOPS 到 2000TOPS，但功耗也从 15W 提高到 750W。虽然英伟达将整体功耗比控制在 2~3TOPS/W 的水平，但 L5 自动驾驶的巨大功耗仍然表明，当前无人驾驶算力消耗仍然巨大，在汽车电动化的过程中，会对电动车产生极大的功耗负担。因此，进一步的软件设计优化、电池技术的改良，将是突破功耗瓶颈的关键。

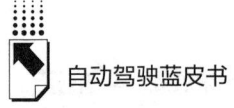

短时间内，英伟达在自动驾驶计算芯片领域仍会是领头羊，在自动驾驶车辆、初创公司、测试公司、高精地图领域仍会保持硬件上的优势。不过，随着传统厂商的逐步转型，英伟达的竞争对手也将越来越多。

（五）Mobileye

2020年，Mobileye实现净收入9.67亿美元，较2019年的8.79亿美元增长了10%。这样的业绩增长得益于Mobileye Eye Q系列芯片和ADAS系统出货量的提高。2020年，Mobileye Eye Q系列芯片出货量为1930万颗（全球累计出货量达7330万颗），较2019年的1750万颗增加180万颗，同比增长了10%，新中标了37个车企项目，加上目前正在进行的49个项目，总共可以覆盖3600万辆车的相关技术供应。[①]

Mobileye已经进入高原期，虽然依靠软硬件一体的打法提前切入市场，占尽先机，但现在英伟达、高通等都已经追了上来，如果Mobileye仍然固守封闭体系，肯定会被其他厂家抢占市场份额。英特尔产品线太多，对Mobileye的关注度不够，资源不足，特别是Eye Q6要到2025年才能量产，进度远落后于竞争对手。

2020年1月，拉斯维加斯CES期间，Mobileye宣布了与上汽集团和韩国大邱广域市的合作。这两项合作聚焦于ADAS和移动出行，即MaaS领域。合作的达成将进一步拓展Mobileye的全球宏图，也标志着Mobileye赢得了与中国大型汽车制造商的第一笔订单。

2020年9月，吉利旗下领克品牌首款纯电豪华轿跑概念车ZERO Concept首次亮相。这款备受期待的产品搭载了全新的领克自动驾驶辅助系统CoPilot，这套系统由Mobileye Super Vision系统提供环绕式视觉驾驶辅助技术，且具备OTA更新功能。[②]

由Mobileye Super Vision系统驱动的领克CoPilot自动驾驶辅助系统，是

① 数据来源于Mobileye官方网站。

② 张小白：《赢得近36万用户认可之后领克能否再造"新神话"?》，经济观察网，2020年10月21日，http://www.eeo.com.cn/2020/1021/423907.shtml。

一款行业领先的 ADAS 扩展系统。该系统由两个 Mobileye 最新的系统集成芯片（SoC）Eye Q5 驱动。Mobileye 公共道路测试项目的结果证明，这套技术系统能够为驾驶员提供先进且安全的驾驶辅助技术。在 Mobileye 的技术支持下，ZERO Concept 产品将为消费者提供一个扩展功能包，支持不同的自动驾驶场景，包括基于导航系统的高速公路驾驶、基于城市主干道和城郊地区的驾驶。

基于 Eye Q5 高算力 AI 芯片打造的 Mobileye Super Vision 系统经过了充分的行业验证，技术成熟且可用于量产。吉利和 Mobileye 还宣布了一项重量级的 ADAS 合作协议。根据这项长期协议，吉利的多个子品牌产品将配备由 Mobileye 提供支持的高级驾驶辅助系统，包括紧急自动刹车（AEB）和车道保持系统（LKA）等。

2020 年 11 月，Mobileye 与武汉中海庭数据技术有限公司（简称"中海庭"）共同宣布双方达成战略合作。根据合作协议，Mobileye 将通过中海庭（上汽集团的地图服务授权子公司），在中国部署路网信息管理（REM）技术。此项合作将能够为 L2＋及更高级别自动驾驶汽车的落地应用提供支持。

国内 ADAS 和 L3 及以上等级自动驾驶的市场空间广阔，而国内的地平线、黑芝麻和华为由于起步较晚，产品的成熟度与 Mobileye 相比仍存在差距。目前，Mobileye 已经在芯片、地图、摄像头解决方案等方面完成了布局并实现落地。汽车厂商转型的速度要慢于预期，未来几年，辅助驾驶仍会占据主流地位。在中国商用车后装市场，Mobileye 近乎占据了半壁江山，截至 2020 年，Mobileye 在我国合作车企已经超过 28 个，有超过 6000 万部车辆配备了以 Mobileye 技术为核心的解决方案。全球每一年将近 9000 万辆新车当中，有 2000 多万辆配备了 Mobileye 的 ADAS。[①] 未来汽车制造商将通过为车辆增加更多摄像头来实现行人检测等高级功能，这将促使 Mobileye 的芯片软件系统需求激增。

此外还应注意到，国内的地平线、黑芝麻、华为成长速度较快，产品目

---

① 数据来源于 Mobileye 官方网站。

前虽在爬坡阶段，但已经和国内头部车企开展多项合作，加上这些公司深耕国内市场，较接地气，具有本土性优势。Mobileye 尚没有完全证明其在高级别自动驾驶系统上的综合能力，包括在毫米波雷达、LiDAR 等方面的处理能力和足够撑起高级别自动驾驶的运算能力。因此，Mobileye 待量产的 Eye Q5 和 Eye Q6 能否实现系统级算力和处理能力，又或是如何借助英特尔的计算能力，打造软硬件一体化的解决方案，将是其打开高级别自动驾驶市场的关键。

不难发现国内车企对跟国产芯片厂商的合作研发持积极态度，头部车企也开始积极培养国产芯片替代的方案，以减轻中美贸易摩擦可能给车企量产上市带来的影响。所以，地平线的芯片技术成熟度在未来实现爬坡提升后，地平线将有能力抢占 Mobileye 的市场份额，可能会成为 Mobileye 在国内市场上最大的竞争对手。

（六）特斯拉

2020 年，受芯片短缺影响，特斯拉被曝出"芯片门"事件。2020 年 2 月，有部分特斯拉车主发现，国产 Model 3 车型搭载的是 HW 2.5（控制器硬件代码为 1465773）芯片，而并不是随车环保清单中注明的 HW 3.0（控制器硬件代码为 1462554）芯片。面对这一问题特斯拉在第一时间发表声明，承认错误且道歉，并为车主提供免费更换 HW 3.0 芯片的服务。由于特斯拉国产 Model 3 的 HW 3.0 芯片出现供应问题，为尽快将新车交付到用户手中，便给一部分车型装了 HW 2.5 芯片。特斯拉指出，现阶段，如果没有选装 FSD 功能，使用 HW 2.5 芯片的 Model 3 车型与使用 HW 3.0 芯片的 Model 3 车型在驾乘体验和使用安全上基本不存在区别。

HW 3.0 芯片与 HW 2.5 芯片最大的区别在于计算能力和成本不同。计算能力方面，HW 3.0 芯片是专为 FSD 功能开发的新型计算硬件，拥有每秒2300 帧的图像处理能力，而 HW 2.5 芯片图像处理能力为每秒 110 帧，前者是后者的近 21 倍。成本方面，HW 2.5 芯片使用的是英伟达定制的 Drive PX2 计算平台，而 HW 3.0 为特斯拉自研芯片，成本比前者降低了 20%。因此，特斯拉确实损害了消费者的权益，但是由于 HW 3.0 芯片成本更低，其刻意欺骗消费者的动机不强。

2020 年，特斯拉与三星合作研发了一款全新的 5nm 芯片，用于全自动驾驶。同时，特斯拉与台积电合作积极开发 HW 4.0 芯片，而 5nm 芯片也将为 HW 4.0 芯片提供支持，预计 2021 年第四季度将进行量产。

特斯拉完全自动驾驶芯片，目前采用的是 14nm 制程工艺，代工方为韩国三星，其单颗芯片的算力可以达到 72TOPS。如在特斯拉的自动驾驶车辆上装载 2 颗这样的芯片，系统综合算力就可达到 144TOPS。

当前特斯拉正在用的自动驾驶芯片，已经达到了业内领先水平。如果未来采用 5nm 制程工艺和更先进的封装技术，特斯拉在自动驾驶芯片领域的领先程度将进一步提高。

三 我国自动驾驶芯片市场发展面临的机遇与挑战

（一）机遇

2020 年"芯荒"持续蔓延，受芯片短缺的影响，全球汽车陆续停产，各大车厂争先抢夺芯片。伴随着国内智能汽车相关政策的出台，智能汽车市场不断扩大，这直接加速了国内自动驾驶芯片厂商的技术开发、产品的生产。以前，传统车企或一级供应商的供应链体系是较为稳定的，在有更强技术与品牌实力的国外厂商面前，国内厂商的机会很少。现在由于国外芯片厂商断供，很多车厂为了把控出货量，会提前部署各环节链条，于是国内芯片厂商得到了一个迅速打开市场、切入供应链的绝佳机会。因此，2020 年是国内芯片厂商发展的关键时期。

基于 5G 的 V2X 通信芯片是中国芯片发展的突破口。目前 V2X 有两种技术路线：DSRC 和 C－V2X。最初主导 DSRC 的美国政府认为 DSRC 投资大和回报周期长，开始申请将部分 DSRC 的频谱转移给 C－V2X 标准使用。而 C－V2X 是建立在 5G 通信标准基础上的车车通信协议，华为目前

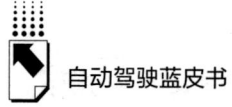

是这一领域的领头羊，因此未来 C–V2X 取代 DSRC 的发展趋势将帮助中国企业成为 V2X 通信芯片的主导者。中兴和大唐也会在这一领域占有一席之地。

（二）挑战

2020 年的全球性"芯荒"，让整个中国汽车产业认识到了芯片对于汽车制造的重要性。目前，我国是全球最大的汽车消费市场，汽车消费量约占全球的 30%，而与此形成鲜明对比的是，我国的芯片进口率却高达 95%，主控芯片、自动驾驶芯片、智能座舱芯片等关键领域均被国际芯片厂商所垄断。

因此，加速完善汽车芯片自主供给体系已经成为国家层面的战略，而国产化替代成为行业共识，国内的车规级芯片厂商迎来了扩大市场份额的黄金发展期，但也面临巨大的挑战。

纵观当前自动驾驶芯片市场的发展现状，不难发现自动驾驶芯片在高端技术研发、产品性能和量产、芯片人才等方面仍存在诸多问题。

1. 高端芯片研发瓶颈亟须突破

车规级芯片可分为主控芯片、自动驾驶芯片、模拟芯片三大类。近年来，虽然国内芯片公司的数量快速增加，但是研发的产品还是主要集中在低端、简单的外围芯片领域，高端芯片领域基本还是被国际大厂牢牢占领。因此，如何实现从低端到高端的产业升级，是实现自主替代的关键。

中国本土芯片公司的技术水平与国际水平相差至少有三年，车规级芯片的弯道超车，需要本土主机厂和系统供应商共同推动。国家应扶持重点芯片企业，帮助芯片企业解决技术门槛较低的车规级芯片国产化问题，提高工业制造体系能力；芯片供应商应积极推动解决技术门槛高的车规级芯片国产化问题。

目前国内有几家新创的芯片企业已经实现了向上突破，例如芯驰科技针对智能座舱、自动驾驶、中央网关发布的 9 系列高性能 SoC，在技术和性能上均达到国际领先水平，填补了中国在高端汽车核心芯片领域的空白。

2. 芯片性能有待提高，未来应构建更加完整的产业生态链

由于车规级芯片对于工作环境要求严苛，验证周期和产品生命周期长，并需要保证长期供货，因此车企和零部件企业一旦确认了供应商就不会轻易调整。目前，国产芯片基本已经实现了从"不可用"到"可用"的跨越，但是要实现从"可用"到"好用"的飞跃，还需要大量的测试和改进。要做到让车企和零部件企业敢用、愿意用，归根结底还是要提高芯片性能。

不过，与国际大厂相比，国内芯片企业占据了"地利"的优势。中国是全球汽车智能化发展领先的国家，而国产芯片对于中国用户的需求洞察也更加精准，能够从用户角度研发生产更符合中国用户使用需求及习惯的产品。而且，与国际大厂不同的是，国产芯片企业已经不再是单一的芯片厂商，而是已经向产业链进行延伸，能够为客户提供集软件、硬件、算法等一体的解决方案。除此之外，国产芯片厂商的快速响应能力也是国际大厂难以实现的。例如国产芯片企业芯驰科技，目前已有70多家生态合作伙伴，覆盖算法、操作系统、硬件方案、协议栈、安全、导航、虚拟化等领域。综上，国内芯片厂商未来应积极构建更加完整的产业生态链。

3. 产能不足，工业制造水平亟须提高

国内芯片制造技术在设备、工艺、技术可靠性和稳定性等方面都有所欠缺，不能很好地满足一级厂商和主机厂的需求。此外，国产芯片的供应量也远不能满足需求。产能不足是综合性问题，这一问题意味着从先进制程产能到部分材料甚至是封装基板，都出现了短缺，这也是中国汽车芯片厂商面临的主要难题。工艺上暂时落后，造成了产量较低，同时，对芯片制造工艺的成本控制不够成熟，造成了芯片价格高，这些都是芯片供不应求的本源。

4. 芯片高层次人才紧缺，跨界人才培养周期长

芯片产业的发展已经上升到国家战略层面。芯片产业不仅是一个资金密集、技术密集的产业，更是一个需要聚集大量人才的产业。然而，目前我国

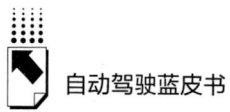

芯片高层次人才还是处于短缺的状态，而且人才培养的数量和需求数量之间仍然存在较大缺口。

由中国电子信息产业发展研究院发布的《中国集成电路产业人才白皮书（2019－2020年版）》指出，截至2019年底，我国直接从事集成电路产业的人员规模在51.19万人左右，而2020年全行业人才需求约72万人。实际人员规模与需求人员规模之间存在约20万人的缺口，要在短时间内补齐绝非易事。根据更深入的调查，2019年我国集成电路相关专业毕业生规模在20万人左右，其中只有2.58万人，即12.9%的毕业生选择进入集成电路相关行业。

此外，与其他领域不同的是，芯片领域的人才培养周期长，而车规级芯片技术人才，既需要懂芯片，又需要懂汽车的电子电气架构，还要对快速迭代的消费电子芯片有深入的洞察，对这样的复合型人才的培养更是难上加难。目前人才短缺已经成为制约我国芯片持续发展的重要因素，因此，未来只有依靠国家配套的扶持性政策以及芯片企业提高待遇等措施，才能逐步有效解决人才的缺口问题。

四 促进我国自动驾驶芯片市场发展的建议

总体来看，中国厂商在自动驾驶芯片领域已经占据不少份额，中国自动驾驶芯片在性能和功耗上和外国芯片相比并不差，但是如果想要达到世界领先水平，甚至赶超英特尔、英伟达、特斯拉等还有很长的路要走。而从研发设计到真正上车量产，更需要深入的测试验证和积累。

1. 坚持长期投入

国产芯片企业想要有所突破，必须要做好坚持长期研发投入的思想准备，包括资金和时间投入，在没有积累的基础上做AI芯片研发，所要攻克的难关数不胜数。这种长期投入一方面要形成大笔资金投入和高产出的正向循环，另一方面在芯片架构、底层软件和操作系统的设计能力上，需要不断地积累和具有高忍耐度。

2. 专注垂直领域

国内芯片企业如果想在 AI 芯片领域抢占市场份额甚至赶超国际对手，必须在一个垂直领域做精做深，真正深耕细作，并且真正将全栈的方案和产品提供给用户。企业提供的应是一个可供量产的产品而不是一个 DEMO，必须要让它能真正得以应用。

3. 构建产学研用生态体系

国外芯片企业基本上都有自己的一套体系和生态系统。华为基于自身多年 ICT 的积累可以快速推出麒麟、昇腾、鲲鹏等系列芯片，但是在生态方面包括软件、操作系统、体系架构、辅助件、工具链等方面依然欠缺。因此，国内芯片厂商必须进行 AI 芯片相关软硬件生态的构建，以及用户体系的培养。比如 NXP、英特尔在国内高校有多年的发展课程体系、认证体系等，华为等企业也应有意识地开展和高校、科研院所的战略性合作。

4. 精进制造工艺

目前芯片制造工艺主流水平是 7～14nm。台积电早就量产了 7nm 芯片，5nm 芯片目前也进入了量产阶段，正在研究 2nm 芯片。中国芯片企业只能生产 14nm 芯片，也只有中芯国际能做，因此中国缺乏生产最先进的 7nm 和更小芯片的能力。中国芯片企业必须提高芯片的工艺制造能力。

五 结束语

从汽车自动驾驶市场来看，目前产品主要还是辅助驾驶产品，2021 年开始，智能驾驶产品将逐步落地。预计 2025 年全球 62% 的汽车将是自动驾驶汽车，中国汽车产量占全球的 1/4，并且中国政府正在大力推行"新四化新技术"，保守估计 2025 年将会有 1600 万辆自动驾驶车辆进入市场。[1] 巨大的市场，给自动驾驶芯片厂商带来商机的同时也带来挑战。国产芯片亟须打破国外技术垄断和壁垒，为市场需求提供有力的支撑。虽然中国自动驾驶

---

[1] 数据来源于 Mobileye 官方网站。

自动驾驶蓝皮书

芯片行业的发展非常被看好，但是，想要达到世界一流水平甚至实现赶超，还有很长的路要走，这就要看国内自动驾驶芯片企业如何把握机遇、突破瓶颈迎难而上了。

参考文献

张小白：《赢得近 36 万用户认可之后领克能否再造"新神话"?》，经济观察报网，2020 年 10 月 21 日，http：//www. eeo. com. cn/2020/1021/423907. shtml。

B.4
2020年智能座舱发展状况分析与未来展望

王一龙　葛扬　顾佳巍　吴彬彬　丁奇珑*

摘　要： 座舱是实现空间场景的核心载体，这对座舱的人机交互、智能网联、娱乐信息系统等方面的技术提出了较高的要求。在"软件定义汽车"的时代，智能座舱将会是各大车企发力的重点，同时也是消费者关注的焦点。本文首先对智能座舱的概念进行了探讨。接着从座舱硬件工程和软件工程两个层面对座舱发展现状进行了深入的研究分析。硬件工程层面，AI芯片的快速发展为座舱技术提供了有力的支撑，同时新一代的车载显示、人机交互、网联通信和健康系统纷纷被载入新一代的智能座舱；软件工程层面，谷歌 Android Automotive OS、华为 Harmony OS2.0及百度、腾讯、斑马网络等的汽车操作系统陆续面世，极大地提升了用户体验。最后本文指出智能座舱正越来越清晰地呈现向数字化方向发展的态势，同时车内驾驶员状态感知技术和多模态的交互方式亦是座舱未来的重要发展方向。

关键词： 智能座舱　汽车智能化　汽车操作系统

---

* 王一龙，智己汽车科技有限公司架构及整车集成部架构布置集成科高级经理；葛扬，上海汽车集团股份有限公司技术中心高级主管工程师；顾佳巍，上海汽车集团股份有限公司技术中心上车体集成工程师；吴彬彬，上海汽车集团股份有限公司技术中心上车体集成工程师；丁奇珑，智己汽车科技有限公司产品特性评估专家。

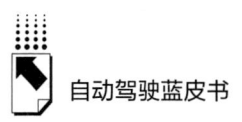

一　智能座舱概念界定

座舱一词是从飞机和船舶行业而来，"舱"指飞机或船的内部空间，舱体可分为驾驶舱、客舱、货舱等。

汽车座舱可以简单理解为传统的驾驶舱和客舱的组合，只是没有明显的边界概念。智能座舱是指集成了智能化和网联化技术、软件和硬件，并能够通过不断学习和迭代实现对座舱空间进行智慧感知和智能决策的硅基生命综合体。现阶段智能座舱的发展主要涵盖座舱内饰和座舱电子领域的创新与联动，从消费者应用场景角度出发构建人机交互（HMI）体系。

智能座舱的未来形态是"智能移动空间"，在 5G 和车联网高度普及的前提下，汽车座舱将摆脱"驾驶"这一单一场景逐渐进化成集"家居、娱乐、工作、社交"为一体的智能空间。

二　智能座舱发展现状

对于消费者来说，智能化座舱能为其提供最为直接的感官体验，座舱的智能化程度已经成为其选择汽车的一个重要指标，最近几年座舱的智能化程度快速提高。

特别是 2020 年，对于智能座舱行业来说是一个丰收年。高性能主控芯片、AR HUD、5G、C－V2X 等新技术和新产品纷纷实现量产，移动端操作系统、"小场景"、"小程序"迅速移植上车，空气成像、智能表面材料等前沿科技不断加入技术候选队列。从智能座舱的研发环节来看，可以将上述主要技术归类为硬件工程和软件工程两个类别。其中，硬件工程包括显示座舱域控制器、硬件（屏幕、HUD 等）、交互设备、摄像头、通信单元/网关、健康系统等，软件工程包括操作系统、智能基础（用户画像、情景感知、多模态融合交互）、应用开发、云服务（信息安全等）。

（一）先进计算与新型显示快速发展，多设备、多模态交互基础已经形成

在智能汽车时代，仪表、车机、传感器等相关零部件及其功能得到了极大的丰富。2020年，先进计算与新型显示仍然是智能座舱发展的追求目标，多模态人机交互、5G网联通信丰富了人与车、车与世界的连接方式，生命健康系统广受行业追捧。

1. 座舱芯片：高通等消费领域半导体巨头仍旧领先，自主新势力崛起

芯片是智能座舱的核心部件，一直以来全球车机芯片市场都是由高通、TI、NXP、瑞萨等头部企业主导。随着座舱内对于视觉感知、语音交互、网联通信等功能需求的增加，AI发挥的作用将越来越重要，于是AI芯片新势力和消费领域半导体巨头也纷纷进入这一赛道。

在2020年的国际消费类电子产品博览会（CES）上，三星电子推出Digital Cockpit 2020数字座舱，该座舱利用三星Exynos Auto V9芯片搭配Android 10操作系统支持车内的8个显示器和8个摄像头，能够实现多程序同时运行。这款搭载8个ARM Cortex – A76内核的8nm芯片将率先量产于奥迪2021年推出的新车型上。

2020年7月28日，广汽举行线上科技日，推出ADiGO 3.0智能系统。该系统搭载的高通新一代数字座舱芯片SA8155P，是7nm SOC走向车规级的第一款产品，其1142GFLOPS的算力在高性能座舱芯片领域树立了标杆。

在2020年11月的广州车展上，比亚迪、奇瑞、零跑汽车分别发布了基于第三代高通骁龙汽车数字座舱平台的全新车型，包括比亚迪D1、捷途X70 PLUS及零跑C11。

目前，高通以丰富的汽车产品组合在全球范围内为超过1亿辆汽车提供支持，在新一代顶级车载信息娱乐系统方案领域遥遥领先。在全球最大的25家汽车制造商中，有19家已采用高通的信息娱乐和数字座舱平台。

2020年9月发布的奔驰新一代S级车型，搭载了定制版的英伟达Tegra X2芯片，以及16GB超大内存和320GB SSD固态硬盘。通过NVIDIA GPU

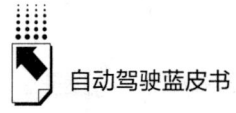

的强大计算能力，全新奔驰 S 级车型的全新 MBUX 系统可带来轻松便捷的先进图形、乘员监测和自然语言处理技术，支撑其充满未来感的 HMI 数字化美学设计和卓越的人工智能学习能力，定义了高级智能座舱的新范式。

相比之下，恩智浦、瑞萨等传统汽车芯片巨头虽然芯片类型全，但在智能座舱领域发展节奏较慢。瑞萨目前量产的仍为多年前推出的 R - Car 第三代产品，恩智浦 i. mx8 和 2020 年 1 月发布的德州仪器 Jacinto 7 在性能和工艺上与高通仍有不小的差距。

虽然我国芯片产业整体基础较为薄弱，但芯片自主品牌厂商在 2020 年迎来了发展机遇，国内芯片新势力也开始进入智能座舱赛道。

在 2020 年上海车展上，芯擎向市场重磅推出了其 7nm 工艺制程的车规级智能座舱 SoC——SE1000，直接对标高通骁龙 8155，加入智能座舱芯片市场"争夺战"。该芯片的高性能、低功耗、高度灵活性、具有复杂计算模型的设计，集成了 CPU、DSP、GPU、NPU 等高性能加速模块，能够有效满足高端智能座舱系统对车载娱乐、辅助驾驶和人工智能等高性能复杂应用场景的需求。芯擎这款芯片从初始架构开始就进行了相关的适配设计，在安全性、可靠性等方面更加符合未来智能网联汽车的车规级芯片的要求。与此同时，可以实现硬隔离，不用软件虚拟化，这也是其一大优势。

在 2020 年广州车展上，由东软与亿咖通科技合作研发的智能座舱系统装载于领克 06 以及吉利星瑞、星越、豪越、缤越等多款车型亮相。该智能座舱系统由东软基于亿咖通科技的 E01 芯片研发而成，在 GKUI 平台上，融入了导航、音乐共享软件、在线 OTA 升级等丰富的车载智能互联应用。

地平线的 Journey 2 自动驾驶芯片赋能长安 UNIT、奇瑞蚂蚁等 6 款新车型，实现了视线亮屏、分心提醒、疲劳监测、唇语识别、智能语音拍照等多种智能化功能，2020 年出货量突破 10 万，成为自主品牌车规级 AI 芯片发展的重要里程碑。Journey 3 也于 2020 北京车展期间发布，采用 16nm 工艺，AI 算力达到 5TOPS，典型功耗仅为 2.5W。

同样采用 7nm 工艺制程，对标高通骁龙 820A 芯片的还有华为车规级芯片麒麟 990A。该产品的 NPU 算力超过高通骁龙 8155，为 3.5TOPS，2023 年

将完全满足智能座舱应用需求，极狐阿尔法S智能座舱搭载的主控芯片就是该产品。此外，北汽、比亚迪等也与华为达成合作，将华为麒麟710A应用到其品牌车型的智能座舱产品中。

在智能座舱芯片市场或将形成高通、三星、英伟达三强割据的局面，而在汽车芯片中低端市场，恩智浦、瑞萨、TI仍具备较大的市场和价格优势，国产自主品牌芯片新势力能否打破这个局势，被更多车企和Tier1接受值得期待。

2. 车载显示：多联屏蔚然成风，透明A柱、AR-HUD能有效提高驾驶安全性

自从特斯拉采用车内大屏带来全新的视觉感受后，传统主机厂近几年也纷纷跟进，使多连屏、贯穿式大屏设计几乎成为主机厂旗下产品的标配。以EQS为例，作为奔驰迈向电气化的重磅之作，EQS在座舱设计过程中极具前瞻性地应用了宽度超过141厘米，贯穿整个中控台的异形三联屏设计。此外，EQS还是首款配备MBUX Hyperscreen系统的车型，基于AI和350多个传感器，可持续学习不同用户的操作习惯，以实现"心电感应助理"功能，为不同用户推送定制化功能服务。

而被誉为"国货之光"的极氪001也搭载了一块15.4英寸的中控屏，类似手机OS的卡片式UI布局使界面更清晰明了。作为吉利高端纯电动豪华品牌的首款车型，极氪001在座舱设计过程中也引入了AI助理、人脸ID识别等前沿技术，实现多模态人机交互。

由上汽、张江高科和阿里巴巴联合打造的智己L7，则配备了39英寸巨幅场景屏和12.8英寸曲面智控中枢屏，无明显实体按键。基于搭载的上汽零束云管端一体化SOA软件平台，智己L7用户还可享受自由订阅服务，实现用车"千人千面"。

在满足车机屏幕大尺寸、高清、曲面、低反射等基本需求之后，AR HUD、流媒体后视镜、透明A柱等一系列增量显示部件也正在逐步被推出。在丰田和大陆集团放弃"透明A柱"项目后，2020年3月上市的哪吒U首次将"透明A柱"搬上量产车，它采用了四块OLED屏、两个高清摄像头、

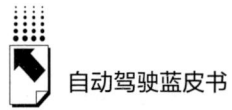

一个车内摄像头结合了一套智能软件算法。系统根据车速进行自动开关，低速行驶时系统自动启动，此时驾驶员可以通过车内 OLED 屏实时观察 A 柱的盲区信息，高速行驶时系统则会自动关闭。

无独有偶，在第三届汽车电子高峰论坛上，奇瑞也展示了"透明 A 柱"产品，同样将 OLED 屏安装在 A 柱内侧，搭配车外摄像头以及软件算法来实现"透明 A 柱"，解决 A 柱视觉盲区问题。除此之外，奇瑞还展示了"空中成像 360 展示机"，将显示画面投影到空气中，用户可直接在空气中观看和进行常规触屏操作，该技术将被应用于后排座椅扶手，颠覆现有的实屏娱乐方式。

如果说"透明 A 柱""空中成像"对于智能汽车来说是锦上添花，现阶段并不那么接地气的话，那么 AR-HUD 便是 2020 年车企在座舱智能化方面的重点布局产品。全新一代奔驰 S 级车型搭载了 AR-HUD，不同于以往的 C-HUD、W-HUD，奔驰的 AR-HUD 与自适应巡航等 ADAS 相结合，能更直观地告诉驾驶者下一步怎么走更加安全，导航信息投射距离约 10 米，可带来新的体验。

2020 年 11 月上市的大众 ID.4 X 也配备了 AR-HUD 用以增强现实抬头显示功能，是同级电动车中唯一一款装配 AR-HUD 的车型。上半部分的远距离显示器视距在 10 米左右，显示区域直径达 1.8 米，能够以 3D 动态效果呈现驾驶辅助信息及重要导航提示。下方的近距离显示器视距约 3 米，可显示车速、导航、道路标识和驾驶辅助等方面的信息，但不具备 3D 或动态效果。

为了更好地满足主机厂的需求，除大陆集团、伟世通、日本精机等传统国际 Tier1，百度、华阳集团、未来黑科技、锐思华创等国内供应商也在积极开展 AR-HUD 相关布局。

3. 人机交互：多模态交互日渐成熟，基于多重模式感知更精确更主动

除了新型显示，识别和交互操作也是智能座舱人机交互的重要组成部分。随着需求的增加和技术的升级，触控、语音、手势、人脸等多模态融合的交互方式将成为主流发展趋势，未来日益成熟的视觉交互、虹膜识别等生

物识别技术，也有望被应用于人机交互系统。

2015年宝马率先搭载手势识别技术，之后凯迪拉克、路虎、大众及国内奇瑞、小鹏等品牌也陆续配置了手势识别技术。近年来，手势识别技术在座舱交互领域的发展越来越成熟，新一代奔驰S级车型将手势识别功能进一步升级，可通过车内摄像头识别并理解人脸方向、肢体语言等信息，打开对应功能，实现后排乘客的隔空手势交互。

智能表面材料的发展也为智能交互提供了新的发展空间，整车厂和汽车内饰供应商在织物显示与控制上下了不少功夫。

在2020年国际消费类电子产品博览会（CES）上，宝马推出 Vision BMW i International EASE 座舱，采用三维针织交互材料，用户通过触摸座椅表面即可完成多种控制操作，引领了智能表面新材料的发展潮流。

2020年6月，延锋国际发布 XiM21 智能座舱，将数字化技术、灯光及实体材质结合在一起，研发了触摸式开关及实现了气氛营造。表面材质可以有多种选择，如水晶、木纹、织物等，在触摸式开关方面，为保障安全性采取了压力感应，可在未来五年内直接投入市场。

未来的人机交互将不再局限于按键、触控及语音等方式，指纹识别、手势识别、人脸识别、虹膜识别、唇语识别、声源定位、织物交互、车窗交互、智能大灯交互、全息影像等多通道融合式交互方式有望陆续在量产智能汽车上推广应用，不断提升座舱的舒适体验。

4. 网联通信：5G 集中"上车"，C－V2X 不负众望

除了车内的显示与交互，以 5G 和 C－V2X 为代表的座舱联结技术在2020年突破性地实现量产落地。

2020年6月，比亚迪宣布，旗下汉车型将搭载业界首款 5G 车载模组，最高下行峰值速率达 2Gbps，最高上行峰值速率为 230Mbps，符合 5G 的技术要求，将极大地助力智慧交通、自动驾驶等领域的发展。

12月4日，红旗品牌全尺寸纯电 SUV 红旗 E－HS9 上市，内置高通 9150C－V2X 芯片组的移远通信 AG15 模组，成为首款搭载 C－V2X 功能的量产车型。

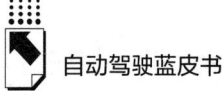

12 月 22 日，福特中国宣布基于 C－V2X 技术的车路协同系统将被搭载在全新探险者及锐界 PLUS 上，并计划 2021 年在更多国产车型上搭载这一技术。C－V2X 兑现了 2019 年量产的承诺，在中国真正进入量产阶段。用户在 5G 时代期待智能网联的移动空间，联网、数字化生活、数字化安全、数字化体验、自动驾驶（部分）功能正成为消费者在购车、用车过程中的主要看点。比如，小鹏 P7 和华米合作，基于其手表或手环内置的 NFC 功能，实现 P7 车门解锁、闭锁及车辆启动等功能。车联网与家庭物联网正在逐渐整合，汽车与家庭之间的互联性正在增加，进而促使从汽车到家庭门户网站的需求也在不断增加。通过数字仪表盘，在任何配备 Connected Drive 服务的宝马汽车中，驾驶员都可以单独进行房间配置并分别连接智能家居中的设备，打开和关闭家庭警报系统，在家庭出现紧急情况时进行接收警报等。华为车机系统服务的演绎视频中显示车与手机、车与穿戴设备、车与智能家居，都可以融合在一起，能让我们的生活场景在不同空间中无缝切换。可以通过手机远程控制车门、车窗、车灯、空调等，提供用车相关服务，包括加油、违章提醒、停车位拍照寻车等，车内也可以通过中控屏幕控制家里的智能设备，包括灯具、窗帘、门锁以及各种家用电器。

12 月底，广汽 Aion V 5G 车量产下线，长城 5G 车载无线终端达到量产状态，均联智行的 5G V2X 产品获得高合汽车、蔚来汽车的项目订单……5G 网联终端正在成为各国产自主品牌车企旗舰车型的标配。

5. 健康系统：新冠肺炎疫情暴发后清洁座舱的应用加速，生命健康关怀成为新潮流

为应对新冠肺炎疫情和环境污染问题，与驾乘健康息息相关的功能和应用也受到行业的重点关注，车企纷纷在座舱清洁与健康方面各显其能。

在沃尔沃的 Clean Zone 清洁驾驶舱中，IAQS 可过滤超过 $PM_{0.1}$ 的多种有害物质，并增加了静电过滤技术，可有效阻止 95% 的有害颗粒物。

延锋国际的"Wellness Pod（健康盒子）"可利用紫外线对车内空气和内饰表面进行消毒。捷豹路虎也使用了"紫外线技术"，来对汽车座舱进行消毒，防止流感等病毒的传播。

在空气净化方面，吉利 IAPS 智能空气净化系统、广汽"埃安过滤杀毒一体式"防病毒级健康座舱、上汽荣威的"N99 级"防护、丰田"光触媒空气清新器"、比亚迪"绿净系统"、林肯"AAR 新风管家系统"、领克"AQS 空气智能管理系统"、特斯拉"生化防御模式"等，对阻隔外部有害物质，抑制病毒向车内传播，保持驾驶舱内空气清新都起到一定作用。

东软集团推出"云医随行"智能健康座舱服务系统，基于体征传感设计、结合分析算法与云医服务平台，重点关注"车内环境优化"、"健康体征监测"与"人性化服务"，及时"识别"人身健康状态的"危险信号"，在紧急情况下，进行在线咨询和远程诊疗，最大限度地保障出行安全。

（二）移动操作系统向座舱 OS 持续渗透，出行场景与应用生态加速融合

智能座舱是人与车交互的接口，而操作系统是智能座舱的核心控制软件。操作系统能够管理和控制智能座舱的硬件与软件资源，后续大部分软件操作等将基于底层的操作系统实现。智能座舱的操作系统为用户使用提供统一接口和友好的交互界面，提升用户体验，也为后续智能座舱的功能扩展、第三方软件的安装与运行提供了平台。硬件效用的发挥需要软件的充分赋能，在系统软件和应用生态领域，技术创新同样层出不穷。基于对软件能力的看重，国内部分企业开始进行智能座舱底层操作系统的自主研发，或是在传统的 Android、Linux 等操作系统上进行相应改进，主要由阿里、腾讯、华为、百度等互联网科技巨头主导，这将汽车快速纳入移动互联网生态之中。

1. 谷歌：Android Automotive OS 正式量产应用

2020 年 7 月 22 日，全球首款搭载谷歌 Android Automotive OS 的汽车极星 2 正式交付。基于该系统，极星牵手全球各大科技公司，打造具有智能交互体验的平台，初期应用多与音乐或播客有关，后期将逐步丰富应用场景。针对国内市场，极星选择了科大讯飞、高德地图、天猫精灵、华为智能助手与应用商城。

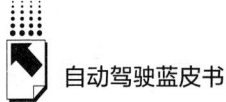

谷歌曾表示，Android Automotive OS 相比之前的系统具有更快的响应速度，是专门基于汽车环境的使用特性而开发的，将为 OEM 提供谷歌官方的应用程序接入服务。从界面 UI 设计能很明显地发现 Android Automotive OS 的两大特点：一是车载体验重心转移，能给用户更完整的驾驶体验；二是对高效易触的追求，以此保证用户的安全驾驶。系统主界面呈现平均分配的四张功能卡片。地图的优先级降低，其他的高频车载功能的优先级提高，像一个"有更多选择的大手机"，可以满足用户更丰富的、更完整的驾驶需求。同时，简单的大卡片和大 icon 的运用，可以让用户在驾驶过程中快速查找和点击自身所需要的功能。而且它在每一张卡片的首页都放出大的快捷图标，这是为了降低用户的操作级别，最大限度地减少驾驶员分心的情况。虽然地图不再是该系统的主角，但地图卡片、摄像头和车辆控制等功能都还是被集中放置在靠近驾驶座的左上角，方便司机触达，也是出于保障驾驶安全的考虑。这也进一步验证了 Android Automotive OS 的设计原则：Design for driving。

目前市场上大多数基于 Android 系统开发的车机系统是基于安卓源代码或其他衍生版本的 Android 系统重新配置的，而不是官方授权版本，不需要与官方谷歌相连接。这样 Android 系统版本的更新问题就天然存在了。由于车机系统开发周期长，很多情况下，系统推出时已不是最新版本，而 OTA 却无法及时得到更新。

国内车机系统市场，除了阿里巴巴的 AliOS 系统以外，很多汽车所使用的车机系统都是这样的 Android 系统。未来国产智能汽车想要获得突破性发展，就要彻底解决车机系统问题，摆脱被国外"卡脖子"的尴尬局面。

2. 华为：Harmony OS 2.0向车机应用开源

2020 年 9 月 10 日，华为消费者业务 CEO 余承东在华为开发者大会上正式发布 Harmony OS 2.0 面向应用开发者的 Beta 版本，同时宣布 Hamony OS 的开源路标：9 月 10 日起，Harmony OS 将对内存 128KB 至 128MB 的终端设备开源，包括车机、智能手表、大屏等硬件。2021 年 4 月对其开源的终端设备内存提高到 128MB 至 4G。

Harmony OS 2.0 系统侧重于华为软件生态建设，作为各品类硬件最底层的链接保障，其更注重在跨设备、服务转流、极速直达、可视可说、隐私安全等五方面实现不同场景下的智能设备的互联互通。

在智能汽车解决方案中，华为官方表示 Harmony OS 车机系统可以通过一芯多屏，实现"多并发、多用户多任务处理，激素启动，多部件协同，满足出行场景需要"。结合 Hamony OS 在消费电子类产品中所体现的突破硬件限制、实现内容高效流转的理念，我们认为 Hamony OS 车机系统也能实现将手机资源快速分享至车机，令车厢化身游戏厅、电影院、K 歌房等场景，为用户带来与众不同的智能用车新体验。①

此外，HUAWEI HiCar 是华为提供的人、车、家全场景智慧互联解决方案，目前使用这一方案的车企已超过 20 家，包括沃尔沃、长安、吉利、东风、广汽、比亚迪等，搭载的车型超过 150 款，2021 年计划预装量超过 500 万台，已接入了超过 30 个应用程序。

3. 百度：重点在虚拟智能助手和智能地图方面发力

在 2020 年 12 月 7 日百度 Apollo 生态大会上，百度 Apollo 再次迭代，推出 Apollo "乐高式"解决方案，包括"智驾、智舱、智图、智云"四大系列产品。百度副总裁李震宇表示该解决方案的最大特点是"高品质、更开放、可组装"。Apollo 智驾后续将进一步推出更高级别的解决方案 ANP（Apollo Navigation Pilot）。②

ANP 是以纯视觉自动驾驶技术 Apollo Lite 为基础开发的产品，与只支持城市环路和高速公路的传统方案不同，ANP 也可以被应用于普通城市道路中。

这也是继 AVP 之后，Apollo 自驾从泊车域到行车域的一次升级。此前百度 AVP 已大规模量产，先后与广汽、威马、长城等车企达成量产合作。作为面向城市复杂道路的全场景自动驾驶量产解决方案，李震宇也宣称，

① 李艳等：《Harmony OS 特点与应用前景分析》，《通信与信息技术》2019 年第 5 期。
② 许隽：《聚焦车路智行，广州携手百度开启智能交通新篇章》，《南方日报》2020 年 12 月 11 日。

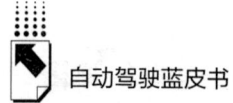

"未来 3～5 年 Apollo 智驾产品预计前装量产搭载数量将达 100 万台。"目前，Apollo 智舱已经与数十家车企进行合作，涉及的车型数量达到 600 余款，小度车载 OS 的前装量产搭载数量目前已超过 100 万台。2020 年，百度 Apollo 是智能新车市场占比第一的品牌。

本次百度车联网事业部总经理苏坦也发布了"小度助手"和"百度地图汽车版 2021"两大产品。百度地图汽车版 2021 通过融合车辆数据，能够实现更精准的定位，同时满足覆盖驾驶圈场景和多维出行的需求。小度助手在语音交互、应用场景、生态建设、助手形象等方面进行了升级，Apollo 智图包含高精度地图、车机导航地图以及动态孪生地图，动态孪生地图主要用于城市治理。由于 Apollo 高精度地图的市场份额保持第一，Apollo 高精度地图成为本田、吉利、蔚来等头部车企的选择。

4. 腾讯：腾讯 TAI 3.0 依托腾讯小场景刷新"上车速度"

2020 年 6 月，全新升级的 TAI 3.0 生态车联网正式在"腾讯智慧出行发布会"中推出，同时车联生态开放平台——腾讯小场景也正式发布，团油、快电、美团、哔哩哔哩、腾讯音乐等 66 个精品应用进入该小场景。腾讯车联 TAI 智能操作系统的思路就是通过提供轻量化、生态化、跨平台、跨终端的工具链构建生态车联网。[①]

通过云端开发的生态平台，TAI 3.0 只需用轻量化的车载 App 即可帮助车企合作伙伴搭建生态车联网，让 300 万量级轻应用以更低的成本快速上车，极大地提高了汽车智能化开发适配效率。小场景结合了语音交互、LBS 能力，实现场景化的"服务随行"体验，更适合用户驾车使用。其系统的优势在于基于腾讯自身提供安全便捷交互系统的超级 ID 和无感支付、主动推送服务，聚合了腾讯及第三方的丰富内容，通过打通腾讯系账号，让用户自身收藏的内容能够在手机端与车机端同步。

同时，TAI 3.0 能适应不同的车载系统和硬件平台，最快 2 个月就可快速"上车"，刷新了行业普遍的"上车速度"。目前，腾讯车联生态开放平

---

① 李志伟：《腾讯车联畅通品牌服务助力智慧出行新模式》，《品牌研究》2020 年第 7 期。

台已经与多家车企进行合作，多达百款车型即将量产。

5. 斑马网络：斑马智行5.0夯实底层系统与生态服务的组合优势

2020年9月19日，斑马网络发布新一代汽车智能座舱系统斑马智行5.0，这一系统的宗旨是让出行更加休闲、从容，让车主在车内时间和空间中享受生活的乐趣。

阿里巴巴集团副总裁、斑马网络联席CEO张春晖表示，汽车作为PC和手机之外互联网上最大的智能硬件，将迎来属于自己的时代——汽车互联网时代。在未来的智能汽车上，操作系统将成为发动机之外的第二引擎，驱动实现产品数字化、驾驶智能化、用户个性化、服务生态化。

斑马智行5.0是基于AliOS底层操作系统打造出来的智能座舱系统样板间，将面向车企开放合作，车企可以选择自己需要的服务。斑马网络将助力车企实现数据定义产品、软件定义汽车以及数字化升级，目前提供"全家桶"和"生态赋能"两种合作模式。在"全家桶"模式下，客户需要的底层系统、应用能力、UI界面、测试等都由斑马网络完成。而在生态赋能模式下，斑马网络负责底层操作系统及提供核心能力包，不负责整体交付，汽车合作伙伴可自主在地图服务、感知服务、语音服务、通信服务、生态服务等能力包中进行选择。①

三 智能座舱发展趋势

（一）座舱数字化成为汽车智能化的重点

数字座舱技术实现难度低，成果易被用户感知，产品差异化水平竞争力可快速提高，加上目前自动驾驶的某些关键技术尚不成熟，因此各大车企逐步将精力转移到智能座舱的落地上，智能座舱的发展或将迎来爆发期。智能

---

① 《做城市智慧出行的引领者——"斑马智行"助力车企数字化转型》，《张江科技评论》2021年第3期。

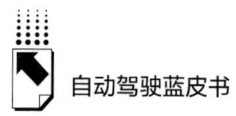

座舱功能的落地除了要整合多个屏幕显示（中控、仪表、抬头等）功能，还要整合驾驶员监控、车联网、娱乐系统及部分辅助驾驶功能。由于智能座舱暂时不牵扯车轮转向以及对整车姿态的准确控制，功能落地面临的乘员安全以及道路监管方面的压力较小，因此落地整体难度相对较小。

利用已在智能手机和安防领域使用的生物识别（生物视觉感知、语音识别等）技术，可以迅速改善车载 HMI 的体验，迅速提高产品差异化竞争力。考虑到自动驾驶会逐步解放驾驶员的双手，座舱功能需要更进一步的智能化革新，例如更直觉化和个性化的交互以及更强大的数据存储和计算能力。

（二）车辆视觉感知"由外向内"发展，车内感知需求日趋增加

车辆视觉感知"由外向内"发展，使得车内感知能力需要进一步提高。车内视觉感知能力的提高能使座舱功能得到极大的扩展，增强乘员在车内的体验感。车内大尺寸、集成化与专用化性能共存的显示屏幕和更加场景化的氛围灯设计，可以更好地满足车内不同的视觉感知需求（不同的场景或辅助驾驶功能）。个性化的声效和语音互动提供了除屏幕以外的车内新交互方式。自然语音语义的应用以及更加场景化的温度和气味设计进一步满足了消费者增长的感知需求。车内视觉感知也能对自动驾驶功能的实现起到促进作用，保障决策的准确性。汽车可以通过车内视觉、语音感知等方式，有效检测驾驶员状态，保障自动驾驶系统决策的准确性和安全性。

（三）触摸屏不是交互的最佳方式，智能座舱 HMI 设计应以驾驶安全为核心

触摸屏的使用会形成对驾驶资源的直接竞争。驾驶员在驾车时需要"手－眼"并用，才能形成完整的驾控闭环，而驾驶员针对触摸屏的每次交互，都要同时使用"手－眼"资源，与驾控闭环形成严重的资源竞争，容易分散驾驶员注意力，不利于安全驾驶。因此，交互设计的核心是驾驶安全，取消触摸屏，采用"语音－HUD/AR"的智能多模态交互方式能有效

地解决这一资源竞争。"语音"可以释放"手"资源，HUD/AR 能尽量少地将驾驶员视线和注意力从车辆前方移开，保证行车安全。

智能座舱最终需要的是主动式的人机交互方案，即利用外部感知、语音交互、AR、车内视觉等多种技术手段将汽车打造成一个高度智能化的管家，使车主体验感得到全面提高。多模态交互就是综合运用语音交互、机器视觉、触觉监控（方向盘脱手检测、座椅乘员检测分类等）、嗅觉等智能化的传感器技术，实现人机交互、车内电器系统以及智能界面的无缝结合，从"人–机"单向交互升级到"人–机–感知"的自主交互。

（四）汽车电气架构逐步走向集中，座舱域控制器要求得到满足

在传统的汽车座舱中，娱乐影音、中控、驾驶、仪表等各个系统相互独立，每个功能或系统基本由单一芯片控制，通信成本较高。新能源汽车和电池技术的高速发展，尤其是电池能量密度的提高，为智能驾驶功能模块提供了更强的能量保障。同时，汽车的电气架构得到了极大的升级，开始由分布式向集中式发展。

对于自动驾驶来说，具有强大的算力是其对芯片的基本的硬性要求。随着运算能力的指数级提升，芯片未来将能满足自动驾驶的算力要求，同时也能满足座舱域控制器的要求。随着自动驾驶技术的日益成熟，驾驶员可以逐步解放双手，脱离驾驶环境，将注意力更多地转移到智能座舱中，体验智能座舱带来的乐趣。智能座舱"一芯多屏"的模式要求座舱统一感知来源，整合分散的感知能力，这会进一步催生新的座舱域电器架构。5G 技术极大地降低了座舱域控制器的通信延迟程度，同时也增强了计算和存储能力。在座舱域硬件计算平台得到整合后，采用单个性能出众的 AI 感知芯片，便能够实现车外、车内视觉感知及语音识别等多模感知算法。

四　总结

随着汽车相关技术的发展以及消费者需求层次的提高，汽车的智能化水

平将不断提高，智能化座舱和自动驾驶一起构成了汽车智能化的两条主线，消费者对汽车的需求也从单一的出行工具逐步转变为第三生活空间。智能座舱行业正在成为继智能手机之后的下一个高速发展的行业，将成为各大汽车企业竞争的主战场。虽然智能座舱的应用、商业模式以及概念现均处于发展的早期阶段，但是未来将充满活力。

参考文献

李艳等：《Harmony OS 特点与应用前景分析》，《通信与信息技术》2019 年第 5 期。

许隽：《聚焦车路智行，广州携手百度开启智能交通新篇章》，《南方日报》2020 年 12 月 11 日。

李志伟：《腾讯车联畅通品牌服务助力智慧出行新模式》，《品牌研究》2020 年第 7 期。

B.5

2020年自动驾驶车载传感器发展状况分析及未来展望

宋 琪 王红艳 马希平*

摘 要： 自动驾驶汽车利用传感器感知周边环境，进而做出决策。目前，使用比较广泛的车载传感器有摄像头、超声波雷达、毫米波雷达以及激光雷达。随着自动驾驶等级的提高，车载传感器的重要性日益凸显，市场规模呈不断扩大趋势。本文通过深入分析国内外车载传感器发展现状，认为无论哪种单一传感器都无法满足高级别自动驾驶的需求。未来发展方向应是多传感器融合，虽然当前车载传感器市场主要被国外几大厂商垄断，但是随着国内企业传感器技术的改进和质量的提高，未来国内厂商将凭借性价比优势，逐步推动国产化替代进口。因此，为推动我国自动驾驶车载传感器发展，一要建立健全车载传感器测试评价体系及测试数据库；二要加大研发投入，尽快突破国外技术壁垒，降低传感器，尤其是激光雷达的生产成本。

关键词： 自动驾驶 车载传感器 国产替代

---

* 宋琪，博士，供职于中国智能交通协会咨询研究部，主要研究方向为智能交通行业标准化；王红艳，高级工程师，供职于中国智能交通协会咨询研究部，主要研究方向为自动驾驶；马希平，中国智能交通协会国际合作部主管。

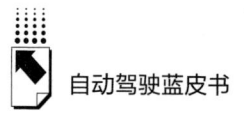
一 2020年自动驾驶车载传感器发展概述

自动驾驶的实现依赖于自动驾驶传感器等硬件，随着自动驾驶传感器逐渐成为汽车出厂标配，其市场规模不断增长，由2014年的25.4亿元增长至2019年的161.0亿元，预计2020年将高达343.0亿元（见图1）。随着自动驾驶的推广以及升级，自动驾驶车载传感器市场将进一步扩大。

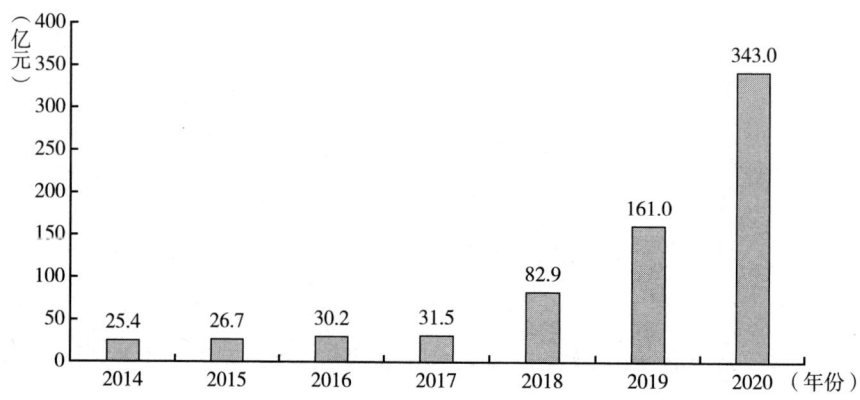

图1 2014～2020年中国自动驾驶传感器市场规模变化趋势

注：2020年数据为预测数据。

资料来源：前瞻产业研究院，https：//bg. qianzhan. com/。

当前，帮助自动驾驶汽车对周围环境进行感知的传感器主要有摄像头、超声波雷达、毫米波雷达、激光雷达等。由于工作原理不同，各种车载传感器应用的场景各不相同。目前，大部分厂商推出的自动驾驶汽车都同时搭载了多种传感器，以保证感知冗余。摄像头是传统视觉解决方案的基础，价格较低，而且可以根据不同功能的要求安装在不同位置上。毫米波雷达是指工作在毫米波波段的探测雷达，其波长在1～10mm。超声波雷达利用发射和接收超声波的时间差来计算车辆与障碍物之间的距离，常用于泊车系统。激光雷达主要通过发射激光束来探测目标的位置、速度等特征量。据国家知识产权局统计，全球自动驾驶传感器专利数量占比居前三位的传感器为视觉传

感器、毫米波雷达和激光雷达，占比依次为30%、22%以及20%。

自动驾驶的加速渗透将推动传感器市场的高速发展。自动驾驶的发展为以车载摄像头、毫米波雷达和激光雷达为代表的核心零部件行业创造了巨大的发展机遇。其中，ADAS作为汽车传感器的重要应用领域，其规模的扩大对传感器市场的发展起到了直接的促进作用。目前大多数自动驾驶厂商基本能够实现L2自动驾驶，并相继推出具备L3自动驾驶功能的车型。新上市车型自动驾驶等级的不断提高，也提高了对车载传感器的要求，包括数量的增加和质量的提高，进而带动了汽车传感器市场的高速发展。奥迪A8是首款实现L3自动驾驶的量产车型。在外资车企中，当前技术水平最高的自动驾驶汽车为谷歌的Waymo，全车搭载了多个激光雷达、毫米波雷达、摄像头以及高精度自动定位仪，整车可实现L5自动驾驶。主流车企代表车型的自动驾驶汽车传感器配置见表1。

表1 主流车企自动驾驶代表车型的传感器配置表

汽车型号	自动驾驶等级	摄像头数量（个）	超声波雷达数量(个)	毫米波雷达数量(个)	激光雷达数量(个)
吉利博瑞 GE	L2	5	12	1	——
蔚来 ES8	L2	5	12	5	——
福特	L2	7	4	2	——
理想 ONE	L2	12	12	5	——
奥迪 A8	L3	5	12	5	1
奔驰 S 级 W223	L3	8	12	5	1
特斯拉 Model3	L3	9	12	5	——
宝马 iNEXT	L3	10	12	5	1
蔚来 ET7	L3	11	12	5	1
小鹏 P5	L3	13	12	5	2
谷歌 Waymo	L4	29	——	6	5

资料来源：根据各大汽车企业公开信息整理。

目前，大部分整车企业推出的L2自动驾驶汽车采用的是"摄像头＋超声波雷达＋毫米波雷达"的传感器方案，这可以帮助车辆完成对大部分环

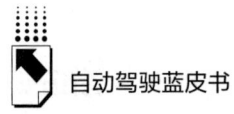

境的感知。而除特斯拉外的车企推出的 L3 自动驾驶汽车都在搭载摄像头、超声波雷达、毫米波雷达的基础上，增加了至少 1 颗激光雷达，利用激光雷达高精度的特点，为车辆提供安全冗余。

激光雷达由于目前技术还不够成熟、成本较高等，还无法大量应用于 L3 自动驾驶汽车。未来，随着激光雷达技术的成熟、成本的下降，预计激光雷达将在 L4 及以上等级的自动驾驶汽车中占有较高地位，并且凭借其全天候探测、精度高和可以进行多目标追踪等优点，保证自动驾驶汽车不会漏掉任何对行车安全造成威胁的因素，成为高级别自动驾驶汽车必备的核心传感器。

二 2020年自动驾驶车载传感器大事件

2020 年 7 月，日本村田制作所宣布，其成功研发了符合汽车电子系统通用标准（AEC‐Q100）的六轴 MEMS 惯性传感器——SCHA600。SCHA600 传感器采用一体化封装技术，能够应用于 ADAS 和自动驾驶系统，为车辆提供分米级的定位，帮助车辆实现可靠、安全的自动驾驶。

2020 年 9 月，德国汽车供应商采埃孚与美国硅谷初创公司 Aeva 宣布，两家公司正在合作研发一款用于自动驾驶汽车的关键传感器。根据合作协议，Aeva 将负责确保核心传感功能、性能以及算法，采埃孚则负责生产能够满足汽车制造商要求的车用级传感器。

2020 年 10 月，激光雷达制造商 Velodyne 宣布与百度达成一项为期三年的供货协议，根据协议，Velodyne 将为百度提供用于自动驾驶的 Alpha Prime 激光雷达传感器。Velodyne 的传感器成本低、量产规模大，因而为百度等企业提供了有吸引力的价格。

2020 年 10 月，高性能固态激光雷达传感器与感知软件知名供应商 Innoviz Technologies 宣布推出新一代传感器——Innoviz Two。新款高性能车用级激光雷达传感器成本更低，可以适用于更多等级的自动驾驶汽车。

2020 年 10 月 29 日，智能传感技术发展论坛暨中国计量协会智能传感

器专业委员会成立大会（以下简称"智能传感专委会"）在北京召开。智能传感专委会由具备一定生产规模、质量信誉良好的智能传感技术研究，产品设计、研发、生产、封装、检测的企业和机构；智能传感新技术推广应用单位；具有智能传感相关专业的高校和科研院所自愿组成。

三　自动驾驶车载传感器发展现状

（一）车载摄像头

1. 发展较为成熟

车载摄像头是目前比较成熟的感知方案，已经在汽车高级辅助驾驶上得到规模化使用，在 L3 及以下等级自动驾驶中发挥着主导作用。其工作原理是将摄像头拍摄到的车辆周围环境的图像信息上传到系统，进而实现对车道线、路标、行人、车辆的识别，并通过系统的分析处理，发出行人预警、疲劳驾驶预警等信号。

ADAS 不同的功能以及安装位置要求，将车载摄像头划分为前视、环视、后视、侧视以及内置摄像头，不同位置的摄像头功能不同。针对不同的应用场景，摄像头可组合应用，是实现自动驾驶必不可少的构成部分，应用领域广泛，技术十分成熟，价格相对低廉。摄像头根据数目不同，可分为单目、双目及多目摄像头，短期内单目摄像头仍将是主流。单目、双目摄像头都是利用摄像头采集的图像数据获取距离信息，在前视摄像头的位置空间中发挥着重要作用，但二者的测距原理存在差别，单目摄像头通过图像匹配后再根据目标大小计算距离，而双目摄像头是利用两个摄像头的两幅图像视差计算距离。原理上的不同使双目摄像头相对单目摄像头来说精度更高，测度更为精准，但成本也更高，多搭载在高端车型上。相较于单目、双目摄像头，多目摄像头通过多个不同的摄像头相互配合来覆盖不同范围的场景，能够更精准地识别和分析环境，相应的硬件成本和技术要求也更高，目前只被部分厂商应用于个别车型。单目摄像头由于芯片算力较低，成本较低，且与毫米波

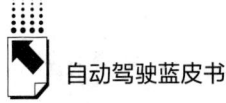

雷达、超声雷达搭配便能满足 L3 及以下等级自动驾驶的需求，因此，短期内单目摄像头仍将是车载摄像头的主流。

2. 市场发展潜力大

2019 年全球车载摄像头市场规模高达 112 亿美元，而中国的市场规模则为 47 亿元。随着自动驾驶等级的不断提高，单辆汽车所需搭载的摄像头数量不断增加。据估算，2020 年全球车载摄像头市场规模大约为 130 亿美元，中国车载摄像头市场规模有望突破 57 亿元（见图 2）。据前瞻产业研究院预测，到 2025 年，全球车载摄像头市场规模有望突破 270 亿美元，我国车载摄像头市场规模有望突破 230 亿元。未来，随着自动驾驶的普及以及技术的成熟，车载摄像头行业将迎来高速发展的时代。

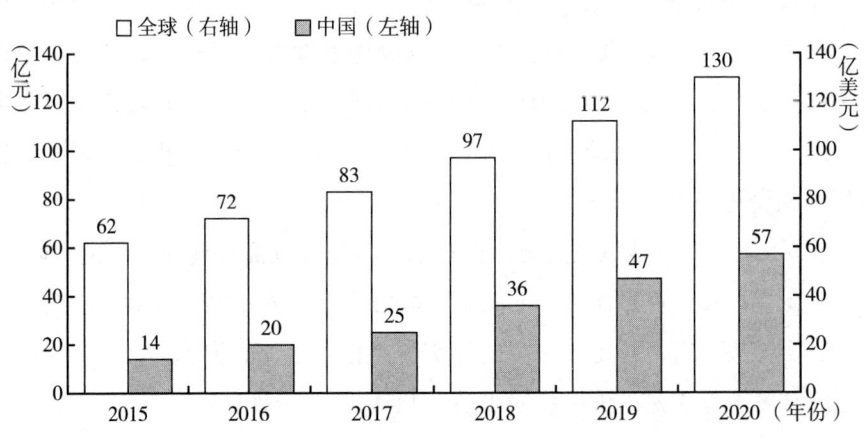

图 2 2015～2020 年车载摄像头行业市场规模情况

注：2020 年数据为预测数据。

资料来源：前瞻产业研究院，https：//bg. qianzhan.com/。

目前，车载摄像头覆盖率较低，市场潜力巨大。要完全实现自动驾驶，单车摄像头配置数量至少需要 6 个。2018 年，平均每辆汽车搭载 1.7 个摄像头。根据 Yole 的预测，到 2023 年，平均每辆汽车上搭载的摄像头将增加到 3 个，且随着自动驾驶的升级，这一数量将进一步增加。据中商产业研究院数据，全球车载摄像头出货量由 2016 年的 0.7 亿个增长到 2019 年的 1.2 亿个，预计 2021 年全球车载摄像头出货量将达到 1.4 亿个；预计中国车载

摄像头出货量2021年将超过5000万个，到2025年将增长至约1.9亿个，市场发展潜力巨大。

随着车载摄像头技术的成熟，车载摄像头的价格也持续走低。据ICVTank数据分析，2020年车载摄像头价格为145元，未来这一价格有望进一步下降，并进一步推动车载摄像头覆盖率的提高和单车配置数量的增加。

（二）毫米波雷达

毫米波雷达通过发射和接收频率为30～300GHz、波长为1～10mm的电磁波，分析折返时间测算距离。其优点是：烟雾和灰尘穿透能力强，不受天气影响，不受白天和黑夜的影响，全天候工作；体积小巧紧凑，容易安装在汽车上；对相对速度、角速度和距离的测量准确度高；可实现远距离感知与探测，可以实现超过200m的感知与探测[1]；价格较低（500～1000元）。缺点是测量范围较窄，难以辨别物体大小和形状。毫米波雷达主要用作防撞传感器。

1. 市场空间潜力大

随着自动驾驶技术不断取得突破以及毫米波雷达技术水平的提升，毫米波雷达成为当下无人驾驶领域的竞争热点。全球车载毫米波雷达市场规模2018年为34.0亿美元，2019年为44.5亿美元，2020年预计为58.4亿美元，年复合增长率为31%左右。中国的毫米波雷达市场从2015年的18亿元增长到2020年的72.1亿元，年平均增速为32%左右。随着自动驾驶等级的提高和自动驾驶汽车市场占有率的提升，车载毫米波雷达的市场还将进一步扩大，预计未来几年将以40%的增长率高速增长，到2025年，中国的毫米波雷达市场规模将超过300亿元。

2. 77GHz是未来发展趋势

市场上的毫米波雷达主要包括24GHz毫米波雷达和77～79GHz毫米波雷达两类。24GHz毫米波雷达主要用于汽车盲点监测、变道辅助等中短距离

---

[1] 宋瑞、陈艳梅、张志国：《车载毫米波雷达测试现状分析》，《汽车与配件》2020年第7期。

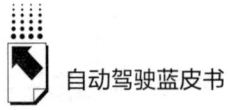

测量，77～79GHz毫米波雷达主要用于自动驾驶、前向碰撞预警等长距离测量，而目前中国、日本等地区尚不允许79GHz频段的使用，所以77GHz毫米波雷达是主要的长距毫米波雷达。

相较于24GHz毫米波雷达，77GHz毫米波雷达体积更小，穿透力更强，探视距离可达150～250米，探测精度为24GHz毫米波雷达的3～5倍，可接受的车速上限达250公里/小时，在识别精度、测量距离以及环境适应度等方面均具有明显优势。但77GHz毫米波雷达的技术要求和生产成本更高，具有较高的技术壁垒。未来，随着技术的成熟以及成本的下降，77GHz毫米波雷达将逐渐取代24GHz毫米波雷达成为未来毫米波雷达市场的主流。

3. 竞争格局：海外主导，国产替代空间广阔

毫米波雷达技术壁垒较高，从全球市场情况来看，目前主要被以博世为首的外资汽车零部件巨头垄断，其中博世以77GHz毫米波雷达为主。目前中国24GHz毫米波雷达市场主要由法雷奥、海拉和博世等主导，合计出货量占比达60%以上。中国77GHz毫米波雷达主要由大陆集团、博世和德尔福等主导，合计出货量占比达80%以上。

博世的毫米波雷达技术处于行业领先的地位。博世第五代毫米波雷达，可以实现远距离探测，水平视角进一步增大，探测精度进一步提高，带宽相较于第四代毫米波雷达提升50%，点云密度提高10倍，同时通过拓展可占用带宽能获得更多的反射量，进而实现更精确的环境建模，可支持碰撞预警相关功能，也可实现相关泊车功能。大陆集团的毫米波雷达产品全面覆盖24GHz和77GHz两个频率，其产品品类齐全，分为多个系列，以77GHz毫米波雷达为主。大陆集团第五代毫米波雷达的远程最大探测距离可达300米。德尔福公司主要生产销售频率为77GHz的毫米波雷达，而且以中近程为主。海拉同样也是毫米波雷达最大的几家供应商之一，早在2004年，海拉的第一代24GHz毫米波雷达便实现了量产。目前海拉主要以24GHz毫米波雷达为主，短距毫米波雷达技术领先。

面对外资企业接近垄断的市场，近年来国内企业不断加大毫米波雷达的研发力度，寻找市场突破口，加快追赶外资的脚步。考虑到24GHz毫米波

雷达相比 77GHz 毫米波雷达成本低、开发难度低，国内初创公司一般以 24GHz 毫米波雷达作为立足车载雷达市场的先锋产品。经过数年的发展，已有华域汽车、德赛西威等企业的 24GHz 毫米波雷达实现量产。在 77GHz 毫米波雷达方面，核心技术仍被外资零部件制造商所掌控，国内仍处于初级探索阶段。目前，德赛西威拿到 77GHz 毫米波雷达量产订单；行易道与韩国 ADAS 系统商 ERAE 开展合作，为某亚洲整车品牌批量提供 77GHz 中程、近程毫米波雷达；森斯泰克也实现了 77GHz 毫米波雷达量产。随着国内厂商逐渐突破 77GHz 毫米波雷达的技术壁垒，未来将会有更多的国产毫米波雷达进入市场。

4. 抗干扰等性能有待进一步提高

目前毫米波雷达主要应用于 L3 及以下等级的自动驾驶，但在一些特定场景，也可实现 L3 以上自动驾驶应用，如可应用于景区无人巴士。在性能方面，目前市场上主流毫米波雷达探测距离是 0.2～250 米，距离分辨率是 1.8 米。角度测量一直是毫米波雷达的短板，无论是国产毫米波雷达还是国外巨头的毫米波雷达，在角度、精度方面都仍有待提高。抗干扰性、是否有漏检、复杂环境中能否快速对目标进行检测，是衡量毫米波雷达性能的关键指标，也决定着毫米波雷达能否被大规模使用。

随着技术的进步，毫米波雷达的发展趋势是采用更先进的天线设计方案，集成芯片，在硬件算法、软件算法水平上大幅提升，能达到四线激光雷达水平。而在抗干扰性方面，无论是国内毫米波雷达还是国外的毫米波雷达，都还不能完全做到不被其他雷达影响，这也是未来毫米波雷达需要攻克的难点。毫米波雷达普及后，在道路上会有很多叠加的雷达，因此需要全面提高抗干扰能力，以使毫米波雷达进入 L3 以上等级自动驾驶场景后仍可以保证安全功能正常使用。

（三）超声波雷达

1. 成本较低

超声波雷达通过发射和接收超声波，再根据超声波在空气中的传播速度和发射与接收超声波信号的时间差来计算汽车到障碍物的距离，其能量消耗较缓慢，在介质中传播的距离比较远，穿透性强，技术成熟稳定。相较于毫米波雷达和激光雷达，超声波雷达价格优势显著，整体成本较低，单个超声波雷达售价为 10 ~ 100 元。低技术门槛和低成本为超声波雷达的推广和普及创造了良好的条件。

在车辆速度比较快的情况下，超声波雷达的测量误差较大。一是由于超声波在空气中的传播速度较容易受天气状况的影响；二是由于超声波在空气中的传播速度不大，当车辆行驶的速度比较快时，汽车的车距是实时变化的，超声波的测量速度无法跟上车距的变化，从而使测量的误差比较大。而且，在测量较远距离的目标时，其回波信号会比较弱，无法精准定位障碍物的位置。但是，在短距离测量中，超声波测距传感器具有非常大的优势。

2. 主要用于自动泊车系统和作为倒车雷达

超声波雷达的精度比较高，且防水防尘效果较好，哪怕有一些泥沙遮挡，也能正常进行测量，所以非常适合用于自动泊车系统和作为倒车雷达。目前常用的超声波雷达有两种：一种是安装在汽车前后保险杠上，用于测量汽车前后障碍物的倒车雷达（UPA）；另一种是安装在汽车侧面的，用于测量侧方障碍物距离的超声波雷达（APA）。UPA 通常可以探测距离在 15 ~ 250 厘米内的障碍物；APA 通常可以探测距离在 30 ~ 500 厘米内的障碍物，它不仅能够检测左右侧的障碍物，而且还能判断停车位是否存在，但相比于 UPA 成本更高，功率也更大。

超声波雷达主要应用于倒车、泊车库位检测、自动泊车辅助系统、远程遥控泊车辅助系统和高速横向辅助系统。当汽车缓缓驶过库位时，汽车右前方的 APA 传感器能够测算出库位的空间大小，再通过与将车辆倒入所需的最小车位空间进行比较，判断能否停车，同样后侧向的 APA 也会生成类似信号曲线，用以做库位的二次验证。

3. 国外企业占据主要市场，国内企业已具备成熟技术

博世、法雷奥控制着超声波雷达的主要市场，二者市场占有率之和超过 50%，国内发展比较好的是同致电子和奥迪威。博世的第六代超声波雷达的

检测范围为 20～450 厘米，性能有所提升，能够检测出其第五代超声波雷达无法检测到的低矮物体。法雷奥的超声波雷达已经有 10 年的量产经验，短距超声波雷达覆盖范围为 2～4 米，其自动泊车系统 Park4U，利用的就是超声波雷达，能够在车辆前后仅有 40 厘米空间的情况下，完成自动泊车，该自动泊车系统已被路虎、大众、起亚、途安等车企采购。同致电子是上海通用、上海大众、东风日产、奇瑞等国内外多家汽车生产厂家的供应商，也是目前亚洲倒车雷达 OEM 市场第一供应商。奥迪威为国内首家批量供应 OEM 车厂企业的超声波传感器生产厂家，2017 年，其超声波传感器在中国汽车市场占有率将近 30%。

不同于毫米波雷达和激光雷达，国内外厂商在超声波雷达技术上的差距较小，国内企业已具备成熟技术，一些企业自主生产的超声波雷达足以满足倒车和自动泊车等功能的需求，主要壁垒在车企认证上。一方面，主流车企为保证汽车研发的顺利进行均有固定的零部件供应厂商，新企业获得车企认证难度较大，可进入的市场空间较小；另一方面，部分自主品牌厂商在核心技术上竞争力较弱，产品附加值较低，难以提供完整的自动驾驶辅助方案，因此往往被局限在二级供应梯队中。

随着自动泊车市场需求的增加以及车型的更新换代，汽车搭载的超声波雷达数量日益增加。据 AI 车库数据，当前国内在售车型的倒车雷达功能渗透率已接近 100%，自动泊车系统渗透率在 2019 年达到了 22%，预计在 2025 年将达到 50%。

（四）激光雷达

激光雷达是工作在光频波段的雷达，可通过比较分析发射和接收到的电磁波计算出障碍目标的距离、方向和高度，甚至计算出障碍目标的速度和姿态等信息。激光雷达是当前价格最高的车载传感器，具有精度高、探测范围广等优点，同时，也有易受恶劣天气影响、价格高、体积大等缺点。目前，常见的激光雷达分为机械旋转式激光雷达、混合式车载激光雷达、全固态车载激光雷达三种。

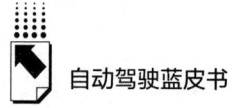

机械旋转式激光雷达通过旋转，可将光束360°水平扫描，借此获得周围环境的建模。由于需要额外的旋转结构，这种雷达体积较大，价格较高。

混合式车载激光雷达又叫MEMS（微机电系统）车载激光雷达，它将MEMS微振镜集中到了硅基芯片上，工作原理是在驱动电路作用下使激光器发出激光脉冲，与此同时，使MEMS微振镜转动，从而实现激光扫描。目前，MEMS车载激光雷达有效降低了激光雷达的价格，并且可以针对需要重点识别的物体进行重点扫描，落地快。[①] 其缺点是光路特别复杂，扫描范围跟微震镜面积有关，而且微震镜的震动会影响激光雷达的整体寿命。

全固态车载激光雷达没有任何运动部件，完全利用电子方式来实现垂直和水平空间的激光扫描，彻底没有了机械扫描结构，体积大幅度减小，耐用性和可靠性显著提高。目前，全固态车载激光雷达主要分为光学相控阵（OPA）车载激光雷达和闪光型（Flash）车载激光雷达两种。OPA车载激光雷达工作原理是基于多处振动产生的波相互叠加，利用发射时间不同的多个不同光源形成主光束，其结构比较简单，而且体积较小、成本较低，但是精度却很高。但是，它的缺点也很明显，受阵列单元尺寸较小的限制，比较难加工，而且主光束外形成的"旁瓣"会使能量分散。3D Flash车载激光雷达以一次脉冲向全视野发射，利用飞行时间成像仪接收反射信号并成像，发射的激光波长是关键。如果使用905纳米的激光波长，虽然成本较低，但功率受限，因此探测距离不够远；若使用1550纳米的激光波长，在接收方面需要更高成本的探测器，目前尚没有商用条件。

综合考虑各种激光雷达方案的优缺点，本文认为未来其技术方案将沿着"机械式→半固态→全固态"的进程依次迭代变革并同步研发，且根据主机厂"从0到1""从1到100"及中长期三大阶段的不同诉求，转镜、MEMS及全固态将陆续成为主流。

转镜方案是当前唯一真正过车规级认证，并实现"上车"的方案，其

---

① 武晓宇、张晓、王伟忠：《智能网联汽车激光雷达工作原理、性能比较与安全性分析》，《信息安全与通信保密》2020年第9期。

凭借通过 ISO 26262 安全认证及车规级认证、成本可控、性能满足需求门槛、可批量稳定供货四大优势，有望阶段性率先起量。转镜方案代表性产品为法雷奥 SCALA 激光雷达，该雷达于 2017 年 11 月搭载在量产车型奥迪 A8 上，成为世界上第一款车规级量产激光雷达，相较竞争对手领先数年。随后，SCALA 产品线进行线数升级，并陆续搭载在奥迪旗下多款其他车型及其他品牌车型上。截至 2019 年，法雷奥已出货超过 10 万个 SCALA 激光雷达，并获得来自 4 家全球主流车企共计约 38.7 亿元人民币的订单。华为将于极狐搭载的线激光雷达、大疆 Livox 将于小鹏搭载的激光雷达、Innovusion 将于蔚来 ET 7 搭载的激光雷达等产品均基于转镜半固态方案设计或优化，反映了转镜方案为主机厂乘用车产品实现从 0 到 1 跨越的首选方案，成本也有望降至 100～200 美元，进而有效推动自动驾驶进程。

长期来看，考虑到严苛、复杂的车载环境，Flash、OPA 等全固态车载激光雷达方案仍将是发展趋势，这是因为目前比较成熟的机械旋转式激光雷达的价格较高、体积较大、稳定性太低，无法满足车规级量产的要求，一直无法得到广泛使用，而全固态车载激光雷达可以很好地解决上述缺点问题，促使激光雷达实现广泛应用，但全固态车载激光雷达技术成熟以及大规模量产仍需要 5 年以上时间。

扫描方案正成为激光雷达厂商分类定位的主要依据。究其原因在于，扫描技术直接决定了激光雷达的扫描频率、扫描范围、采集数据量等关键技术参数，这些关键技术参数与最终探测成像质量息息相关。此外，扫描技术的衍变也是激光雷达产品迈向小型化、高性能、低成本的重要一环，是激光雷达实现商业化量产的关键影响因素之一。

根据 2020 年沙利文发布的《全球激光雷达行业独立市场研究报告》统计和预测，全球激光雷达市场规模至 2025 年将达到 135.4 亿美元，中国激光雷达市场规模将达到 43.1 亿美元。目前我国激光雷达尚处于起步阶段，自动驾驶企业尚未大规模采用，竞争格局仍未稳定。国外主要的激光雷达公司包括 Velodyne、Ibeo、Quanergy、Innoviz 和 LeddarTech 等，国内主要的激光雷达公司包括禾赛科技、北科天绘、速腾聚创、北醒光子、镭神智能以及大族激光、

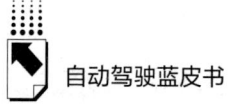

大疆子公司 Livox 等。在 Robotaxi/Robotruck 领域，禾赛科技的 40 线、64 线、128 线机械式激光雷达产品性能出色，受到了世界范围内头部无人驾驶公司的广泛认可，是当前无人驾驶主激光雷达市场占有量最大的产品。同时，报告数据也显示，2019 年 Robotaxi/Robotruck 市场上禾赛科技以 4200 万美元的销售额占有 42% 的市场份额，为该应用领域内全球领先的激光雷达供应商。

（五）发展趋势

1. 多传感器融合

车载摄像头发展较为成熟，是应用最广泛的"汽车之眼"。毫米波雷达抗干扰能力最强，超声波雷达成本优势显著，而在探测距离、精度以及成像能力方面，激光雷达优势显著。当前主流自动驾驶感知方案有两种：视觉感知方案和激光雷达方案。视觉感知方案以车载摄像头为主导，以特斯拉为代表；激光雷达方案基于点云数据，利用 3D 建模构建数据模型，以华为、小鹏为代表。目前，无论哪种单一传感器都无法满足高级别自动驾驶的需求，近期特斯拉汽车所发生的事故说明要做到高级自动驾驶仅靠视觉传感器难以实现，且信息冗余更有利于安全，因而多传感器融合成为行业共识。不同类型的传感器优劣势明显，多传感器信息融合（MSF）是利用计算机技术，对多传感器或多源的信息和数据进行多层次、多空间的组合处理，最终做出判断和决策的过程。在这一过程中，不同传感器优势互补，能在不同使用场景中发挥各自功能，有效地提高系统的冗余度和容错性，提高系统决策的准确度和智能化程度，进而避免因单个传感器失效对整个系统所造成的影响。

2. 国产化逐步替代进口

目前中国自动驾驶车载传感器市场主要被国外几大厂商垄断，随着国内公司的车载传感器技术的不断改进和质量的不断提高，国产车载传感器凭借性价比优势，未来替代进口的空间将越来越大。对于国内的整车厂和一级零部件供应商而言，选择国内的车载传感器厂商，在成本控制、产能保障等方面更具优势，且国内厂商可以更好地配合进行技术创新和产品改进。而国内的车载传感器零部件供应商也亟须通过扩大市场来增加营收，同时不断提高

自身技术水平，因此二者的合作意愿较强，在国外整车厂不断加大的竞争压力下，这种合作会被加速实现。

四　推动我国自动驾驶车载传感器发展的建议

（一）建立健全车载传感器测试评价体系及测试数据库

车载传感器对于实现高级别自动驾驶非常重要。目前，L4及以上等级的自动驾驶汽车尚处于测试阶段，距离量产还有很长的路要走。为了加快高级别自动驾驶汽车的量产化进程，提高自动驾驶汽车的安全性，应建立车载传感器的综合测试评价体系。该体系应在对车载传感器的技术指标、工作原理以及应用场景进行充分研究的基础上建立，需要包含测试对象、测试环境条件、测试指标、测试历程和判定依据，从车载传感器的功能、性能、可靠性、安全性等几方面进行测试评价，从而为企业提供选型参考，促使车载传感器市场健康发展。在建立了车载传感器测试评价体系后，还要配套建立测试数据库，记录测试评价过程中的重要数据，为相关企业技术改进提供数据支撑。

（二）加大研发投入，突破技术壁垒，降低成本

目前我国车载传感器市场被几大国外厂商垄断，主要原因是国产传感器跟国外几大厂商的车载传感器相比在性能和稳定性上还存在差距。若想尽快实现国产化，需要加大研发投入，突破技术壁垒，在提高国产车载传感器性能的同时降低成本，尤其是降低激光雷达成本，促进激光雷达市场化应用。目前，综合性能最优的激光雷达由于成本居高不下，商业化进程缓慢。2020年7月Velodyne官方宣布，其无人驾驶用16线激光雷达可以面向全球客户降价50%，价格约3999美元；速腾聚创的RS‐LiDAR‐M1产品，售价为1898美元，是目前主流感知系统硬件配置价格的1倍多。成本问题已经成为制约激光雷达发展的主要问题。激光雷达生产厂商要想在未来的竞争中脱

颖而出，技术路线并不是最重要的，成本和规模优势、产品能否实现商业化应用是关键。而这取决于厂商能否平衡光源、接收、机械控制、光路控制等的成本以及量产进度和可靠性。因此，在提高国产传感器的性能和稳定性的同时，通过改进生产工艺、优化供应链等方式降低成本势在必行。

参考文献

宋瑞、陈艳梅、张志国：《车载毫米波雷达测试现状分析》，《汽车与配件》2020 年第 7 期。

武晓宇、张晓、王伟忠：《智能网联汽车激光雷达工作原理、性能比较与安全性分析》，《信息安全与通信保密》2020 年第 9 期。

B.6
2020年自动驾驶网联通信
发展状况分析及未来展望

吴冬升 李凤娜 夏宁馨 杨益起*

摘　要：　随着5G通信及智能网联等技术的不断发展，自动驾驶技术路线逐步由单车智能转向网联化，C‐V2X技术作为网联式自动驾驶中信息交互的核心技术，对自动驾驶的发展起着重要作用。在此背景下，本文首先分析了网联通信技术对自动驾驶在技术补充、成本控制、效益提升等方面的重要意义。在分析了国内外自动驾驶网联通信技术的政策导向、技术及标准进展与应用进展的基础上，本文提出网联通信技术正与单车智能技术交会融合，逐步形成一种面向车车、车路的自动驾驶智能网联技术发展趋势。在大量的交通出行者同时参与到交通出行及其他未知的场景下，智能网联通信技术在时延、可靠性以及带宽等方面难以满足自动驾驶的需求。未来，需要加强汽车、通信、交通、电子等领域之间的协同合作，将网联通信技术与各行业系统进行组合，分阶段、分步骤、分场景地开展网联汽车测试示范，以实现网联技术的迭代演进与商用落地。

关键词：　自动驾驶　5G通信　C‐V2X技术

---

* 吴冬升，博士，高新兴科技集团股份有限公司高级副总裁；李凤娜，高新兴科技集团股份有限公司车联网解决方案总监；夏宁馨，高新兴科技集团股份有限公司解决方案工程师；杨益起，高新兴智联科技有限公司产品经理。

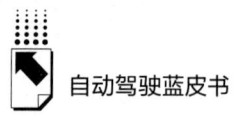

一 通信技术在自动驾驶发展道路上的作用

自动驾驶产业融合了汽车产业、信息产业、人工智能产业，单车智能（AD）和车路协同（VICAD）是目前自动驾驶的两种主流技术路线。随着5G通信及智能网联等技术的不断发展，基于智能网联的自动驾驶技术路线越来越受关注。智能网联对自动驾驶在技术补充、全局优化、成本控制、效益提升等方面具有重要的意义。

（一）技术补充：提升自动驾驶整体技术性能

单车智能自动驾驶通过在车上安装雷达、摄像头等环境探测及检测传感器，实现对周边交通环境的检测和定位。单车智能的计算决策主要集中在车上。车载处理器一方面对传感器数据进行处理分析，实现对交通目标的检测识别，另一方面进行行为预测和路径规划。但在高级别的自动驾驶应用上，单车智能的安全可靠性和应对复杂路况环境的处理能力还有很大的提高空间。2016年，兰德智库在报告中提出，一套自动驾驶系统量产的条件是要完成110亿英里的道路测试，而目前国内外的自动驾驶车辆均未达到这个测试里程标准。同时，基于单车智能的自动驾驶所出现的安全事故也逐渐引起人们关注。当前高等级自动驾驶车辆面临的安全问题主要体现在两方面：一是物体感知容易受到超视距及恶劣天气等因素的影响，二是车辆难以实时准确地获得道路交通状态、交通规划等信息。感知的长尾问题、信息的及时问题已成为限制单车智能车辆商业化运作的主要因素。

目前单车智能自动驾驶在感知、决策、控制等环节均面临一些技术难题。就未来的技术发展趋势而言，除了需要通过技术手段来加强单车智能的环境感知、计算决策和控制执行能力外，还需要通过不同技术手段的外部引入来实现技术的有效补充。

随着通信技术的发展，基于5G、C－V2X技术的高可靠、低延时的智能网联技术，开始赋能自动驾驶。5G及C－V2X技术可以有效解决单车智

能自动驾驶面临的一些技术难题，能够帮助自动驾驶车辆突破感知、通信及算力方面的限制。

智能网联技术系统架构可以实现车车、车路、车云之间的高可靠、低延时通信。智能网联可以把路端丰富的感知数据经过计算传给车端。智能路侧基础设备包含了各类前端感知设备、边缘计算单元 MEC、车联网专业通信设备 RSU。智能路侧设施通过激光雷达、毫米波雷达、摄像头等前端感知设备，可以精准地获取路面车辆、行人、障碍物的运动信息、位置信息、形状及外观特征等基础数据，这有效缓解了单车智能的传感器和算力压力。

（二）全局优化：系统协同助力自动驾驶实现全局优化

在交通管理体系下，网联自动驾驶是涉及多个传统业务的增强与融合的新兴业务系统，在传统交通信号智能控制系统的基础上增加了数据分析与广播功能，在交通标志标线、车辆超速预警、典型违法预警系统等基础上增加了信息融合与实时播发等功能。①

智能网联是智慧交通体系的一个组成部分，可与现有智慧交通基础设施进行有机结合，实现区域交通的优化与协调。在城市交通安全与通信效率的有效提升基础上，智能网联基于车、路、云架构的信息互通，可以获得更全面的区域交通信息，进行全局交通信息互通，助力自动驾驶车辆实现区域级的线路规划。

（三）经济效益：降低自动驾驶车辆成本

目前，单车智能车辆需配置激光雷达、毫米波雷达、高清摄像头、超声波雷达等传感设备，平均成本在 20 万美元左右。高额的技术成本也是限制自动驾驶商业化落地的因素之一。智能网联系统的路侧基础设施，包含激光

---

① 《车联网白皮书（网联自动驾驶分册）》，中国信息通信研究院网站，2020 年 12 月 15 日，http：//www. caict. ac. cn/kxyj/qwfb/bps/202012/t20201215_ 366169. htm。

雷达、毫米波雷达、高清摄像头等传感设备，可以精准地获取路面车辆、行人、障碍物的运动信息、位置信息、形状及外观特征等基础数据。路侧感知及通信系统的建立，使网联自动驾驶车辆可以获得路侧和其他车辆的数据，并将车辆部分计算需求转到路端及云端完成，由此可大大降低高等级自动驾驶车辆对车载传感设备的种类、数量、精度以及算力的要求，可大幅度降低车辆的成本。路端可作为自动驾驶车端传感器及算力的低成本补充，这将为未来自动驾驶商业化落地奠定坚实基础。

同时，基于5G和C-V2X的智能网联自动驾驶车辆所需的道路基础设施，可以直接复用运营商已经布设的5G基站网络和国家新基建相关基础设施，具备开展大规模商业运作的可能性。

另外，在应用场景的实现上，借助网联技术可以实现更加经济的应用场景。比如在复杂的十字路口等典型场景，单车智能需要付出极大的成本去加装传感器和计算设备，完成混合交通主体的识别。而通过路侧的感知、计算和通信设备，可以实现资源的有效复用。

（四）社会效益：节能减排，提高整体交通安全性与效率

目前，中国经济正处于深化改革、由量变向质变转变的关键转型期，高质量创新发展是中国汽车产业发展的主要目标。智能网联汽车和智慧交通应用，作为自动驾驶、5G、AR、云计算、大数据等新一代信息技术的融合交会点，将成为中国在新一轮汽车产业国际竞争中抢占未来战略高地的重要发力点。

新一代的通信技术助力自动驾驶车辆实现全方位的信息感知，通过云端、路端、其他车辆端等感知的信息共享，实现最佳路径规划和决策意见的提供，可有效降低车辆能耗。同时从全路网角度进行路网优化，可真正缓解路网长时间的拥堵及阻断问题，不仅能减少运输时间成本，而且能减少燃油消耗，减轻大气污染，改善环境质量，降低交通事故发生率以及由此造成的经济损失。在自动驾驶编队应用中，多辆自动驾驶车辆进行组队行驶，能使车队之间、车队与路端、车队与云端之间的数据得以共享，车队中行驶的车

辆可保持较小间距、固定速度，并可抵抗一定风阻，实现车队的高效低能耗行驶。据统计，编队行驶可以提高交通效率，有效降低10%以上的车辆燃油消耗，降低8%～16%的碳排放量。①

此外，自动驾驶、共享出行等创新出行方式，可为市民带来个性化、舒适的出行服务体验，降低社会出行成本。

二 2020年中国自动驾驶网联通信发展情况

在自动驾驶技术路线选择方面，我国选择了基于C－V2X通信技术的网联汽车技术发展路径，一方面能有效降低单车智能在自主感知、计算决策和控制执行方面的局限性；另一方面则让"聪明"的车、"智慧"的路与强大的网协同发展，可更全面地获得区域交通信息，进行全局交通信息互通，真正满足出行者安全、效率、服务三大需求。

（一）政策导向

随着技术的进步，智能网联汽车与自动驾驶已衍生为不同产业间深度融合变革后的产物。在此背景下，国家发改委、工信部、交通部等多部委在2020年，从不同的指导角度出发，积极加强顶层规范协同，颁布了系列整体规划、指导意见、专项行动方案。2020年初，国家发改委等11个部委联合发布了《智能汽车创新发展战略》，工信部3月印发了《关于推动5G加快发展的通知》，国家发改委4月首次明确新型基础设施的范围包括信息基础设施、融合基础设施、创新基础设施，交通部8月印发了《关于推动交通运输领域新型基础设施建设的指导意见》。上述文件将大力引导、支撑行业向智能网联化方向发展，体现了智能网联通信产业发展迎来了良好的政策环境。

在各部委政策的指导下，各省市依据各自的发展需求和自身的基础优势

---

① 李源等：《通信技术对自动驾驶发展的关键作用》，《移动通信》2020年第11期。

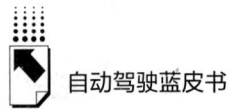

推出了系列专项计划和指导意见，积极推进自动驾驶与智能网联通信产业发展。包括：《中国（上海）自由贸易试验区临港片区智能网联汽车产业专项规划（2020~2025）》、《北京市智能网联汽车创新发展行动方案（2019年－2022年)》、《深圳市关于支持智能网联汽车发展的若干措施》、《天津市车联网（智能网联汽车）产业发展行动计划》、《浙江省车联网（智能网联汽车）产业发展行动方案（2019~2022年)》、《江苏省推进车联网（智能网联汽车）产业发展行动计划（2019~2021年)》、《江苏省车联网产业发展重点任务分解表（2020年－2021年)》、长沙市智能汽车产业"火炬计划"和"头羊计划"、《广州市加快推进数字新基建发展三年行动计划（2020~2022年)》、四川省《关于推进智能网联汽车产业发展的通知》等。

总体上看，各政策框架结构大同小异，主要是以国家级车联网先导区建设为目标，努力打造国内领先的智能网联汽车产业发展集群，在技术突破、基础设施建设、示范应用、标准体系、测试验证等方面完成重点任务，配套相应保障措施。与各部委发布的文件相比较，地方部门印发的行动计划具有更强的指向性，其出台的政策大多是为了扶持和支持当地产业、企业、高校和科研机构的发展。

（二）技术及标准进展

1. 国家车联网产业标准体系

2017年，我国成立了车联网产业发展专项委员会，该委员会设立于国家制造强国建设领导小组下，成员由工信部、交通部、国家发改委等20个部门及单位的人员构成，主要负责车联网发展规划、政策法规、技术标准及相关措施的组织与制定工作，可有效加强对车联网产业发展的规范和引导。

在我国车联网产业蓬勃发展的大背景之下，工信部组织编制并联合国家标准委印发了《国家车联网产业标准体系建设指南》系列文件（见表1），力争通过构建跨行业、跨领域，且符合我国产业技术演进路径的标准体系的方式，来推动车联网产业高质量创新发展。

表 1 《国家车联网产业标准体系建设指南》系列文件

时间	印发部门及单位	文件名称
2017 年 12 月	工信部、国家标准委	《国家车联网产业标准体系建设指南（智能网联汽车）》
2018 年 6 月	工信部、国家标准委	《国家车联网产业标准体系建设指南（总体要求）》 《国家车联网产业标准体系建设指南（信息通信）》 《国家车联网产业标准体系建设指南（电子产品和服务）》
2020 年 4 月	工信部、公安部、国家标准委	《国家车联网产业标准体系建设指南（车辆智能管理）》
2021 年 3 月	工信部、交通运输部、国家标准委	《国家车联网产业标准体系建设指南（智能交通相关）》

资料来源：根据工信部网站公开信息整理。

综上可见，当前我国已基本完成具备中国特色且符合我国产业技术演进路径的国家车联网产业标准体系建设工作，基于此可有效规范车联网产业的技术演进并推动车联网产业高质量发展。

2. 中国 C‑V2X 标准进展

C‑V2X 是基于蜂窝网通信技术演进形成的车用无线通信技术，未来会逐步往 5G 方向进行演进。当前 Rel‑14 LTE‑V2X、Rel‑15 LTE‑eV2X 以及 5G NR Rel‑16 的标准制定工作已陆续完成，且均已获得里程碑式进展，Rel‑17 相关标准化工作已启动，预计将于 2021 年 12 月冻结。我国在车联网产业发展专项委员会的指导下，把研究方向重点放在了 C‑V2X 领域，陆续开展了智能网联行业相关标准制定工作。

中国通信标准化协会早在 2014 年就开始进行 LTE‑V2X 关键技术的可行性研究，开展了系列行业标准的立项、研究与制定工作，目前已完成包括 LTE‑V2X 总体架构、空中接口、网络层、消息层、通信安全等方面的技术标准和测试规范工作；中国智能交通产业联盟与中国汽车工程学会以推进 LTE‑V2X 技术在汽车驾驶服务、交通基础设施与交通管理方面的应用作为目标，联合开展了 LTE‑V2X 应用层及网络层相关标准制定工作；车载信息服务产业应用联盟主要负责车联网频谱方面的研究测试，探讨符合中国车辆行驶环境的 LTE‑V2X 安全类、效率类场景。各协会或联盟出台的相关标准如表 2 所示。

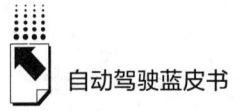

表2 中国 LTE – V2X 标准体系

分类	标准号	标准名称
总体	YD/T 3400 – 2018	《基于 LTE 的车联网无线通信技术　总体技术要求》
接入层	YD/T 3340 – 2018	《基于 LTE 的车联网无线通信技术　空中接口技术要求》
网络层	YD/T 3707 – 2020	《基于 LTE 的车联网无线通信技术　网络层技术要求》
	YD/T 3708 – 2020	《基于 LTE 的车联网无线通信技术　网络层技术要求》
消息层	YD/T 3709 – 2020	《基于 LTE 的车联网无线通信技术　消息层测试方法》
	YD/T 3710 – 2020	《基于 LTE 的车联网无线通信技术　消息层测试方法》
安全	YD/T 3594 – 2019	《基于 LTE 的车联网通信安全技术要求》
系统应用	YD/T 3592 – 2019	《基于 LTE 的车联网无线通信技术　基站设备技术要求》
	YD/T 3593 – 2019	《基于 LTE 的车联网无线通信技术　核心网设备技术要求》
	YD/T 3754 – 2020	《基于 LTE 网络的边缘计算总体技术要求》
	YD/T 3847 – 2021	《基于 LTE 的车联网无线通信技术　支持直连通信的路侧设备测试方法》
	YD/T 3848 – 2021	《基于 LTE 的车联网无线通信技术　支持直连通信的车载终端设备测试方法》
功能应用	T/CSAE 53 – 2017	《合作式智能运输系统　车用通信系统　应用层及应用数据交互标准》
	T/CSAE 157 – 2020	《合作式智能运输系统　车用通信系统　应用层及应用数据交互标准(第二阶段)》

资料来源：根据各协会或联盟公开信息收集汇总。

　　综上，在 LTE – V2X 相关标准研究方面，国内行业协会和标准化组织已取得里程碑式的进展，已完成总体技术要求、关键技术、测试规范、应用定义、应用需求、频谱需求、兼容性验证和信息安全等的研究工作，但未来仍需通过各行业组织间的资源协调，互相学习、互为补充，共同推进 LTE – V2X 在实际场景的测试认证及产业化创新发展。

（三）应用进展

1. C – V2X 标准的应用场景

　　早期的车联网场景较多是面向信息服务需求的，例如定位管理、基于用户行为的保险类业务、面向 B 端的车队管理等。随着出行者对出行体验要求的提高，当前主要应用场景陆续转向安全类和效率类。以《合作式智能运输系统 车用通信系统 应用层及应用数据交互标准》中定义的 17 种典型应用场景为例，其包括 12 种安全类、4 种效率类、1 种近场支付信息服务类，该阶段的应用场景主要是基于车车、车路间的信息交互，完成状态共享，然后通过自身算法分析来提前减少冲突。① 2020 年新颁布的《合作式智能运输系统 车用通信系统 应用层及应用数据交互标准（第二阶段）》则定义了 12 个应用场景，包括安全、效率、信息服务、交通管理、高级智能驾驶等，可谓要真正实现车、路、人三者的感知和意图共享，实现彼此间的协同。②

2. 示范应用进展

依托国内良好的产业环境，在各部委合作推动下，各省市智能网联汽车示范区、先导区的建设方兴未艾。工信部主导的 10 个国家级智能网联汽车示范区、4 个国家级车联网先导区以及 30 多个由城市或企业主导的示范区遍布我国各大地区。

2019～2021 年，已陆续有 4 个国家级车联网先导区获得批复，包括2019 年 5 月批复的江苏（无锡）车联网先导区，2019 年 12 月批复的天津（西青）国家级车联网先导区，2020 年 9 月批复的湖南（长沙）车联网先导区，以及 2021 年 1 月最新批复的重庆（两江新区）国家级车联网先导区。可见近两年来工信部大力推动国家车联网先导区建设，支持各示范区积极探索跨行业、跨领域标准化工作，着力于探索车联网应用场景，打造开放融合、高质量发展的车联网产业生态。相信未来将会有更多的车联网先导区在全国各地涌现，为自动驾驶网联通信技术的发展提供丰富的测试环境。

---

① 《合作式智能运输系统 车用通信系统 应用层及应用数据交互标准》，中国汽车工程学会网站，2017 年 9 月 18 日，http：//csae. sae － china. org/b29. html。
② 《合作式智能运输系统 车用通信系统 应用层及应用数据交互标准（第二阶段）》，中国信息通信研究院，2020 年 11 月 26 日。

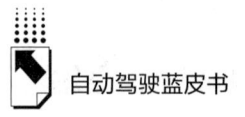

三 2020年国外自动驾驶网联通信发展情况

(一)政策导向

美国。美国一直是世界第一汽车大国,侧重于单车智能技术的发展路线,在自动驾驶领域拥有较高的地位。2016年9月至2020年1月,美国交通部陆续发布《确保美国自动驾驶领先地位:自动驾驶汽车》1.0~4.0,其中2020年1月最新发布的《确保美国自动驾驶领先地位:自动驾驶汽车4.0》指出,要确保美国在自动驾驶技术领域的领先地位,促进自动驾驶技术安全且充分地融入地面运输系统中。在2020年3月由美国交通部发布的《智能交通系统(ITS)战略规划2020-2025》(以下简称"ITS战略")中,也指出要评估和应用5G、AI、无人驾驶等新技术,推动自动驾驶技术集中到道路交通系统中,加速智能交通系统的部署,确保人员、货物运输更加安全和高效。由此可见,美国新版ITS战略已从单纯关注自动驾驶转向关注智能网联与系统的协同应用。

欧盟。欧盟是合作式智能交通系统战略的倡导者,在合作式智能交通系统战略框架的指导下促进自动驾驶技术与产业的创新发展,并把车辆智能化与网联化的协同发展作为智能交通主要的发展演进路径。在单车智能化领域,欧盟先是通过立法为自动驾驶产业发展铺平道路,然后再依托车企的力量推动自动驾驶应用落地;而在网联化领域,欧盟则持续更新发布相关战略规划,并提出了"2020年通过云计算、IoT、大数据和V2X推动网联自动驾驶发展,2022年网联自动驾驶实现与大数据可信平台开放数据交互,2025年通过下一代V2X提升L4自动驾驶能力"的目标。

日本与韩国。日本以及韩国则主要是选择从路侧出发,通过布局道路基础设施抢占自动驾驶的商业落地机会。日本政府依托法律法规层面的行动有效清除了自动驾驶商用化发展的障碍,例如2020年5月日本正式实施《道路运输车辆法》修正案以促进自动驾驶技术在日本的商业化落地。韩国政

府早些年和美国一样主推单车智能技术的发展路线，但从 2019 年起也加入自动驾驶基础设施建设中，提出了"2027 年建成自动驾驶相关通信、高精度地图、交通管制、道路等基础设施，确保自动驾驶车辆可商用行驶于韩国国内的主要道路上"的总体目标。

（二）技术及标准进展

1. 标准化进程

在频谱划分方面，当前全球许多国家及地区已完成包括 DSRC 和 C - V2X 在内的 V2X 点对点通信工作频段的分配工作。其中美国是分配了 5850 ~ 5925MHz 共计 75M 带宽，欧洲分配了 5855 ~ 5925MHz 共计 70M 带宽，日本分配了 5770 ~ 5850MHz 共计 80M 带宽，韩国分配了 5855 ~ 5925MHz 共计 70M 带宽，新加坡分配了 5875 ~ 5925MHz 共计 50M 带宽，中国分配了 5905 ~ 5925MHz 共计 20M 带宽。[①]

在 DSRC 和 C - V2X 的选择方面，2020 年 11 月，美国联邦通信委员会通过投票的方式，正式宣布将 5.9GHz 频段（5.850 ~ 5.925GHz）分配给 Wi-Fi 和 C - V2X 使用，其中的 30M 带宽（5.895 ~ 5.925GHz）划拨给 C - V2X 使用。这也说明了，美国政府正式放弃其前期坚持的 DSRC 技术路线并转向我国主推的 C - V2X 技术路线。

2. DSRC 标准

DSRC 标准的演进历史可追溯到 2004 年，其主要依托以下三套标准：一是定义了汽车相关"专用短程通信"物理标准的 IEEE 802.11p，二是定义了网络架构和流程的 IEEE 1609，三是定义了消息包中携带的信息的 SAE J2735 和 SAE J2945。

其中美国高速公路安全管理局（NHTSA）是 DSRC 技术的忠实拥护者，并把为交通出行者提供安全、效率、便捷的三大服务作为落地应用的目标。

---

① 《5G 车联网标准的演进之路》，物联网世界网站，2019 年 8 月 13 日，http：//www.iotworld.com.cn/html/news/201908/31f7856dff270060.shtml。

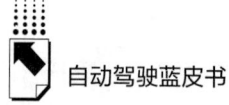

据美国公开数据统计，依托 DSRC 技术，在安全方面，可帮助中轻型车辆避免 80% 的交通事故，帮助重型车避免 71% 的交通事故，有助于实现车辆安全通行的目标；在效率方面，可减少将近 60% 的交通拥堵，将短途运输效率有效提高 70%，将现有道路通行能力提高 2～3 倍，大力促进道路通行效率的提高；在便捷方面，可有效减少 30% 的停车次数，将行车时间降低 13%～45%，并降低 15% 的油耗。

3. C - V2X 标准

依托以大唐为代表的中国企业的前期推动工作，国际标准化组织 3GPP 于 2015 年 2 月启动了 LTE - V2X 技术标准化的相关工作，研究工作分为业务需求、系统架构、安全研究和空口技术四个部分，由 3GPP SA1、3GPP SA2、3GPP SA3、3GPP RAN 这 4 个工作组负责，目前 4 个工作组均已完成了各自的任务。具体如下：3GPP SA1 已完成 LTE - V2X 支持业务要求的定义工作，包含车车、车路、车人、车与网络通信的 27 个用例，并给出了 7 种典型场景的性能指标要求；3GPP SA2 已确定增强架构至少要支持采用 PC5 接口和 Uu 接口传输的 V2X 业务；3GPP SA3 完成了 V2X 安全需求的调查与研究工作，评估对现有的安全功能、架构的重用和增强的需求以及支持 V2X 业务的 LTE 架构增强的需求；3GPP RAN 评估 LTE 支持 V2X 业务增强技术的方法，研究基于 PC5 接口和 Uu 接口技术方案如何增强支持 V2X 业务，完成了信道结构、同步过程、资源分配和相关的射频指标及性能要求等关键技术的研究工作。[①]

当前 3GPP C - V2X 标准化演进包括以下 3 个重要阶段。

第一阶段基于 LTE 技术满足 LTE - V2X 基本业务需求，对应 LTE Rel - 14 版本，该版本于 2017 年正式发布，引入了 5.9GHz 频段的直通链路（PC5 接口）通信方式。

第二阶段基于 LTE 技术满足部分 5G - V2X 增强业务（LTE - eV2X）需求，对应 LTE Rel - 15 版本，该版本于 2018 年 6 月正式发布，以保持与 Rel - 14 兼容作为前提，有效提升 V2X 的时延、速率、可靠性，进而满足更高级

---

① 陈山枝等：《LTE - V2X 车联网技术、标准与应用》，《电信科学》2018 年第 4 期。

的 V2X 业务需求。其技术演进主要针对 PC5 接口增强，采用了与 Rel – 14 相同资源池的设计理念和相同的资源分配格式，故可与 Rel – 14 用户共存且不产生资源碰撞干扰的影响。①

第三阶段基于 5G NR 技术实现全部或大部分的 5G – V2X 增强业务需求，对应 5G NR Rel – 16、Rel – 17 版本。①其中 5G NR Rel – 16 于 2020 年 6 月冻结并正式发布，该版本引入了单播和组播模式、HARQ 反馈、CSI 测量上报、NR/LTE 基站调度 LTE – V2X/NR – V2X 资源、NR – V2X 与 LTE – V2X 共存等新技术特性，支持高阶调制和空间复用，同时优化了资源选择机制。② 目前已启动 Rel – 17 相关标准化工作，预计将于 2021 年 12 月冻结。

（三）应用进展

1. C – V2X 标准的应用场景

目前国际标准化组织 3GPP 已经发布了 LTE – V2X 定义的 27 种（3GPP TR22.885）和 5G – V2X 定义的 25 种（3GPP TR22.886）应用场景。

其中 3GPP TR22.885 中的 27 种场景重点针对辅助驾驶功能的实现，包括主动安全（碰撞预警、紧急刹车等）、交通效率（车速引导等）、信息服务等。而 3GPP TR22.886 中的场景则重点针对自动驾驶功能的实现，涵盖车辆编队、高级驾驶、扩展传感器、远程驾驶四大类功能。

2. 示范应用进展

当前行业公认的智能网联汽车产业化的前提是拥有足够的应用测试和示范运行基础，故美国、欧盟、日本、韩国等国家和地区都高度重视智能网联汽车的示范运行，以构建大大小小的智能网联测试场、示范区，模拟丰富的车辆运行场景的方式，开展智能网联汽车商业落地前的测试示范工作。

以美国为例，由于前期政府大力支持，且已拥有了完善的标准和确定的

---

① 《5G 车联网标准的演进之路》，物联网世界网站，2019 年 8 月 13 日，http://www.iotworld.com.cn/html/news/201908/31f7856dff270060.shtml。

② 《车联网白皮书（网联自动驾驶分册）》，中国信息通信研究院网站，2020 年 12 月 15 日，http://www.caict.ac.cn/kxyj/qwfb/bps/202012/t20201215_366169.htm。

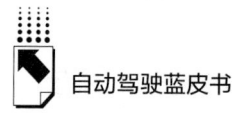

频谱，故已有26个州陆续推进基于DSRC技术路线的智能网联试点示范工作，在美国35万个交叉口完成了约5315套DSRC RSU的部署工作，同时安装了约1.8万套车载设备，其中的优秀案例代表是怀俄明州、纽约市、佛罗里达州的DSRC试点项目。此外，美国也有同步开启C－V2X试点工作，在加利福尼亚州圣迭戈和密歇根州底特律开展初步试验工作，同时以匹配2022年美国第一辆C－V2X量产车型部署为目标，开展C－V2X道路基础设施建设工作。①

四 自动驾驶网联通信面临的挑战和未来发展趋势

（一）自动驾驶网联通信面临的挑战

C－V2X技术的演进，为智能网联和自动驾驶带来了可能，但就当前的应用测试来看，较多是在特定区域、道路且较为单一的环境下展开，而实际的运行环境是更为复杂灵活的，网联通信技术只有不断完成技术演进与业务扩展，才能满足自动驾驶应用的需求。

首先，在技术演进增强方面，当前符合C－V2X商用部署条件的芯片模组、车载设备、路侧设施等核心产品已完成了大量的测试验证，5G NR Rel－16也完成了时延和可靠性的优化工作，理论上满足了单个用户或单个业务的使用需求，但当大量的交通出行者同时参与到交通出行中时，智能网联通信技术在时延、可靠性以及带宽等方面需满足更高的要求。现有网联通信技术是否能满足大量交通出行者的实际出行需求，保证行驶安全和用户的舒适出行，仍需行业大量开展全方位多角度的实测，通过一次次的实际商用模拟试验，制定出更完善的商业化应用方案，更好地满足面向未来实际道路运行的全自动驾驶业务需求。

综上，自动驾驶网联通信主要面临以下两大挑战：一是关键技术与关键产品性能与实现商业部署仍有差距；二是基于C－V2X技术的智能网联自动

---

① 吴冬升：《美国车联网（V2X）发展现状分析》，《智能网联汽车》2019年第5期。

驾驶汽车商业模式不清晰，产业尚未形成核心凝聚力，难以将通信与自动驾驶相关的产业结合并形成合力。

（二）自动驾驶网联通信未来发展趋势

当前网联通信技术正与单车智能技术交会融合，逐步形成一种面向车车、车路的自动驾驶智能网联技术发展趋势，未来应有效提高单车的感知、决策能力，为车辆群体协同的感知决策提供条件。在此背景下，本文将从技术应用和商业化落地两方面探讨网联通信的未来发展趋势。

在网联通信技术应用方面，未来智能网联通信技术将不再局限于车车、车路之间的网联通信，可通过加强汽车、通信、交通、电子等领域间的合作，将网联通信技术与各行业系统进行组合，形成新兴业务系统。例如，将智能网联通信技术与现有智慧交通基础设施、自动驾驶车企资源进行有机结合。从整体道路交通系统的角度出发，一方面，为不同交通出行方式和使用不同智能化等级车辆的出行者提供更为安全、高效、便捷的自动驾驶出行服务；另一方面，通过车、路、云信息互通，获取更全面的区域交通信息，开展区域交通的优化与协调，助力自动驾驶车辆实现区域级的线路规划。

在网联通信技术商业化落地方面，可分阶段、分步骤、分场景地开展智能网联汽车示范区建设。分阶段推动道路基础设施建设，逐渐实现从局部试点到全区域覆盖；分步骤推进测试验证与应用示范，逐步开展模拟仿真、封闭式、半开放式、开放式的示范区建设；分场景完成智能网联自动驾驶应用示范工作，逐步探索面向智慧城市、智慧高速、智慧园区、特定园区等应用场景的智能网联示范区建设。

参考文献

李源等：《通信技术对自动驾驶发展的关键作用》，《移动通信》2020年第11期。

吴冬升：《美国车联网（V2X）发展现状分析》，《智能网联汽车》2019年第5期。

B.7
2020年自动驾驶高精地图发展报告

王红艳　宋琪　郭丽君*

摘　要：　随着自动驾驶汽车的快速发展，高精地图的重要性开始凸显。高精地图包含丰富的动静态信息，可为自动驾驶汽车提供精准的定位、辅助环境感知以及最优路径规划服务，让自动驾驶汽车"知道"接下来"看不见"的路是什么样的，从而提高自动驾驶的安全性。本文通过深入分析自动驾驶高精地图的政策法规、标准及头部企业，认为高精地图的发展现状与自动驾驶的需求还是存在较大差距，面临测绘及更新、高精度定位的成本较高，所需的存储容量大等问题。针对高精地图发展过程中存在的问题，本文提出促进我国高精地图产业快速发展的建议，即完善相关法律法规与标准、及时准确更新数据、建立数据交互共享平台，加强企业协作、资源共享。

关键词：　自动驾驶　高精地图　测绘标准化

一　自动驾驶高精地图发展现状

随着自动驾驶等级的提高，仅靠汽车搭载的传感器已经不能完全满足安全

---

* 王红艳，高级工程师，供职于中国智能交通协会咨询研究部，主要研究方向为自动驾驶；宋琪，博士，供职于中国智能交通协会咨询研究部，主要研究方向为智能交通行业标准化；郭丽君，中国智能交通协会科技服务部部长。

驾驶的需要，例如大范围的尘土或者前方道路出现陡坡与急弯的情况，会导致传感器存在一定的探测盲区。这时就需要一些先验信息，即可以提前采集且短时间内不会改变的信息，包括道路曲率、航向、坡度和横坡角。将这些信息传递给自动驾驶汽车可以帮助其做出决策，由此高精地图就应运而生了。

高精地图与传统导航电子地图的区别主要体现在精度、数据维度、数据实时性以及服务对象四个方面。传统导航电子地图精度为米级别，而高精地图的精度为厘米级别。传统导航电子地图一般只给出简单的道路信息，对道路形状等细节没有详细的描述，而高精地图会对道路进行非常详细的描述，包括在什么位置道路变窄或变宽，哪里有高架物体、树木和防护栏等，甚至还包含道路边缘类型、路边的标志等，这些都会与真实的道路情况完全一致。高精地图对数据实时性的要求更高，传统导航电子地图只需要静态数据，而高精地图为了应对各类突发状况，保证自动驾驶的安全，需要更多的半动态数据和动态数据。传统导航电子地图的服务对象是人类驾驶员，而高精地图的服务对象是人类驾驶员和自动驾驶汽车。

高精地图是自动驾驶汽车的记忆系统和感官系统，可以通过记忆提前预知前方的道路信息，对汽车周边环境提前做出判断，也可以通过比较汽车传感器采集到的信息与已经存储的地图信息，辅助验证汽车的位置、车道级路径规划以及转向、加速和刹车指令的准确性，从而强化自动驾驶系统感知层和决策层的能力。当自动驾驶汽车周围环境比较恶劣或者传感器出现故障时，它也能确保汽车的基本行驶安全。

（一）国外发展现状

国外的高精地图厂商主要有 Waymo、DMP、Here、TomTom、Mobileye、DeepMap、CivilMaps、Lvl5、Carmera 等。

Waymo 原是谷歌旗下的子公司，其高精地图由谷歌地图发展而来，有强大的数据和技术背景，是自动驾驶领域的领头羊。Waymo 在 2009 年开始为自动驾驶创建地图，其采集地图的手段为"激光雷达＋导航定位系统"，并拥有一支庞大的测绘车队，其高精地图目前已能够满足美国多个城市的 L4 自动驾驶。

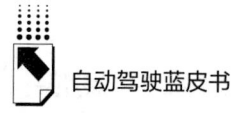

DMP 是日本为了将 SIP（战略性创新创造方案）成果产业化而成立的，它的成立代表着日本动态高精地图开始走向产业化。SIP 代表了日本内阁政府在智能交通和自动驾驶领域的发展决心，这种由国家牵头、各方配合的整合型发展思路，值得各国政府和组织机构借鉴。

Here 的前身是美国地图公司 NAVTEQ，其自动驾驶地图是对传统导航地图的延伸。2015 年，奔驰、奥迪、宝马联合收购了 Here，之后与博士、先锋等厂商开展合作。2018 年初，宝马集团与 Here 达成合作协议，根据协议 HERE HD Live Map 将在 2028 年之前进入宝马集团的量产车型，由此将提高宝马汽车驾驶过程中的舒适性以及安全性。这也是 Here 与汽车制造厂商就 HERE HD Live Map 投入量产车型应用达成的第一个合作。同年 5 月，Here 牵头，并联合 SK Telecom、Increment P（IPC）/Pioneer 以及四维图新，成立了 OneMap 联盟，其目标是向行业内提供用于自动驾驶的统一标准的高精地图。

TomTom 是一家荷兰公司，是苹果、Facebook 等公司地图业务的数据提供商，在静态地图方面有着多年的开发经验。但由于静态地图近年来的需求量迅速下滑，TomTom 迫于营收压力，寻求转型，将方向瞄准高精地图。2017 年 7 月，我国企业百度与 TomTom 签署合作协议，二者将通过优势互补共同为自动驾驶汽车提供高精度的地图产品。

Mobileye 是一家以色列公司，其单目视觉高级驾驶辅助系统（ADAS）处于世界领先水平，2017 年被英特尔以 153 亿美元高价收购。搭载 Mobileye 摄像头的车辆众多，而每个摄像头都可以采集到前面的路况，由此 Mobileye 利用各摄像头采集到的信息，经过智能化的筛选整合，再利用网联化制作的高精地图精度达到了 10cm。从 2018 年起，Mobileye 开始以众包方式构建高精地图。

DeepMap 是高精地图初创公司，2016 年成立于美国。其主要是利用"激光雷达 + 导航定位系统"的多传感器融合方案，以众包模式进行地图数据采集。其地图和定位模块已被应用到多种车型和车队中，可以进行自动驾驶训练。在各种复杂路况、天气条件与驾驶速度下均展现了良好的性能。

CivilMaps 于 2014 年在美国加利福尼亚州成立，其主要是与车厂合作，利用摄像头或者雷达进行众包采集地图。其软件可将客户端收集到的数据进行处理，将有效数据上传到云平台，再依靠强大的人工智能技术，高效地从庞大的点云数据中提取有用要素，将 1T 大小的点云图压缩至 8MB，极大地提高了传输与存储效率。

Lvl5 以纯视觉制图方式实现高精地图采集，其利用"手机摄像头 + Payver（该公司开发的 IOS 应用）"来众包生产地图，优点是传感器成本极低。Payver 可以上传行驶视频、GPS 定位信息和加减速信息，Lvl5 利用多辆车收集到的信息，经过自己独特的算法处理后，生成自动驾驶所需的高精度地图。Lvl5 的地图数据已经覆盖了美国超过 90% 的高速公路。

Carmera 通过安装在物流车上的传感器组件，采集高精地图数据，同时，为物流车提供安全和能效方面的建议作为"回报"。

相比其他国家较严格的政策法规，美国对于自动驾驶汽车持开放和包容的态度，由此吸引了大量外国投资者纷纷到美国创业，使美国成为注册自动驾驶公司最多的国家。在采集高精地图的方案上，大型企业多采用激光雷达方案，而初创公司受资金流影响，大多采用以人工智能为基础的纯视觉方案，通过搭载价格较低的摄像头来降低数据采集成本，而为了弥补摄像头在精度方面的不足，初创公司大多利用众包方案，跟车企、物流企业等合作，以高精地图为底图，通过多次拍摄积累数据，提升整体精度。

（二）国内发展现状

1. 我国自动驾驶高精地图政策法规现状

由于高精地图测绘及制作涉及国防安全信息，因此我国对企业获得地图测绘与制作资质有着非常高的要求。任何公司想在我国境内从事测绘业务，都必须先申请测绘资质证书，只有取得相应登记的测绘资质证书后，才能在我国境内从事测绘业务。[1] 根据《中华人民共和国测绘法》以及《关于加强

---

① 吕钊凤、李峥嵘：《无人驾驶，地图先行——盘点中国 19 家高精度地图厂商》，《智能网联汽车》2019 年第 4 期。

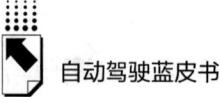

自动驾驶地图生产测试与应用管理的通知》的规定，在我国境内从事自动驾驶高精地图测绘及制作的企业，必须拥有导航电子地图甲级测绘资质，并且在道路测绘过程中要严格限制地图接触的人员范围。根据《测绘资质管理规定》和《测绘资质分级标准》，资质的申请对生产高精地图的设备和人员都有明确的规定，对于初创公司来说有一定的门槛要求。截至2021年1月，我国已经拿到导航电子地图甲级测绘资质的企业及事业单位总共有28家（见表1）。

表1　中国具有导航电子地图甲级测绘资质的企业及事业单位

序号	企业及事业单位名称
1	北京四维图新科技股份有限公司
2	高德软件有限公司
3	北京灵图软件技术有限公司
4	北京长地万方科技有限公司(百度子公司)
5	深圳市凯立德科技股份有限公司
6	易图通科技(北京)有限公司
7	国家基础地理信息技术有限公司
8	立得空间信息技术股份有限公司
9	腾讯大地通途(北京)科技有限公司
10	北京城际高科信息技术有限公司
11	浙江省第一测绘院
12	江苏省基础地理信息中心
13	武汉光庭信息技术股份有限公司
14	滴图(北京)科技有限公司
15	武汉中海庭数据技术有限公司
16	北京初速度科技有限公司
17	贵州宽凳智云科技有限公司[宽凳(北京)科技有限公司子公司]
18	江苏晶众信息科技有限公司
19	江苏智途科技股份有限公司
20	北京华为数字技术有限公司
21	丰图科技(深圳)有限公司
22	京东叁佰陆拾度电子商务有限公司
23	沈阳美行科技有限公司
24	中交宇科(北京)空间信息技术有限公司

序号	企业及事业单位名称
25	速度时空信息科技股份有限公司
26	河北全道科技有限公司
27	北京航天宏图信息技术股份有限公司
28	辽宁宏图创展测绘勘察有限公司

资料来源：根据自然资源部公开信息整理。

2. 自动驾驶高精地图标准现状

2020年1月，自然资源部测绘标准化研究所发布了测绘行业标准《道路高精度电子导航地图生产技术规范》（征求意见稿）和《道路高精度电子导航地图数据规范》（征求意见稿）。《道路高精度电子导航地图生产技术规范》（征求意见稿）针对时空基准，数据采集系统及生产技术流程，数据采集，外业数据质检及预处理，地图要素信息的表达，内业数据质检、验证与评价给出了规定。《道路高精度电子导航地图数据规范》（征求意见稿）针对地图数据逻辑组织模型、道路网图层组、车道网图层组、车道线图层组、点状设施层组、现状设施层组、面状设施层组、地图符号表达要求给出了规定。[①]

2020年1月，北京市地方标准《自动驾驶高精地图特征定位数据技术规程》经北京市市场监管局和北京市规划与自然资源委员会标准办公室立项审查通过，2021年2月开始征求意见。

3. 高精地图头部企业发展现状

虽然拿到导航电子地图甲级测绘资质的企业及事业单位有28家，但是大部分还不具备独立的高精地图测绘制作能力。国内高精地图的头部企业主要有高德软件有限公司（下文简称"高德"）、百度、北京四维图新科技股份有限公司（下文简称"四维图新"）、易图通科技（北京）有限公司（下文简称"易图通"）等（排名不分先后），从2018年开始，国内高精地图厂商已经陆续进入汽车整车制造企业。

---

① 张进明等：《智能网联汽车高精地图技术指标及标准化需求研究》，《中国汽车》2019年第10期。

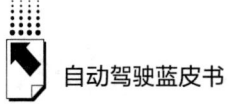

　　高德地图是国内首家实现高精地图商业化的公司，早在 2014 年就获得了高精地图商业订单，2015 年建立了高精地图产线。高德自研的带有 2 个激光雷达和多个摄像头的采集系统已经完成了对 30 万公里以上的高速公路和快速路数据的采集，其制作的高精地图绝对精度为 50cm，相对精度为 10cm。高德已与凯迪拉克、吉利、长城、奥迪、小鹏、中国一汽达成合作，为凯迪拉克 CT6 超级智能驾驶系统 Super Cruise 和吉利 G – Pilot 提供高精地图支持，与长城共同构建全域在线（GTO）智慧生态。2019 年 4 月，高德地图宣布将以每年每车不超过 100 元的成本价格，向合作伙伴提供标准化高精地图，并加快高精地图发展进程。

　　百度的自动驾驶高精地图研发起步较早，早在 2013 年就已经开始。而且，百度是拥有采集设备和后期数据加工制作自主技术能力的公司，基于 Apollo 开放平台，百度已经自主研发了一套完备的能够进行高精地图采集、制作、数据处理与更新流程的技术，该技术通过运用深度学习、点云信息处理、模式识别、三维重建等先进技术，使百度公司的高精地图的自动化数据处理程度已经达到 90% 以上。此外，这套技术还能够自动识别出采集到的数据中的上百种交通标志信号，算法识别率达 98% 以上，有效提高了高精地图的采集处理效率。百度还拥有国内目前最大规模的高精地图采集车队，覆盖能力强，可实现高速公路、城市道路、停车场、封闭园区等全场景要素覆盖，已实现百城百万公里的采集里程，覆盖全国超过 30 万公里的高速公路及主要城市道路。百度已经与长城、广汽、北汽、蔚来、威马、长安、本田、吉利、江淮、恒大等多家车企签署高精地图商业化定制项目，同时，百度地图也是特斯拉中国导航地图合作伙伴，为 Model S 提供技术支持。

　　四维图新成立于 2002 年，是有着 19 年行业经验的老牌图商。除了通过专业采集的方式对地图进行持续更新，四维图新目前也与主机厂合作，全力推进基于众包数据的快速更新方式，当个别车辆涉足一些没来得及更新的冷门地图区域时，系统会进行反馈，自动进行众包更新成图，提高地图的更新频率。2019 年，四维图新获得宝马 L3 及以上等级自动驾驶高精地图量产定单，宝马将在 2021～2025 年量产上市的 L3 及以上等级自动驾驶汽车上搭载

四维图新的高精地图，这是国内首个用于 L3 及以上等级自动驾驶的高精地图量产订单。同年 11 月，四维图新宣布与华为达成合作，双方将共同完成华为自动驾驶项目中的高精地图测试验证工作。

从 2017 年起，易图通开始致力于转型为一家具有全球竞争力的智能位置服务提供商，采用多线与单线测绘激光雷达互补技术，自主研发高精地图生产线。目前，易图通的导航地图涉及的道路里程已达到 1000 万公里，涵盖了我国内地、香港以及澳门地区，POI 数目多达 8000 万。易图通已经获得多个自动驾驶高精地图服务量产项目。在低速无人驾驶的自主泊车领域，易图通获得全国首个自主泊车量产项目。易图通已与 Microsoft Azure、大陆集团、Continental、Bosch、Graviti、地平线等企业建立战略合作关系，获得北汽新能源自动驾驶高精地图量产项目。

北京华为数字技术有限公司（下文简称"华为"）的高精地图系统叫 Roadcode，分为两部分：Roadcode HD、Roadcode RT。Roadcode HD 是由专业测绘车队绘制的高精度地图，是离线的；Roadcode RT 是自学习地图。2019 年，华为与四维图新签署合作协议。2020 年 4 月，华为与 Here 达成合作。华为计划 2021 年实现全国高、快速路与北京、上海、广州、深圳的高精地图可商用，之后，高精地图再增加天津、重庆、成都、杭州的数据，2022 年使数据覆盖面扩展到 20 多个城市。

北京初速度科技有限公司成立于 2016 年 7 月 27 日，其测绘高精地图利用的是以视觉为主的摄像头，即通过众包车辆摄像头采集道路信息的 2D 图像点，利用点的对应关系，融合来自 GPS 和 IMU 的数据，重建道路、交通标志及周围环境的 3D 位置，创建高精地图。该公司能以较低的采集制作成本，为自动驾驶汽车提供高精地图定位与导航，其所采用的高精地图测绘方案的费用可以降低到激光雷达采集方案的十分之一甚至百分之一。

宽凳（北京）科技有限公司（下文简称"宽凳科技"）成立于 2016 年，是一家高精地图及智能应用综合解决方案服务商。在地图采集上，宽凳科技更重视视觉方案，其地图采集设备并没有装备激光雷达，而是利用众包模式，通过分析处理来自不同传感器的海量数据，利用深度学习建模，制作高

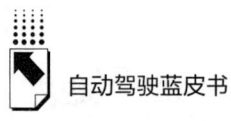

精地图。未来公司还将通过搭建地图数据云平台，实现车和路的高效协同，并形成交通数据的大闭环。

随着自动驾驶的快速发展，高精地图的发展受到越来越多的重视和关注，图商企业、汽车厂商、互联网企业和出行服务提供商都在积极投入研发量产高精地图产品。目前，由于数据搜集、数据处理、地图制作等环节成本高，高精地图单价约为1000元/套，后续的数据更新等服务价格为100~200元/年。随着国内高精地图市场竞争日益激烈，服务费用预计将呈现趋近于成本价的态势。

二 我国自动驾驶高精地图发展面临的问题

随着自动驾驶汽车的快速发展，高精地图越来越受重视，传统图商、互联网巨头、科技新势力都在积极投入研发高精地图产品。但目前，高精地图的发展现状与自动驾驶需求还是存在较大差距，主要体现在以下几个方面。

（一）测绘及更新的成本较高

绘制分米级地图，每辆测绘车每天可以测绘约500公里道路，成本约为10元/公里；绘制厘米级地图，每辆测绘车每天可以测绘约100公里道路，成本将达到1000元/公里。由于测绘车的成本较高，一般企业难以投入大量测绘车同时开展测绘，测绘效率难以大幅度提高。所以，相比于传统导航地图，高精地图的制图成本较高。而且，高精地图的高鲜度，对地图的更新频率提出了较高的要求，为了及时更新地图，需要一支庞大的地图采集、制作及数据管理团队。这些人力、物力支出都提高了高精地图测绘及更新的成本。

采用众包方式是提高高精地图生产效率的一个途径。但是，如何保证采集质量并在大量的众包数据中提取有效信息制作高精地图仍是一大难题。

（二）高精度定位的成本较高

根据我国地理测绘相关法规的规定，民用和商用地图上都不能使用真实的WGS84坐标，地图数据需要经过偏转插件加密后才可以使用，受随机扰

动的影响，定位经过偏转后，通常会有 20cm 的精度损失，这么大的精度损失会影响定位的准确性。因此，想要将自动驾驶汽车准确地定位在车道上，需要较高成本的定位系统。

目前，想要获得可靠的定位效果，需要通过高精地图 + 双频 GNSS 接收机 + 双频定位增强服务（RTK/PPP 等）+ ADAS 相机 + 战术级 IMU + 车辆 CAN 信号来实现高精度定位。然而，双频 GNSS 接收机的价格至少是单频接收机价格的 7 倍，双频定位增强服务的成本比单频定位增强服务的成本高出 4 倍多，战术级 IMU 的成本也是消费级 IMU 的数倍。因此，高精度定位的成本是比较高的。

（三）高精地图所需的存储容量较大

传统车载导航地图（米级精度）的存储密度约为 10KB/km，ADAS 地图（分米级）和高精地图的存储密度约为 10~100KB/km。按照这个存储密度测算，仅全国 30 多万公里高速公路的高精地图数据就有 3~30GB，已经远远超过了目前主流车载存储器的容量。可以采用云存储方案，将部分高精地图数据存储在云端，利用 5G 网络进行下载和更新。但每次更新都会对存储器进行擦写，而车载存储器的擦写寿命在 1000 次左右，在不采取限制措施的情况下，车载存储器的擦写寿命可能 5~7 年就会用尽。因此，只能通过车联网的架构实现高精地图的云存储、众包采集和实时更新，并最终形成可满足 L5 自动驾驶的高精地图。

三 对我国自动驾驶高精地图发展的建议

（一）完善相关法律法规与标准

高精地图的数据包含国家地理信息，涉及国家安全，而现有的法律法规与标准对高精地图数据的收集、传输、储存、使用以及表达等方面的规定还不够明确。目前，由于高精地图的采集和发布过程严格受到测绘地理信息法律法规监管，不能完全满足自动驾驶的需求。因此，需要进一步完善相关法律法规，统一数据标准，在保障信息安全的同时，加强企业间的协同性，促进我国自动驾驶高精地图的快速发展。

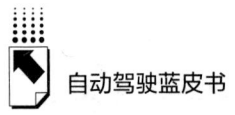

（二）及时准确更新数据

高精地图数据更新的及时性，会影响导航服务的准确性，进一步涉及自动驾驶汽车的安全性，因此，高精地图数据更新频率越高越好，但是，更新频率越高，成本也会越高。假如采用原始采集手段进行数据更新，将会产生很多冗余数据，也会使数据更新成本过高。因此，在数据更新中，采用众包手段获取即时数据，是一种更加经济、便捷的手段。

（三）建立数据交互共享平台

一方面，各地图企业独立采集、制作、维护高精地图的成本很高，很大程度上会加重企业的负担，使高精地图的市场价格难以下降，制约高精地图行业的快速发展；另一方面，各企业重复性采集、制作、维护高精地图也会在很大程度上造成资源浪费，不利于国家对高精地图数据的管理，易造成国土安全信息的泄露。因此，我国亟须在《智能汽车创新发展战略》的指导下，强化智能汽车发展顶层设计，充分利用现有设施和数据资源，发挥新基建优势，加强企业协作、资源共享，在统一的数据标准下，建立自动驾驶高精地图数据交互共享平台，方便各企业将脱敏后的高精地图数据上传到平台与其他企业共享，并以此获得一定的经济效益。建立高精地图数据交互共享平台是降低高精地图采集、制作成本的有效途径，也是提高数据安全，促进我国自动驾驶高精地图快速发展的有效手段。

参考文献

吕钊凤、李峥嵘：《无人驾驶，地图先行——盘点中国 19 家高精度地图厂商》，《智能网联汽车》2019 年第 4 期。

张进明等：《智能网联汽车高精地图技术指标及标准化需求研究》，《中国汽车》2019 年第 10 期。

B.8
2020年智能化道路基础设施发展状况分析及未来展望

张玲玉　宋琪　李凯龙　马希平*

摘　要： 道路基础设施智能化水平的不断提高，有效促进了人、车、路的协同发展。本文整理了2020年国家出台的多项与智能化道路基础设施建设相关的政策，从密集出台的中央政策可以看出，智能化道路基础设施的规划建设已上升为国家战略。本文通过分析智能化道路基础设施的落地应用情况，确定智慧高速公路为主要应用场景，并重点介绍了车联网C－V2X技术、路侧感知设备市场、高速公路治超和非现场执法与智慧高速云控平台等细分领域的发展现状，同时梳理了2020年部分地区开通的智慧高速公路的情况。最后，针对智能化道路基础设施发展过程中存在的问题，提出以数据为发展核心，突破核心技术、探索技术创新方向，统一相关标准及技术规范等建议。

关键词： 智慧高速公路　新基建　标准化

一　国家高度重视智能化道路基础设施规划建设

随着新一代信息技术与人工智能的发展，交通工具汽车正在向高性能、

---

* 张玲玉，北方工业大学在读博士研究生，主要研究方向为人机共驾控制权切换决策方法；宋琪，博士，供职于中国智能交通协会咨询研究部；李凯龙，中国智能交通协会业务发展部主管；马希平，中国智能交通协会国际合作部主管。

新能源、无人驾驶等更高层面发展，道路交通基础设施也经历了从低等级公路到高速公路再到智能化公路的发展过程，构建绿色可持续、数字化、智能化、智慧化的交通基础设施体系已经成为人、车、路协同发展的共同目标。2020年，国家出台的《智能汽车创新发展战略》、加强"新基建"、支持"两新一重"建设、"十四五"规划、《关于促进道路交通自动驾驶技术发展和应用的指导意见》等战略规划与政策均与智能化道路基础设施相关，有力推进了智能化道路基础设施的规划和建设，为建设交通强国提供了有力支撑。

2020年2月，国家发改委、交通运输部、科技部、公安部等11个部委联合印发《智能汽车创新发展战略》，从顶层设计角度，进一步明确了汽车产业在"新四化"历史机遇下的发展方向。汽车是智能交通的重要领域，汽车的智能化发展必将带动我国交通、通信、电子、计算机、互联网等相关领域的发展。《智能汽车创新发展战略》提出，构建先进完备的智能汽车基础设施体系，推进智能化基础设施规划建设，建设覆盖全国的车用高精度时空基准服务能力，建设覆盖全国路网的道路交通地理信息系统。具体任务包括制定智能交通发展规划，建设智慧道路及新一代国家交通控制网，分阶段、分区域推进道路基础设施的信息化、智能化和标准化建设。这使基础设施智能化升级进入快车道，有利于基础设施智能化建设的全面开展。

2020年3月，中央政治局会议提出"新基建"。2020年5月，国务院政府工作报告提出"两新一重"，即新型基础设施、新型城镇化及交通、水利等重大工程。"新基建"是以技术创新为内在驱动，以信息网络为发展基础，面向高质量发展的需要，提供数字转型、智能升级、融合创新等服务的基础设施体系，涉及5G基建、城际高速铁路和城市轨道交通、新能源汽车充电桩、大数据中心、人工智能、特高压、工业互联网7大领域。"新基建"的提出和逐步的细化，将促进自动驾驶的落地应用，为智能汽车提供更加信息化的道路和交通环境，增强车路之间的协同。随着"新基建"战略的持续落地，道路基础设施将朝智能化方向升级，相关智能企业和整个产业将迎来新机遇。

2020 年 8 月，中国科协发布了 10 个对科学发展具有导向作用的科学问题，其中第 6 个问题是："数字交通基础设施如何推动自动驾驶与车路协同发展"，指出了智能化的交通基础设施是自动驾驶与车路协同落地的有力支撑。同月，交通运输部印发《关于推动交通运输领域新型基础设施建设的指导意见》，明确了到 2035 年交通运输领域新型基础设施建设的目标及任务，指出要用先进的信息技术深度赋能交通基础设施，使精准感知、精确分析、精细管理和精心服务能力全面提高，为加快建设交通强国提供有力支撑。

2020 年 12 月，党的十九届五中全会通过《中共中央关于制定国民经济和社会发展第十四个五年规划和二〇三五年远景目标的建议》。其强调"十四五"规划需要积极统筹推进基础设施建设：要构建完备、高效、智能、绿色、安全的现代化、智能化的基础设施体系，要系统布局新型基础设施的建设，加快第五代移动通信、大数据中心等建设，要加快建设交通强国，完善综合运输大通道、综合交通枢纽和物流网络，加快城市群、都市圈轨道交通的网络化，提高农村和边境地区交通的通达深度。

2020 年 12 月，为加快推动自动驾驶技术在我国道路交通运输中的发展与应用，全面提升交通运输现代化水平，交通运输部印发《关于促进道路交通自动驾驶技术发展和应用的指导意见》（以下简称《意见》）。《意见》明确，到 2025 年，道路基础设施智能化将取得重要突破。《意见》指出，要提升道路基础设施智能化水平：加强基础设施智能化发展规划研究，积极发挥规划引领作用，推动感知网络、通信系统、云控平台等智能化要素与基础设施同步规划，结合交通强国建设试点工作等，先行先试打造融合高效的智慧交通基础设施，及时总结经验，科学推进基础设施数字转型、智能升级；有序推进基础设施智能化建设，鼓励结合载运工具应用水平和应用场景实际需求，按照技术可行、经济合理的原则，统筹数字化交通工程设施、路侧感知系统、车用无线通信网络、定位和导航设施、路侧计算设施、交通云控平台等的部署建设，推动道路基础设施、载运工具、运输管理和服务、交通管控系统等互联互通。

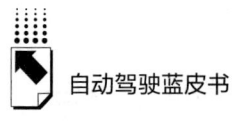

二 新基建赋能智慧高速发展

作为"新基建"重要的实践应用领域，智能化道路基础设施的建设已经开始在自动驾驶汽车、北斗卫星应用、智慧高速公路建设、城市大脑等领域融合发展，并取得了一定程度的突破。其中，智慧高速公路作为5G、车路协同等新技术的主要应用场景，已成为世界交通强国争相加快部署的热点领域。当前，受益于国家新基建政策利好以及国内市场环境和经济氛围的良好，高速智慧化建设面临前所未有的机遇。在这个过程中，行业各细分领域都紧抓机遇，寻求高速发展。

（一）车联网 C‒V2X 技术的发展

2020年4月，工信部联合公安部、国标委发布了《国家车联网产业标准体系建设指南（车辆智能管理）》；2020年7月，交通运输部就《国家车联网产业标准体系建设指南（智能交通相关）》公开向社会征求意见。如今，中国 C‒V2X 技术标准已经成为事实上的全球车联网标准，这必将再次引领一场与智慧道路相关的自动驾驶技术大变革。

最具代表性的是目前国内正在建设的一条智慧高速公路——杭绍甬高速。杭绍甬高速复线全长161公里，项目总投资1000亿元，依据双向六车道高速公路标准建设而成。作为连接杭州、宁波两大经济重镇的高速公路，杭绍甬高速不仅构建了路网综合运行监测预警系统，还打造了人、车、路协同的综合感知体系。未来将构建车联网系统，全面支持自动驾驶；打造平均运行速度接近120公里/小时，远期预留140公里/小时的提升空间，打造杭州到宁波1小时交通圈。随着新能源汽车的应用逐渐成为趋势，杭绍甬高速将全面适应电动化发展方向，全线新建充电桩设备，为电动车及智慧车辆提供充电服务。根据规划，超级高速公路将于2022年杭州亚运会前建成。

我国高速路网经过30多年的发展已将各省（区、市）连接起来，覆盖辐射范围极广。所谓智慧高速多数是在原来高速路的基础上对其赋予新基建的能力。智慧高速是一个抓手和工具，能够通过新兴的技术和手段解决道路拥堵、事故高发、出行不便等问题，且需要不断地完善和提高。

车路协同可以有效减少交通事故，有效降低物流能耗，减少企业综合运营成本，是我国自动驾驶发展主要的技术路线。依托我国庞大的新能源汽车市场规模，车路协同技术具备非常好的发展环境，其产业规模也将迎来爆发式增长。

但智慧高速不等同车路协同，车路协同既是手段也是目的，而智慧高速建设的落脚点是路，目标是安全、高效、便捷、绿色。

（二）路侧感知设备市场

目前，多传感器融合是路侧感知的主要发展趋势。全息感知是智慧道路发展的底层基础，需要路侧感知设备提供全面、高质、稳定的交通数据。路侧感知设备以高清摄像头和毫米波雷达为主，2020 年以来，华为、百度、浦和数据、集萃感知等相继推出了全息感知方案。

在政策的加持下，路侧智能感知市场迎来发展风口期，路侧智能感知设备将率先覆盖高速公路、城市交叉路口。根据中国公路网数据，截至 2019 年末全国高速公路长度为 14.96 万公里，36 个主要城市道路网总体平均密度为 6.1 公里/公里^2，36 个主要城市城建区面积为 2.1 万平方公里，预计到 2025 年路侧智能感知设备（包括 RSU、摄像头、毫米波雷达、激光雷达、雷视一体机）的市场规模累计将超过 400 亿元。其中摄像头和毫米波雷达仍然是路侧感知所使用的主流设备，雷视一体机、激光雷达的使用也会呈现明显增长。

经过研究发现，推动场景应用将是发展路侧智能感知设备的有效模式。整个市场的发展是一个长期的过程，智慧高速是路侧感知设备的一个重要落地场景。例如于 2019 年底试运行的沪杭甬智慧高速先行段（每隔 250 米布设毫米波雷达和摄像头），平均车速提升了 8%、通行能力提升了 20%、道路拥堵时间降低了 10%、出行时间预测准确率达到 90%、道路行车事故下

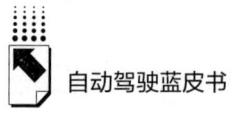

降了 10%、救援时间缩短了 10%。① 由此可见智能路侧感知设备可以带来明显的社会效益。

将路侧感知数据接入交警数据平台，将原始数据和本地处理的结果上传云端，能促使通过对海量交通运行数据进行整合处理，形成分析预测模型，有利于交通调度引导、线路规划和车辆管控等，推动道路基础设施要素资源全面数字化、"人车客货"互联互通，用数据管理和决策为车辆的运行与监管提供全方位的支持，为提升高速公路的交通效率提供有效的解决方案。

（三）高速公路治超和非现场执法

治超，一直是公路管理、运输管理的难题。超限超载等违法行为会造成严重的后果，一是给公路交通带来严重的安全隐患，二是给公路健康、公路维护带来严重压力，三是造成运输价格市场恶性竞争，导致"劣币驱逐良币"的结果。据测算，超载 100% 的货车作用 1 次对公路路面造成的破坏，相当于标准轴载的货车作用 16 次造成的破坏，会严重影响公路使用寿命。据不完全统计，50% 的群死群伤重特大道路交通事故与超限超载运输有直接关系。

高速公路治超是保护高速公路最有效的方式。在高速公路入口对货运车辆进行称重检测，并对违法超限超载的车辆进行劝返，禁止其通行高速公路是切实有效的举措。而高速公路超限超载非现场执法，是利用称重设施、监控系统、高清车牌识别系统等设备、设施，收集涉嫌超限超载车辆的车型、车牌、称重信息、车辆照片、视频资料等原始数据，并向属地交通运输执法部门和公安交通管理部门抄告的非现场执法方式。交通运输执法部门根据违法证据，对违法行为进行事后处罚；交通执法信息系统将超限超载处罚信息、未接受处罚的"黑名单"等数据推送至高速公路收费系统。从各地试点工作开展以来看，这一系列的非现场执法流程，大幅减少了超限超载车

---

① 数据来源于浙江交通集团官方网站。

辆，降低了因超限引发的交通安全事故伤亡率和公路养护成本，有效提高了车辆通行效率、执法效率和执法水平。

深圳亿维锐创作为华为科技治超创新解决方案合作伙伴，通过提供高精度和高稳定性的动态称重设备、高度集约的管理服务平台、高度开放的数据接口协议、高度专业的系统集成服务，依托华为5G、人工智能、云边端协同、AI智能等技术，优化非现场治超解决方案和不停车治超一体化站点技术，共同构建"公路云网"，创新公路不停车治超网络2.0解决方案。

（四）智慧高速云控平台

智慧高速由监控、收费、通信三大机电系统发展而来，现阶段高速公路的智慧化水平不足以满足人们的出行服务，高速公路正寻求向更精细化的运营方向转变。智慧高速云控平台依托路段综合管控与路网监测调度，利用边缘网关打通各节点数据，打造智慧高速数据中台，包含基础设施数据、运营管理数据、信息发布数据、决策调度数据，能够真正实现数字化，进而支撑高速公路安全、畅通以及经营、决策和服务。

除了BAT之外，和利时、浩鲸科技、同盾等也都相继在2021年推出智慧高速云控平台解决方案。

和利时直击高速公路管理中存在的监控管理缺乏、协同手段匮乏、统一指挥困难等痛点问题，打造了融合工业互联网平台、边缘智能控制器等创新技术的智慧高速云控平台。平台充分融合各类数据资源，具备基于高速公路全量数据的融合接入、展示、应用功能，覆盖高速公路常态监测监管、应急指挥调度等多个业务领域，能实现对高速公路全要素的状态感知与全方位管控，助力提升高速公路精细化管控水平。

浩鲸科技智慧高速云控平台则以交通数智能力中枢为抓手，构建交通全要素感知体系，通过数智能力中枢的数据融合功能，形成新运营、新协同、新服务的三新体验，借助云计算、大数据、移动互联网、物联网、人工智能等新一代信息技术，围绕全面感知、泛在互联、科学决策、智能响应和主动服务，为高速公路信息化建设提供支持。

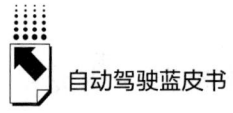

同盾发布"智慧高速云控平台2.0"，旨在通过人工智能、大数据、云计算等技术构建闭环流转、高效管控的一站式智慧高速解决方案，充分发挥数据智能的要素倍增作用，推动交通强国建设。

三 2020年部分地区开通的智慧高速公路情况

2020年，我国很多地区开通了智慧高速公路。随着5G网络与智慧高速公路的深度融合，未来的"5G + AI"技术手段将进一步提高高速公路的智能化水平，助力智能化道路基础设施建设更好地发展，进一步加快智慧交通产业化进程，给交通行业带来巨大的变化。

（一）湖南——长常北线高速长益段

2020年8月31日，G5517长常北线高速长益段正式开通，标志着湖南省长沙市建成了我国首条支持车路协同自动驾驶的智慧高速。该项目全长93公里，包括长沙绕城高速西北段、西南段（63公里），以及此次启用的G5517长益北线高速（30公里）。该智慧高速路段共打造了98个智能网联汽车相关场景，支持智慧交通管理、智能网联汽车测试及网联辅助驾驶等功能。在G5517长常北线高速长益段正式通车前，湘江智能已经联合各车辆单位在智慧高速上进行了车路协同测试联调。其中，在自动驾驶测试示范场景方面，能够支持L3及以上等级的自动驾驶车辆在长益复线测试段展开测试工作；在网联辅助驾驶场景方面，通过在具备网联通信功能的车辆上安装智能车载终端，进行示范运营；在智慧高速运营监管场景方面，通过云控平台与交警、交通管理平台数据互联互通，实现了高速监管运营的相关功能；在智慧出行场方面景，通过手机App接收相关道路交通信息，实现智慧出行相关信息管理、服务的功能。

（二）京津冀——津石高速公路

2020年12月22日，津石高速公路全线正式通车运营，京津冀三地快

速、便捷、高效、安全的互联互通综合交通网络进一步完善。

津石高速公路是《国家公路网规划》中的京沪高速公路联络线，是连接天津、雄安新区和石家庄市的重要联络通道，线路全长233.5公里，设计行车时速为120公里，总投资355.33亿元，采用政府与社会资本合作的PPP投融资模式建设而成，由天津段与河北段两部分组成。

建成通车后，石家庄市至天津市的高速公路通行时间由过去的4小时缩短至现在的3小时，改变了以往需绕行保定市或沧州市的路线。同时，作为新技术、新方案集中应用的试点工程，津石高速公路致力打造"智慧高速"系统，助力"准全天候通行"。

（三）四川——成宜高速公路

2020年12月26日，成都至宜宾高速公路全线建成，正式通车。成宜高速公路总投资246亿元，全长约157公里，依据双向六车道高速公路标准建设而成，为四川省设计标准最高的高速公路之一。建成通车后，从成都天府国际机场高速公路南线出发约90分钟即可到达宜宾，成为成都平原经济区与川南经济区之间最便捷的联系通道。

同时，作为交通强国试点项目，成谊高速将分阶段（3~5年）建成成宜数字高速，主要包括三个部分。第一部分是"自动驾驶"，前期布设10公里"自动驾驶"基础设施，达到L3.5自动驾驶标准；第二部分为"车路协同"，构建完善的高速公路网智能感知体系，实现全路段人工智能视频分析、预判、报警等功能，提高高速公路运营能力；第三部分为"智慧高速"，基于数字新基建，成宜高速将实现全路段5G覆盖，为"数字交通"的信息传输提供更加方便快捷的服务支撑。

（四）广东——深圳外环高速公路

2020年12月29日，备受关注的深圳外环高速公路正式通车。深圳外环高速公路西起广深沿江高速公路，向东经宝安区、光明区、龙华区、东莞市、龙岗区、坪山区、大鹏新区，终点接盐坝高速公路，全长约93公里，

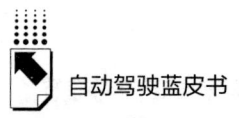

依据双向六车道高速公路标准建设而成，设计行车时速为 80～100 公里，分深圳段和东莞段。目前通车的路段是深圳段一期工程与东莞段。

深圳外环高速还与深圳的沿江、广深、南光、龙大、梅观、清平、博深、惠盐、深汕、盐坝等 10 条高速公路和 8 条一级公路互联互通。

在智慧交通建设方面，深圳外环高速致力于成为广东省智慧高速省级科技示范路，实现交通管理智慧化。一是以交通数据标准化为基础，建立深圳外环高速大数据中心及交通综合监测系统，实现对高速公路路网运行状态、车辆实时运行、交通事件和交通环境的动态化、一体化监测和预测；二是利用 BIM 技术，实现高速公路基础设施的数字化和深圳外环高速资产智慧化运营管理；三是沿线布设共 135 根多功能智能杆，挂载基站，从而实现全线 5G 通信网络的全覆盖。深圳段一期工程的通车，标志着深圳外环高速成为全国首条以多功能智能杆为载体，实现 5G 网络全覆盖的新建通车高速公路。

（五）浙江——杭绍台高速绍兴段

2020 年 6 月，全长 67 公里的杭绍台高速公路先行段提前 3 个月通车，在绍兴南部山区架起了一条智慧便捷的交通大通道，该公路项目是浙江省 2020 年来建成并通车的首个智慧高速公路项目。杭绍台高速公路先行段起于鉴湖枢纽，途经甘霖枢纽与甬金高速公路互通，止于镜岭，串联起了绍兴市越城区、柯桥区、嵊州市、新昌县的 8 个镇（街）。整条高速以"1＋N"的建设模式，打造以"准全天候通行""智慧隧道""智慧服务区""车路协同"为核心的四大特色场景。

准全天候通行：杭绍台高速公路打造了全息感知的智慧高速云控平台，实现底层数据感知层、支撑及决策层、协同业务层以及数据的交互共享，在国内首次实现了高速公路主动进行交通管控和提供服务，支持准全天候通行。

智慧隧道：杭绍台高速公路基于智慧隧道管控平台，使隧道实现全面的感知、可靠的物联、高效的协同、智慧的应急，保障隧道安全运行。

智慧服务区：杭绍台高速公路充分利用服务区、隧道口等现有场地，建立光伏发电系统，构建绿化能源供应体系。

车路协同：智能路侧融合了感知多源数据与云控平台，为无人驾驶车辆做好了技术层面的预留和铺垫，让高速公路在技术层面上具备"无人驾驶"的条件。

该项目建成通车后，将有效缓解上（虞）三（门）高速公路的拥堵情况，更好地连通浙江海洋经济带的南北两翼，对完善绍兴市高速公路网、增强绍兴城市的交通枢纽功能、带动沿线以及周边欠发达地区有效投资等具有重大意义。

四 智能化道路基础设施发展痛点与展望

（一）发展痛点

作为智能化道路基础设施的重点应用场景，智慧高速公路在我国的建设发展已取得了一定成绩。但总的来说，道路基础设施的智能化发展仍处在探索阶段，现阶段所依赖的技术还不成熟，实施手段、建设运营模式、服务提供方式仍需进一步完善。

在智慧高速公路智能化基础设施的实际建设、运行过程中存在诸多问题。[1]

（1）缺乏对新型道路基础设施智能化发展规律整体的、系统的认知，顶层设计和统筹规划不足。与传统基础设施建设不同，智能化道路基础设施技术迭代升级迅速，因此传统基础设施的发展策略和建设模式已不再适用。针对道路基础设施全生命周期（勘察设计、施工建设、运维养护、出行服务）中的不同流程阶段，需要进一步加强顶层设计指导，在高效有力的顶层设计指导下，统一设计和实施标准化。不同管理部门间仍存在独立制定实施规划和管理模式的现象，不仅造成了传感器、云数据中心、5G 网络等的重复建设，而且不能使基础设施最大限度地发挥作用。因此，如何有效配置资源、优化资源是急需解决的问题。

---

① 王建伟等：《道路基础设施数字化研究进展与展望》，《中国公路学报》2020 年第 11 期。

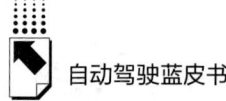

（2）新兴技术赋能智能化道路基础设施的建设，促进了道路基础设施的创新以及迅速发展，但是新的技术尚未实现集成和融合，所以新技术的应用还相对有限。现阶段道路基础设施智能化发展仍仅关注单一的技术功能模块，统一的技术集成体系尚不成熟，因此无法形成合力。此外，对新兴技术的认知也不够深入，这导致即使采集了海量数据，在进行实时存储检索工作时仍面临不小的挑战，而在应用分析层面，由于对新兴技术的挖掘深度有限，新兴技术对于实际功能业务的支撑力度明显不足。

（3）防范风险能力有待提高。随着人们的生产、生活越来越离不开智能化基础设施，因此恶意攻击或者网络故障都将给社会带来不可估量的损失。高危漏洞、网络隐患、数字鸿沟都会使供应链中断，更甚者连传统基础设施运行都会受到严重影响。这就对道路基础设施智能化领域的安全性、可靠性提出了更高的要求。为了保证智能化道路基础设施有效、安全、可靠的运行，需要加强安全相关工程的推进以及资金使用的协同管理，通过建立全产业链的监测平台，将风险防控思想渗透到基础设施的各个模块创新的各个环节中。

（二）展望

道路基础设施智能化的发展需要充分发挥交通运输行业在新型基础设施建设方面的主动作用，深入了解新兴技术，从需求方的角度提出要求，未来可从以下几个方面入手推动建设工作。

1. 数据是道路基础设施智能化高质量发展的核心生产要素

数据是发展的核心，要积极构建全生命周期的静态和动态的数据中心，打通壁垒，促进多领域数据共享使用，加速数据流动，有效提高数据使用效率。通过推动不同设施的互联互通，实现城市间、行业间、企业间的数据共享。更大程度释放、挖掘数字化应用价值，充分将数据应用在道路基础设施监测和运维管理中，进一步完善并构建数据安全体系，从国家安全、社会安全、人民安全各个层面做好充分保障。

2. 突破核心技术，探索技术创新方向

在基础设施建设全生命周期中，综合利用先进的数字孪生、人工智能、

工业互联网、特高压、物联网等新技术手段，突破瓶颈，以算法为驱动、数据和硬件为基础，通过大规模知识库、模型库、算法库的集成应用，构建泛在的智能感知设备网络体系。

3. 有力推进标准化工作

在市场主导的背景下，标准化工作是产业可持续发展的基础和前提。现阶段，道路基础设施智能化相关标准化工作尚处于起步阶段，因其涉及领域广泛，工作协调难度大，相关工作推进得较慢。因此，需积极、快速推进标准化工作，以匹配新基建的进程速度、规模以及趋势。标准化的工作应针对国内外道路交通领域在智能化转型升级中出现的相关新技术，梳理发展的生态体系，把握技术的演进趋势和产业的发展方向，扎实构建满足产业发展需求、先进适用的标准体系。

五　结束语

汽车产业是国民经济的支柱产业之一。真正意义上的智能化、智慧化出行，绝对不是只靠孤立个体便能够实现的，应该依托于道路交通设备、设施环境互联互通，即智能网联汽车与智能网联设施互联互通的一体化。智能化道路基础设施建设尚处于不断完善过程中，要在发展过程中不断探索与总结经验。要以整体协同优化、创新融合为指导思想，以新基建带动传统基建，构筑集约高效、智能绿色、经济适用、安全可靠的现代化、智能化的基础设施体系，进而助力国家经济社会的创新发展。

参考文献

王建伟等：《道路基础设施数字化研究进展与展望》，《中国公路学报》2020 年第 11 期。

应用篇
Application Reports

B.9
自动泊车市场发展现状分析

黄晓延　丁田妹　吕吉亮*

摘　要： 自动泊车具有广泛的应用前景和社会价值，是高级别自动驾驶汽车的重要功能之一。本文通过调研自动泊车产业发展状况，重点梳理了自动泊车的主要功能、技术路线，列举了自动泊车市场关键数据、各厂商在自动泊车领域的布局情况、自动泊车标准制定及完善情况并做出分析。本文认为未来自动泊车技术将由单一泊车模式向全场景泊车应用模式转变，促进自动泊车系统的阶段性升级。同时识别空停车位的设备、室内定位设备、通信设备、探测物体和人的摄像头系统等基础设施的进一步完善，也将促进自动泊车行业快速发展。

---

* 黄晓延，中汽数据有限公司智能网联应用室主任，主要研究方向为自动驾驶技术、虚拟现实技术及新兴技术跨行业应用；丁田妹，中汽数据有限公司智能网联应用室工程师，主要研究方向为车路协同技术及高级驾驶辅助系统；吕吉亮，中汽数据有限公司智能网联应用室项目主管，主要研究方向为自动驾驶技术、自动驾驶车辆信息安全以及高级驾驶辅助系统。

关键词： 自动泊车　技术方案　厂商布局

一　自动泊车概念及技术发展现状

自动泊车是通过遍布车辆周围的传感器探测车辆周围环境信息，从而控制车辆的转向和加减速，使车辆能够自动泊车入位的功能。泊车系统按照不同场景功能分为泊车辅助系统（PAS）、自动泊车辅助（APA）、远程遥控泊车（RPA）、自主代客泊车（AVP）。辅助泊车系统的执行机构一般通过 EPS 实现车辆的横向控制，部分主机厂利用线控转向实现横向控制。

泊车辅助系统（PAS）：最基础的泊车方式，需要驾驶员参与，车辆帮忙计算轨迹路径，驾驶员根据仪表盘上的提示完成停车入库。PAS 借助人机界面对驾驶员进行提示，帮助驾驶员调节选择泊车方式，并在泊车过程中提供不同车位供驾驶员选择。仪表主要是用来提示驾驶员进行换挡、踩油门、刹车等操作。

自动泊车辅助（APA）：与 PAS 相比，APA 更加智能化，泊车过程不需要人为干涉，驾驶员只需将车子开到停车位旁，由车辆代替驾驶员自动识别车位并泊车（见图 1）。[①]

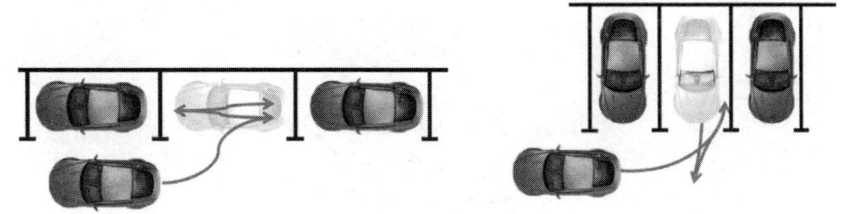

图 1　自动泊车辅助

---

① 郭鑫等：《智能泊车辅助系统（APA）研究》，《汽车实用技术》2016 年第 1 期。

远程遥控泊车（RPA）：作为 APA 和 AVP 的过渡技术，RPA 允许用户在车外一定可视范围内使用遥控装置控制车辆的泊入、泊出、直进、直出等，整个过程中驾驶员必须始终监控车辆状态（见图2）。

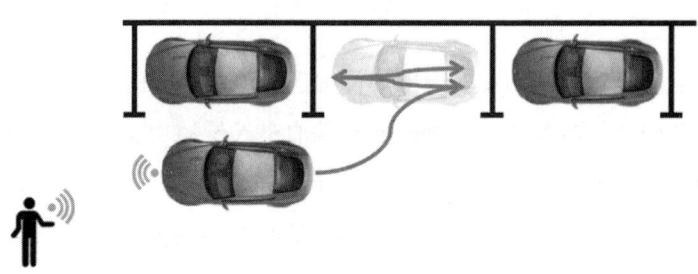

图2　远程遥控泊车

自主代客泊车（AVP）：由"人找位"转变为"车找位"，驾驶员在任意位置用手机发送指令，使车辆在没有司机的情况下，实现自动找位泊车及自动找人取回（见图3）。

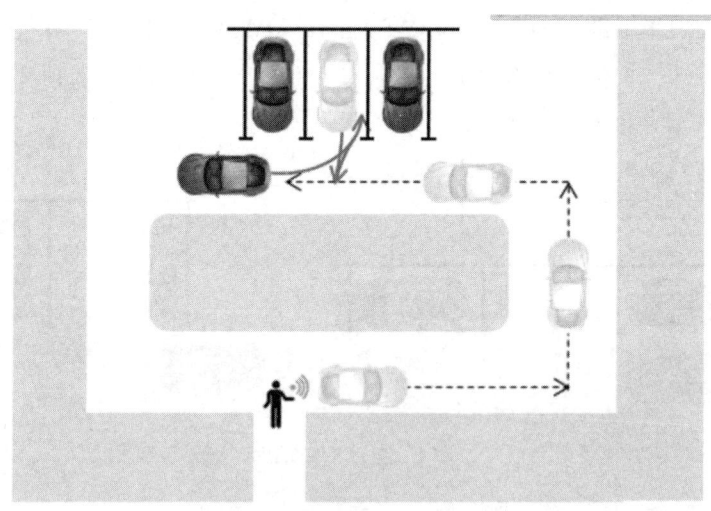

图3　自主代客泊车

随着技术的发展，自动泊车的成本逐渐降低，目前高端车型上已都装配了自动泊车系统，中低端车型的自动泊车系统装配率在逐渐提高。量产车辆上被广泛使用的是最基础的 PAS，APA 在豪华、高端车型上开始被应用，APA 的装配率逐年提高，而 RPA 和 AVP 由于技术和解决方案不成熟，尤其是二者功能与地图、停车场基建有关，相关技术还有待突破，装配率不高，大部分车型还处于示范、测试阶段。随着自动驾驶技术的发展，2019 年记忆泊车系统（HPA）作为一种新的自动泊车解决方案开始走进大众视野。HPA 主要是车辆先自主学习泊车路线，完成路线学习后，车辆可以自主在此路线上完成低速巡航及泊车入位（见表1）。

表1　APA、RPA、HPA、AVP 四种技术方案的对比

方案	技术	级别及应用场景
APA	UPA超声波雷达×8　APA超声波雷达×4　环视摄像头×4	L2 垂直车位/平行车位/斜列车位
RPA	UPA超声波雷达×8　APA超声波雷达×4　环视摄像头×4　蓝牙	L2 驾驶员在车外5米范围内，适用于狭窄车位

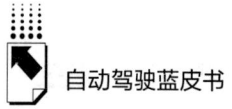

续表

方案	技术	级别及应用场景
HPA	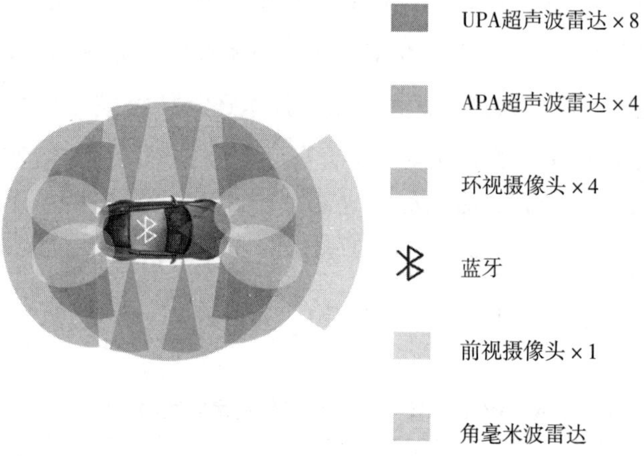 UPA超声波雷达×8 APA超声波雷达×4 环视摄像头×4 蓝牙 前视摄像头×1 角毫米波雷达	L4 驾驶员在车外50米范围内,适用于固定车位
AVP	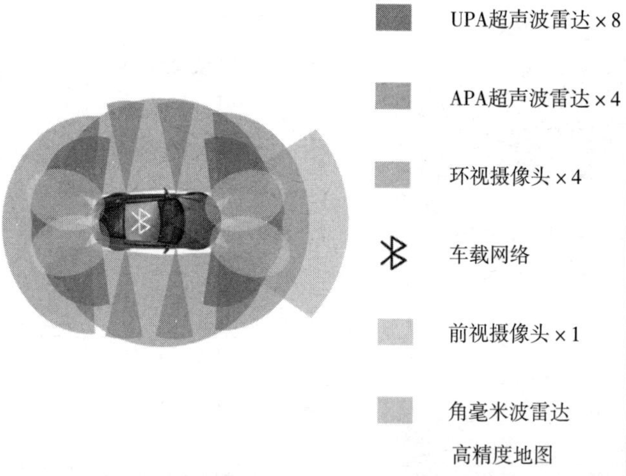 UPA超声波雷达×8 APA超声波雷达×4 环视摄像头×4 车载网络 前视摄像头×1 角毫米波雷达 高精度地图	L4 驾驶员在距地下车库车辆位置的500米范围的地面上,适用于公共停车场

　　以上几种自动泊车系统均以车端改装为主要技术方案,主要依托视觉传感器、超声波雷达、毫米波雷达等进行停车位识别、障碍物检测,根据相关泊车算法实现泊车入位。其中 AVP 还涉及高精度的地图构建,需要图商介入,并定期甚至是实时更新地图数据,相对来说成本较高。除此以外,自动泊车系统还有一种基于场端改造的方案,此方案将激光雷达、摄像头、

UWB 等传感器布置在停车场各个角落，车辆只需具备基本的泊车电子电气功能及网联功能即可，这种技术方案对车辆本身的成本影响较小，但对运营商的投入成本影响较大，后期维护成本也难以估计，因此，如何进行大规模的推广应用还有待进一步深入研究。

二 2020年中国自动泊车市场发展状况

（一）2020年中国自动泊车市场的布局

根据对 2011～2020 年中国乘用车市场自动泊车系统装配率的统计，2011～2018 年中国乘用车市场自动泊车系统的装配率逐年平稳上升，2019 年开始，装配率增幅明显加大，2020 年已达 12.30%（见图 4），预计 2021 年还有进一步上升的空间。同时，2020 年中国乘用车市场 APA 的装配总量为 231 万辆，除了 2020 年 2 月由于新冠肺炎疫情对汽车行业冲击较大，APA 装配量下降幅度较大外，其他各月份 APA 装配量较平稳（见图 5）。

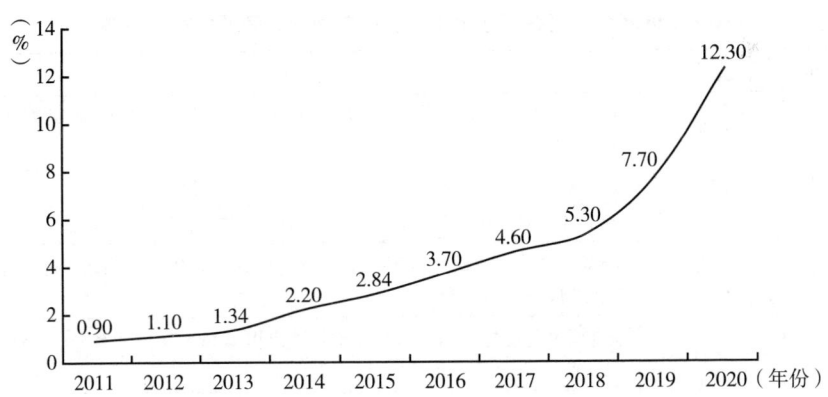

图 4 2011～2020 年中国乘用车市场自动泊车系统装配率

资料来源：佐思汽研数据平台，http://db.shujubang.com/。

2018 年来，自动泊车行业整体呈现上升趋势，自动泊车作为自动驾驶"第一公里和最后一公里"的最佳方案，受到了科技企业和主机厂的重点关

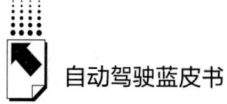

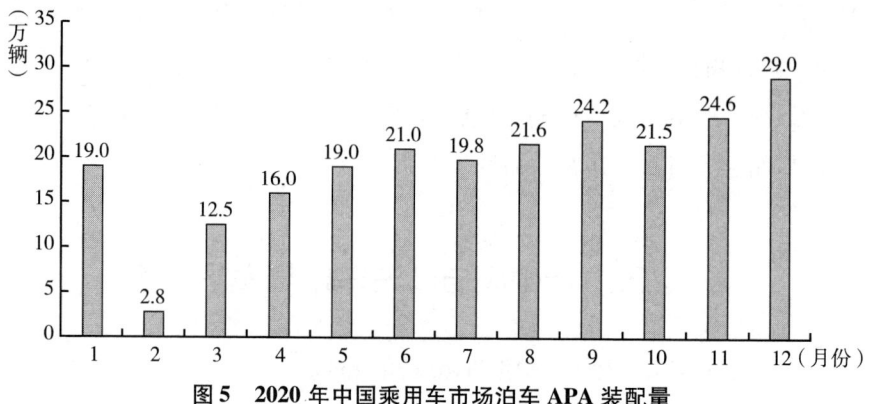

图5　2020年中国乘用车市场泊车APA装配量

资料来源：佐思汽研数据平台，http://db.shujubang.com/。

注。由于自动泊车可以按照应用场景的难易程度分阶段发展，而且目前各个车企在汽车的智能化功能方面均积极布局并开始落实到新车上，这进一步带动了相关技术企业的发展。2020年，百度、蔚来、长安、东风等各行业重点企业均开始积极布局自动泊车市场（见表2）。

表2　2020年中国各行业重点企业在自动泊车领域的布局动态

时间	企业	动态
1月	小牛	在国际消费类电子商品博览会上，发表了一款全新的三轮电动车，配备自动泊车功能
4月	长安	联手纵目科技合作量产APA 6.0平台，订单预计超10亿元
6月	蔚来	发布NIO OS 2.6.5车机系统，优化了泊车影像、自动泊车等功能
8月	小鹏	小鹏G3在中国汽研i-VISTA智能汽车指数测试中，APS测试获得了迄今为止的最高分（9.6分）
8月	东风	联合相关企业建立车队，开展自动驾驶出租车RoboTaxi/代客泊车AVP场景示范
8月	长城	哈弗H6上市，新增全自动泊车功能
9月	百度	百度Apollo与Aibee达成战略合作，共同打造北京翠微印象城自主代客泊车AVP样板间
9月	上汽通用五菱	拥有集前行、泊车功能于一体的"ADAS + APA + RPA"的新宝骏E300亮相北京车展
9月	华人运通	宣布L4 AVP在上海完成开发，在高合HiPhi X量产车上完成测试并投入试生产

续表

时间	企业	动态
9月	威马	发布了与百度共同开发的 AVP 技术，首款搭载 AVP 技术的全新量产车型也一同亮
10月	小鹏	小鹏官方发布其第二期智能数据报告，报告显示其月均自动泊车次数为 8.8 万次
11月	一汽	搭载 AVP 功能的红旗 E－HS9 正式下线
11月	江汽与大众	江汽与大众正式推出首款搭载 PSC 正式终端的燃油轿车
11月	吉利	吉利星瑞发布了 FOTA 升级计划，升级后的系统将新增一项 RPA 遥控自动泊车功能
12月	比亚迪	比亚迪汉 APA 面向全国开始升级

资料来源：根据各行业重点企业公开信息整理。

　　从各企业的动态来看，目前 AVP 是各企业布局的热点。但就目前的市场应用来看，其中绝大部分系统方案仍是基于纯超声波雷达方案，而超声波雷达探测距离较短，精度较低，且在风、雨、雪等恶劣天气下易受到影响。[①] 目前已开始有部分企业采用毫米波雷达的优越性能去弥补超声波雷达的不足，未来随着毫米波雷达成本的进一步降低，毫米波雷达作为角雷达的应用方案也许将会率先在 APA、RPA、HPA、AVP 等领域实现大规模应用。根据高工智能汽车研究院 2020 年上半年的数据，2020 年 1～6 月前装角雷达市场进入爆发期，上半年新车搭载量为 148.19 万个，比 2019 年同期增长 150.99%，市场前景广阔，其中角雷达前装市场搭载量排名前十的供应商仍为行业优势企业，如大陆集团、海拉、博世等（见图 6）。

　　此外，360 度全景环视系统（AVM）作为最早部署在量产车上的传感器之一，主要为驾驶员在泊车时提供车辆周围环境信息。根据高工智能汽车研究院发布的 2020 年全年中国市场新车 AVM（一级供应商）前装标配搭载量排名前十的供应商（见图 7）及 2020 年中国新车市场 AVM 前装搭载量排名

[①] 左培文、孟庆阔、李育贤：《自动泊车系统发展现状及前景分析》，《上海汽车》2017 年第 2 期。

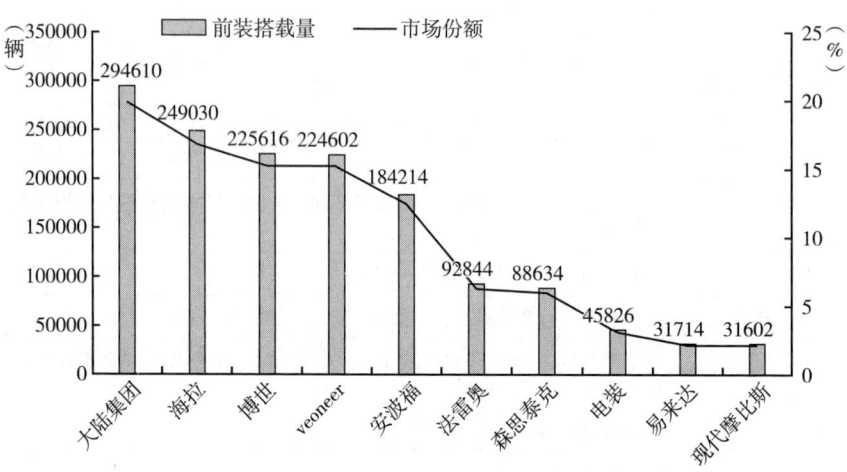

图6 2020年上半年角雷达前装市场搭载量排名前十的供应商

资料来源：高工智能汽车研究院。

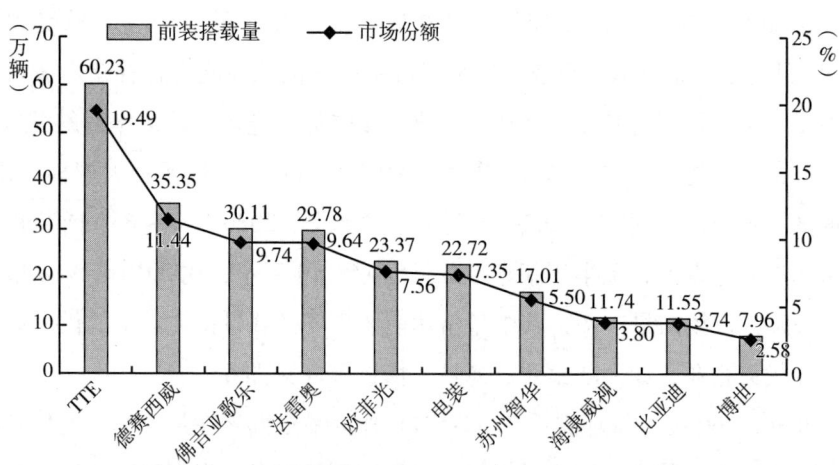

图7 2020年中国市场新车AVM（一级供应商）前装标配搭载量排名前十的供应商

资料来源：高工汽车智能研究院。

前十的车型品牌数据（见图8）发现，搭载汽车驾驶辅助功能已成为行业的共识。对于国产供应商来说，从AVM、APA切入AVP将是其扩大市场份额的最有利的突破口。

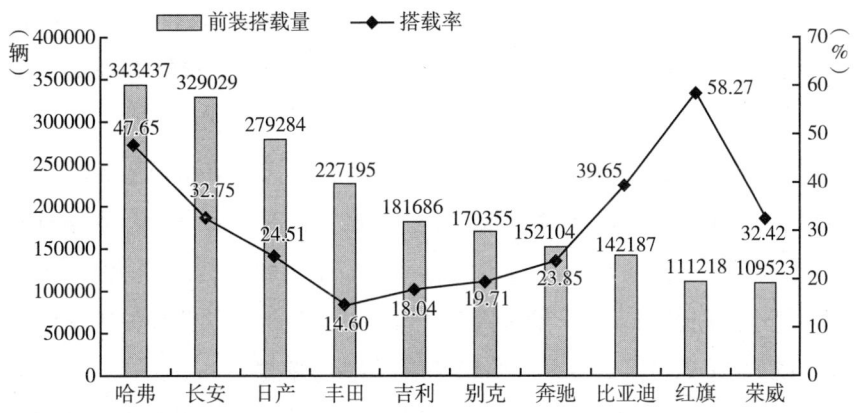

图8 2020 年中国市场新车 AVM 前装搭载量排名前十的车型品牌

资料来源：高工汽车智能研究院。

（二）2020年中国自动泊车标准制定及完善情况

目前各车企在自动泊车行业均有布局，但在标准方面还未有统一的规范，各技术标准和接口不一致。相关技术标准及法规不完善，仍是亟待解决的问题。虽然自动泊车场景人流、车流较少，但其应用环境仍旧复杂，使用自动泊车系统产生的事故时有发生，因此自动驾驶所造成的交通事故的责任认定仍然是热门讨论话题。为促进自动驾驶尽快落地，各个国家也一直都在完善相关标准法规。自 2019 年公布《部分自动泊车系统性能要求与测试规程》团体性标准后，2020 年，我国的一项国家标准和一项团体性标准均有了新的进展。一是汽标委智能网联汽车分标委（SAC/TC114/SC34）组织的推荐性国家标准《智能泊车辅助系统性能要求及试验方法》于 2020 年 10月在天津开展测试；二是由中国汽车工程学会、中国通信行业协会主导的团体标准《自主代客泊车系统总体技术要求》于 2020 年 5 月开始公开征求意见。

国家标准《智能泊车辅助系统性能要求及试验方法》于 2021 年 4 月通过审查。该标准主要规定了智能泊车辅助系统的术语和定义、要求及实验方法。在该标准中，自动泊车系统的功能主要是对驾驶提供泊车指示和方向控

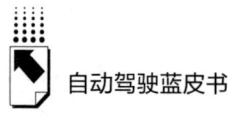

制的辅助功能，更偏向于针对 PAS 的测试。标准要求智能泊车辅助系统在运行中，系统搜索停车位最大速度应小于 15 公里/小时，要求针对平行车位最大揉库次数不大于 8 次，针对垂直车位最大揉库次数不大于 7 次。同时，该标准规定了智能泊车系统工作过程中车辆电子电气的功能安全要求。2020年 10 月在天津进行的标准验证测试中，一汽、长安、宝马、奔驰等国内外汽车企业均有参与。测试验证了系统搜索车位范围和距离、车辆泊车操作所需要的最小空间及泊车后车辆位置等关键指标。此标准的验证使得其他自动泊车系统如 APA、HPA、RPA、AVP 等有了参考依据。

团体性标准《自主代客泊车系统总体技术要求》主要是针对 AVP 技术，由中国智能网联汽车产业创新联盟、中国通信工业协会智能网联专委会、北京佐智汽车技术有限公司提出，长城、吉利、长安、一汽、福特、奥迪、北汽、宝马等汽车企业及纵目科技、驭势科技、百度、禾多科技、北京初速度、易图通、停简单、智慧互通、裕兰、品众、喜泊客、华为、四维图新等自动泊车技术企业共同起草。该标准共 7 个章节，对 AVP 的架构、安全场景、总体技术规范、测试规范等均做了详尽的要求，具体规范了 AVP 安全场景、行人安全场景、极端场景、停车场、地图数据、感知、人机交互、云平台、运动控制等涉及泊车环境及功能的各个方面的内容。该标准进一步填补了国内在 AVP 行业标准方面的空白。

三 2020年国外自动泊车市场发展情况

（一）2020年国外自动泊车企业布局动态

国外自动泊车目前发展比较迅速，自动泊车供应商主要有法雷奥、大陆集团、博世、舍弗勒等，其产品已在大众、宝马、奔驰、丰田、戴姆勒、通用、福特、现代、特斯拉等国外汽车企业的高端量产车型上实现搭载，但未成为标配。2020 年受新冠肺炎疫情影响，全球各行各业都出现短期低迷发展态势，这对汽车产业的影响较大。2020 年汽车产量下降幅度最大的为非洲，其次为美洲地区、欧洲，国外汽车行业发展整体放缓，受行业整体发展缓慢的影响，自动泊车领域进展缓慢，各企业产业布局动态较少。但疫情又让在特定场景利用自动驾驶进行配送、巡逻、消杀等的市场需求增多，自动驾驶发展潜力凸显，一定程度上也加速了自动驾驶的商业化进程。

博世与福特。2020 年 8 月，博世、福特以及房地产开发商 Bedrock 联合开发的自动泊车示范项目在底特律进行了展示。在该项目测试中，驾驶员只要在街道上的取放车点通过手机操作，就可以将车辆停放在车库一层以及取回车辆。这个演示项目是美国基于场端的首个 AVP 解决方案，采用的是车路协同技术中的车与基础设施互联通信方案。据估算，借助此方案在同等空间面积下可多容纳 20% 的车辆。

大众。电动汽车企业极星 Polestar 与 EasyPark 技术公司联合开发了一种用于自动泊车的新应用程序，而大众将引入这一技术并将其应用于途锐 SUV 车型。新的技术集成了自动泊车系统功能及远程遥控泊车系统功能，其有两种模式，一种是车辆自动搜寻车位，找到车位后驾驶员通过中控屏进行确认，然后由车辆自动泊车系统完成泊车入库操作；另一种是驾驶员通过手机 App 选择空余停车位，确认后驾驶员可以下车继续通过 App 实现远程泊车。远程泊车功能的实现需要借助停车场的基础设施，实时对空余车位进行监控。

特斯拉。2020 年 4 月，特斯拉宣布将在未来推出用于自主泊车的"反向智能召唤功能"，即特斯拉汽车能够在乘客下车之后，完成自动泊车。

Here。2020 年，Here 公布的合作计划中包含了与 Apcoa 公司合作共建室内高清地图。Here 计划通过室内高清地图来完善自动泊车功能，并向驾驶员提供停车位预订服务。

Arrive。2020 年泊车技术公司 Arrive 公布了一项新的泊车功能，其将在自身的泊车系统中增加推荐引擎，用于提供最佳的泊车点和泊车位，并且出于安全驾驶因素考虑，此功能将连接车内系统语音和智能手机，实现无缝操作。

康奈大学。康奈大学研究人员开发了一种智能泊车软件，该软件基于大数据综合了出行时间、动态定价政策、驾驶员等待时间等因素，为驾驶员提供个人偏好停车策略，包括了计算步行距离、行驶时间及停车位占用等功能，软件中所用到的算法与其他泊车策略相比，可以使寻找车位的时间减少64%，有助于交通流的改善以及尾气排放的进一步减少。从功能上来看，此款智能泊车软件在PAS、APA、RPA的应用前期将会发挥很大作用，也更适合于被集成到汽车导航系统或手机导航软件中。

同时，针对自动泊车系统需要的视觉、雷达、地图等设备，国外Tier1的布局也较为全面，主要是针对高速、城市、泊车等场景（见表3）。同时这些企业在全球技术上领先，市场份额也很大，国内Tier1与之相比较，还有较大的差距。

表3　国外自动泊车Tier1产品与场景布局

供应商	视觉	毫米波雷达	激光雷达	地图	决策层	执行层	高速	城区	泊车
博世	√	√	√	√	√	√	√	√	√
大陆集团	√	√	√	√	√	√	√	√	√
法雷奥	√	√	√	√	√	√	√	√	√
安波福	√	√	√	√	√	√	√	√	√
采埃孚	√	√	√	√	√	√	√	√	√
维宁尔	√	√	√	√	√	√	√	√	√
电装	√	√	√	√	√	√	√	√	√
摩比斯	√	√					√	√	√
伟世通					√		√	√	√
麦格纳	√	√	√		√	√	√	√	√

资料来源：佐思汽研数据平台，http：//db.shujubang.com/。

（二）2020年国外自动泊车政策标准动态

在政策方面。2020年9月，日本内阁在未来投资会议上，对未来交通领域的发展设定了6个关键绩效指数，用于指导2021～2030年的增长战略：（1）2022年在固定线路场所，如废弃铁道线，开展自动驾驶服务；

（2）2022 年，实现无人机运载货物服务；（3）2025 年，实现高速公路上 L4 自动驾驶；（4）2030 年，全国要建立 100 多个提供自动驾驶服务点；（5）2030 年，安全辅助驾驶设备或系统将成为所有车的标配；（6）2030 年开启"飞行汽车"业务。其中 L4 自动驾驶将包含自动泊车功能，安全辅助驾驶也将至少包含泊车辅助功能。

在标准方面。国际尚未正式发布针对自动泊车系统的相关标准法规，由法雷奥牵头制定的 ISO23374 - 2019《智能交通系统　自主代客泊车系统（AVPS）系统框架、交互界面和车辆操作》国际标准仍处于编制过程中，该标准面向自主代客泊车系统，属于 L4 自动驾驶，不需要人的干预。该标准对自主代客泊车系统的整体框架、接口、操作顺序流程以及测试进行了规范，并进一步规定了所有必要子系统的架构，确定了任务分配标准以及这些子系统之间的通信联系。同时，该标准还规定了在停车设施内必须维护的运营设计域（ODD）要求。

四　自动泊车市场发展总结

智能网联汽车在国家的大力支持下快速发展，自动泊车作为单车智能化所必不可少的一项功能，面临的有利条件和机遇仍然很多，整体行业仍处于黄金发展期。首先，智能网联汽车行业仍处于重要战略机遇期。在政策开放、标准落地、技术突破、资本涌入的大背景下，行业整体稳步发展，各企业在汽车智能化功能定义上加速升级，单车智能化水平大幅提高，ADAS 逐步量产且功能不断完善，用户对汽车智能辅助系统的需求得到快速释放，为自动泊车行业发展奠定了良好的基础。汽车产业是国民经济的支柱产业之一，各级政府应更加重视智能网联汽车行业的发展，进一步优化汽车发展环境。其次，在多应用场景的用户需求下，自动泊车技术将加快由单一泊车模式向全场景泊车应用模式转变，促进自动泊车系统的阶段性升级。再次，2020 年 4 月，国家发改委首次就"新基建"的概念和内涵做出正式的解释，自动驾驶面临着商业化的关键节点，这无疑为自动驾驶的落地提供了信心。

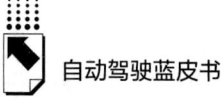

同样地，自动泊车应用场景离不开基础设施的建设，比如，识别空停车位的设备、室内定位设备、通信设备、探测物体和人的摄像头系统等。国家政策为交通基础设施网络逐步形成释放了信号，自动驾驶、5G 等新技术的应用投资持续升温，将促进自动泊车行业快速发展。据估计，自动泊车系统渗透率在 2025 年将达到 50%，由此将带动环境感知类汽车传感器，如超声波传感器、毫米波雷达、摄像头等市场的增值。最后，自动泊车作为智能出行场景的刚需，吸引力仍然强劲，市场仍然有很大的拓展空间，发展潜力仍然很大。

B.10
无人车在矿区的应用现状分析

余贵珍　周　彬　廖亚萍*

摘　要： 近年来，随着矿产资源需求猛增，矿区生产运输存在的环境恶劣、用工难、运输安全性低、成本高等痛点日益凸显。为改变传统矿区低效率、低安全性的作业模式，无人驾驶技术成为矿区运输发展的主流，其自主可控、高效率、高保障的优势与矿区的智慧建设目标相吻合。本文通过深入分析国内外无人车研发及落地应用现状，认为国内矿区无人车发展与国外相比还存在一定差距，尚处于系统研制试验和应用阶段，且在多坡、多弯等恶劣道路环境下，仍存在运输安全性低、效率低等问题。针对无人车在矿区应用发展过程中存在的问题，本文提出促进我国矿区无人运输产业快速发展的建议，即发展路车融合技术模式、制定相关法规和标准规范、推动企业合作、创建行业领军平台。

关键词： 矿区　无人驾驶　智能化开采

一　无人车在矿区的落地应用背景

（一）矿区生产运输痛点

近年来，随着矿产资源需求猛增，我国矿业发展态势迅猛，日均采掘

---

* 余贵珍，北京航空航天大学教授，主要研究方向为无人驾驶车辆环境感知及智能控制；周彬，北京航空航天大学讲师，主要研究方向为无人驾驶车辆环境感知及智能控制；廖亚萍，北京航空航天大学在读博士研究生，主要研究方向为无人驾驶车辆决策及智能控制。

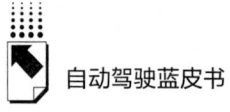

3000 万吨矿产，矿区企业达十万余家。最为典型的就是内蒙古的白云鄂博矿区、鄂尔多斯乌兰煤炭集团荣恒煤矿等。与巨大的矿区生产规模相比，矿业运输企业仅有 2000 多家，数量较少，矿区对运输车辆及司机的需求与日俱增。运输作业是矿区生产开采的重要环节，在车辆运输过程中存在的环境、安全、效率等多方面的问题不容小觑，是制约矿区经济发展的痛点。

1. 矿区环境恶劣问题

在矿区生产作业过程中，生产、装卸、运输等环节会产生含有大量金属化合物的粉尘，废料场多有大量有害气体，环境封闭，通风及光照条件差，多风沙雾霾，工作人员易患职业硅肺病等疾病。

2. 运输安全问题

矿区灾难是众所周知的频发事故，其中生产事故主要集中于运输环节。由于矿区道路狭窄、陡峭，悬崖地段随处可见，且矿区光照条件差，因矿堆遮挡、车型大造成的盲区多，司机视线容易被遮挡，碰撞或侧倾翻事故极易发生。此外，矿区生产作业工作量大，夜晚加班多，司机也容易疲劳驾驶或错误驾驶，造成严重事故。

3. 劳动力短缺问题

由于矿区存在因环境恶劣造成职业病症和安全事故的问题，且生活环境远离聚居区，条件简陋，作业人员流动性强，且年轻人不愿从事矿区工作，矿区作业人员老龄化严重。而矿区开采和运输对劳动力资源的需求与日俱增，劳动力短缺的态势已开始制约矿区作业效率。

4. 成本控制问题

因劳动力短缺，引进的工作人员职业素养偏低，专业能力低，容易因操作不熟练导致各种车辆维修、培训成本提高。

5. 生产效率低下问题

矿区作业需要矿车与铲车装载协同配合，矿车与推土机卸载协同配合，并且存在大量车辆路径调度管理及车辆控制问题，若依靠人工分配，需要耗费大量时间成本，且往往无法获取最佳作业方案，导致矿区生产效率低下。

由于矿区生产运输存在以上痛点，亟须通过一种全新的运输管理模式和技术手段来改变传统的生产作业模式。

（二）矿区无人化运输发展趋势

当前，无人驾驶成为全球汽车工业发展的主流，其能够通过结合云平台、网络通信、传感检测、人工智能等各种高新技术实现车端及路端感知融合、云端调度路径规划及车路协同运行监控。其自主可控、高效率、高保障的优势与智慧矿山的建设目标相吻合，是解决矿山运输用人难、效率低、安全无保障等痛点问题的有效途径。同时矿区场景单一、运行路线固定、运行过程易采用标准化程序，也为无人驾驶提供了更有利的应用发展空间。因此，打造自主可控的矿区无人运输系统受到了前所未有的重视。

（三）国家政策重点支持矿区智能化开采

煤炭智能化开采是国家重点支持的能源技术创新方向之一。多个国家及地方部门均针对煤炭智能化开采提出了相关政策，极大地推动了煤炭智能化开采发展步伐。

国家发改委、国家能源局于 2016 年 6 月 1 日印发了《能源技术革命创新行动计划（2016－2030 年)》，明确了能源技术创新 15 项重点任务，无害化是其中一项。计划提出于 2030 年实现智能化采矿，重点煤矿基本实现工作无人化，全国煤矿采煤机械化程度达到 95% 以上。

截至 2019 年底，智能开采已在国内主要的产煤地区进行了试验和生产，先后在兖矿、神东、宁煤、中煤、陕煤、同煤、阳煤、平煤、晋煤、峰峰等矿区的 200 多个工作面进行了应用。《煤矿机器人重点研发目录》于 2019 年由原国家煤监局发布，文件中明确要求，继续推动煤矿现场作业的非人化、无人化。

原国家计委、信息产业部发布的《"十五"期间国家信息化发展战略和规划思路》文件中明确提出，要实现能源、矿山等传统产业的智能化和技术改造。我国于"十一五"期间开展了数字矿山建设研究和智能采矿初期

研究，"十二五"期间开展了地下金属矿智能采矿技术及装备的研究。"十三五"提出了突破煤炭绿色安全无人开采等重大关键技术，推动智慧露天矿山建设。

国家发改委等 8 部委于 2020 年 3 月 2 日联合发布了《关于加快煤矿智能化发展的指导意见》，通过推动智能化技术与煤炭产业融合的发展理念，提高煤矿智能化水平。

2020 年 6 月 2 日，为贯彻落实《关于加快煤矿智能化发展的指导意见》中的要求，推动智能煤炭开采，促进煤炭行业高水平高质量发展，内蒙古自治区的能源局、发展改革委、应急管理厅、煤矿安全监察局、工信厅、财政厅、科技厅、教育厅、通信管理局结合现实条件，制定了《关于加快全区煤矿智能化建设的实施意见》，在 11 座煤矿智能化改造成功和 2 座露天煤矿无人卡车工业性试验成功的基础上，加快推进智能化采煤工作。

国家能源集团积极落实国家相关要求，快速启动 9 个国家首批智能化示范煤矿建设，并结合煤矿智能化建设的实践经验、先进技术、先进理念，总结煤矿智能化建设的关键核心技术，全面规范煤矿智能化建设，并在国内外进行推广。其于 2021 年 6 月 5 日研究编制了《煤矿智能化建设指南（2021年版)》，提出矿山环境数字化、矿山设备智能化、生产过程远程控制、网络化实现远程控制系统、无人操作系统、远程控制维护系统、信息传输和经营管理计算机化等重点建设目标。

二　无人车在国外矿区的落地应用现状

1990 年以来，欧美发达国家一直在研究矿山智能化技术，特别是加拿大、美国等，为了在采矿业领域获得竞争力，接连制定了"智能矿山"和"无人矿山"发展计划。加拿大国际镍业公司于 1990 年初开始研究自动化采矿技术，并计划在 2050 年实现无人采矿。矿山中的所有设备都通过卫星操作，以实现自动化机械采矿。美国于 1999 年对地下煤矿开展的自动定位和导航技术研究已经产生了商业化的研究成果。2008 年，力拓启动"未来矿山"项目，在计算机控制中心周边部署无人卡车、无人火车、自动钻机、自动挖掘机和推土机。2018 年 12 月，力拓获批投资 26 亿美元，在西澳大利亚州建设首个纯"智能矿山"项目。2018 年，英美资源集团启动了基于机器人的"未来智能矿山"项目，旨在采用虚拟技术、智能传感替代人工。

美国卡特彼勒于 20 世纪 90 年代初就研制了首台自动化矿用卡车。以美国卡特彼勒 2008 年研发的矿山之星系统和日本小松 2005 年研发的自动化运输系统（AHS）为代表的矿用卡车无人驾驶技术已经投入应用多年。在巴西淡水河谷公司的矿区、澳大利亚所罗门铁矿等矿山，已投入了近 300 辆无人驾驶矿车，进行规模化运营。

（一）卡特彼勒矿山之星系统

卡特彼勒矿山之星（Cat MineStar）系统是行业内用途最广、集成最全面的采矿作业和移动设备管理系统。此系统提供了丰富的功能集，包括 Fleet、Terrain、Detect、Health 和 Command，其中有很多功能集依托现有的卡特彼勒采矿技术构建而成。通过配置此系统可满足所有采矿作业的需求。

作为力拓的合作伙伴，卡特彼勒为力拓的 Koodaideri 铁矿石项目提供了一支由 20 辆 CAT 793F 无人驾驶矿用卡车组成的车队（见图 1）。除此以外，车队还将配备 4 台 CAT 钻机、装载机、推土机、平地机、洒水车和挖掘机。

CAT 793F 无人驾驶矿用卡车配备了 Cat MineStar（矿山之星）系统。作为卡特彼勒智能采矿技术的重要组成部分，该系统在实际应用中表现优异。截至 2020 年 3 月，共有 201 辆 CAT 793F 无人驾驶卡车在北美、南美和澳大利亚的矿场运营，安全运送的物料已超过 12 亿吨，工作效率提高了 30%。

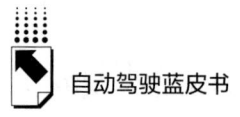

图1　卡特彼勒CAT 793F无人驾驶矿用卡车

资料来源：《重磅！20辆CAT无人驾驶矿卡将助力力拓铁矿开采项目》，中国工程机械商贸网网易号，2019年5月24日，https：//www. 163. com/dy/article/EFUVLVFC0518VM2A. html。

（二）小松的自动化运输系统

小松的自动化运输系统（AHS）是一个综合性的矿用车辆管理系统。在此系统下，每辆卡车上的设备都安装有车载控制器、高精度GPS（全球定位系统）、障碍物检测系统、无线网络系统（由小松、小松美国和Modular Mining Systems公司联合开发）。矿山车队由装备了高精度GPS的车队监控中心管理，车队为每辆车指定目的地。车辆接收无线电指令并以设定的速度在目标路线上行驶。卡车使用GPS和控制中心无线电指令（信息）等引导设备确定矿井及其周围车辆的准确坐标，不需要人工干涉即可完成复杂的装卸循环的自动化操作。

2005年，小松开始在智利的铜矿进行无人运输系统的试验，小松在现有模型的基础上安装了各种传感器、控制器和通信组件，使其具备自动驾驶功能（见图2）。无人运输系统还配套建设了地面控制中心、通信基站、卫星定位导航等辅助设施。2008年1月小松实现了无人运输系统的商业化部署，2008年底在力拓位于澳大利亚的铁矿开始运营无人驾驶的自卸车，自

卸车由距离矿山约 1500 公里以外的控制中心进行远程控制。2013 年,小松
的无人运输系统被引进到加拿大的油砂矿中。

图 2　小松无人驾驶矿用卡车

资料来源:《AI 如何改变矿业?｜智能勘探/采矿/选矿专题》,浩
特工业网,2019 年 3 月 18 日,http：//hotmining. cn/anli015. html。

小松的无人运输系统已经在澳大利亚和美洲的 6 个矿山得到使用,无人
驾驶车辆总数超过 100 辆,可运输铜、铁和油砂等矿物。截至 2017 年底,
无人驾驶车辆累计运输物资 15 亿吨,无人驾驶车辆及其系统在安全性、生
产力、环境耐受性、系统灵活性等方面得到了验证。

(三)力拓"未来矿山"

2008 年,力拓启动了"未来矿山"项目。力拓的"未来矿山"项目计
划在计算机控制中心周围部署无人驾驶卡车、无人驾驶火车、自动钻机、自
动钻孔机和推土机。计算机控制中心不仅能控制所有矿机和自卸车,还能通
过所有钻机和卡车之间的同步数据通信实现机器与机器的协调。

目前,力拓在 Yandicoogina、Hope Downs 4 和 Nammuldi 三座矿山部署了
57 辆无人驾驶卡车,在皮尔巴拉的三处矿区部署了由 73 辆无人驾驶卡车组

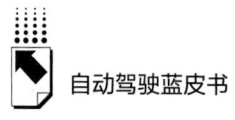

成的自动运输车队。自动驾驶卡车系统使力拓的装载、运输成本下降了15%。力拓为测试自动驾驶卡车系统，专门建了一座矿山用于运行试验，每辆卡车试验阶段的测试费用在 5000 万美元到 1 亿美元。

（四）其他矿山的应用情况

1. 智利丘基卡马塔(Chuquicamata)铜矿

Codelco Norte 是智利国家铜业公司（Codelco）最大的分公司，早在 2005 年就开始调试小松的自动化运输系统。该公司最大的铜矿丘基卡马塔铜矿是一座地下矿山，现已改为露天开采。由于路途遥远，该公司在露天采矿的最后阶段采用了无人采矿卡车技术。

2. 加拿大阿尔伯塔省的 North Steepbank 项目

Suncor Energy 是加拿大第一家推出自动驾驶卡车的油砂公司。2013 年以来，Suncor Energy 一直在其石油和采矿业务中测试自动化运输系统，并使用 GPS 确定卡车是否可以全年在油井作业。截至 2021 年 6 月，阿尔伯塔省的 North Steepbank 项目已有 9 辆自动卡车运输物料，每个矿山都有自己的车辆管理控制中心。这些车辆根据独特的条件运行，例如油砂开采。该公司计划从 2019 年起以 North Steepbank 项目为试点，逐步在其矿山实施小松的自动化运输系统，计划在 2019～2025 年部署超过 150 辆无人驾驶卡车，减少约 400 个重型设备操作员职位。

3. 澳大利亚所罗门铁矿矿区

2013 年，澳大利亚 Fortescue Metals Group（FMG）与卡特彼勒（CAT）在所罗门铁矿矿区签订了 CAT 793F 无人驾驶矿用卡车合同。该矿区所使用的 CAT 793F 无人驾驶矿用卡车由最初的 8 辆已增加到 2021 年的 54 辆，矿区运营效率提升了 20%。

三 无人车在国内矿区的落地应用现状

我国矿山智能化起步较晚，从 20 世纪 70 年代引进综采综掘设备，到 80

年代推行综合机械化开采，再到自行研制大型机械装备，逐步实现了采掘装备国产化。2021 年，我国矿山企业创新开采理念和智能化生产模式，形成了"工作面无人操作""无人跟机作业，有人安全值守"等开采理念，构建了智能化生产、运输模式，初步建成了一批现代化安全高效煤矿，为全面推进智能矿山建设和智能化开采奠定了基础。

近年来，在露天矿智能开采方面，国内大型矿用卡车生产企业和无人驾驶技术公司正在开展矿山无人驾驶技术与系统的开发，并在露天矿中投入验证。通过后续多方企业的技术创新和研发，有望形成具有中国特色、技术自主可控的无人驾驶解决方案，实现露天煤矿的安全高效生产。

国内以踏歌智行为代表企业。踏歌智行在 2018 年与华为、北方股份、北航、包钢集团等进行深度合作，创建了基于 5G 的大型矿山无人驾驶运输系统，推出较为成熟的"旷谷"智慧矿山解决方案。慧拓、航天重工等企业也均已推出针对矿山的无人驾驶解决方案，如"愚公"平行矿山解决方案，并在国内多省市完成了矿山运输无人驾驶的技术验证，充分论证了行业应用的可行性。

（一）踏歌智行"旷谷"智慧矿山解决方案

踏歌智行开发的露天矿无人驾驶系统解决方案"旷谷"，由车载系统"睿控"、地面系统"御疆"和云控平台"天枢"组成。车载系统"睿控"包括无人矿卡终端（矿卡、宽体自卸车）、协同作业车辆终端（电铲/挖掘机、推土机等）和预警终端（生产指挥车、洒水车等），是无人驾驶运输任务的执行者。地面系统"御疆"包括路侧单元 RSU，是系统稳健运行的支撑和保障。云控平台"天枢"作为无人运输系统的智能中枢，具备调度规划、行车指挥、集中监控等功能，能为无人运输系统提供安全可靠的云端服务。该解决方案以露天矿为主要应用场景，基于车、地、云高效协同作业，提供整体化的无人运输一站式解决方案，助力智慧矿山建设。

踏歌智行"旷谷"智慧矿山解决方案落地应用案例如下。

1. 在白云鄂博矿区的应用

包钢（集团）白云鄂博矿区作为全球最大的稀土矿矿区，迫切需要解决矿业发展中遇到的招工难、效率低、成本高、风险大等日益凸显的问题。2018 年 8 月，踏歌智行与北方股份进行战略合作，对重型 MT3600 自卸卡车进行无人化改造升级，在白云鄂博矿区进行了我国第一辆在役改造的无人驾驶矿用卡车运行试验。2018 年 9 月，踏歌智行联合内蒙古移动、北方股份、华为等公司，共同推进 5G 智能矿山无人车项目，推动"5G 网络条件下无人驾驶及操作的智慧矿山技术的开发及应用"，实现矿用卡车自主驾驶和采矿设备的无人操作，以及矿山运营、调度自动化。2019 年 8 月改造完成了 4 台矿用卡车（3 台北方股份 172 吨矿用卡车和 1 台北方股份 136 吨矿用卡车），已实现封闭区域稳定运行。2019 年 10 月，已实现矿区 4 台无人矿用卡车和 2 台电铲作业编组的无人驾驶作业。目前，在白云鄂博矿区已实现了 17 台矿用卡车以及 7 台电铲的无人驾驶生产作业。

在多家企业的共同努力下，通过 5G 智能矿山无人驾驶技术的应用，构建露天铁矿矿石石方、铁矿原石运输作业集群，目前已能够实现车辆远程操控、车辆融合定位、精准停靠、自主避障等功能，未来通过搭建远程智能调度监控平台，将建成"5G + 北斗"的"车车 – 车网 – 车地"的时空通信系统。

白云鄂博矿区的 5G 无人驾驶实现了多个"首次"：实现了全球首台在用卡车非线控无人化改造；实现了全球首个"5G + 智能矿山"无人化试运营；国内首次实现多编组运营，实现整个矿坑无人运输；国内首次实现工程师下车、安全员出舱，安全性能进一步得到提升、验证，具备运营车辆无人行驶的能力；国内首次实现夜班作业并连续 72 小时跑车作业验证，系统稳定性、低故障率等性能得到验证。

白云鄂博矿区 5G 无人驾驶有效提高了特殊环境下矿车的作业效率，最大限度地减少了现场作业人员数量，能够高度确保人员安全，助力矿山企业高质高效发展。

2. 在鄂尔多斯永顺煤矿的应用

2019 年 9 月，踏歌智行与国内矿山工程 EPC 总承包龙头企业中环协力签订 200 台宽体自卸车无人驾驶项目服务合同，该项目是截至 2019 年国内矿用车数量最多的矿山无人驾驶项目。双方已在鄂尔多斯永顺煤矿，实现了 11 台宽体自卸车 16 小时连续稳定运行，在国内率先完成无人驾驶宽体自卸车夜班作业，打造了宽体自卸车无人运输系统样板工程。

宽体自卸车无人运输系统实现了混编作业，不仅实现有人和无人车辆共用道路运行，而且将有人和无人车辆纳入云控平台进行统一调度、集中管控，并基于车、地、云协同方案，形成多重防护的冗余管控措施，实现露天矿的安全运输作业。

3. 在国家电投霍林河南露天煤矿的应用

2020 年 6 月，踏歌智行在国家电投霍林河南露天煤矿改造完成 2 台湘电 108 吨矿用卡车，已实现封闭区域稳定运行，实现夜间作业运行并通过验收。2021 年 5 月，完成 5 台 108 吨矿用卡车线控改造，并成功运营。本项目彻底解决了国家电投霍林河南露天煤矿矿区运营生产难点问题，满足了矿山智能化应用的安全、经济、高效等各方面需求，进一步加强了矿山安全运营能力，明显提高了矿山挖掘效率。

（二）慧拓智能"愚公"平行矿山解决方案

"愚公"平行矿山解决方案共包含六个核心子系统，分别为：云端智能调度与管理系统、矿车无人驾驶系统、挖机协同作业管理系统、无人运输仿真系统、远程驾驶系统和 V2X 车路协同感知系统。

慧拓智能"愚公"平行矿山解决方案落地应用案例如下。

1. 神宝煤矿的无人驾驶应用

航天重工和慧拓智能合作的"极寒型复杂气候环境露天矿 5G + 无人驾驶卡车编组安全示范工程项目"于 2020 年 5 月 21 日启动。2020 年 7 月 25 日，在神宝煤矿现场演示了连续避障、30 公里/小时高速运行、模拟装载卸载等工况。2020 年 12 月 10 日，编组作业矿车全天候运行，车速已超过有

人驾驶速度。该项目采用双控双驾改造技术和无人运输仿真技术,安装了无人驾驶系统和智能调度管理系统,集成了全局路径规划、高精定位、自主行驶、智能避障、精准自适应控制功能。实现了5台220吨电动轮矿用自卸车无人驾驶车辆与挖掘机、遥控推土机、洒水车、平路机、指挥车等作业设备平行运行(见图3)。

图3　大型矿用车无人驾驶编组测试

资料来源:《5G无人驾驶卡车在内蒙古极寒矿区连续作业》,中国工业报社腾讯号,2021年5月6日,https://view.inews.qq.com/a/20210506A07SNF00。

2. 宝利露天煤矿的无人驾驶应用

5G+智慧矿山在内蒙古矿山已开展示范运行工作,并取得了极大的成功,解决了露天矿区的运营和生产问题,智能矿山的安全、经济、高效要求得以满足并有了进一步的优化和提升。宝利露天煤矿主要验证了5G和无人驾驶的功能和可靠性,引入远程驾驶、自动驾驶、车辆管控等运营和生产系统,并用三个系统协调控制车辆运行和装卸生产。

3. 中国黄金集团乌山铜钼矿的无人驾驶应用

2017年中国黄金集团乌山铜钼矿与徐工集团签订合同,新购了3台徐工集团120吨矿用卡车。2019年11月,慧拓智能联合徐工集团矿用卡车在

中国黄金集团乌山铜钼矿实现了在平整场地的单台无人驾驶矿用卡车直行、转向、刹车动作，模拟了装载动作。2020 年 6 月，完成了 2 台无人驾驶矿用卡车到货，继续在平整场地模拟编组运行测试。

（三）易控智驾无人驾驶解决方案

易控智驾在 2018 年 11 月基于陕西同力的线控宽体车研发了第一辆 L4 无人驾驶矿用卡车的原型车。2019 年 3 月，与鄂尔多斯东胜区某矿场达成了合作协议，实现 2 辆无人驾驶矿用卡车试运行，在作业区每日行驶 10 ~ 20 趟，最高时速 30 公里/小时。2020 年 4 月，易控智驾与同力重工已经达成战略合作，在鄂尔多斯杭盖沟煤矿实现了云智能平台、1 台挖掘机及 4 台无人驾驶运输车编组测试，并于 6 月新增了 8 台新车。

（四）其他矿山的无人驾驶应用情况

1. 麻地梁煤矿

麻地梁煤矿位于内蒙古自治区准格尔旗西南部，资源储量 6.8 亿吨，设计规模 500 万吨/年，配套同规模选煤厂，矿井服务年限 61 年。

为有效破解采煤机、综掘机、机器人、胶轮车等移动设备在数据、远程集控等方面的技术瓶颈，在前期井下工作面等布设 5G 基站的基础上，各相关业务单位通力合作，通过不断摸索、尝试、优化，最终确定从终端设备进行无线传输的组网方案，有效实现了井下无人驾驶。

运输设备在高带宽、低时延技术方面的突破，使采矿人员能在地面通过信号传输智能精准地控制挖煤机运行，精确控制井下运输车辆的行驶，大大提高了生产效率，减少了人员工作量。

麻地梁煤矿已建设的"5G + 智能采煤系统"，集无线通信系统、智能控制系统、视频控制系统于一体，成功建立了一套继承液压支架自动跟机和采煤机记忆割煤的系统，并以人工干预作为辅助方式，达到工作无人、监督有人的理想状态。目前，麻地梁煤矿的智能综采工作面较以往每班减少了至少 15 人。

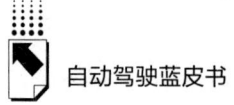

2. 山东黄金莱西金矿

2019 年以来，随着 5G 技术的应用落地，山东黄金莱西金矿在井下运输场景部署了 5G 专网，并采用 VPN 隧道技术成功链接 5G 网络与矿内网络，实现矿用电力机车无人操作和远程控制。2019 年 11 月 13 日，–500m 中段 5G 基站设计完成。通过设备的网络调试、线路安装、与无人电力机车运输系统的网络对接，基站成功实现了 5G 智能驱动，实现了 –500m 中段 5G 网络的完全覆盖。5G 智能驾驶电机车一次性试车成功，成为国内首个在地下采矿作业场景中部署 5G 网络的应用，展示了 5G 地下产业化在智慧矿山建设中的应用成果。经过现场网络数据测试，5G 网络下行速率保持在 800M 以上，上行速率稳定保持在 100M 以上，端到端时延 20 毫秒，完全可以满足超高清视频和工控场景大容量数据传输的网络需求。

四　无人车在矿区应用现状的总结分析

与国外矿区无人驾驶技术相比，当前国内矿区无人驾驶技术还处于系统研制试验和应用的起步阶段，但国内矿用卡车无人驾驶技术有着广阔的发展前景。虽然矿用卡车无人化运输技术已经实现单车作业控制和小批量矿用卡车编组运行，但车辆协同场景简单且数量少，单纯依靠车载传感器和车端计算能力，车辆的感知范围和决策控制能力有限，无法适应矿区车辆群大规模作业的性质。同时，在多坡、多弯等恶劣道路环境下，运输安全和运营效率等方面的问题仍存在。

在国家政策的扶持下，各矿用卡车无人驾驶技术企业应积极打造合作共赢的发展模式。突破矿用卡车单车智能发展瓶颈，结合路侧全域感知及敏捷计算优势、云端调度决策和管理优势，发展车、路、云一体化的矿用卡车无人化群体协同作业技术，提高矿用卡车运输作业安全保障和作业效率，推动智慧矿山向着数字化、智能化、集成化、模块化、网络化的方向发展。

五　挑战与建议

（一）矿区无人驾驶技术面临的挑战

当前国内智慧矿山发展迅速，但在其应用及推广过程中仍有如下问题。

第一，矿区无人驾驶技术水平较低、基础设施滞后、管理能力较弱。我国矿区运营体制落后，环境恶劣，事故频发，作业方式落后，效率低下，痛点显著，迫使智能化、无人化改革势在必行。矿用卡车无人驾驶系统需要更智能的开采技术、更先进的管理模式和更高效可靠的通信技术。与国外矿区相比，我国的自动化、智能化开采技术尚处于单车智能或小规模协同运行阶段，相比国外较为落后。如当前我国大多数矿区网络、监控设施配套不全，矿区作业面工具多以人工操作为主，在矿区运输过程中会车时多采用对讲机等传统方式进行位置分享，易造成车车协同作业混乱、冲突多，矿区无人驾驶规模化运输作业效率降低，智能化开采设备难以推广。

第二，矿区管理与新技术的磨合需要时间。由于受到各种限制，采矿业本身有些保守，接受无人驾驶等新兴技术还需要一段时间。无人驾驶对以煤炭为基础的国内外矿业来说是一个新的发展思路，互联网、工业智能、大数据、区块链等新兴技术正在逐步与传统行业融合，呈现全新的行业发展趋势。预计智能矿区建设将加速采矿业对无人驾驶等新兴技术的应用。

第三，5G通信网络成本高，回报周期长。无人驾驶技术需要利用5G的低延迟和高速优势进行远程控制。同时，随着矿区矿面的扩大和加深，通信网络需要能够及时覆盖新的工作场景，并保证能不受爆炸振动或恶劣天气的影响。矿区通信建设需求较大，通信技术使用较多。我国从2019年开始将5G用于无人驾驶，但目前5G基站建设成本较高，覆盖范围较小，几乎每隔100米就有必要建设一个5G基站，电信运营商设站无法明确收费模式，且投入巨大，而这对于小型矿区而言无疑也是笔巨大的费用。因此，目前矿区运输生产存在5G基站建设主体不明确、商业模式不清晰的问题。未

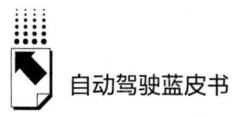

来该领域运营商可通过参与智慧矿区建设，提供数据、通信等技术服务获取收益。

第四，无人驾驶技术瓶颈难以突破。无人驾驶是装备智能化的终极体现，是工程机械、通信技术、人工智能和自主控制技术密集应用的典型高科技综合体。在整个生产过程中，生产调度管理人员需要尽量减少对无人设备操作的干预。矿区无人驾驶的技术难点：一是矿区落石、扬尘等对传感器及感知算法会产生较大影响；二是矿区环境恶劣，矿车载重大，对矿车自身线控底盘和控制算法要求较高。

第五，各类无人驾驶产业无法集中资源，目标分散。目前，矿区无人化的发展模式呈现出两种趋势。一种是依托于传统工程机械制造商的渐进式自动化；另一种是依托于新兴科技公司全面进入人工智能市场。前者基于传统工程机械制造商长期积累的车辆经验和在自动化控制领域的本质优势进行发展，后者则基于人工智能的积极发展和人工智能与传感器、感知算法、计算平台等技术的融合来进行发展。在目前的开发技术水平上，两种发展模式各有优劣，都有各自的营销方式，但仅靠密切合作是不够的。

（二）促进矿区无人驾驶技术发展的建议

矿区无人驾驶技术作为颠覆性技术是国际科技发展战略制高点之一，仅靠单车智能技术模式实现落地应用的困难巨大，"车端使能＋路侧赋能"路车融合的系统智能技术模式，将成为未来发展的主要方向。同时，考虑到基于矿区无人驾驶技术的矿区无人驾驶运输系统具备快速规模化的推广应用需求，相关法规和标准规范需要对其进行指导，在标准上应主要在如下几个方面进行规范。

依据矿区无人驾驶运输系统的车、路、管、云四大重点技术领域，应从系统组成、建设运营两个维度构建矿区无人驾驶运输系统的标准体系框架。其中在系统组成方面，矿区无人驾驶运输系统的标准体系包括矿区无人驾驶运输系统的总体标准、智能车端标准、智能路侧设备标准、云智能平台标准、多模式通信标准五个部分。在建设运营方面，标准体系包括建设与施工标准、工程验收标准、运营管理标准、安全运维标准四个部分，矿区无人驾驶运输系统的标准体系框架如图 4 所示。

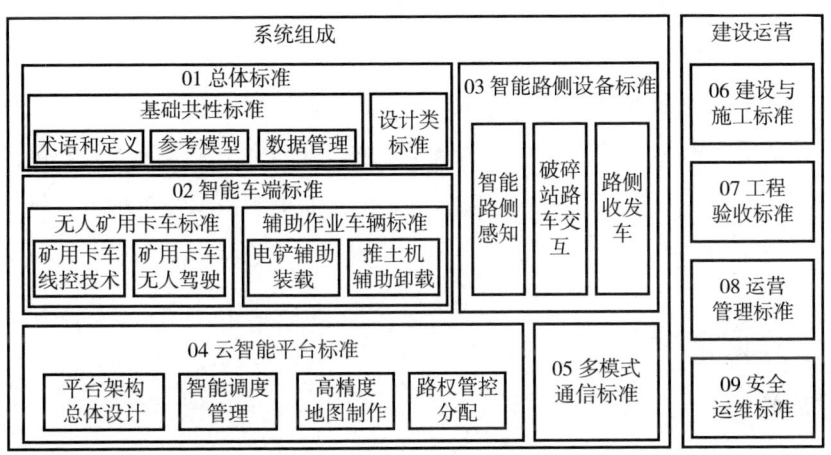

图 4　矿区无人驾驶运输系统的标准体系框架

在传统采矿业发展中，矿区招工难、效率低、成本高、风险大等问题日益凸显，迫切需要引入矿区无人驾驶技术等新一代信息技术进行解决。矿区无人驾驶运输系统可以实现少人化作业，大幅降低劳动强度、减少人员配置，提高人力资源效率，稳定生产流程和指标，优化主要技术经济指标，更重要的是可以保障人员安全。同时，通过协同创新可以实现矿区无人驾驶运输系统从核心关键技术到平台设备核心技术的自主可控，并以此为契机助力龙头企业技术转型升级，助推行业摆脱跟跑、并跑的局面，实现快速超车，抢占无人驾驶运输发展的制高点。

整体发展建议总结如下：

（1）协同创新，打造自主可控的技术；

（2）合作共赢，助力龙头企业技术转型升级；

（3）定标立准，规范行业可持续发展；

（4）集智育才，创建行业领军平台。

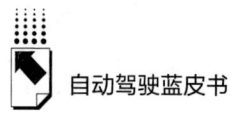

六　小结

建设矿区无人驾驶运输系统能够从根本上解决矿区运输安全性低、劳动力短缺、成本控制难等问题，对矿区运营方式改革具有重要意义。在国家政策的扶持下，应鼓励企业围绕矿区无人驾驶运输形成创新链与产业链，分工协作，落实国家智慧矿区发展行动纲要要求，推动中国矿区无人驾驶运输系统规模化建设、规模化应用，打造智慧矿山、安全矿山、绿色矿山、科学矿山、人文矿山。

参考文献

郭鑫、韩延明、白永等：《智能泊车辅助系统（APA）研究》，《汽车实用技术》2016 年第 1 期。

B.11
港口无人车应用现状分析

贺宜 高林 吴青*

摘　要： 港口无人车是未来智慧港口中必不可少的一部分。自动驾驶、
人工智能和5G等技术的快速发展，使港口无人车的实现成为可
能。在智慧港口发展的背景下，本文分别对港口无人车的发
展，传统集装箱牵引车、AGV牵引车和IGV牵引车三种港口无
人车的特点，5G通信技术在港口无人车中的应用，在港口特殊
场景下的无人驾驶关键技术和应用研究进展进行了综述，提出
与5G、AI、自动驾驶等技术相结合，形成全面感知、泛在互联、
港车协同的智能化系统是港口无人车未来重要的技术发展方向。

关键词： 港口无人车　5G技术　智慧港口

一　引言

港口是水陆交通运输的重要枢纽①，在我国经济发展中扮演着重要角
色，是我国沿海经济发展战略的支撑。近年来我国港口货物吞吐量不断增
加，我国港口正逐步向着大型化和智能化方向发展。2017年以来，国家出

---

* 贺宜，武汉理工大学智能交通系统研究中心副研究员，博士生导师，主要研究方向为智能
交通、智能网联汽车；高林，武汉理工大学物流工程学院在读博士研究生，主要研究方向
为车辆动力学及控制；吴青，武汉理工大学物流工程学院教授，博士生导师，主要研究方
向为港口机械与物流。

① 赵毅、余娟：《5G对全球集装箱港口自动化发展的影响及应用》，《上海船舶运输科学研究
所学报》2020年第3期。

台了一系列政策，如 2017 年 2 月交通运输部发布的《关于开展智慧港口示范工程的通知》，2019 年 9 月中共中央、国务院印发的《交通强国建设纲要》，2019 年 11 月交通运输部等 9 部委联合印发的《关于建设世界一流港口的指导意见》，2020 年 8 月发布的《关于推动交通运输领域新型基础设施建设的指导意见》等政策对我国智慧港口的发展目标、发展方式提供了指导①。智慧港口正成为港口建设的新方向。

港口吞吐量的不断增加，将造成港口设备增加，也会造成港口集装箱牵引车司机的缺乏。集装箱牵引车需要 A2 驾照，人工成本高；集装箱牵引车运输油耗大，协调性差，难以进行统一管理；②港口工作环境较差，且驾驶路线较为单一，容易造成驾驶疲劳，发生安全事故。③引入无人驾驶技术能够很好地解决上述问题。

无人驾驶是一项比较复杂的技术，不仅牵扯到多个学科而且还跟行业标准、产业政策、交通法规、安全规范、技术方案等有着紧密关系。④近些年来，随着传感器探测、多传感器融合、深度学习等技术的飞速发展，无人驾驶功能在封闭场地、可控开放道路上的应用已初步得到实现。而港口内部属于半封闭区域，道路相对简单、环境因素影响较小和法规要求较低等⑤，完美契合了无人驾驶技术的应用条件。

在港口内使用纯电动无人集装箱牵引车进行货物运输，不仅可以解决传统集装箱牵引车运输过程中存在的一些问题，也符合国家提出的绿色港口建设方向，能实现港口内"7×24"小时稳定的货物运输，实现港口货物运输的智能化。⑥

---

① 《工信部装备中心要求:〈公告〉内产品应符合 GB 7258 – 2017 等标准》，《商用汽车》2019 年第 11 期。

② 李霖、奚美丽:《港口自动驾驶集装箱卡车开发可行性分析》，《汽车与配件》2021 年第 10 期。

③ 高延邦:《无人驾驶技术在港口机械上的应用》，《中国水运》2020 年第 11 期。

④ 高延邦:《无人驾驶技术在港口机械上的应用》，《中国水运》2020 年第 11 期。

⑤ 汪沛、孙羽:《无人驾驶技术在港口中的应用》，《港口科技》2020 年第 5 期。

⑥ 李霖、奚美丽:《港口自动驾驶集装箱卡车开发可行性分析》，《汽车与配件》2021 年第 10 期。

二　港口自动化和无人驾驶发展现状

1993 年世界上第一个自动化集装箱码头在荷兰鹿特丹港 ETC 码头投入使用。随着技术的不断发展，根据港口的水平运输模式和港口运输作业的先进性水平等，本文梳理了全球自动化港口发展的重要节点，如表 1 所示。

表 1　全球自动化集装箱码头的发展历程

码头名称	投入运营年份	水平运输模式	行驶路线
荷兰鹿特丹港 ETC 码头	1993	自动引导车（AGV）由内燃机液压驱动	固定圆形路线
德国汉堡港 CTA 码头	2002	自动引导车（AGV）柴油发电机电力驱动	行驶路线不固定,调控复杂
荷兰鹿特丹港 EUROMAX 码头	2008	自动引导车（AGV）柴油发电机电力驱动	—
厦门远海码头、青岛前湾码头、上海洋山码头 4 期	2016	自动引导车（AGV）锂电池电力驱动	采用无线跳频导航技术,自由灵活

资料来源：参见赵毅、余娟《5G 对全球集装箱港口自动化发展的影响及应用》，《上海船舶运输科学研究所学报》2020 年第 3 期。

目前，港口自动化集装箱码头在进行货物运输时主要采用两种方式，一种是采用带磁钉导航的 AGV 模式，另外一种是利用传统集装箱牵引车改造而成的无人牵引车或者"底盘 + 传感器"的牵引车的 IGV 模式。在 AGV 模式中，需要在港口内规划专用场地，配置大量专用的磁导传感器，使 AGV 牵引车沿着铺设好的磁钉的导向路径行驶。[1] 而对于比较老的港口来说，对其进行改造相当困难。而 IGV 模式无须在地下铺设磁钉，采用"智能底盘 + 传感器"等形式或者对传统集装箱牵引车进行改造并加装一些传感器，比如摄像头、激光雷达、毫米波雷达、IMU 惯性导航

---

[1]　赵毅、余娟：《5G 对全球集装箱港口自动化发展的影响及应用》，《上海船舶运输科学研究所学报》2020 年第 3 期。

等，以实现无人驾驶集装箱牵引车对周围环境的感知，然后通过高精度地图和 GPS 差分定位来实现集装箱牵引车的定位和行驶。同时，通过 5G 网络或 Wi-Fi 和 LTE 专网将数据与无人驾驶车队管理系统进行通信交互，实现对牵引车的管理、监控和规划，进而使无人驾驶集装箱牵引车自动完成港口水平运输任务。其中港口 IGV 牵引车和 AGV 牵引车参数对比结果如表 2 所示。

表 2　AGV 牵引车与 IGV 牵引车参数对比

参数	AGV 牵引车	IGV 牵引车
驾驶室	无	有
自动驾驶功能	有	有
动力形式	纯电动	柴油驱动、柴电混合动力、电池驱动
承载能力	一般	40 ~ 70 吨
车速	可调	低速
定位精度	厘米级	±25 毫米
导航形式	GPS 差分定位、多传感器融合	磁导航、RFID 多种技术方案
参考价格	140 万 ~ 200 万元	500 万 ~ 700 万元

资料来源：参见李霖、奚美丽《港口自动驾驶集装箱卡车开发可行性分析》，《汽车与配件》2021 年第 10 期。

　　基于表 2 所列举的两种牵引车的特点，AGV 牵引车凭借其技术相对成熟的优势成为港口码头进行智能改造的首选，已经在荷兰鹿特丹港 ETC 码头、青岛前湾码头和上海洋山港 4 期码头等港口的码头得到了应用。但是从成本和旧码头改造所需时长来考虑，AGV 牵引车并不是很好的选择。随着自动驾驶的飞速发展，IGV 牵引车引起了广泛的关注。目前，IGV 牵引车主要由港口、车辆企业和科技企业等合作研发[1]，已进行了测试与应用，如表 3 所示。

---

[1]　K. Qin，B. Wang，H. Zhang，et al.，Research on Application and Testing of Autonomous Driving in Ports，SAE Technical Paper，2020.

表3　IGV 牵引车的测试与应用场景

年份	企业	测试与应用
2017	上汽红岩、中国移动和上海洋山港	实现准商业运营的上汽红岩"5G＋L4"智能重型卡车
2018	中国重汽、天津港	实现了 25 辆无人驾驶电动卡车批量运营
2018	陕西重型汽车	在 X6000 车型的基础上进行改装,最终可以实现 3～5 厘米精准停车
2019	沃尔玛、DFDS 物流公司和瑞典哥德堡港口	自动驾驶卡车 Vera 适用于半封闭的短距离场景
2019	一汽解放、京唐港	完成了长时间连续作业
2020	东风、中远海运、中国移动和厦门远海港	实现无人驾驶牵引车在港口内的自主环境感知、自定位、自主决策和遥控控制等功能

资料来源:根据公开信息整理得到。

三　5G 通信技术在港口无人车方面的应用

目前,港口无线通信传输系统主要采用 400MHZ 数据传输网络、2.4GWi-Fi 和 5.8GWi-Fi 频段、4G-LTE 专网等方式进行传输,其应用场景和不足之处如表4 所示。

表4　常用信息传输方式的应用场景及缺陷

传输方式	应用场景	缺陷
400MHZ 数据传输网络	应用于无线集群对讲系统	港口多频段混用,一方面导致技术人员维护多张网络,另一方面也需要港口工作人员配备多个终端
2.4GWi-Fi 频段	应用于岸桥、轮胎吊、集卡无线终端与码头生产作业系统(TOS)作业指令交互	
5.8GWi-Fi 频段	应用于生产安全现场监控视频回传	
4G-LTE 专网	应用于全港口,将港口的数据、语音、视频等无线应用进行整合	无法满足智慧港口无人驾驶牵引车、机械设备远程控制等高带宽、低延时等数据传输要求

资料来源:参见黄桁《5G 通信技术在集装箱码头的应用》,《港口科技》2019 年第 6 期。

随着 5G 的快速发展以及普及,5G 越来越多地被应用于垂直行业的场景中。5G 具有低延时、高带宽、高稳定性等特点,另外,5G 网络的容量相对于 4G 网络的容量提升了 1000 倍，频带宽度提升了 10 倍，频谱效率提升了 10 倍。[1] 其中，5G 主要有三大应用场景：大流量移动宽带（eMBB）业务、海量机器类通信（mMTC）业务和超可靠低延时通信（uRLLC）业务[2]，如表 5 所示。

表 5　5G 应用场景及内容

5G 应用场景	主要应用内容
大流量移动宽带（eMBB）业务	主要应用于超高清等大流量移动宽带业务
海量机器类通信（mMTC）业务	主要应用于海量物联通信，典型应用为智慧城市和智能家居等
超可靠低延时通信（uRLLC）业务	应用于物物连接的场景和满足垂直行业要求等，例如智能驾驶技术和工业自动化等

资料来源：参见汪沛、尹鹏、段永伟《5G 通信技术在智慧港口中的创新应用》，《港口科技》2020 年第 6 期。

目前 5G 通信技术在港口中的应用主要有以下几个方面：港口无人驾驶、机械设备远程控制、港口智慧安防和港口智能理货等[3]。其中对于港口无人驾驶来说，港口环境相对封闭，运行车辆规则相对简单，是无人驾驶典型的应用场景。其中，无人驾驶对数据传输的实时性、协同互通和定位精度等都有很高的要求，而 5G 具有低延时、高可靠的数据传输特点，5G－V2X 通信技术与高精度定位、AI（人工智能）、自动驾驶和环境感知等技术相融合，能有效建立车辆到车辆（V2V）、车辆到网络（V2N）、车辆到基础设施（V2I）以及车联网（V2X）等的联系，能够实现精准规划和监控车辆行驶路径等功能，降低无人驾驶 IGV 牵引车实现的难度和港区自动驾驶单车智能化改造的成本，实现港口 IGV 牵引车

---

[1] 赵毅、余娟：《5G 对全球集装箱港口自动化发展的影响及应用》，《上海船舶运输科学研究所学报》2020 年第 3 期。

[2] 赵毅、余娟：《5G 对全球集装箱港口自动化发展的影响及应用》，《上海船舶运输科学研究所学报》2020 年第 3 期。

[3] 张梅：《5G 应用为港口智慧化提供重要支撑——专访厦门远海集装箱码头有限公司总经理陈毅鹏》，《中国投资（中英文）》2020 年第 7 期。

等自动驾驶应用。目前，国内 5G 智慧港口已经在主要港口进行了测试与应用，如表 6 所示。

表 6 5G 智慧港口的测试与应用情况

时间	港口与企业	技术	要实现的功能	测试与应用
2018 年 12 月	天津港、天津联通、中兴通讯和主线科技	5G&MEC	通过无人驾驶卡车的全景高清视屏下的实时监控，为重型卡车无人车远程驾驶提供保障等	—
2019 年 5 月	武汉花山港	5G	实现 5G 无人驾驶集装箱卡车自主搬运集装箱	5G 无人驾驶集装箱卡车自主搬运集装箱
2019 年 10 月	青岛港、中国移动和华为	5G&MEC	完成解决方案部署，实现龙门吊车 5G 远程操控	实现了基于 5G 连接的自动岸桥吊车远程控制操作，实现了通过无线网络抓取和运输集装箱
2019 年 12 月	招商港口、广东移动	5G&MEC	实现第一台 5G 轮胎式龙门吊车远程控制的最大规模应用和港口集装箱卡车的无人驾驶、视频监控与 AI 识别等	实现了第一台 5G 轮胎式龙门吊车的远程控制
2020 年 5 月	宁波舟山港、中国移动	5G&MEC	5G 轮胎式龙门吊车远程控制集群、5G 集装箱卡车无人驾驶等	实现 5G 轮胎式龙门吊车远程控制集群
2020 年 9 月	厦门远海港、中国移动、东风和中远海运	5G&MEC	5G 港机远程控制、无人驾驶集装箱卡车智慧安防等	实现了集装箱吊装、卸载，无人驾驶集装箱卡车运送等，港口实现了智慧作业
2020 年 12 月	天津港、天津移动、主线科技和华为	5G&MEC	基于 5G&MEC 的无人集装箱卡车远程控制	完成了基于 5G&MEC 的无人集装箱卡车远程控制的测试
2021 年 4 月	宁波舟山港、中国移动和华为	5G&MEC	5G 集装箱卡车无人驾驶	实现了 13 台 5G 智能集装箱卡车自动驾驶，可以识别周围的集装箱物体和机械设备等，并能自主决策功能，比如减速、制动、转弯、换道等功能

资料来源：根据网络公开信息整理得到。

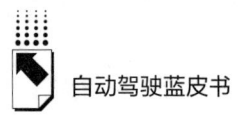
四 港口无人车关键技术及典型场景

港口未来的发展方向为万物互联，因此，未来港口将实现多智能体的协同运行。无人集装箱卡车、港机等将是港口内的重要智能体并且需要互相协作，以完成港口内的作业任务。对于港口无人车智能体来说，IGV 模式的整体系统框架如图 1 所示。

从图 1 可以看出，IGV 模式的整体系统主要分为三大部分，分别为 TOS 系统部分、TCS 设备调度系统部分和 IGV 牵引车系统部分①，通过 5G 网络或其他通信网络对 TCS 设备调度系统和 IGV 牵引车系统进行数据交互，从而控制 IGV 牵引车自动完成港口运输任务。

其中，TOS 系统是负责集装箱码头生产的核心系统，它控制着码头中各项作业的流程，在工作人员的控制下监控作业设备状态、有计划地激活作业指令和分配作业指令。TOS 系统是作业指令的提供者。

TCS 设备调度系统的主要工作是对 IGV 牵引车进行车辆管理、任务调度、路径规划和监控 IGV 牵引车的工作状态。TCS 设备调度系统在 IGV 牵引车作业的关键节点给出最佳作业路径，监控 IGV 牵引车行驶过程中的工作状态，并进行预警，处理异常状态。

IGV 牵引车系统是完成分配任务的执行者，实现 IGV 牵引车自动行驶至分配任务地点，并完成任务。

TCS 设备调度系统的主要功能由基本功能单元、任务分配单元和实时监控单元组成，可以将港口作业指令转化为任务分配给 IGV 牵引车队，并计算出 IGV 牵引车的合理路径再通过 5G 或其他通信网络发送给相应的 IGV 牵引车。

IGV 牵引车系统主要由环境感知单元、决策规划单元、高精细地图和定位单元、车辆控制单元所组成。IGV 牵引车系统通过接收端口接收 TCS 设备

---

① 孙羽、汪沛:《无人驾驶技术在未来智慧港口的应用》,《珠江水运》2019 年第 23 期。

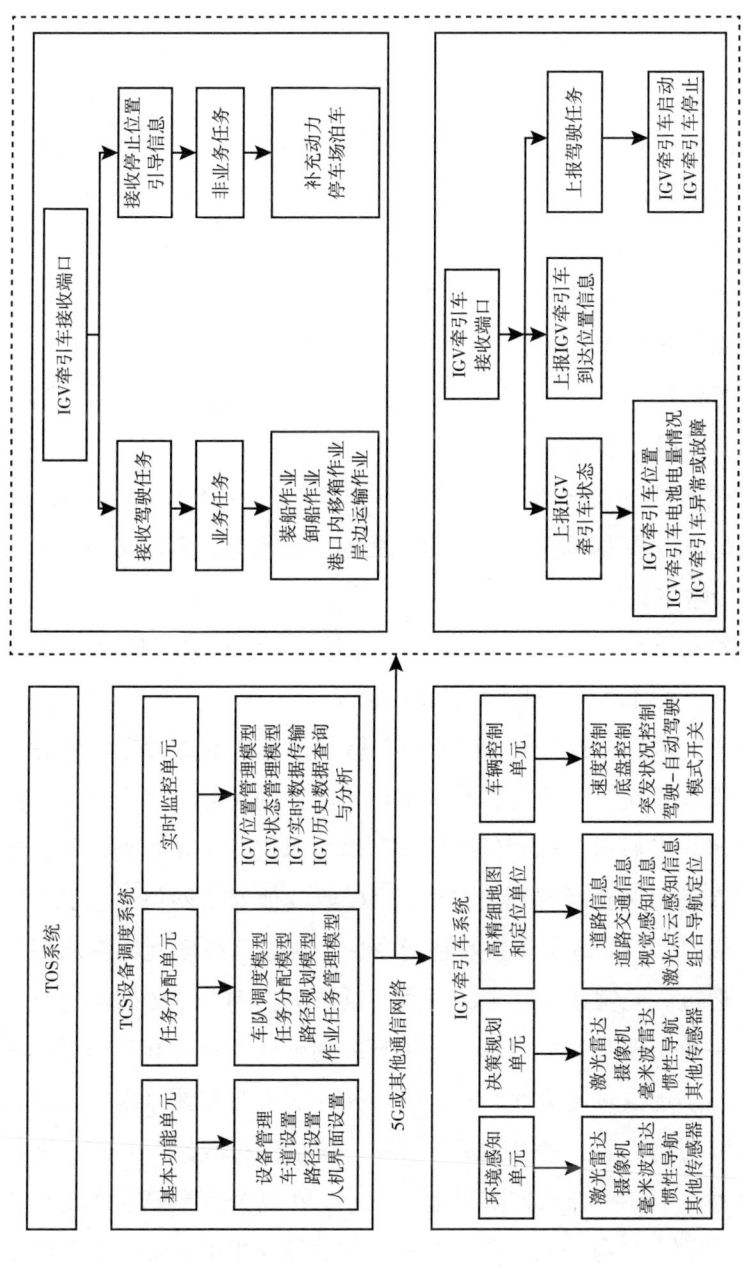

图 1 IGV 模式的整体体系框架

资料来源：K. Qin, B. Wang, H. Zhang, et al., Research on Application and Testing of Autonomous Driving in Ports, SAE Technical Paper, 2020；何佳欢, 张冉:《集装箱码头无人驾驶车入门标准》,《港口科技》2019 年第 6 期。

调度系统传输的数据并通过车辆控制单元，使 IGV 牵引车驶向目的地。在行驶过程中通过搭载的环境感知单元对港口内运行的港机、障碍物和其他设备等进行实时检测，当检测到障碍物时自动完成避障、转向和车道保持等操作。并通过 IGV 牵引车所配备的惯性导航单元控制 IGV 牵引车与岸桥等设备实现精准定位。其定位精度要达到 3 厘米以内，以便使岸桥顺利完成 IGV 牵引车上的抓放箱作业。

IGV 牵引车系统的关键技术包括以下几点。

（1）多传感器融合定位技术。通过激光雷达、毫米波雷达、摄像机、"IMU + GPS" 惯性导航等传感器获得信息并进行融合。

（2）目标检测技术。通过所装载的传感器对 IGV 牵引车周围环境信息，进行目标检测、识别、分类。

（3）车联网无线通信技术。其包括车与车之间（V2V）、车与网之间（V2X）、车辆与路边基站设施（V2I）之间的通信技术等，用以实现车与系统之间的信息传输与交互。

（4）底盘控制技术。利用智能决策算法对 IGV 牵引车进行驱动、刹车、转向等基本操作，实时地对车辆进行精确控制。

IGV 牵引车整体系统的工作流程如图 2 所示，TOS 系统首先将任务分配到 TCS 设备调度系统上，服务器则根据所接收到的任务合理地分配给指定的 IGV 牵引车。然后对分配到任务的 IGV 牵引车进行路径规划，并将指定的 IGV 牵引车信息和路径规划信息通过 5G 或其他通信网络发送到 IGV 牵引车上接收端口，IGV 牵引车在收到指令后，通过高精度地图提取高精度定位信息，通过激光雷达、毫米波雷达、摄像头、IMU 等传感器进行数据融合和场景重建实现对 IGV 牵引车周围环境的感知。然后 IGV 牵引车根据感知信息实现小规模轨迹规划，并自动行驶，如果在行驶过程中遇到其他作业车辆或障碍物之后，则自主进行决策，包括进行减速、刹车、换道等操作，最终通过不断更新轨迹实现运输任务。在整个 IGV 牵引车工作过程中要将 IGV 牵引车自身的状态信息和通过传感器获得的外部信息实时传送到 TCS 设备调度系统。

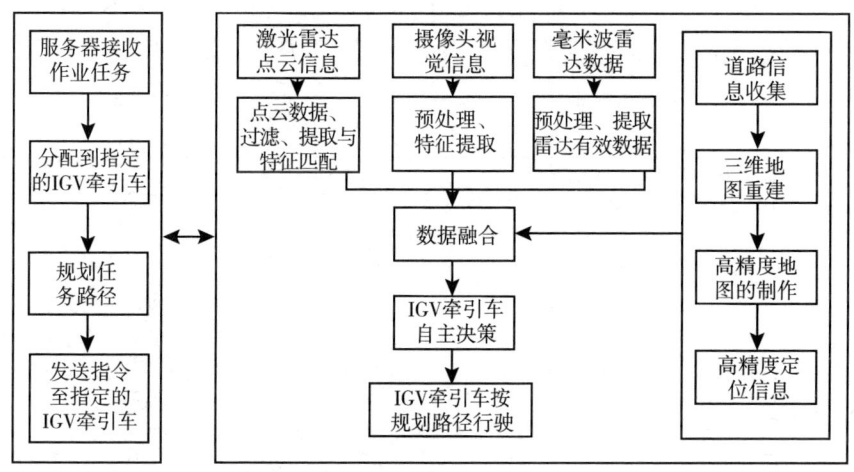

图2 IGV牵引车整体系统的工作流程

资料来源：K. Qin, B. Wang, H. Zhang, et al., Research on Application and Testing of Autonomous Driving in Ports, SAE Technical Paper, 2020.

IGV牵引车的感知部分对于自动驾驶来说至关重要，是实现自动驾驶的前提。为了能够让IGV牵引车的感知更加精准，则需要加装传感器，比如激光雷达、毫米波雷达和摄像头等。其主要安装的位置如下。

（1）激光雷达，安装在IGV牵引车的四周，通过发射激光束来探测周围环境，并建立三维点云图，以达到实时环境感知的目的。

（2）毫米波雷达，安装在IGV牵引车的前面，可实现远距离感知，并且能够全天候工作，不受天气状况限制。

（3）摄像头，安装在IGV牵引车前面，能够实现对中远距离障碍物或者其余车辆进行检测。

（4）GPS + IMU，安装在车顶，实现IGV牵引车的实时定位。

（5）短程毫米波雷达和摄像头，安装在IGV牵引车后面，实现对IGV牵引车后方的交通环境感知。

根据IGV牵引车的工作原理和工作场景，IGV牵引车在港口工作时应进行场景测试，如表7所示。

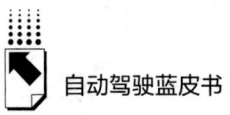

表7 港口 IGV 牵引车的测试场景和要求

序号	测试项目	测试场景	测试要求
1	交通标志和标线的识别和响应	极端天气(阴雨、强光、大雾)	可以正常作业
		车道线残损率	小于50%可识别
		无人集装箱卡车轮外援与相邻车道线内侧边缘最小间距	一般情况大于15厘米,作业车道近龙门吊车侧:大于25厘米
2	自动换道功能	借道判断	接车道在行车区间前40米、后20米内无移动的港口机械设备,借车道在行车区间前30米、后20米内无静止障碍物或静止机械设备,龙门吊车在行车区间前15米、后15米内无龙门吊车,最小超车距离大于5米
3	行驶防撞功能	动态港口机械识别和响应	能识别前方动态港口机械减速、制动、倒车、并入等场景,最大检测距离20米,最小检测距离4米,响应时间小于1秒
		静态障碍物识别和响应	最大检测距离20米,最小检测距离4米,响应时间小于1秒
		行人识别和避让	最小检测距离小于20米,响应时间小于1秒
4	停车位置调整功能	集装箱卡车早于或晚于大型设备到达作业场地	停车位置精度小于5厘米,最小前进步伐不超过5厘米,最小后退步伐不超过5厘米
5	自动泊车功能	停车障碍物识别与响应	识别倒车行驶轨迹及两侧0.5米范围内的障碍物,响应时间小于1秒
		与车位边缘	最小距离大于15厘米
6	车速控制功能	码头内不同路段	最高时速为可配置参数,不同区域限速不同
7	转弯控制功能	干路靠近黄线一侧车轮与道路中黄线最小距离	最小距离大于10厘米
		干路靠近场地一侧车轮与栏位旁车道线最小距离	最小距离大于10厘米
		转入、转出栏内作业车道,车轮与栏内同侧车道线最小距离	近龙门吊车道侧:最小距离大于25厘米 远离龙门吊车道侧:最小距离大于15厘米
		转入、转出栏内借道,车轮与栏内同侧车道线最小距离	最小距离大于15厘米
		车尾转入车道时	车身拉直
		不同吨位4组轮胎	最小转变半径待测量
		多圈绕行轮胎偏差	小于10厘米

续表

序号	测试项目	测试场景	测试要求
8	车灯控制功能	集装箱码头	车灯(转向灯、危险报警灯、刹车灯、夜行示宽灯、尾灯和倒车灯)的正确使用
9	自动跟车功能	稳定跟车行驶	最小跟车距离大于 20 米
		停走功能	堆场排队,最小跟车距离大于 15 米;码头面排队,前车为作业集装箱卡车,最小跟车距离大于 15 米;码头面排队,前车为非作业集装箱卡车,最小跟车距离大于 3 米
10	联网通信	集装箱码头作业区	信息包传递成功率大于 99.9%,实现 TCS 和 GPS 的信息交互
11	导航定位功能	定位经纬度与真实经纬度之间的误差	最大误差为 10 厘米

资料来源:参见何佳欢、张冉《集装箱码头无人驾驶车入门标准》,《港口科技》2019 年第 6 期。

五 港口无人车的典型应用

港口无人车主要用于港口集装箱的水平运输任务,属于港口中必不可少的一个部分。因此,要实现港口无人车运输,首先要了解港口的整体作业流程,其基本的作业流程如下:

(1)码头生产系统(TOS)生成运输作业指令;

(2)将运输作业指令发送到 CTS 系统;

(3)CTS 系统将作业指令转化为调度指令分配到指定的 IGV 牵引车上;

(4)IGV 牵引车自动行驶作业,并将行驶的状态与系统进行传输交互。

IGV 牵引车在港口内进行水平运输的场景一般由装船作业、卸船作业、岸边运输作业和港口内移箱作业组成,其具体内容如下。

装船作业:通过 IGV 牵引车整体系统框架,将取货作业的指令下发到指定 IGV 牵引车上,IGV 牵引车自动行驶到堆场指定贝位与场桥交互完成取货作业,再将装船作业指令下发至 IGV 牵引车上,IGV 牵引车自动行驶到指定岸桥下,通过与岸桥交互完成装船作业。如果是重复装船作业,将通过再次下发指令使 IGV 牵引车回到取货处,往返循环;如果装船后,停止作业,则

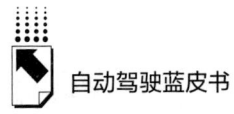

下发指令使 IGV 牵引车回到指定位置。

卸船作业：通过 IGV 牵引车整体系统框架，将卸船作业的指令下发到指定 IGV 牵引车上，IGV 牵引车则自动行驶到指定的岸桥下，与岸桥交互完成卸船作业。再将系统规划好的指定堆场目标贝位下发指令给 IGV 牵引车，IGV 牵引车从岸边自动行驶到堆场目标贝位，与场桥交互完成卸船作业。

岸边运输作业：通过 IGV 牵引车整体系统框架发送岸边运输作业指令到指定的 IGV 牵引车上，IGV 牵引车驱动在指定的规划路径下，通过环境感知对指定路径进行障碍物检测与识别，如有障碍物或突发情况则自动进行决策，即减速、停止、绕行等，最终自动行驶到指定岸桥下，与岸桥交互完成卸船箱作业，IGV 牵引车再自动行驶到二程船的装船作业岸桥下，在自动行驶过程中，依然依靠感知与决策功能，与岸桥交互完成集装箱装船作业。

港口内移箱作业：通过 IGV 牵引车整体系统框架发送港口内移箱作业指令到指定的 IGV 牵引车上，IGV 牵引车自动行驶到指定的贝位，与场桥交互完成取箱作业，之后 IGV 牵引车自动行驶到指定的移箱目标贝位，与场桥交互完成放箱落地作业。如无其余作业指令，IGV 牵引车会回到指定停泊位置。

1. 天津港自动驾驶实例

天津港目前在货物运输作业中共运营 25 辆 IGV 牵引车并与传统集装箱牵引车在港口内混合开展工作，目前已运行超过 3 万多小时，运载 8000 多个集装箱。天津港、中国重汽和主线科技携手打造的纯电动 IGV 牵引车型号为 HOWO T5G。[①] 其自动驾驶系统具有环境感知、路径规划、高精度定位、智能决策等功能。其中 IGV 牵引车主要采用"大扭矩双驱动电机 + ST16 高速比双极减速"的动力传动布局，使用大容量/高倍率电池，传动效率高、扭矩输出大、续航能力中等偏上。

港口 IGV 牵引车加装的传感器为相机、激光雷达、毫米波雷达、"GPS + IMU"等其他传感器设备。IGV 牵引车传感器所输出的信息为图片、激光雷

---

① 周超、拂晓：《全球首款"无人驾驶电动港口牵引车"（L4）在天津港试运营》，《商用汽车》2018 年第 4 期。

达点云数据、雷达数据、IGV 牵引车的轨迹和姿态及 IGV 牵引车的车辆状态信息（速度、加速度、横摆角速度、质心侧偏角等）。环境感知主要有视觉感知、激光点云感知和毫米波雷达感知，高精度定位主要有组合导航定位、视觉定位和激光点云定位。

运输系统发布作业指令后，IGV 服务器将作业指令分配到指定 IGV 牵引车上并进行路径规划。在将上面的数据信息发送到指定的 IGV 牵引车上之后，IGV 牵引车基于高精度地图和多传感器信息进行三维地图重建，并进行实时道路环境监测、规划与 IGV 牵引车决策，以实现运输作业。

从效益来看，港口内集装箱牵引车通常为连续倒班作业，每年每辆司机人力成本为 30 万 ~ 40 万元，目前港口集装箱牵引车通常为柴油发动机，如改成电动，单辆集装箱牵引车每年可节约 6 万元。

从能源使用情况来看，每辆 IGV 牵引车每年可节约 5.2704 吨煤，减少二氧化碳排放量 110.5239 吨。

2. 武汉花山港无人驾驶实例

武汉花山港 IGV 牵引车也是采用"底盘 + 传感器"技术，其 IGV 牵引车长 15 米、最高载重 75 吨。其传感器将卫星定位、机器视觉、激光雷达、毫米波雷达等进行了融合，结合高精度地图，实现 IGV 牵引车在恶劣环境下的高精度导航，在运输作业过程中，可感知方圆 200 米以内的物体，而且可以探测盲区短距离内的障碍物，使 IGV 牵引车可以实现全区 360 度无死角。车身上预装的防撞接近开关，使得 IGV 牵引车在遇到撞机后会紧急停车，且在运输过程中通过 5G 网络实现数据交互。

3. 厦门远海港口无人驾驶实例

2020 年 5 月 11 日，在厦门远海港口，东风商用车无人驾驶港口牵引车进行现场作业，并完成验收。该无人驾驶港口牵引车包括底盘、传感器，采用了无驾驶舱的设计[①]及由双电机纯电动驱动的模式，具有双向转向系统，其中传感器配有激光雷达、高精度定位惯性导航等，可以实现环境感知、自

---

① 《赋能 5G 智慧港口智能 + 东风无人驾驶集卡厦门首秀》，《商用汽车新闻》2020 年第 28 期。

图 3 武汉花山港 IGV 牵引车

资料来源:《产经 | 全国首例!武汉花山港迈向"5G 智慧港口"》,荆楚网,2019 年 9 月 27 日,http://www.cnhubei.com/pcmedia/detail? id = 558524。

定位、自主控制、遥控控制和远程通信等功能,并可基于 5G 的高带宽、低延时等特性,使无人驾驶牵引车的位置、姿态、载重、电量等数据实时传输到后台控制中心,状态信息能够实时被查看,且在无人驾驶牵引车出

图 4 厦门远海港无人驾驶牵引车

资料来源:《赋能 5G 智慧港口智能 + 东风无人驾驶集卡厦门首秀》,《商用汽车新闻》2020 年第 28 期。

现故障或需临时更换路线时，可通过5G&MEC技术进行远程控制，以保障运输安全。

六　港口无人车的发展前景

随着5G、北斗等技术越来越多地被应用于垂直行业中，5G智慧港口建设在我国全面启动，天津港、青岛港、宁波舟山港和厦门远海港等智慧港口建设已经初见成效。5G&MEC技术被应用于港口远程控制龙门吊车，5G与无人集装箱卡车的融合，使多路高清摄像头全方位记录的无人驾驶集装箱卡车内外的自动驾驶画面能够通过5G实时传送至服务器层，在此基础上，结合车路协同、高精度定位、环境感知、自主决策等技术应用，能够促进实现集装箱卡车无人驾驶。

交通运输部等9部委联合印发的《关于建设世界一流港口的指导意见》指出，未来智慧港口应形成全面感知、泛在互联、港车协同的智能化系统。港口无人车作为智慧港口中必不可少的一部分，其未来的发展必将与5G、AI、自动驾驶等技术相结合。

参考文献

黄桁：《5G通信技术在集装箱码头的应用》，《港口科技》2019年第6期。
何佳欢、张冉：《集装箱码头无人驾驶车入门标准》，《港口科技》2019年第6期。
《赋能5G智慧港口智能+东风无人驾驶集卡厦门首秀》，《商用汽车新闻》2020年第28期。

B.12
自动驾驶在无人配送领域的应用现状分析

张庆余　潘　霞*

摘　要：　由于末端配送呈现高频率、小批量和分散式的工作特征，而配送服务同时具有时间、空间上的分散化特征，因此，低效率且高成本成为末端配送行业的痛点。无人配送可以解决城市末端配送存在的多种问题，有望成为"最后一公里"存在的问题的最终解决方案。国内配送场景具有中国特色，无人配送未来如果得到成功应用与推广，将助力一系列重要技术取得突破，诸如无人驾驶技术、机器学习以及自动控制技术等；与此同时，也能够对传统的配送方式进行更新换代，进一步使配送产业转变为技术驱动型的服务产业。

关键词：　末端配送　无人配送　自动驾驶技术

无人配送是近几年兴起的新兴产业，它是指在各类货物的配送过程中，大幅度减少甚至避免人为的参与，通过自动配送车辆来代替人力劳动，从而大大提高配送效率，减少相应的人力成本。从技术角度看，无人配送是多项技术的集成，它的应用需求场景多，涉及的服务类型广，包括快递服务、港口货运等。旨在解决"最后一公里"存在的问题的无人配送车，在末端物流配送整个产业链中占据举足轻重的地位。

在互联网经济的推动下，中国在物流方面发展迅速，这导致相应的人力

---

* 张庆余，中汽数据有限公司技术发展室主任；潘霞，中汽数据有限公司技术发展室工程师。

成本大幅增加，而业务体量的剧增也使配送效率有所下降。在此背景下，降低人力成本和提高工作效率，成为当前物流行业亟待解决的问题，而无人配送无疑是解决此问题的好办法。

一　末端配送需求推动产业发展

在互联网背景下，网购用户迅速增多，因此末端配送的实时性需求快速增加。在大体量的业务需求下，伴随着碎片化服务的特点，末端配送的需求逐渐向着更高效、高频的方向发展。

配送服务在空间、时间上呈现分散化的特征。首先，空间上末端配送需要面对分布在城市不同地区、街道的商家或消费者，主体呈现多样化特征，包括社区、写字楼、餐厅、便利超市等，服务需求分散。其次，配送的时间也很分散，几乎全天候都有不同程度的需求，并且经常会出现重复配送的情况，浪费时间。配送服务在时间、空间上的分散分布特征，使配送站点以及服务人员需求较大，由此产生了市场需求与劳动力供给之间的矛盾，助推了无人配送的研发与应用。

我国的快递、外卖等实时性要求高的配送行业正在快速发展，据统计，2019 年，我国的快递总数高达 635 亿件，实时配送的业务数据也有 185 亿多件。① 因此，持续暴增的业务体量给末端配送带来的压力不断增加，配送力需求持续增加。在这样的背景下，无人配送应运而生。

无人配送能够解决末端配送过程中产生的众多问题，有望成为末端配送存在的问题的最终解决方案。一方面，无人配送可以减少对人员的需求，未来能够很好地应对劳动力的短缺；另一方面，现在的人员配送一般都使用摩托车及三轮车，对交通环境以及道路安全都带来一些隐患，由低速无人车来配送，既能提高配送效率，又能通过全局规划来减少重复性的工作。根据麦肯锡公司的预测结果，以后将有超过 80% 的物品通过无人车进行配送。此

---

① 《无人配送在国内商业化的现状、挑战及建议》，《智能网联汽车》2020 年第 2 期。

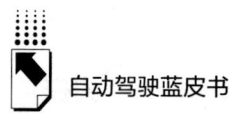

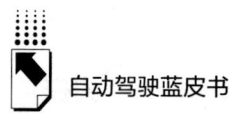

外，无人配送也能通过全天 24 小时无间断的工作，大幅度减少时间浪费，实现"降本增效"的目标。

二　无人配送国内外应用现状

目前国内外有众多的企业在开展无人配送的技术研发与示范应用。美国亚马逊于 2013 年率先提出了无人机配送的设想，并在 2016 年 12 月成功完成了第一单配送。在无人车配送领域，美国硅谷的初创公司 Nuro 生产研发了首代全自动物流配送车 R-1，该物流配送车致力于实现多类型道路内的自动驾驶，不再局限于固定园区内的低速行驶，能够在城市环境中实现自动驾驶。英国创业公司 Starship Technologies 成立于 2014 年，其自动驾驶机器人配备了 9 个摄像头，能够自动执行配送任务，行驶速度为每小时 4 英里，承重约 9 公斤。美国的机器人创业公司 Marble 与 Yelp 开展合作，研发了一款智能配送车，用户可以通过手机 App 远程操作下单，在派送方式上选择无人配送，即可由机器人送货上门，该产品应用取得了良好的社会反响。与此类似的无人配送车还包括多家公司的产品，如美国 Robby Technologies 公司的 Robby 机器人、日本机器人开发创业公司 ZMP 发布的 CarriRo Delivery 等。①

与国外研究现状相比，国内在无人配送领域的研究起步稍晚，国内约从 2016 年起开展无人配送研发，但行业整体发展速度较快。在业务规模方面，我国物流配送的业务体量远超其他国家，尤其在外卖配送方面，国内的配送需求量与其他国家不在一个量级上。也正是因为具备庞大的业务体量，京东、美团、菜鸟等在配送业务方面需求较大的公司，纷纷加码研发室内外无人配送技术，并且已经在各类园区、高校等场景内开展了试运营工作。一些新兴的自动驾驶科技公司也在末端配送方面做了诸多努力，例如新石器、毫末智行、智行者等，均选择以无人配送作为其核心技术从理论层面向物理环境迁移的主要场景之一。

① 夏华夏：《无人驾驶在末端物流配送中的应用和挑战》，《人工智能》2018 年第 6 期。

（结束）

END

总体而言，国内外在无人配送方面开展研究与落地示范的公司，均处于早期研发或者较小规模试运营的阶段，因此，仍需要多方在核心技术层面持续攻关，尤其是自动驾驶关键技术及人机交互技术层面，只有这样才能逐步满足多类型场景的诸多业务需求。

三　无人配送应用场景与商业模式

（一）"人工智能＋无人配送"在校园中的应用

高校校园是无人配送的核心应用场景之一，高校的快递量非常大并且快递点较为集中，一般快递被放置于菜鸟驿站等代收处。由于师生取货时间相对集中，取货速度十分缓慢，取货等待时间过长，取货体验感较差。因此，在高校中引入"人工智能＋无人配送"的先进模式，将会大大改善排队时间长的情况，为在校师生提供更多便利。

无人配送车和快递柜的有机结合，能够有效减少快递取送过程中的时间消耗。通过视觉识别算法来识别货物上的二维码，可实现货物的大小分类，然后分别由无人配送车根据识别的货物地址信息进行配送，实现准确投递和自动化管理。与此同时，智能配送车装有多个摄像头，可实现实时监控的目的，以防配送过程中出现地址识别失误及物品损坏的问题。在送达各快递地址附近的代收点后，学校师生便可就近取自己的快递。[①]

（二）短期内"人机协作"配送模式探索

鉴于当前的自动驾驶技术尚未达到成熟期，同时相应的政策与法律法规也尚未出台，因此短期内可在人力协作的基础上适量引入自动化配送，构建"人机协作"的业务方式。在自动化层面，机器能够完成简单且准确的重复性工作，减少人力成本的浪费；在智能化层面，短期内智

---

① 沈逸飞等：《"人工智能＋物流"中智能配送与管理的应用》，《科技风》2021 年第 8 期。

能化分配仍需人工完成。因此，在发展前期，通过"人机协作"的工作模式，能够有效搭建创新型配送平台，也能够推动全无人化配送方式的进一步落地。

短期内，人机协同配送平台可以专注于物流配送的调度系统。调度系统提前进行方案设计，选派人员及相应的无人配送机器。无人配送机器在指定距离内运行，指定人员将无人配送机器送到指定地点，并在配送阶段定期检查无人配送机器的相关状况，以调整"人机协作"中人工作业与自动化作业的比例，增强无人物流站配送的智能化和无人化特征。以上述方式探索无人配送的布局，将有助于我国物流业应对未来突发公共卫生事件，为社会提供更多的生命安全保障和支持。

（三）无人配送商业模式探索

无人配送产业的上游是各硬件和零部件供应厂商，包括线控底盘、计算平台、各类型智能传感设备等，既涉及汽车产业，也需要新的数字化和智能化配件，让无人配送车辆真正能够"自动驾驶"。从整体来看，我国无人配送产业上游零部件领域发展十分迅速，这从三个角度可以看出：首先是技术层面的持续攻关，在传感设备的性能、计算芯片的算力以及线控底盘的稳定性方面，均有显著提升；其次，在提升性能的同时注重降低成本，即在量产的前提下不断降低硬件成本；最后，国产零部件的供应商占比日益增加，在传感器、芯片、底盘等各类硬件方面，中国企业涉猎越来越广。

无人配送产业的中游是提供解决方案的公司，主要是互联网巨头，以阿里巴巴、京东、美团为主，这三家公司对自动驾驶技术进行研发的时间都比较早，目前都组建了百人以上规模的研发团队。这三家公司既有较强的技术团队和研发积累，同时自身也是场景方，而且在资金和资源方面也有非常大的优势。

下游主要是传统配送服务商、配送需求方，主要包括电商、商超、快递、外卖以及本地生活服务企业，一些封闭园区也需要采用无人配送车来

满足园区物流需求。整体来看，主要分为三种类型。第一种是以京东、阿里、美团为代表的电商集团公司，它们基于自身业务需求和特色，在一个或多个场景下进行试运行。其中，京东以开放道路快递、生鲜配送为主，阿里以校园、社区内快递配送为主，美团以开放道路生鲜配送为主。第二种是以永辉超市、物美超市等为代表的商超零售企业，这类企业的特点是市场较为分散且地域性很强。近两年开始，头部商超零售企业开始积极与无人配送解决方案商合作，尝试性地使用无人配送服务。第三种是顺丰等快递或配送服务商，目前无人配送的研发投入很少，多处在探索和尝试阶段，未来有较大可能会通过与无人配送解决方案商合作的方式开展无人配送服务。

无人配送的商业模式已初步形成，即将进入批量应用的时期。目前，无人配送商业模式可分为以下三种。

第一种以服务集团内部业务为主，服务集团内部需求，在集团内部结算，主要代表为阿里、京东、美团，但各家的结算方式可能略有不同。阿里由达摩院进行无人驾驶算法、产品研发，售卖无人车辆给菜鸟，菜鸟将其应用在具体业务环节中，如菜鸟驿站。京东无人配送车目前主要服务京东自有的配送需求并按单进行配送服务结算。未来随着技术逐渐成熟、运力网络逐渐形成，无人配送可能会向内部各个业务场景扩展，并逐步向第三方提供无人配送运力服务。

第二种为提供无人配送运营服务，即提供无人配送运力。如白犀牛、行深智能、毫末智行等。以白犀牛为例，其主要结合场景方需求提供无人配送服务，自己运营无人配送车辆，收取配送服务费。配送服务费会因为场景、物品、时效性要求的不同而不同。目前生鲜、零售即时配送单价为 7~9 元，快递配送单价为 1~2.5 元。

第三种通过提供车辆销售、租赁服务及软硬件解决方案来收费，如新石器、一清创新、驭势科技等。如新石器主要以车辆销售、无人配送或无人零售解决方案售卖为主，一清创新主要以车辆售卖和租赁、无人驾驶软硬件解决方案合作为主。

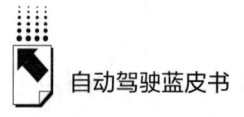

四　无人配送对自动驾驶的意义

随着科技的进步，人类对于自动驾驶的渴望越来越迫切。研究表明，借助各类交通运输实体，自动驾驶系统可以在增强高速公路安全性、缓解交通拥堵、疏解停车难问题、减少空气污染等领域发挥重要作用。自动驾驶技术的落地应用意义重大，但自动驾驶技术从来不是一项单一的技术，它是众多技术的集成，因此，在可靠性、安全性方面存在诸多技术难点，且面对复杂的城市道路环境，短期内很难落地。无人配送可以帮助自动驾驶技术尽快地落地应用，通过在此场景下的运行验证也能够更好地进行技术层面的迭代升级。

（一）新冠肺炎疫情下的无人配送

新冠肺炎疫情对于自动驾驶技术发展的影响有两方面。一方面，它导致部分企业的自动驾驶项目受阻，例如戴姆勒和宝马在 2020 年 6 月宣布将暂停在下一代自动驾驶领域的研发合作，大陆集团也冻结了自动驾驶技术投资；另一方面，在疫情防控常态化时期，全球消费者对于无接触式配送服务的关注度激增，业内开始深入挖掘自动驾驶技术在无人配送领域的潜力。有效避免疫情传播的需要，进一步催生了"无接触配送"在多种类型场景下的需求，诸如医院、小区、办公区等场景成了无接触配送的迫切需求地。因此，无人配送被广泛地应用到了战"疫"当中。

在疫情影响下的"最后一公里"配送方式方面，无人配送的重要性尤为凸显。在疫情防控常态化时期，面对激增的医疗以及日常物资需求，为了避免感染的风险并保障物资供应，高效的无人配送起到了十分重要的作用。

我国相继出台多项无人配送相关政策，为无人配送的示范运行提供了有效的支撑和保障。国务院在 2017 年 7 月印发了《新一代人工智能发展规划》，其中主要提到业内要持续迭代更新无人配送车辆的技术要求。在北京市经济和信息化局以及中关村智能网联中心等机构的指导下，美团等中关村智通智能交通产业联盟成员及有关单位，在 2018 年 10 月联合发布了《服务型电动自动行驶轮式车技术要求》团体性标准，该标准为无人配送车设置了技术要求。2019 年 9 月，中共中央、国务院印发《交通强国建设纲要》，明确提到要"积极发展无人机（车）物流递送"①。2020 年 3 月，科技部印发《关于科技创新支撑复工复产和经济平稳运行的若干措施》的通知，文中重点指出，要积极培育创新型产业和模式，主要针对智慧城市、智慧医疗等多类型场景，提前打造出一批落地示范应用园区，以点带面，逐步扩大智能化园区的影响力，助力智能化产业的发展。

（二）无人配送市场前景广阔

目前，众多的传统主机厂以及造车新势力都在加大力度促进自动驾驶在无人配送领域中的应用。由于载客自动驾驶所面临的安全问题更严重，且技术难点更多，因此，低速无人配送车将会是自动驾驶实现量产落地的优先选择。配送市场规模正在不断扩大，美团、滴滴等行业巨头的多项研究指出，未来城市内的物流配送需求将会激增，如果仍采用传统配送方式，将会给交通带来巨大压力，造成严重交通堵塞。而采用无人配送车则可以有效分配时间，提高物流效率，进而缓解交通拥堵情况。优化效率和保证车辆的正常运行时间是成功的关键。

以美团无人配送为例，2020 年初，美团的无人配送在北京顺义成功开展试运营，并得到了相关政府部门的有力支撑，围绕顺义区 8 个社区及周边路线持续配送 300 天，累计配送订单数超过 1 万单，无人车订单占人车总订单的 60% 以上，基本实现了区域常态化运行。2020 年 9 月，顺义区政府再次创新监管方法，公示美团无人配送测试路线和方案，支持无人配送设备在指定区域、指定时间运行，为每一辆无人配送车都明确了安全责任人，这一行业重大突破，为末端即时配送带来了曙光。美团的无人配送做的就是开放

---

① 刘颖琦：《全球无人配送产业全景及中国未来发展》，《运输经理世界》2020 年第 2 期。

道路的末端物流，就是通过云端中枢的智能调度进行最后三公里的运输。用户在网上点餐，美团可以派车去餐馆取餐，然后通过几公里到达小区或者写字楼，送到用户的手里。

以美团为代表的末端即时无人配送企业，把安全保障放在第一位，积极参与测试相关标准的研制。其获得北京市自动驾驶测试 T3 资质，通过了国家 CR 安全认证，获得了在科技冬奥村"社区配送"的应用示范机会。美团还建立了"人、车、远程监控"三重安全保障体系。从近场安全员、车载智能、远程控制等方面保障运行安全。对安全员进行循环培训测试，给无人配送设备安装限速硬件、小脑自动刹车系统、主动避障安全功能 AEB、被动安全系统刹车保险杠，建设远程监控中心，监控运行设备的速度、位置及各性能模块运行状态，提前预判，避免系统故障的发生。

无人配送未来将以人机协作的模式，承担在公开道路、低温、夜间等特定场景下的配送任务，而配送员会逐渐转移到相对安全的坏境中。这一新兴产业将提升城市道路运行效率，减少人为因素导致的交通安全事故。未来，无人配送将逐步成形，成为自动驾驶技术率先落地的示范典型。

参考文献

《无人配送在国内商业化的现状、挑战及建议》，《智能网联汽车》2020 年第 2 期。

夏华夏：《无人驾驶在末端物流配送中的应用和挑战》，《人工智能》2018 年第 6 期。

沈逸飞等：《"人工智能 + 物流"中智能配送与管理的应用》，《科技风》2021 年第 8 期。

刘颖琦：《全球无人配送产业全景及中国未来发展》，《运输经理世界》2020 年第 2 期。

技 术 篇
Technology Reports

B.13

自动驾驶前沿技术发展研究

耿兆龙　赵帅　张骁　陈书锋　唐嵩涛　刘光

杨磊　赵启东　杨永翌　张云霜*

摘　要：　自动驾驶汽车落地的真正实现，取决于场景库构建、仿真测试等关键技术的发展。本文介绍了目前国内外自动驾驶汽车的关键技术，包括仿真测试技术、场景库构建、功能安全与预期功能安全、人机共驾与人机交互技术。重点介绍了应用于各开发阶段的模型在环（MIL）、软件在环（SIL）、硬件在环（HIL）、驾驶员在环（DIL）和车辆在环（VIL）仿真测试技术以及仿真平台，围绕虚拟场景数据库具有的无限性、扩展性、批量化、自动化等特点，对场景库的基于 PEGASUS 的

---

* 耿兆龙，中汽数据有限公司业务发展室项目经理；赵帅，中汽数据有限公司智能网联数据室主任；张骁，中汽数据有限公司智能网联数据室研发主任；陈书锋，长安汽车软件科技有限公司系统设计与分析工程师；唐嵩涛，长安汽车软件科技有限公司预期功能安全工程师；刘光，中汽数据有限公司智能网联数据室项目经理；杨磊，中汽数据有限公司智能网联数据室项目经理；赵启东，中汽数据有限公司智能网联数据室项目经理；杨永翌，中汽数据有限公司智能网联数据室项目经理；张云霜，中汽数据有限公司智能网联数据室项目经理。

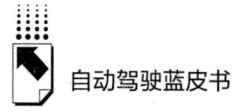

构建模型和样例进行了整理分析，对高级别自动驾驶的功能安全开发、汽车功能安全验证，预期功能安全的场景库构建、整车层级危害识别与分析等关键技术进行了介绍。最后从信息感知、策略决策和操作执行三个维度对人机共驾的控制权限合作进行了总结和分析。本文认为场景库构建、仿真测试、功能安全等方面技术的发展将进一步推动自动驾驶汽车落地的真正实现。

关键词： 仿真测试　场景库构建　人机交互

一　自动驾驶仿真测试技术

（一）自动驾驶仿真测试的定义

自动驾驶仿真测试技术主要应用在汽车功能验证领域，它以数学建模的方式将自动驾驶的应用场景进行数字化还原，建立尽可能接近真实世界的系统模型，通过仿真测试进行分析和研究可以达到对自动驾驶系统和算法进行测试验证的目的[①]。

按照测试方式，仿真测试可分为如下五类。

➤模型在环（MIL）：在仿真测试模型中，将控制算法模型和被控算法模型连接起来形成闭环，即为模型在环测试。这种测试方式在模型层面上实现闭环测试，主要目的是支持系统软件工程师做模型级别的集成测试。

➤软件在环（SIL）：由模型在环测试引申而来，区别是把控制器的模型换成了由控制器模型生成的 C 代码，软件在环测试的目的是验证生成的代码和模型在功能上是否一致。

---

① 全国汽车标准化技术委员会 – 智能网联汽车分技术委员会：《自动驾驶功能仿真测试标准化需求研究报告》，2020 年 11 月。

➤硬件在环（HIL）：将可以模拟真实系统环境的动态系统模型作为"受控设备仿真"，并通过嵌入式系统的输入输出将其与仿真系统平台相连，形成闭环。硬件在环测试的目的是验证控制器。

➤驾驶员在环（DIL）：在对车辆、发动机等系统进行仿真的基础上，在保证测试精度的前提下，增加交通和环境的仿真，并将真实驾驶员引入仿真测试闭环，融合传感器仿真技术，结合 3D 实时动画，对系统进行验证。

➤车辆在环（VIL）：将测试系统集成到真实车辆中，并通过仿真平台模拟道路、交通场景以及传感器信号，从而构成完整测试闭环。车辆在环测试的目的是验证测试系统功能、各场景仿真测试与整车相关电控系统的匹配及集成。

（二）自动驾驶仿真测试的关键技术

仿真技术的基本原理是结合传感器对控制器的算法进行验证，控制器算法是在仿真场景中通过真实控制器获取。一个完整的仿真平台必须能够还原静态场景、仿真动态案例，实现传感器、车辆动态仿真和并行加速等功能，并连接到自动驾驶和决策控制系统中。只有通过算法平台和仿真平台的不断开发与测试验证，迭代循环形成闭环，才能推动技术的升级优化。[①]

自动驾驶的关键技术是环境感知技术和车辆控制技术，对应到自动驾驶仿真技术层面，关注重点应是传感器仿真和车辆动力学仿真。在传感器仿真方面，无论是视觉感知还是雷达探测传感器，都可以将仿真分为三个层级进行，第一层是将仿真建立在物理信号层面，第二层是原始信号仿真，第三层是传感器目标仿真。物理信号仿真的目的是直接模拟从传感器接收到的信号，如直接模拟摄像机捕捉到的光信号和雷达的声学和电磁信号。原始信号仿真通过拆除传感器探测单元直接仿真数字处理芯片的输入单元。最后一层是传感器目标仿真，如果将传感器感知和决策分为两个不同的平面，传感器捕获的理想目标可以直接被模拟到决策层算法的输入中。这类目标信号的输

---

① 清华大学苏州汽车研究院、广汽研究院智能网联技术研究中心等：《中国自动驾驶仿真技术研究报告（2019）》，2019 年 5 月 30 日。

入信号通常是通信协议格式的输入信号，例如差分 GPS 和 IMU 可以通过串行通信进行仿真，一般通过软件仿真很容易进行目标级别仿真。然而，原始信号特别是物理信号仿真，需要大量的仿真设备，因此相对复杂。目前已知的物理信号仿真设备，包括但不限于毫米波雷达回波模拟器、超声波雷达回波模拟器、视频暗箱、视频注入开发设备、GNSS 仿真设备等。

传统的商用仿真软件在车辆动力学仿真方面已经非常成熟。车身模型参数、轮胎模型参数、制动系统模型参数、控制系统参数、动力系统模型参数、传动系统模型参数、气动模型参数、硬件 IO 接口模型等构成车辆模型的主要参数，在实际车辆调参过程中需要动态配置相应的参数。利用这些复杂的车辆参数，可以保障被测车辆的仿真精度接近实际车辆。这在自动驾驶系统的开发中得到了较好的应用，如在一些转向、制动和线控系统的开发中需要被控对象模型，利用这些被控对象模型，可以进行各操控系统的共同仿真实验，例如将实际的线控制动系统、线控转向系统和自动驾驶系统集成为一个大系统进行仿真测试。通过上述测试能够检查线控系统的整个控制性能，以及自动驾驶系统和线控系统之间的相互作用情况。[①]

（三）自动驾驶仿真测试发展趋势

计算机建模仿真技术及虚拟测试将被更广泛地应用于自动驾驶算法研发和测试中，助力自动驾驶技术早日实现商业化。未来，具备信息高度共享化的智能网联汽车与车联网技术将根本上组成一个信息物理系统，仿真软件也将在信息模型与物理模型两个维度上进行综合仿真，即对全系统进行完整的仿真。从模型到软件，从软件到硬件，从部件到系统，各层次都需要不断深入地构建智能网联汽车的知识模型，组成完整的知识技术体系。交通系统是人、车、路相互作用的系统，自动驾驶系统仿真技术的重点发展方向是提供接近真实的复杂动态环境，尤其是对机动车、非机动车、行人等交通参与者

[①] 清华大学苏州汽车研究院、广汽研究院智能网联技术研究中心等：《中国自动驾驶仿真技术研究报告（2019）》，2019 年 5 月 30 日。

的高度动态交互行为，对天气与光线变化的仿真，并把上述动态交通要素按照不同的复杂程度进行重新组合。

自动驾驶汽车将在一个漫长的周期内逐步替代传统汽车，交将形成传统汽车与自动驾驶汽车共行的局面，人机交互将成为仿真技术研究的一个方向。智慧交通与车联网技术使自动驾驶汽车与数字智能化道路进行有机融合，因此研究在交通系统下的车辆行为也是仿真技术的另一发展方向。未来，需要对自动驾驶车辆进行更多维度的测试与评价。首先，可以对车辆驾驶的自治性进行评价，对车辆本身在一定外界条件下的行驶能力进行测试评价。其次，可以对车辆参与交通的协调性做出测试与评定，根据其他的交通参与者的行为方式选择用不同的行为进行交互性回应。这些测试与评价的基石是仿真技术提供的更高维度模拟场景与整套评价体系。

未来，自动驾驶模拟技术将通过提供科学全面的产品测试和基于仿真方法的测试，进一步促进交通法律法规的完善，例如通过模拟交通事故的法律责任认定，帮助管理和监控交通行为。自动驾驶仿真技术还将协助建立一个全国范围内的通用型数据库，其包含自动驾驶汽车工作的典型工况和边缘案例，数据信息可与其他国家和地区共享，帮助行业进行跨地区的交叉认可，最终达到自动驾驶系统的技术普适性。①

二　自动驾驶场景库的构建

自动驾驶场景库的构建是为了解决自动驾驶功能和车辆的全面安全测试问题而延伸出的技术领域。在自动驾驶测试过程中，除了像传统车辆测试那样要考虑车辆自身系统的安全性、稳定性之外，还要重点考虑来自外部环境的干扰、影响。同时，由于测试环境、硬件等条件的限制，传统的

① 清华大学苏州汽车研究院、广汽研究院智能网联技术研究中心等：《中国自动驾驶仿真技术研究报告（2019）》，2019 年 5 月 30 日，https：//www.51aes.com/values/file – download？type＝0。

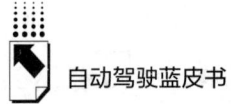

道路里程测试很难有效地完成自动驾驶功能和车辆的全面安全测试，所以需要一套完整的场景库理论体系来支撑自动驾驶功能的有效测试和评价，这套体系需要既能完成功能和整车的有效测试，还能提高测试的效率，降低成本。

自动驾驶场景库目前尚未形成明确的术语定义，行业内较为认可的定义如下：从自动驾驶车辆的运行设计域出发，以自动驾驶测试为目的，为仿真、场地、道路等测试环境所设计的一套完整的场景库体系。

运行设计域（ODD）定义了系统的运行环境，并在初始阶段根据收集到的关于不同自动驾驶系统和功能的目的、规格的现有信息进行定义。运行设计域内容应至少包括道路类型、道路内位置、车速范围和环境条件等信息。

运行设计域的定义应以一种允许用户获知、理解、信任和安全操作自动驾驶系统的方式来构建。为了做到这一点，从车辆外部观察的结构组织的整体概念，使用模型系统描述了具有六个独立层的场景[1]。第一层和第二层根据高速公路建设指南描述道路网。第三层描述了第一层和第二层的临时操作（如道路施工现场）。第四层，通过演习来表示交通参与者的互动。第五层，模拟天气条件。第六层，模拟与道路基础设施、其他交通参与者或无线服务的数据交换[2]。

功能场景描述了场景表示的最抽象级别。这些场景可用于 ISO 26262 标准概念阶段的项目定义、危害分析和风险评估。它们由语言表示，以确保专家能够轻松地理解现有的场景，讨论它们并创建新的场景。

功能场景包括语义级别上的操作场景，即通过语言场景符号来描述域的实体以及不同实体间的关系。用于描述功能场景的词汇表是特定于用例和域的，可以提供不同级别的细节。

在语义层次上的功能场景表示对包括实体和这些实体的关系/交互在内的语言和一致的描述。对于语言描述，必须定义一致的词汇。该词汇表应包

---

① PEGASUS，PEGASUS 项目场景构建方法，http：//www.pegasusprojekt.de/en/home。

② PEGASUS，PEGASUS 项目场景构建方法，https：//www.pegasusprojekt.de/en/home。

括描述实体（车辆 A、车辆 B）的术语和这些实体的动作行为或相互之间的关系（车辆 A 超过车辆 B）的短语。

实际的开发阶段和正在开发的项目将定义所需功能场景的详细程度。在定义词汇表时必须考虑这两个方面。例如，高速公路场景需要一个词汇表来描述道路的拓扑结构和几何构造，场景内交通参与者的具体行为动作与交互作用关系，以及天气状况。相反，一个停车场场景需要一个词汇表来描述建筑的布局，而天气条件可能无关紧要。如果使用一个全面的词汇表来描述实体和这些实体之间的关系，可以从词汇表中派生出大量的场景。为了生成一致的功能场景，词汇表中的所有术语都必须是不同的。定义域实体的术语的来源是实际的标准和指导方针，如道路交通规则或建造高速公路的标准。

图 1 显示了在双车道高速公路弯道上进行高速公路试点的功能场景。一辆卡车和一辆小汽车在右侧道路行驶，小汽车处于跟随卡车的状态。该例中，道路布局是用几何图形来表示的。根据项目的用例和领域，词汇表必须包含额外的术语来描述这些特征，如布局上的"三车道高速公路"，几何上的"直线"或"回旋线"。通过从定义的词汇表中选择不同术语，可以描述不同场景。

在状态空间变量的帮助下，功能场景可以被逻辑场景描述。逻辑场景包括状态空间级别上的操作场景。逻辑场景通过状态空间中的参数范围来表示实体和实体的关系。参数范围可以根据概率分布来指定。此外，可以在关联或数字条件的帮助下，选择性地指定参数范围的关系。逻辑场景包括该场景的正式符号。

逻辑场景描述涵盖了实现解决这些场景的系统所需的技术需求的派生所必需的所有元素。在 ISO 26262 标准的开发过程中，对于场景的逐步规范，逻辑场景必须通过状态空间中的正式符号来描述，因此参数必须通过值范围来定义。为了更详细地描述这些参数范围，可通过概率分布（例如，高斯分布、均匀分布）为每个参数指定范围。此外，参数范围的关系可以通过数值条件（如超车速度必须大于被超车速度）或相关函数（如车道宽度与弯道半径相关）来指定。

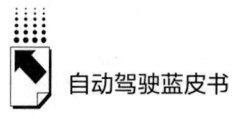

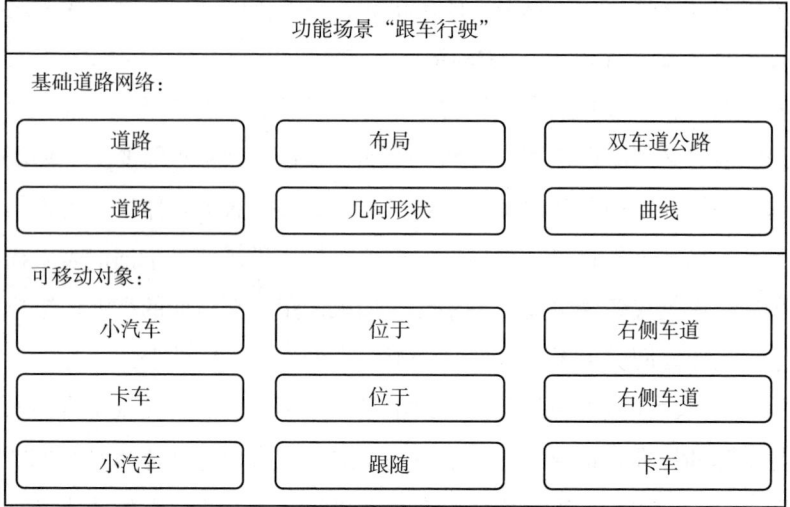

图 1 功能场景样例：跟车行驶

资料来源：T. Menzel，G. Bagschik，A. M. Maurer，Scenarios for Development，Test and Validation of Automated Vehicles（paper represented at the IEEE Intelligent Vehicles Symposium，Changshu，China，June 2018）。

图 2 显示了从功能场景派生出来的逻辑场景。功能场景通过从语言表示到状态空间和描述参数的场景规范的转换，被转换为逻辑场景。因此，词汇表中的每个术语都必须分配给描述该术语的参数。在这个例子中，两条车道都是通过车道宽度来描述的，曲线的几何形状用半径来表示，而车辆则用其沿着车道的纵向位置来描述。此外，"遵循"一词要求卡车的纵向位置大于小汽车的纵向位置。为了使这个例子在本文中得以体现，此处选择了一个简化的参数集。实际上，描述词汇表中的单个术语需要更多的参数。例如，卡车还可以通过其尺寸、重量和发动机功率来描述。

此外，对于图 2 示例中的每个参数，还应确定该参数在现实中的取值范围和概率分布。这些信息有助于在系统开发阶段确定技术需求，并为在测试阶段系统地生成具体场景提供基础。

具体场景使用状态空间中的不同参数来描述实体和实体的关系。通过从参数范围中选择具体的值，可以将每个逻辑场景转换为具体的场景。在测试阶段，具体场景是生成测试用例的基础。对具体场景定义如下：具体场景清

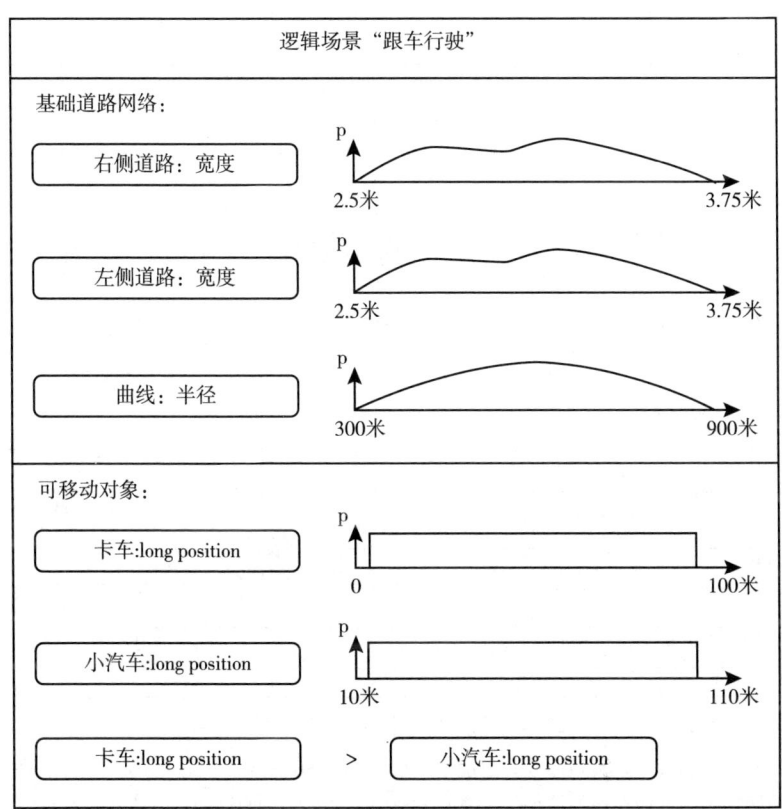

图2 逻辑场景样例：跟车行驶

资料来源：T. Menzel, G. Bagschik, A. M. Maurer, Scenarios for Development, Test and Validation of Automated Vehicles (paper represented at the IEEE Intelligent Vehicles Symposium, Changshu, China, June 2018)。

晰地描述了在状态空间层面的操作场景。具体场景通过状态空间中每个参数的具体值表示实体和实体之间的关系。

具有连续值范围的各个逻辑场景，可以派生出任意数量的具体场景。例如，通过为每个参数选择一个无穷小的采样步宽，可以生成无限个具体场景。通过对每个参数的离散值进行识别和组合，可以实现有效的具体化。只有具体场景可以直接转换为测试用例。

图3显示了从图2所示的逻辑场景派生出来的具体场景。每个参数在满足参数的指定条件的情况下，都在定义的值范围内选择了一个具体的值。

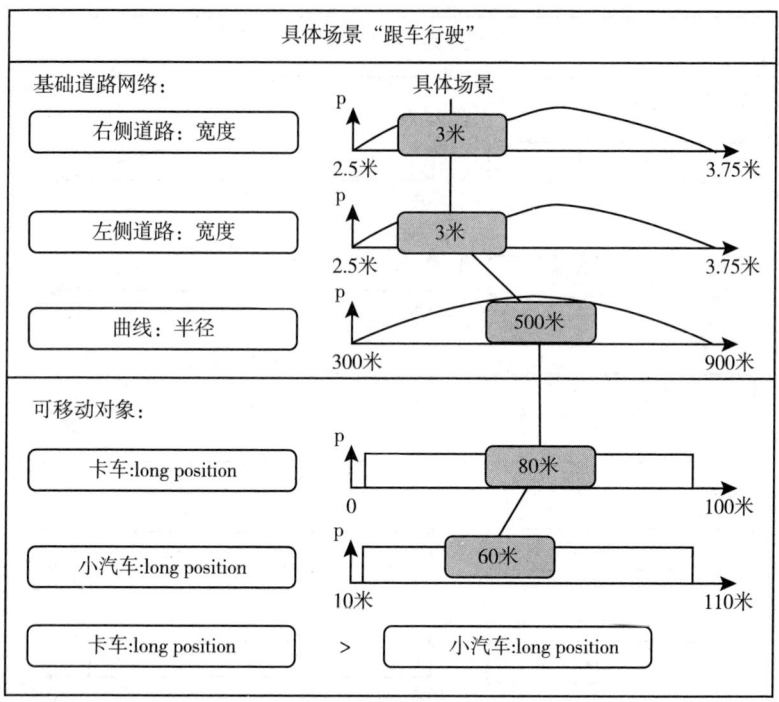

图3 具体场景样例：跟车行驶

资料来源：T. Menzel, G. Bagschik, A. M. Maurer, Scenarios for Development, Test and Validation of Automated Vehicles（paper represented at the IEEE Intelligent Vehicles Symposium, Changshu, China, June 2018）。

要将具体场景转换为测试用例，具体场景必须通过测试对象的预期行为和将要使用的测试基础设施来进行扩充。预期行为可以从功能操作场景、逻辑场景或项目定义中派生出来。

三 功能安全与预期功能安全

（一）必要性分析

随着自动驾驶技术的发展和普及，汽车电控系统的复杂度越来越高，为了避免或降低电控系统失效带来的风险，国际标准机构ISO提出了汽车功能安全的概念，并于 2011 年发布了 ISO 26262 标准。然而，在本车不出现任何电子故障的情况下，配备自动驾驶系统或驾驶辅助系统的车辆仍会在特殊场景下产生安全风险。为了解决车辆本身功能缺陷和相关人为误用的问题，ISO 工作组提出了预期功能安全的概念，并将于 2022 年 3 月正式发布 ISO 21448 道路车辆 – 预期功能安全标准。

（二）关键技术

1. 功能安全关键技术

（1）高级别自动驾驶的功能安全开发：根据自动驾驶的功能规范定义相关项，进行危害分析和风险评估、定义安全目标、确定汽车安全完整性等级、生成功能安全要求。根据功能安全要求，形成对自动驾驶系统及其交互系统的要求、硬件安全要求及软件安全要求，并保证自动驾驶系统的开发满足相应的要求。

（2）汽车功能安全的验证：验证硬件安全要求、软件安全要求、系统安全要求、功能安全要求是否均已被满足，需要对车辆分别进行软硬件集成及测试、系统集成及测试、整车集成及测试。

（3）功能安全 FTTI 的确定：FTTI 的定义为如果安全机制未被激活，则从相关项中，故障的发生到可能发生危险事件的最短时间跨度，是对所有危险事件进行评估，并取决于危险的特征。FTTI 是由危害分析得到的安全目标的属性。危害事件的发生取决于故障发生的时刻以及车辆所处的场景。通过对 FTTI 参数的设计与分配，确保在诊断出可能违反安全目标的错误后，车辆能够过渡并保持到安全状态。控制器的故障诊断时间与执行器的动作时间需要远小于与安全目标相关的 FTTI。在制定包括单点故障安全机制在内的技术安全要求时，需要对现有硬件和软件的时序约束和能力进行分析和评估。为了获得 FTTI，目前有基于时序图的分析、专家判断在受控条件下的车辆试验、仿真和 HiL 测试、实车测试评估等方法。

（4）功能安全整车网络架构设计：从正向开发的角度来说，功能安全的开发与功能的开发是一个双向迭代的过程。但是对于复杂的高等级自动驾驶系统而言，功能安全开发的进度较慢且保障力度存在明显不足。为了与不断增加的自动驾驶功能安全需求相匹配，以车载以太网和 CANFD 为主干网，以多域控制器为核心节点的面向服务的电子电气架构（SOA）能够满足智能网联汽车大数据、低延迟、高可靠性的要求，是汽车行业技术未来的发展趋势。在实际应用中，SOA 首先会将业务拆分成不同的业务模块，一个模块可以理解成一个服务，服务之间通过标准的接口交互，通过服务和服务接口，可以简化对系统的描述，降低复杂性。若服务接口不变，一个服务发生变化，不会影响其他服务；若服务接口发生变化，可以通过版本管理向后兼容，提高软件的重用性和扩展性。基于 SOA，功能安全需要针对长远规划制定平台化的规则以应对不断迭代的版本变化。

2. 预期功能安全关键技术

（1）预期功能安全场景库：预期功能安全需要应对的风险主要源于外部场景和人为误用，因而形成相应场景库对预期功能安全至关重要。场景库的建设可根据企业需求而变化，可分为适用性较广的通用型场景库和针对特定功能的场景库。针对特定功能的场景库，首先应根据功能规范对相关项进行定义，界定设计运行域即功能边界，分析相关项的功能不足之处和触发条件，对设计运行域的场景要素进行划分。可通过对包括但不限于 ISO 34503 等标准中的设计运行域元素的排列重组得到功能场景，在确定场景参数范围后得到逻辑场景，最终通过场景泛化后得到具体场景。

（2）整车层级危害识别与分析：与功能安全相仿，在预期功能安全分析中也需要进行危害识别与分析。功能安全常用的 HAZOP 关键词法，在预期功能安全的应用中，并不能很好地穷尽预期功能安全所要应对的风险，尤其是人员的误用可能会被遗漏，因此，须针对性地加入一些额外的关键词。此外，安全分析方法中，除 FTA 和 FMEA 外，STPA 方法也被业界引入，并作为预期功能安全分析的重要方法。STPA 方法分析的步骤包括：首先基于预期功能安全的目的定义分析目标，避免人员受伤害；其次基于功能绘制控制框图，确定控制数据流，其中需要认真审视框图的颗粒度；然后基于失效模型识别可能会导致危害发生的不安全控制命令（UCA）；最后识别 UCA 导致预期功能安全危害发生的诱因。在绘制控制框图时，可以把驾驶员和乘客作为交互要素引入，从而有效识别因人员的误用而导致的预期功能安全的风险。预期功能安全的后续活动环节需要针对这些诱因对功能进行改进与限制，以降低或避免这些风险。

（3）触发事件的识别与评估：触发事件的识别是预期功能安全中最独特、最关键的一环，涉及系统设计不足、性能局限或人员误用与场景触发条件等多个因素。对系统设计不足、性能局限，可以从车辆感知、决策算法、执行器自身的局限性出发，分析其对整车的影响。以感知为例，自动驾驶汽车所配备的传感器可分为三大类：环境感知传感器、定位传感器、自感应传感器。其中环境感知传感器以雷达和相机为主，包括超声波雷达、毫米波雷达、激光雷达以及高清摄像头。天气情况和光照条件变化会对这些传感器造成影响，降低它们工作的性能，导致采集到的数据不完整或不正确，影响决策系统的判断，进而造成整车级危害。因此，可以根据不同传感器的感知原理，有针对性地找出相应触发场景，并与系统危害相关联。同时，也要考虑到多传感器的数据融合对单一传感器局限性适用场景的覆盖程度，这需要根据各企业内部的融合逻辑做适应性的调整。

（4）量化思想的预期功能安全接受准则：预期功能安全的量化思想源于 ISO 21448 中国专家组的提案。第一层接受准则为对危害行为事件的接受准则，需要建立对自动驾驶过程中危害行为事件的接受准则，包含定量准则与定性准则，可控性指标、严重度指标及信心度指标是主要组成部分；第二层接受准则为对自动驾驶系统总体的安全接受准则。为了评估自动驾驶系统的总体风险，需要建立总体安全确认目标，目标可以从测试总里程数与自动驾驶系统运行设计条件下的场景测试覆盖度两个方面来考虑。

（5）概念化的风险评价体系：根据预期功能安全场景库从感知、决策和执行三个角度识别不同场景对特定功能引发的潜在风险，并对风险进行概念化的评估。最终，根据对不同场景的风险评估结果，建立风险评价体系，为场景定义量化评价指标。

（6）预期功能安全场景的验证：针对预期功能安全测试场景和测试对

象，应选取适当的测试方法，如仿真验证、台架测试和整车测试等，再结合量化的评价指标，定义每条测试用例的通过准则。当预期功能安全存在大量比较稀少或条件比较严苛的风险场景时，采用实车测试或场地测试对于企业来说时间、人力成本较大。出于对成本和项目周期的考虑，仿真验证是一个更为理想的测试手段。但现阶段，与传感器相关的仿真验证置信度仍难以被准确量化，传感器的物理仿真建模与真实的传感器之间还存在一定的差距，这对预期功能安全测试验证技术的发展而言是一个极大的挑战。

（7）改进措施的提出：针对验证的结果，对系统改进提出相应的措施，措施包括但不限于对系统规范或功能的修改、功能降级、设计冗余等，以使车辆的安全性得到提升。

功能安全与预期功能安全概念的提出，有助于企业系统性地识别、分析不同类型的安全风险，同时也对企业及其产品提出了更高的要求。现阶段，功能安全概念已在企业中得到普及，而预期功能安全受限于标准的未公布和技术（如对传感器的仿真验证）的不成熟，仍有待各位从业人士进行探索实践。

四 人机共驾与人机交互技术

以前，汽车一直是一个自由的局域网孤岛，现今它们也成了互联网的一部分。汽车工业正面临着各种新的发展趋势，包括电动、网联、智能和共享等。而自动驾驶将是汽车发展近在眼前的下一个浪潮。对于大众市场而言，预计 2020 ~ 2025 年将实现自动驾驶高度自动化，2030 年将实现全自动驾驶（5 级自动化）。而自动驾驶发展的关键阶段是从第 2 级发展至第 4 级自动驾驶的阶段，在这一阶段为了解决汽车自动化应用的相关问题，"人机共驾"的概念将得到学术圈和整车厂的认可。"人机共驾"通常被定义为驾驶人和车载自动驾驶系统在信息感知、驾驶决策和车机操作等多方面有机融合，相辅相成，合作完成驾驶任务，避免车辆被独裁控制的情况。根据自动化驾驶领域的行业发展经验，智能驾驶系统对环境信息感知较为迅速，情景应对更加规范，控制更加闭环精准。而自然驾驶员则明显在传统人脑强项上保持优势，能够融合多元信息进行推理学习，同时较强的操控适应能力也能够帮助其更好地应对复杂驾驶环境。因此，人机共驾能够使人和自动驾驶系统优势互补，在驾驶过程中实现真正的人机和谐。在人机共驾的普及过程中，本文发现人机交互也随之出现了新的趋势，驾驶活动对用户中心注意力的要求明显降低，同时用户中心注意力在非驾驶活动上的分配权重提高，这将为更多的非驾驶活动相关的服务交互设计创造更多机会。汽车的交互设计也随着人机共驾技术的进步发生了明显的改变。

广义的人机共驾包括驾驶人和自动驾驶系统在信息感知、策略决策和操作执行三个维度的控制权限合作。目前，信息感知方面的共驾主要体现在系统通过各式车载传感器（GPS、雷达、摄像头等）向驾驶人提供额外周边信息以扩展其感知范围，即自动驾驶系统使驾驶人自然感知能力增强。例如，侧向雷达或翼子板摄像头在车辆两侧盲区监测方面已经有了很好的应用，有效避免了驾驶人换道时侧后方来车的风险。另一个典型的感知增强案例是360°全景影像系统，通过安装在汽车前、后、左、右四处的摄像头拍摄周边环境图片，经过计算机算法处理并输出汽车360°的周侧信息，避免视觉死角，帮助驾驶人克服停车困难问题。自动驾驶中信息感知在人机交互上结合新的技术手段发生了变革。在屏幕布局多样化的今天，内容交互仍然要遵循安全第一、关键信息优先显示、信息显示完整、方便用户理解（图像化、拟物化使信息可视化和个性化）的原则。同时，未来将在仪表中运用 AR 导航、3D 增强现实、微动效（空调、座椅）等设计进一步增强界面的直观性和未来感。交互形态多模式也是信息感知未来设计的一大发展趋势，追求自然的人机交互感受，语音 + 手势 + 全息 + 触摸 + 生物识别 + 脑电波 + 肌肉信号等，将为用户提供更加情感化和人性化的设计体验，为驾驶带来更多的乐趣，给车辆的数据互通、车路协同和人机共驾模式提供助力。有可能随着人机共驾型智能汽车的进一步发展，驾驶人不再只是被动地接受系统赋予的感知增强能力和信息，还可以正向地将自己的环境感知信息向系统传递，实现信息感知共驾的双向交互、人车合一。

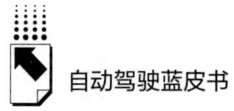

　　策略决策共驾主要是人和系统关于驾驶行为决策的交互和统一。使汽车变得"智能"的关键要素是人工智能平台，它能将汽车的人机界面与车辆传感器、虚拟助理和云内容进行整合，并可适应环境和用户的个人偏好和习惯。人工智能知道诸如燃油或电池电量水平以及离最近的加油地点有多远，或者沿途最受欢迎的当地餐馆是什么，人工智能可将人机界面（HMI）从单纯的交互界面转变为具有前瞻性的指挥中心。有价值的信息包括驾驶员、车辆和周围环境信息先被输入 HMI 中，接着，系统结合高精度 GPS 定位和环境感知信息，给出推荐的驾驶策略，帮助驾驶员到达指定的目的地。当然，共驾也可以满足驾驶人根据自己的驾驶经验和形势判断，自行决定驾驶策略的需求，且该需求也会得到优先的上层决策响应。在 Conduct-by-Wire 决策交互辅助系统中，屏幕上会显示基于车辆实时状态和场景信息提供的决策选项，驾驶人可以通过触控或者语音的方式决定下一步的驾驶策略。此决策交互辅助系统的功能也可以进一步发展，拓宽应用范围：当车辆面对不确定的环境状况时（比如前方出现了无法识别类型的障碍或者前方道路检修等临时状况），系统同样可以从决策库中筛选出可执行的解决策略供驾驶人进行选择，但这需要驾驶人在特定时间内进行响应。如果驾驶人未能及时做出选择，系统将结合车内音响或氛围灯等提醒驾驶人进行接管；若接管请求也未被及时响应，紧急制动将被立即启动。

　　如果说信息感知能力的增强与策略决策的交互选择在人机共驾中扮演着大脑的角色，那么人机共驾在操作执行上的控制协同则体现了手在驾驶行为中的重要性。驾驶人和自动驾驶系统作为大脑在得出驾驶策略决策一致的情况下，如何同时控制车辆，共同完成驾驶任务也是目前主要的研究热点。在研究文献中，这种人机同时在环的并行控制模式也被称为"共享控制"。①共享控制与传统智能汽车方案的车辆控制权切换存在明显不同。在传统智能汽车中，车辆控制权是在人和自动驾驶系统之间进行切换，在不同的使用环

　　① Fax, J., Alexander, et al., "Information Flow and Cooperative Control of Vehicle Formations," *IEEE Transactions on Automatic Control*, 2004, 49（9）: 1465–1476.

境下控制权会交付给更优的对象进行控制，同时由于硬件条件和控制算法的差异，不同级别智能汽车切换的时机和条件也不尽相同。传统智能汽车接管车辆时，驾驶人除了直接拿回车辆控制权外，无法对车辆驾驶行为进行干涉，所以驾驶系统的控制算法设计只需要围绕控制目标和客观环境输入就可以了。而共享控制中驾驶人和车辆同时在线，车辆状态变化同时受到双方的共同影响，是一个双环并联的控制体系，这就导致了控制算法设计复杂程度的提高。车辆自动驾驶系统和驾驶人的并行输入需要进行有机融合，在环控制的情况下优化车辆的客观行驶状态，同时在长期驾驶过程中，自动驾驶系统有更高的目标追求。在人机并行的控制体系下，人机目标不一致所造成的控制冲突必然存在，想要追求系统介入的无感化，就需要系统优化自身控制逻辑，贴合驾驶人的操作驾驶习惯，尽量减少甚至消除这种冲突，这有利于大大提升驾驶人使用自动驾驶时的操控舒适性。

随着汽车自动驾驶技术的发展，汽车与驾驶人从最早的单向控制体系逐渐演变成了现在的动态双向交互状态，驾驶员和自动驾驶在车辆控制权的归属上必然存在耦合的部分，在协同合作的同时也相互制约，这需要充分利用双方的优势优化人机共驾策略。现阶段人机共驾的信息交互方式需要进一步优化，驾驶人对自动驾驶系统信息的获取提出了更多的内容需求和更高的理解需要，自动驾驶系统也需要进一步提高匹配个性化驾驶人的驾驶习惯的程度。多层次、多维度的人机协同交互成为扩展人机共驾潜力的新方向，从信息感知、策略决策、操控执行全方面提高协同一致性，有助于共驾技术的完善和驾驶安全性的保障。

参考文献

清华大学苏州汽车研究院、广汽研究院智能网联技术研究中心等：《中国自动驾驶仿真技术研究报告（2019）》，2019 年 5 月 30 日。

B.14
自动驾驶网络安全技术发展现状分析

张亚楠　李慧娟　宁玉桥　胡晓雅　王励成　张 巧*

摘　要：　车联网可助力车辆出行，缓解交通压力，提高用户驾驶体
验，并为用户提供娱乐等服务。自动驾驶是车联网部署发展
的核心应用，自动驾驶可以通过感知周围数据做出路径规
划、速度规划、轨迹规划等智能决策。自动驾驶的网络安全
至关重要。本文介绍了目前自动驾驶的网络结构，即感知
层、传输层和应用层。要保障自动驾驶在网络环境下的安全
性，既要保证车联网每层结构都安全、可靠地运行，又要保
证层与层之间的安全协作。现阶段无人驾驶网络安全威胁主
要来自智能汽车车端安全威胁、通信安全威胁、车联网服务
平台安全威胁、移动应用安全威胁及身份认证和数据安全威
胁。本文认为只有全方位的网络安全防护，才能在一定程度
上保证自动驾驶车辆数据在传输过程中的安全，进而促进车
联网技术的不断创新和突破，为自动驾驶技术的进一步发展
提供可能和保障。

关键词：　网络安全　智能汽车　自动驾驶

---

* 张亚楠，中汽数据有限公司智能网联部部长；李慧娟，中汽数据有限公司网联技术研究室汽
车信息安全工程师；宁玉桥，中汽数据有限公司网联技术研究室汽车信息安全工程师；胡晓
雅，博士，供职于北京邮电大学网络空间安全学院；王励成，教授，北京邮电大学网络空间
安全学院信安中心主任；张巧，中汽数据有限公司网联技术研究室汽车信息安全工程师。

一　自动驾驶网络安全总体情况

（一）自动驾驶网络安全概述

从 20 世纪到 21 世纪，无人驾驶技术的发展呈现了一种实用化的趋势。依照自动化水平无人驾驶可以分为四个等级。第一级为驾驶员辅助，能够观测周围环境，为驾驶员提供驾驶相关的信息。第二级为部分自动化，可以辅助转向或者加速，在紧急情况下可以采取紧急制动等措施。第三级为高度自动化，使用类似激光雷达这样的传感器，在安全环境下，可以代替驾驶员控制车辆的行驶。第四级为完全自动化，依靠人工智能、激光雷达、监控装置等系统的协作，可以控制所有的关键任务，车辆行驶完全不用驾驶员进行操作。自动驾驶汽车包括三个系统：内部控制系统、无线网络系统和通信系统。无线网络系统所接收的 GPS 信号、娱乐系统数据等通过通信系统传给内部控制系统，内部控制系统依靠这些数据控制传感器、嵌入式处理器、主控系统之间的通信。自动驾驶技术可防止车辆驾驶员因一些个人因素，如驾驶技能差等所造成的各种交通意外事故，可以对道路交通流量进行合理管控和调节，对道路交通拥堵等状况进行改善，实现"人－车－路－云"的全方位网络连接。但是，当汽车开始变成车轮上的联网计算机时，保证网络安全成了一个重大问题，针对联网汽车的大规模袭击可能会破坏整个城市，甚至导致灾难性的生命损失。

与汽车相关的网络安全事件最早发生在 2010 年，南卡罗来纳罗格斯大学的研究人员利用车辆内部系统的漏洞，破解该系统并通过伪造胎压传感器信息，干扰并毁坏了距离 40 米以外的汽车的轮胎压力检测系统。近年来，与车联网攻击相关的典型事件还包括：美国菲亚特克莱斯勒汽车公司召回 Uconnect 系统存在漏洞的 140 万辆轿车和卡车，这是因为黑客可通过相关技术远程操控该车上的设备；黑客利用宝马、劳斯莱斯 Connected Drive 数字服务系统在安全性方面存在的漏洞，以远程无线的方式入侵车辆内部并打开车门；网络安全专家通过 Model S 存在的漏洞不仅可以打开车门将车开走，还可以使正常行驶的车辆关闭系统引擎。此外，其他如奥迪、保时捷、宾利等旗下品牌的汽车防护系统也都遭受过相应攻击。2019 年，有 57% 的攻击事件是由网络攻击者造成的，目的在于破坏业务、窃取财产和索要赎金，仅有 38% 是研究人员所开展的研究，其目的是警告公司和消费者要及时发现漏洞。在所有事件中，有 1/3 涉及无钥匙进入攻击，从汽车公司到消费者，都会受到影响。2010～2020 年，安全事件造成的后果位列前三的分别是汽车盗窃、入侵（占 31%），对汽车系统的控制（占 27%）以及数据、隐私泄露（占 23%）。工信部在 2020 年 9 月召开的泰达论坛上指出，2020 年 1～9 月，针对整车企业、车联网服务提供商以及车联网的网络安全攻击达到了 280 万余次，其中平台漏洞、通信劫持、隐私泄露等风险十分突出。

自动驾驶的通信技术依托车联网的发展，而车联网通信由于在整个智能网联汽车安全体系中占据重要地位，逐渐成为恶意攻击者攻击车联网的主要对象。车联网通信中存在的风险主要包括：中间人攻击，攻击者可以通过伪造基站等方法监听通信信道，并通过一定的方法破解通信协议，最终获取有用信息；恶意节点攻击，智能网联汽车加入网络的灵活性，导致可在恶意节点阻断、伪造、篡改信息，破坏信息的真实性；短距离无线通信接口攻击，指攻击者利用蓝牙、Wi-Fi、无线智能钥匙、胎压管理系统等方面的漏洞，使用相应的设备在汽车附近接收或者发送数据；远距离无线攻击，如黑洞攻击。黑洞攻击指的是利用已授权恶意节点，根据路由协议设计缺陷形成一个专门接收数据的黑洞，从而导致网络中的数据丢失或者被篡改。此外还有女巫攻击，女巫攻击是指攻击者通过伪造车辆身份标识导致合法车辆标识失去真实性，最终破坏路由算法机制或者改变数据整合结果。综合分析近年来针对车联网的攻击事件，可以发现车联网中存在的安全风险包括以下三类：车内系统容易遭受攻击、无线通信环境复杂导致安全性难以满足以及云平台存在安全漏洞。

由于车联网企业开展技术攻关和推动技术应用落地存在政策、资金等方面的障碍，完整的系统级安全解决方案建设有一定难度，安全技术

缺口依然存在（例如，车联网检测技术方面，缺乏完善的安全测试方法和专业工具，缺乏专业的通信协议分析和威胁预警工具，对车联网运行过程中产生的数据缺乏有效的利用方法），因此尚未形成覆盖应用场景的车联网安全保障体系。同时，自动驾驶车辆具有可移动性并且实现自动驾驶需要内部控制系统、无线网络系统和通信系统三方的协作，因此在研究自动驾驶车辆的安全性问题上，除了需要关注车辆本身的安全，还需要关注公共安全。目前，我国专门针对自动驾驶汽车网络安全的实施指南或指南性文件较少。工信部在 2019 年 5 月发布的《2019 年智能网联汽车标准化工作要点》提出，在自动驾驶方面要全面开展自动驾驶相关标准的研制，协同开展汽车网联相关标准的制定，以满足自动驾驶高精地图标准化的需求。

（二）自动驾驶网络安全结构层次

汽车行业正面临自动驾驶车辆之间以及这些车辆与其操作环境之间的高度可连接性所带来的新挑战。在智能网联汽车的信息传输中，主要有三层网络结构，网络结构层由低到高分别为感知层、传输层和应用层（见图 1）。

1. 感知层

感知层在车联网中的作用相当于人体的神经末梢。通过利用车载智能传感器以及定位技术等，车辆可以全面感知其周围的交通状况以及自身在周围交通环境中的状况，可以实现对车辆驾驶环境、位置、车内控制系统、车辆外部周边道路环境、周围车辆以及行人等信息的实时采集，为车联网提供全面的实时终端信息。

2. 传输层

作为感知层和应用层的连接桥梁的传输层，可以对感知层所感知到的各类异构数据进行整合，并在感知层与应用层之间建立可靠的信息传送通道进行信息传输，在网络各元素之间实现信息交互。但车联网中的感知实体与传统的物联网设备不同，车联网中的感知实体车辆具有高速移动的特征，而且

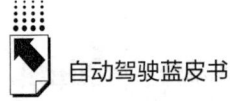

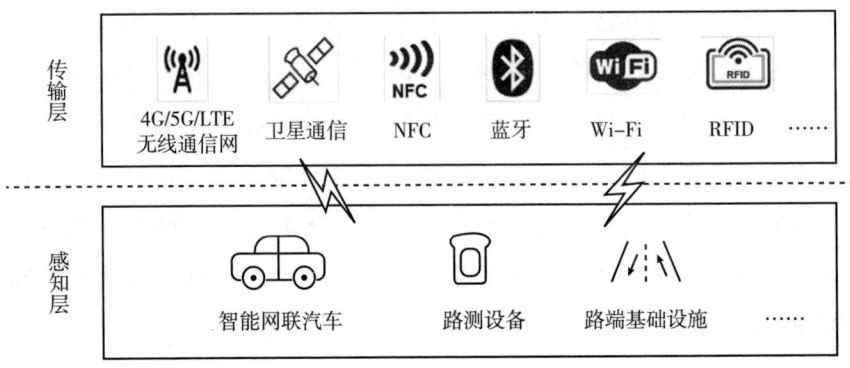

图1　智能网联汽车的网络结构层

资料来源：参见李聪聪《面向车联网信息安全问题的安全机制研究》，博士学位论文，北京交通大学，2019；高惠民：《车联网V2X通信技术浅析与应用（下）》，《汽车维修与保养》2020年第7期。

其信息服务往往与用户实体有关，这使车联网面临更加复杂的网络结构和共享环境。因此，为了实现安全高效的车联网信息传输，车联网传输层需要具有安全可靠的信息传输机制以及扩展性强的异构互通的基础设施和应用。

3. 应用层

用户日益增长的应用服务需求不断激励着车联网技术的发展和创新。为满足智能交通系统以及用户对现代交通的诸多需求，如智能交通规划与管理、车辆安全监控、交通事故预警以及协同防驾驶碰撞等，车联网应用层需要提供不同的应用。但随着用户需求的不断增加以及车辆内部装置和技术的升级，车联网应用层还需要提供更多个性化服务以满足不同的需求。

因此，想要保障自动驾驶在网络环境下的安全性，既要保证车联网每层都安全可靠地运行，又要保证层与层之间的安全协作。

二　自动驾驶网络安全威胁分析

（一）智能汽车车端安全威胁分析

搭载先进的传感器等装置及运用人工智能等新技术的智能汽车是能够进行自动驾驶的新一代汽车，随着智能汽车的不断发展，其正逐渐成为一个智能移动空间和应用终端。智能汽车车端安全威胁主要涉及车载网关、T-Box、IVI 系统、ECU、OBD、传感器、OTA 以及车载 OS 等方面。

1. 车载网关

车载网关为各网段 ECU 提供报文路由转发服务，与车内所有 ECU 均有数据交互，有些网关还承担实现 OTA 升级的主刷控制器功能。车载网关通过不同网络间的物理隔离和不同通信协议间的转换，在各个共享通信数据的功能域，如动力总成域、底盘和安全域、车身控制域、信息娱乐域、远程信息处理域、高级驾驶辅助系统域之间进行信息交互。车载网关存在消息欺骗、消息劫持和拒绝服务等威胁场景。例如，通过中间人攻击方式截取并分析网关通信数据，然后破解 CAN 协议，发送开启车门、打开车窗鸣笛、开启空调等控制指令。通过泛洪攻击方式，向车载网关发送攻击报文，使网关无法提供正常服务等。

2. T-Box

T-Box 是主要用于车与车联网服务平台之间通信的车载智能终端。T-Box 通过与 CAN 总线进行通信可以传输命令信号。此外，通过与云服务平台的交互，T-Box 还可以使用其内置解调功能获取语音、来自网络的数据等。由于 T-Box 拥有强大的通信功能，其面临以下几种网络安全威胁：一是逆向分析固件。为了破解通信协议，对指令进行窃听和伪造，攻击者可以对 T-Box 固件进行逆向化分析，获得用户密钥信息和加密算法。二是窃取数据进行分析，攻击者可以窃听 T-Box 预留调试接口或抓包通信接口的传输数据，以获得车辆的内部数据或通信数据，通过对所获得的数据进行分析，实

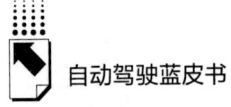

现攻击的目的。三是由于密钥管理和分发存在一定的漏洞，攻击者可利用这些漏洞获取密钥，从而对数据进行窃听甚至篡改。

3. IVI 系统

IVI 系统基于嵌入式操作系统或移动操作系统架构而成，暴露的攻击面比其他车载部件更广。对 IVI 系统的攻击可分为以下三种：一是系统本身（如 WinCE、Unix、Linux、Android、iOS 等）可能存在内核漏洞，其迁移操作系统也存在系统漏洞风险；二是攻击者可以通过在系统中安装恶意应用影响 IVI 系统功能的可用性；三是 IVI 系统上的第三方应用可能存在安全漏洞，存在信息泄露、数据存储、应用鉴权等风险。此外，IVI 系统的底层可信引导程序、系统层证书签名、PKI 证书框架等也是存在攻击风险的脆弱点。

4. ECU

电子控制单元 ECU 是汽车专用微型控制器，也是自动驾驶车辆的核心控制部分，由微处理器、存储器等大规模集成电路组成。ECU 作为微型控制器，其面临的主要安全风险如下：一是通过 OBD 或固件读取拆解下来的 ECU，然后进行逆向分析；二是 ECU 本身存在攻击漏洞，攻击者可能利用 ECU 内部的芯片和固件应用程序的漏洞发起拒绝服务攻击，使汽车的部分功能无法及时响应；三是攻击者可能利用 ECU 更新程序改写系统固件，例如美国就曾有攻击者利用 ECU 的调试功能修改系统内部固件程序，将车辆解锁后进行盗窃；四是随着当前 ECU 集成化水平越来越高，域控器的出现给 ECU 带来新的安全风险，攻击者只要对域控器硬件、存储、启动、通信等某一方面进行数据篡改、植入恶意程序或是进入调试端口，便会给 ECU 甚至整车带来严重危害。由于域控器是连接通信某一重要域部分的组件，它的安全漏洞危害会比普通 ECU 要大。

5. OBD

OBD 是车载诊断系统接口，是外部设备接入 CAN 总线的重要接口。在外部设备接入自动驾驶车辆的 CAN 总线时，总线通过 OBD 可以进行交互、下发诊断指令、完成车辆故障诊断、控制指令收发。但由于 OBD 缺乏认证机

制与鉴权机制，其无法将恶意的攻击消息与正常消息区别开来，且消息在CAN 总线系统中进行传输时未使用密文形式，任何想要操作车辆的人都可以通过 OBD 诊断设备接入车辆对车辆进行操作。目前大量的接触式攻击均通过OBD 进行，OBD 面临的安全威胁有三类：一是攻击者可通过 OBD 读取 CAN总线消息，分析并破解总线控制协议，为后续渗透攻击提供可能；二是 OBD在设计之初由于依据不对外开放的设定，没有考虑鉴权与认证的安全，无法识别恶意消息和攻击报文；三是攻击者可以在通过 OBD 接入总线的外接设备中植入攻击代码，在外接设备接入总线后将攻击引入汽车总线网络中，进而实现攻击总线的目的。

6. 传感器

作为智能汽车数据输入端，传感器的基本功能是采集周围环境的基本信息，并将信息传输至决策层。基于多传感器融合技术，感知算法能实时计算出环境中自动驾驶汽车的位置、类别和速度方向等信息，因此传感器是实现自动驾驶的基础，其安全性极为关键。由于智能汽车的传感器（如激光雷达、摄像头、毫米波雷达、超声波雷达等）位于整个计算系统的最前端，其面临的威胁主要有外部设备的干扰和欺骗。

7. OTA

OTA 远程升级是一种云端升级技术，具体指的是在具有联网功能的设备的系统升级包基于易扩展、按需的方式获取后，设备可以通过 OTA 进行云端升级，实现对系统的修复与优化。其面临的主要威胁包括：一是攻击者可能利用固件校验、签名漏洞，刷入篡改固件；二是攻击者可能阻断远程更新获取，阻止厂商修复安全漏洞。

8. 车载 OS

车载 OS 作为智能汽车的核心，能够对车机的硬件资源进行有效分配，协同管理车内的各项任务功能，并对各任务的优先级别进行控制。常见的车载 OS 有Linux、QNX、Android、WinCE、FreeRTOS 等。其面临的主要威胁有：一是由于系统特性，内核层存在大量已知高危漏洞；二是攻击者可通过漏洞获取系统权限，进行攻击，导致车载 OS 操作异常，威胁用户数据安全和车辆行驶安全。

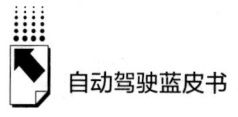

（二）通信安全威胁分析

现在主流的汽车通信网络主要由车载控制器局域网络和无线网络两部分构成，其中车载控制器局域网络可以实现车辆内部各 ECU 之间的通信，无线网络则可以实现车辆与其他外部设备之间的通信，保障了车载控制器局域网络和无线网络的通信安全便意味着保障了整个车联网的通信安全。目前已经发生的针对汽车通信网络的攻击事件主要来自对车内网和车外网的攻击。针对车内网的攻击，攻击者主要采用物理接触的方式，即攻击者通过对车辆内部 CAN 网络通信固件进行篡改，发送干扰或控制指令，最终威胁车辆和乘客安全。针对车外网的攻击，攻击者主要通过冒充合法设备，利用无线网络接入车辆，最终实现攻击目的。由中国汽车技术研究中心牵头编制的、2020 年发布的《车联网网络安全白皮书（2020 年）》将通信安全分为三个维度，分别是车内网通信安全、车云网通信安全以及 V2X 通信安全。车内网由 CAN 总线、LIN 总线、以太网等总线技术构成，可以实现在车内各车载单元之间进行状态、控制信号等信息的传输，使车辆可以依据信息感知车辆状态、判断车辆是否出现故障等。车云网指车与互联网之间的通信网络，也被称为车载移动互联网，通常是通过远距离无线通信技术搭建而成，用以实现信息传输。车际网络，即车载自组织网络（Vehicular Adhoc Networks, VANETs）是一种开放式的移动自组织网络，网络节点由人、车、路等组成。通过全球定位系统及无线通信技术，车际网络可以使车与车、车与人、车与路等实现信息交互，为车辆等提供服务。

对于自动驾驶车辆，其内网安全问题主要指关键部件的安全问题，如车联网通信盒、操作系统、汽车总线、车载诊断系统、电子控制单元和车载信息娱乐系统等。除了前文提到的 T-Box、OBD、ECU 方面的安全风险，车内网还面临着 CAN 总线方面的安全风险。可从机密性、真实性、有效性等方面分析 CAN 总线存在的安全风险：机密性，消息在 CAN 总线上传播的方式是广播，恶意节点通过对总线实施监听，可以获取每一帧的消息；真实性，CAN 总线并不对认证发送者的具体来源进行认证，这无法阻止恶意节点发送虚假信息；有效性，攻击者可能利用 CAN 总线的仲裁规则，发动拒绝服务攻击；完整性，由于 CAN 总线大多使用循环冗余校验来对消息进行验证，这并不能将攻击者伪造或篡改的虚假信息同传输错误的真实消息完全区分开来；不可否认性，由于没有机制保证不可否认性，汽车内部电子控制单元对发送的消息可以进行抵赖，这会导致系统无法对恶意消息来源进行确认。

在车联网安全领域占据重要地位的车云通信成为攻击者攻击车联网的主要对象，车云通信面临的安全问题如下。

（1）认证安全问题。公共通信网络通常缺乏对发送者身份信息的认证机制，故而存在身份伪造、动态劫持等风险。现阶段，LTE-V2X 在网络接入与退出管理方面，无法有效地对接入网络的车辆节点进行认证和控制，无法将网络与不可信节点或者恶意节点隔绝开并提供对应的惩罚措施，因此LTE-V2X 安全风险较为突出。

（2）传输安全问题。针对车联网信息传输安全，目前网联车辆主要存在以下几方面问题：一是传输的信息以明文形式传输；二是对传输信息的加密程度低；三是使用对称加密算法，即所有车型使用相同的堆成密钥，一旦攻击者得到密钥信息，就能通过基站伪造、DNS 劫持等手段控制 T-Box 会话，从而监听通信数据，破解协议获得重要、敏感或隐私信息。

（3）协议安全问题。协议伪装、消息伪装等是目前的公共通信网络所面临的巨大风险。尤其在自动驾驶情况下，V2X 通信内容是车辆判断行驶路线，进行移动的主要依据，通过伪造消息，攻击者可能诱导车辆发生错误判断，使车辆发出错误指令，从而造成车辆事故。

车载自组织网络是利用无线网络技术，在车与车和车与道路之间实现的无线多跳通信开放移动自组织网络，它是实现智能交通系统通信的基础，也是自动驾驶汽车安全行驶的保障。车载自组织网络主要包含两种技术路线，即专用短程通信（DSRC）和 C-V2X。其中，DSRC 是一种成熟、高效的无线通信系统技术，是在 IEEE802.11 的 Wi-Fi 技术基础上，改进制定的基于IEEE802.11p 标准和 IEEE1609 标准的 V2V 和 V2I 通信协议，在 5.9GHz 附近的频段上通信，系统结构由车载单元（OBU）、路侧单元（RSU）、专用通信链路三部分组成，可以实现车与车、车与道路基础设施在数百米范围内的双向通信，能够实现实时图像、语音和数据信息传输。此外，还可以对高速行驶的车辆进行识别，保证通信过程的低时延、低干扰以及系统可靠性。车联网复杂的安全应用场景，及其低时延、高可靠性和高带宽要求，促进了基于3G/4G/5G等蜂窝网通信技术的车用无线通信技术C-V2X的形成，它利用现有的LTE网络设施实现V2X的信息交互。V2X包含了V2V、V2I、V2P、V2N等（见图2）。

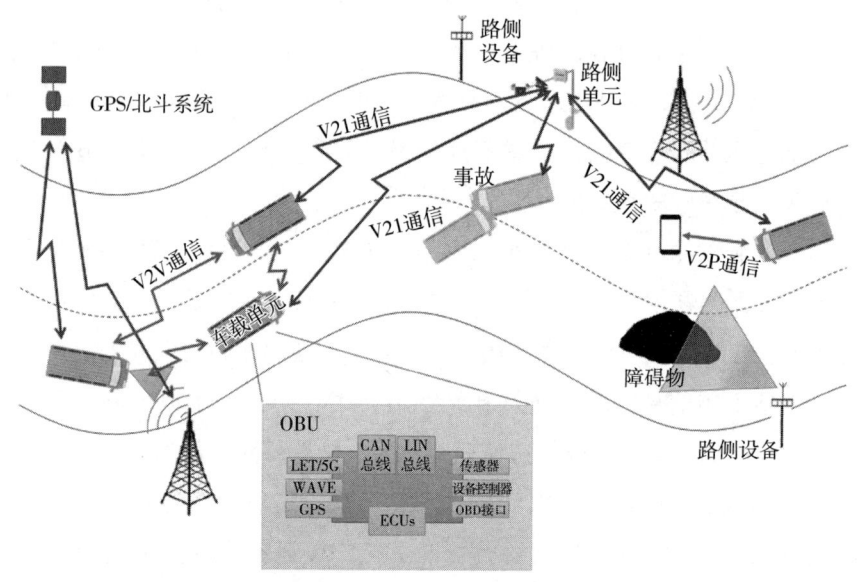

图2　车载自组织网络结构

资料来源：参见高惠民《车联网V2X通信技术浅析与应用（下）》，《汽车维修与保养》2020年第7期。

综上，车载自组织网络通信网络安全主要包括车载蜂窝通信网络4G/5G、LTE-V2X和IEEE 802.11p无线直连通信网络安全等。其存在的安全问题包括以下几方面。

（1）资源访问限制。恶意攻击节点为了占用带宽同时发送多个资源请求，使相关的请求资源无法被正常节点访问。

（2）复杂环境的通信安全。恶意节点发送错误数据，导致连锁效应，即其他节点收到错误数据之后做出错误的行为，最终导致交通事故。此外，在通信过程中还面临着监听、信号干扰等问题。

（3）短距离通信认证协议被破解。车联网中包含一些短距离通信的网络接口，如 Wi-Fi、蓝牙等。通过统计分析的手段，短距离通信的认证协议可以被攻击者破解，从而导致攻击者进入车辆内部获取隐私数据，给驾驶员带来财产甚至生命安全威胁。

（4）车与车通信安全。在 V2X 通信场景下，V2V、V2R 通信是通过直连模式和广播发送的形式进行的。攻击者可以通过构造恶意节点截获 V2X 通信数据，破坏数据的真实性，即进行重放或者数据篡改等攻击，错误的消息将会影响正常车辆的行驶，最终造成财产和生命损失。

（三）车联网服务平台安全威胁分析

车联网服务平台即汽车远程服务提供商（TSP）平台，该平台集合了地理信息服务和通信服务等现代计算机技术，为车主和个人提供强大的功能，如导航、娱乐、资讯、安防、SNS、远程保养、汇聚、计算和监控管理车载设备信息及道路基础设施设备信息，提供智能化交通管控、车辆远程诊断、交通救援等服务。使用公有云技术是目前大多数车联网服务提供商为智能网联车辆提供服务的主要方式，即通过将服务平台放在云端服务器提供相关服务，但这种方式会导致云端面临的一部分威胁变成车联网服务平台也会面临的威胁，比如攻击者为了获得 TSP 的核心接口、密钥、证书等关键信息，可以采用从虚拟机到宿主机再到 TSP 平台虚拟机的路径发起攻击，以获得想要的关键信息，进而横向控制其他汽车。因此，保障系统自身记忆所依赖的环境安全对于使用云端服务器提供服务的车联网服务平台至关重要。除了将车联网服务平台部署在云端服务器之外，还有部分车厂将车联网服务平台部署在自己的服务器中，对于这类不使用公有云技术的车联网服务平台，则需要考虑抗 DoS 攻击的能力，同时关注传统的 IT 防护、安全管理等能否保障车联网服务平台的安全。

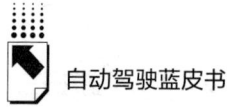

车联网服务平台系统在车联网架构中是汽车和手机之间的重要通信桥梁，被广泛地应用在车联网场景中，同时也面临着形式各异的攻击威胁。车联网服务平台可通过蜂窝网络与移动应用进行通信交互，在接收到用户移动应用发送的指令后，通过内部专有网络与车载 T-Box 进行通信，T-Box 再将指令解析为 CAN 总线指令发送至汽车上的相应 ECU，从而实现远程启动引擎、开启空调、车辆预热等功能。

由于车联网服务平台的开放性，理论上攻击者和普通用户拥有相同的权限，可以接入和共享车联网服务平台提供的各种资源。由于攻击者可访问公开的服务接口，车联网服务平台比传统云计算服务平台面临更大的攻击面，攻击造成的危害性也更严重。

（四）移动应用安全威胁分析

移动应用是整个车联网系统的接入端，用户可通过手机移动应用，实现远程打开车门、开启车灯和车辆启动等控车操作。在汽车共享出行领域，手机移动应用被广泛地应用于用户预订订单、取车、还车等环节。在给消费者带来出行便利的同时，汽车移动应用也存在着各种各样的网络安全隐患。

在车主操作手机移动应用时，首先对 TSP 服务器发送远程控制指令，这些远程控制指令可以通过 Wi-Fi 或蜂窝网络进行发送，然后 TSP 服务器与 T-Box 进行交互，将车主的控制指令通过车载网关下发到相应的 ECU 实现对汽车的远程控制等。同时，手机移动应用也可以通过蓝牙、Wi-Fi 或者 USB 等近程通信方式与 IVI 系统进行交互，从而使用 IVI 系统提供的娱乐服务。

移动应用因其广泛应用及易于获取等特点成为黑客攻击的热点。尤其是随着逆向分析技术在 Android 及 iOS 应用方面的逐渐成熟，目前越来越多的攻击者在获取通信密钥、分析通信协议时都是采用调试或反编译应用的方式，例如进行远程启动引擎、开启天窗等操作。

（五）身份认证和数据安全威胁分析

自动驾驶作为车联网的一个重要应用，为了保证驾驶安全、合理规划路径、调整行驶速度等，需要传递大量的数据，且自动驾驶网联通信系统包含了大量的接入设备、传输节点等，一旦攻击者成功攻击车辆，便可能会造成严重的事故或经济损失。因此，需要保障车辆数据安全和实现对车辆用户的身份认证。

随着车联网应用场景的不断增加，针对车联网通信安全的攻击也在日益增多，为了保障行车安全，保证高速行驶的车辆的身份可信和通信安全变得越来越重要。身份认证技术和安全通信技术是车联网用于安全防护、识别恶意攻击者、保护通信数据安全的两种重要手段。

目前，车联网中存在许多安全方面的威胁，这些威胁严重降低了车联网中共享数据的可用性与机密性，被篡改的信息甚至会引起严重的交通事故，下面列举了车联网中的五种典型攻击方式。

1. 女巫攻击

女巫攻击是车联网中一种典型的攻击方式。通过女巫攻击，攻击者可以伪造多个非法身份，并通过这些非法身份向车联网网络发送错误或虚假信息，进而影响大量合法节点。

2. 信息篡改攻击

信息篡改攻击是攻击节点将拦截到的信息进行修改，并将修改之后的信息发送给其他节点，其他节点会因被恶意篡改的信息而做出错误决策，进而影响车联网用户的行车安全。

3. 重放攻击

重放攻击是攻击节点将拦截到的合法用户的认证信息再次或者多次发送给认证节点，以此达到欺骗认证节点的目的，并破坏合法用户认证的正确性。

4. 拒绝服务攻击

拒绝服务攻击是向服务器不断发送无用请求，达到使网络瘫痪的目的，最终导致合法的车联网用户无法访问相关服务。

5. 中间人攻击

中间人攻击是车联网通信过程中面临的主要攻击，攻击者通过中间人攻击控制两个或多个车联网合法用户之间的通信信道，并对目标用户的传输数据进行窃取、拦截、篡改甚至替换等。

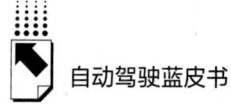

车联网数据安全威胁存在于数据采集、数据传输、数据存储、数据使用、数据迁移、数据销毁等与数据生命周期相关的各个阶段。在车联网数据采集过程中，主要面临的威胁有感知设备被干扰、欺骗，感知数据的完整性遭到破坏，路测设备存在风险等。在传输过程中，存在的威胁主要有数据被截获、篡改，致使数据的完整性、机密性遭到破坏。在存储过程中，主要存在数据被篡改、删除、插入等风险。在使用过程中，受到的威胁主要有非法访问、敏感数据泄露等。在迁移过程中，威胁主要有迁移方式存在风险、迁移设备存在信息泄露风险等。在销毁过程中，面临的威胁主要有数据未完全销毁、存在副本、数据可被恢复等。

三 自动驾驶网络安全防护策略

（一）智能汽车车端网络安全防护

针对车端网络安全防护，采用关键组件系统加固、访问控制技术、CAN总线认证加密技术、OBD 安全接入技术等为智能汽车提供全面的安全防护，可以保证智能汽车车端的安全。

1. 关键组件系统加固

由于智能汽车车端的关键部件可以和车内、车外进行通信，可以获得车内网络和外界数据，如果它遭受攻击，那将会泄露车辆内外通信过程中的所有数据，因此对关键部件的加固是非常有必要的。

针对智能汽车车端关键部件所面临的安全风险，通常采用安全启动技术，在设备启动的各个阶段对启动过程进行安全校验。采取进程白名单技术，对系统中运行的程序进行检测。例如，Kang Y. 等人提出了一种动态可扩展的椭圆曲线密码系统，该系统特别适合应用于车载嵌入式设备。[①] Alladi T. 等人

---

① Kang Y., Rui W., Yu J., et al., "Sensor Attack Detection Using History based Pairwise Inconsistency," *Future Generation Computer Systems*, 2018, 86（SEP.）：392-402.

提出了一个轻量级和安全的认证方案，用于认证在道路上行驶的车辆。[①] 车辆在运输和通过路边单元时，可以通过连接到路边单元的边缘服务器认证车辆上运行的 ECU 固件。然后，对所提出的方案进行安全性分析和性能分析，并展示其部署的可行性。

2. 传感器安全防护

感知层的安全防护可以从代码层和传感器本体两个角度进行。一方面，代码层可以对传感器数据处理方法进行优化，通过判断一致性、识别异常数据、数据融合等技术不断提高自动驾驶系统感知层的鲁棒性。另一方面，从传感器本体入手，通过布置冗余的传感器提高感知系统的稳定性。同时，针对摄像头的强光攻击，可通过优化镜头材料等方式进行防护；针对中继攻击，可采用中继设备识别技术，如信号实时验证、通信设备验证等进行防护；针对干扰攻击，可采用匹配滤波器过滤高斯噪声信号的方式来防护。

Kang Y. 等人通过实验发现，在具有多个传感器的车辆系统中，若多个传感器测量同一物理变量，部分传感器将会遭到恶意攻击，最终导致系统无法正常工作。因此，他们设计了一种弹性传感器攻击检测算法，该算法在系统中增加了一个虚拟传感器，并为每个传感器建立故障模型，利用传感器之间的对偶不一致来检测攻击。为了提高瞬时故障出现时的检测率，他们还考虑了系统动态模型，并将历史测量数据纳入检测算法中。此外，他们还提出了一种选择瞬态故障模型参数的方法，以获得动态环境下更准确的传感器故障模型。[②] N. Souli 等人针对基于 GNSS 的位置感知容易受到欺骗攻击的情况，提出了一种位置验证解决方案，将车载传感器读数（如加速度计等）和机会信号（SOP），作为位置信息的替代来源。[③] 特别是多模态传感器数据与 SOP 位置测量值可通过卡尔曼滤波器进行融合，并将基于融合的估计位置

---

① Alladi T., Chakravarty S., Chamola V., et al., A Lightweight Authentication and Attestation Scheme for In-Transit Vehicles in IoV Scenario, *IEEE Transactions on Vehicular Technology*, 2020, PP (99).

② Kang Y., Rui W., Yu J., et al., "Sensor attack detection using history based pairwise inconsistency," *Future Generation Computer Systems*, 2018, 86 (SEP.): 392-402.

③ N. Souli, Kolios P., Ellinas G., "Relative Positioning of Autonomous Systems Using Signals of Opportunity," *IEEE*, 2020.

用于验证 GPS 接收器的位置输出。如果 GPS 位置与基于融合的位置有较大偏差，则可确定为位置欺骗攻击。Pi W. 等人提出了一种恶意用户检测框架，该框架包括两种顺序检测算法和一种安全的移动性数据交换和融合模型，用于检测和删除虚假移动性信息，并将提出的检测算法与以往的数据融合算法进行整合，从而保障自动驾驶和智能交通系统中的协同移动性跟踪。[①]

3. CAN 总线认证加密

随着智能网联汽车的迅速发展，车内总线网络逐渐接入互联网，车内网络开始通过各种各样的通信方式与外界进行信息交互。由于 CAN 总线在设计之初并没有考虑任何安全机制，现阶段车内总线的通信信息容易被攻击者监听，攻击者可以通过逆向破解通信协议实现对车内 CAN 总线的恶意攻击。针对 CAN 总线的安全风险，应采取不同的安全机制进行应对，如使用对称密码算法防止总线协议被破解、使用新鲜值机制防止重放攻击、使用加密消息认证码应对伪造 ECU 等问题、使用安全芯片对密钥进行安全存储。Lenard T. 等人提出了一种混合不同消息签名的方法 MixCAN，以减少 CAN 通信的开销。[②] Jo H. J. 等人提出了一种新的身份验证协议 MAuth-CAN，该协议可防止伪装攻击，并且既不占网络容量，也不需要修改 CAN 控制器的硬件。[③] Xiao L. 等人提出了一种 CAN 总线认证框架，利用报文的物理层特征，包括报文到达时间间隔和信号电压，使应用强化学习并选择认证模式和参数，此外，他们还提出了利用深度学习，充分挖掘物理认证经验，以进一步提高 CAN 总线认证效率。[④]

---

① Pi W. , Yang P. , Duan D. , et al. , "Malicious User Detection for Cooperative Mobility Tracking in Autonomous Driving," *IEEE Internet of Things Journal*, 2020, PP (99): 1 - 1.

② Lenard T. , Bolboac R. , Genge B. , et al. , "MixCAN: Mixed and Backward-Compatible Data Authentication Scheme for Controller Area Networks," 2020 IFIP Networking Conference (Networking), IEEE, 2020.

③ Jo H. J. , Jin H. K. , H. Y. Choi, et al. , "MAuth-CAN: Masquerade-Attack-Proof Authentication for In - Vehicle Networks," *IEEE Transactions on Vehicular Technology*, 2019, PP (99): 1 - 1.

④ Xiao L. , X. Lu, Xu T. , et al. , "Reinforcement Learning - Based Physical-Layer Authentication for Controller Area Networks," *IEEE Transactions on Information Forensics and Security*, 2021, PP (99): 1 - 1.

4. 车辆入侵检测与防御

车辆入侵检测与防御技术支持通过在线升级和离线升级的方式，实现对特征库、规则文件和状态机模型的升级，增强引擎的防护能力。通过使用车辆入侵检测与防御技术，采用多重检测技术和多种防御手段，能实时对车内网络流量进行深度检测。通过使用 CAN 帧深度检测、CAN-ID 检测、帧周期异常检测、行为状态机检测、洪泛攻击检测、车载以太协议检测、无线网络协议检测等技术，能精准判断出攻击行为和异常行为。还能实现日志上报、安全规则更新等功能，为用户提供立体式多层级网络安全防护方案，确保车端网络安全。

Sadek R. A. 等人提出了一种基于监督学习深度神经网络架构的异常检测算法，旨在对抗三种关键攻击类别：拒绝服务、模糊和假冒攻击。[①] Tanksale V. 提出通过一种新的长短期记忆网络来检测异常，该方法能够使用最少的资源实时检测异常。[②] Yu T. 等人提出了一种新的基于网络拓扑验证的入侵检测方法，用以提高 CAN-FD 网络的安全性，这种方法通过简单的基于随机游走的网络拓扑结构和后续验证，可以可靠地检测出 XIDs。[③] Khan R. U. 等人提出了一种基于长短期记忆神经网络模型的重放攻击和幅移攻击检测模型。[④] Kalkan S. C. 等人提出了一种基于机器学习的入侵检测系统来保证 CAN 安全，研究结果表明，决策树集成学习模型在测试模型中表现出了最佳性能。[⑤] Sunny J. 等人提出了一种基于重复报文和报文间隔时间的

① Sadek R. A., Soliman M. S., Elsayed H. S., "Effective Anomaly Intrusion Detection System based on Neural Network with Indicator Variable and Rough set Reduction," *International Journal of Computer Science Issues*, 2013.

② Tanksale V., Anomaly Detection for Controller Area Networks Using Long Short-Term Memory, 2020.

③ Yu T., Wang X., "Topology Verification Enabled Intrusion Detection for In-Vehicle CAN – FD Networks," *IEEE Communications Letters*, 2019, PP (99): 1–1.

④ Khan R. U., Zhang X., Alazab M., et al., "An Improved Convolutional Neural Network Model for Intrusion Detection in Networks," 2019 Cybersecurity and Cyberforensics Conference (CCC). 2019.

⑤ Kalkan S. C., Sahingoz O. K., "In-Vehicle Intrusion Detection System on Controller Area Network with Machine Learning Models," 2020 11th International Conference on Computing, Communication and Networking Technologies (ICCCNT), 2020.

CAN 总线的混合异常检测系统。① Peng R. 等人设计了一个基于卷积神经网络的车联网入侵检测系统，该系统可以在低功耗的嵌入式车载终端上运行，对车联网中的数据进行实时监控。此外，他们针对一些汽车网络中的"包"加密，还通过分析"包"头设计了一个单独的入侵检测版本。实验表明，该系统可以保证在低延迟的情况下对攻击流量进行高精度的检测。②

5. OBD 安全接入

针对 OBD 接入存在的安全风险，可通过在网关处设置外部诊断设备的安全访问策略来实现对诊断设备的管控。默认情况下，网关可设置只允许部分诊断指令通过。当诊断仪想发送其他的诊断指令时，需要先与网关进行身份认证，如可采用基于对称算法的随机挑战应答方式进行身份认证并协商会话密钥。认证通过后，网关将进入解锁状态，转发后续的所有诊断指令，但是每次认证有效期持续的时间较短，这个时间范围可通过网关进行设置，并通过心跳包技术达到认证过程的时间标准。

6. T-Box 安全隔离

在智能汽车车端采用 T-Box 安全隔离为车载网络提供安全域隔离功能。通过本地服务访问控制、数据转发访问控制、基于应用类型的访问控制、基于域名的访问控制、基于应用层内容的访问控制以及安全审计技术为智能汽车 T-Box 提供与之相匹配的访问控制技术，确保智能汽车车端的网络安全。

7. OTA 安全

车辆 OTA 更新需要满足五方面要求。一是在传输过程中保护更新包，当更新包从后端传输到车辆时，必须对更新包的真实性、保密性、新鲜性和

① Sunny J., et al., "A Hybrid Approach for Fast Anomaly Detection in Controller Area Networks," 2020 IEEE International Conference on Advanced Networks and Telecommunications Systems (ANTS), 2020.
② Peng R., Li W., Yang T., et al., "An Internet of Vehicles Intrusion Detection System based on a Convolutional Neural Network," 2019 IEEE Intl Conf on Parallel & Distributed Processing with Applications, Big Data & Cloud Computing, Sustainable Computing & Communications, Social Computing & Networking (ISPA/BDCloud/SocialCom/SustainCom), 2019.

完整性提供安全保障。二是存储更新包时对更新包进行保护，在安装从制造商处获得的更新包之前，必须将更新包安全保存。一般来说，在更新过程中，目标 ECU 不会被使用，这可能会影响车辆的功能，因此，从制造商处收到的更新包会被保存在车辆内部的存储器中，直到车辆闲置很长一段时间后才可以安全地安装最新的更新包。那么，在安装最新的更新包之前，需要就更新包的真实性、完整性和新鲜度进行安全存储，因为对手可以访问存储更新包的 ECU 并直接篡改存储中的更新包。除了真实性、完整性和新鲜度之外，有时还需要在车辆中保留车辆所接收的更新包的机密性。三是验证更新授权，虽然更新包的完整性和真实性受到保护，但发布更新包的实例需要额外验证其是否拥有所需的访问权限以及在目标位置安装更新的授权。四是更新安装的保护，在很多情况下，更新包的交付和安装需要可追溯。例如，某些更新包可能存在错误，从而导致安装问题，在这种情况下，车主需要证明错误是由安装了错误的更新包造成的，安装真正的更新包需要来自 OTA后端和目标 ECU 的文件。五是防止后端过载，负责修复 ECU 中安全关键问题的更新包，应易于提供给目标车辆。OEM 应该确信分发后端可以安全地抵御拒绝服务攻击等安全漏洞。

　　Kexun H. 等人提出了通过互联汽车 OTA 升级系统网络安全的全方位防护策略，并提出了基于专业暗室的综合可实施的测试评估方法。[①] Mtetwa N. S. 等人提出了一种基于区块链的固件更新机制，以增强 LoRaWAN 中的固件更新以及管理更新过程，该机制旨在通过确保固件的真实性、完整性来提供更新。[②] 许多文献都提出了基于区块链智能合约，来保护固件更新过程的完整性。Mahmood S. 等人提出了一种基于模型的安全测试（MBST）方法，该方法是针对汽车 OTA 更新系统的网络安全评估而设计的，该方法拥

① Kexun H. , Changyuan W. , Yanyan H. , et al. , "Research on cyber security Technology and Test Method of OTA for Intelligent Connected Vehicle," 2020 International Conference on Big Data, Artificial Intelligence and Internet of Things Engineering (ICBAIE), 2020.

② Mtetwa N. S. , Sibeko N. , Tarwireyi P. , et al. , "OTA Firmware Updates for LoRaWAN Using Blockchain," 2020 2nd International Multidisciplinary Information Technology and Engineering Conference (IMITEC), 2020.

有一个集成的测试平台和一个能够通过使用攻击树作为输入自动生成和执行测试用例的软件工具。[①] Ghosal A. 等人提出了一种被称为"STRIDE"的OTA软件更新方案，该方案使用密文策略，基于属性加密来确保端到端的安全性。[②] Coe D. J. 等人提出了一种架构，该架构利用多核虚拟化技术，通过与当前控制车辆的软件并行执行更新，安全地对软件更新进行验证。当检测到意外差异时，差异报告可转发给汽车制造商进行进一步分析。[③]

8. IVI 系统安全

IVI 系统将车身总线系统、车载专用中央处理器和互联网服务进行综合，最终形成具有看视频、听歌、打游戏等娱乐功能的车载综合信息娱乐系统。IVI 系统基于嵌入式操作系统或移动操作系统架构而成，暴露的攻击面比其他车载部件更广。对 IVI 系统的攻击可分为以下三种：一是系统本身可能存在内核漏洞，例如 WinCE、Unix、Linux、Android、iOS 等均出现过内核漏洞，其迁移操作系统也存在出现系统漏洞的风险；二是系统存在被攻击者安装恶意应用的风险，可能影响 IVI 系统功能的可用性；三是 IVI 系统上的第三方应用可能存在安全漏洞，导致信息泄露、数据存储、应用鉴权等风险。此外，IVI 系统的底层可信引导程序、系统层证书签名、PKI 证书框架等也是存在攻击风险的脆弱点。为此，A. Moiz 等人研究了车载应用程序的攻击面和漏洞，并提供了一种静态分析方法和一种查找数据泄露漏洞的工具。Choi D. K. 等人提出了一种基于轻量级机器对机器（LWM2M）技术的

① Mahmood S. , Fouillade A. , Nguyen H N, et al. , "A Model – Based Security Testing Approach for Automotive Over-The-Air Updates," 2020 IEEE International Conference on Software Testing, Verification and Validation Workshops (ICSTW) . IEEE, 2020.

② Ghosal A. , Halder S. , Conti M. , "STRIDE: Scalable and Secure Over-The-Air Software Update Scheme for Autonomous Vehicles," ICC 2020 – 2020 IEEE International Conference on Communications (ICC) . IEEE, 2020.

③ Coe D. J. , Kulick J. H. , "Milenkovic A, et al. Virtualized In Situ Software Update Verification: Verification of Over-the-Air Automotive Software Updates," *IEEE Vehicular Technology Magazine*, 2019, PP (99) .

IVI 管理系统，并验证了他们所提出的有效管理方法。[①] J. Takahashi 等人分析了 IVI 系统所面临的安全方面的威胁，主要关注从外部控制汽车的远程控制服务和从汽车内部连接到外部的车载网络服务。关于从外部控制汽车的远程控制服务，他们分析了攻击的可能性，以验证 IVI 系统中以前的措施是否足以防止攻击。分析结果表明，攻击者可以通过绕过先前嵌入在远程控制服务中的对策，远程执行异常的车身控制，如解锁车门。关于从汽车内部连接到外部的车载网络服务，他们从拒绝服务攻击方面分析了车载网络服务，分析结果显示，不当地利用车载 Wi-Fi 服务，可导致用户无法在车内连接到互联网。

（二）通信安全防护

车联网通信涉及车内、车云、车车、车人、车路通信五个方面（见图3）。

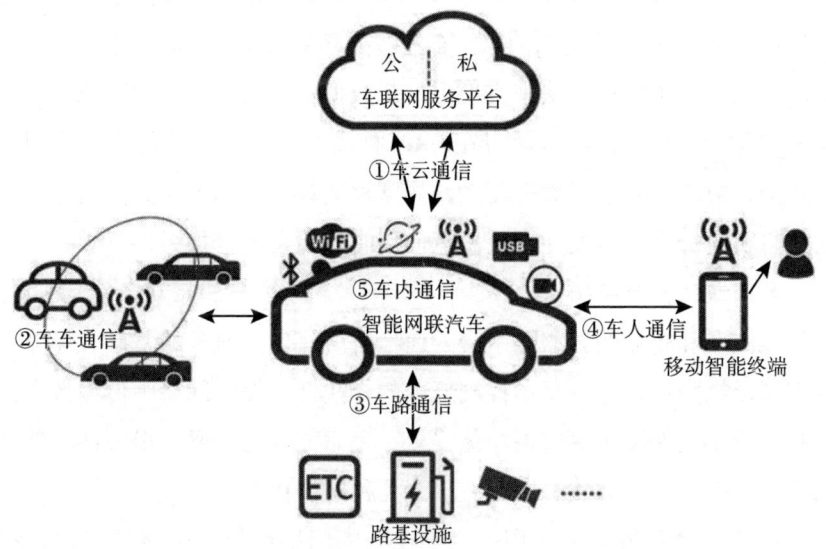

图 3　车联网通信场景

资料来源：《2017 车联网网络安全白皮书》，中国信息通信研究院官网，2017 年 9月，http://www.caict.ac.cn/kxyj/qwfb/bps/201804/t20180426_158472.htm。

---

① Choi D. K., Jung J. H., Kim J. I., et al., "IoT-based Resource Control for In-Vehicle Infotainment Services: Design and Experimentation," *Sensors*, 2019, 19 (3).

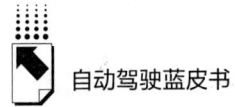

1. 车内通信安全防护

当前车内通信主要通过 CAN 总线方式传输信息。CAN 总线协议和传输机制存在一定的安全隐患，如无校验的点到线传播方式、未做加密的通信报文明文传输、无合法性校验报文来源等。针对车内通信存在的安全问题，可以采取的防护措施具体包括：一是通过软、硬件集成方式将 ECU 的 CAN 收发器进行加密，可有效保障通信数据的机密性；二是通过采用 ECU 物理隔离的方式将重要域与信息娱乐域做物理隔离，保障重要信息的真实性；三是在 OBD 或网关处加装防火墙，设置黑白名单机制，防止泛洪攻击，保障数据的有效性。Xie G. 等人针对非独立的车载 CAN-FD 报文提出了一种名为"前向－后向"探索的安全增强技术，该技术在增强安全性的同时也保证每个报文的实时性，实验结果表明了该方法的有效性。[①] G. Costantino 等人提出了一种新的入侵防御系统（EARNEST），旨在防止攻击者在车内网络的不同分区间发送恶意 CAN 帧，该系统能够处理重放攻击和模糊攻击。G. D'Angelo 等人提供了两种算法来实现由一个数据驱动的异常检测系统。第一种算法是聚类学习算法，通过学习在 CAN 总线上传递消息的行为，达到基线化的目的，第二种算法是数据驱动的异常检测算法，用于对此类消息合法或非法执行实时分类，以便在存在恶意使用时提前发出警报。

2. 车云通信安全防护

智能汽车和企业的云服务平台的通信是所有信息服务的基础。保障车辆正确识别云端身份，鉴别每条控制指令的合法性、保障网络中传输数据指令的隐私性等都是保障车辆联网功能安全、可靠部署的必要前提条件。针对车云通信过程中的攻击方式，主要有以下几种防护技术。

（1）完善密码体系的应用。对于现有的网络协议和网络接口层，利用合适的加密技术和身份认证技术进行包装，选取合适的密钥分发机制，对通信设备的合法性和通信数据的私密性进行保护。

---

① Xie G. , Yang L. T. , Liu Y. , et al. , "Security Enhancement for Independent Real-Time In-Vehicle CAN-FD Messages in Vehicular Networks," *IEEE Transactions on Vehicular Technology*, 2021, PP (99)：1 - 1.

（2）可信的通信环境的建设。要想从根本上减少甚至阻止网络攻击的发生，加强可信的通信平台环境的建设是必须要做到的，同时要在传输网络中配置防火墙，保证信息传输的可信性。

（3）安全分级技术方案的实施。技术方案要采取分级保护机制，分级别保护车辆内部和网络通信的安全性，在相对重要而薄弱的部分实施高强度的安全措施。

（4）基于双向认证技术的车云通信。在车云通信场景下，应当针对不同的业务内容，采取合适的安全接入形式，将安全通信系统进行划分。要对关键业务系统采取合适的认证机制，从而实现车云的双向认证，提高通信安全性。

面对车云通信所需的安全防护需求，目前主要通过使用 PKI 体系进行安全防护。具体措施包括：通过在服务端部署 SSL 证书，最终实现数据在加密通道中传输，此外，也可以利用证书对服务器上的机密数据进行加密存储，并在 HTTP 下浏览解密后的数据；使用数字签名算法对各种代码进行签名，确保代码的身份真实可信，或防止攻击者恶意篡改代码；使用可信计算证书，使联网设备可以通过证书证明自己的可信身份，或对数据与通信进行加密。Song L. 等人提出了一种基于安全椭圆曲线的车辆身份安全认证方案。将该方案与相关方法进行比较和分析发现，该方案具有较高的认证准确率，对在车联网环境下的高速移动网络环境具有较好的适应性。[1] Vasudev H. 等人设计了一种在车联网场景中使用密码操作的轻量级互认证协议。他们所提出的协议使设备和服务器能够建立可用于安全通信的密钥，同时最小化与该过程相关联的计算开销。将其与现有系统的协议相比较后发现，该协议的性能优于现有系统的协议。[2] Zhang J. 等人提出了一种多对多身份验证和密钥协商方案，用于多车辆和云服务提供商之间的安全认证。与其他相关方案相

① Song L. , Sun G. , H. Yu, et al. , "FBIA: A Fog-Based Identity Authentication Scheme for Privacy Preservation in Internet of Vehicles," *IEEE Transactions on Vehicular Technology*, 2020, 69 (5): 5403 – 5415.

② Vasudev H. , Deshpande V. , Das D. , et al. , "A Lightweight Mutual Authentication Protocol for V2V Communication in Internet of Vehicles," *IEEE Transactions on Vehicular Technology*, 2020, PP (99): 1 – 1.

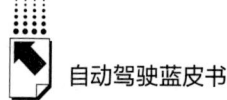

比，该方案具有更强的安全性，而且大大减少了计算和通信开销。①

3. 车车、车路、车人通信安全防护

自动驾驶对于汽车产业而言具有战略意义，对智慧出行产业来说是核心要素。V2X 是实现汽车网联化并最终达到智能化与网联化融合发展的核心技术，它同车辆协同都是自动驾驶未来实现商业化的关键。对于 V2X 的安全需求，要根据 V2X 面临的包括假冒、信息篡改、窃听、拒绝服务以及重放攻击在内的主要安全威胁，提出对应要求：确保消息来源设备的可信性和合法性，确保消息在传输过程中认证的安全性，要能识别出网络中的恶意设备或被攻击的设备，确保隐私保护的安全性。2015 年起，中国针对智能汽车相继发布了多项产业支持政策，在标准制定、测试验证、示范应用等方面进展显著。2020 年 2 月 24 日，国家发改委、工信部、科技部等 11 个部委联合正式发布《智能汽车创新发展战略》，指出"到 2025 年，中国标准智能汽车的技术创新、产业动态、基础设施、法规标准、产品监管和网络安全体系基本形成"，"智能交通系统和智慧城市相关设施建设取得积极进展，车用无线通信网络（LTE-V2X 等）实现区域覆盖，新一代车用无线通信网络（5G-V2X）在部分城市、高速公路逐步开展应用"。未来，V2X 技术的商用化会急剧发展，而网络安全是 V2X 通信的基础要求，也是行业共识。国际标准组织 3GPP 基于 LTE 移动通信技术定义了 LTE-V2X、5G 及 5G-V2X 标准化技术。在国家制造强国建设领导小组车联网产业发展专委会的指导下，我国汽标委、ITS 标委会、通标委、交标委聚焦 C-V2X 领域，推进急需的、重要的标准的制定，其中 LTE-V2X 相关应用标准的制定工作分别在汽标委、ITS 标委会和交标委中进行，这些标准的制定极大地促进了 LTE-V2X 技术在汽车自动驾驶及其相关基础设施领域的实际应用，推动了自动驾驶行业的发展。

针对 V2X 通信过程中的安全威胁，主要防护技术包括如下以下几种。

（1）网络分级防护，车辆访问控制。对不同的数据采取不同的安全防

---

① Zhang J., Zhong H., Cui J., et al., "An Extensible and Effective Anonymous Batch Authentication Scheme for Smart Vehicular Networks," *IEEE Internet of Things Journal*, 2020, PP (99): 1-1.

护措施，如对敏感数据采用 APN1 接口进行传输，而对电影、新闻、音乐等娱乐系统数据可以采用 APN2 接口进行传输，针对不同的接口设置不同的访问策略，是一种有效的控制手段。除此之外，还可以构建网络访问白名单，这也是一种有效的隔离和访问技术，能够避免非法用户的接入。

（2）流量异常监测。运营商可以为车辆提供流量监测系统，该系统有网络控制和监测预警两个功能，监测预警主要是对流量进行统计，并分析其中的事件是否安全，而网络控制主要是对异常的 IP 进行阻断与隔离。这样能从预防的角度保障车联网的通信安全。

（3）鉴权认证技术。对加入车联网的设备，如路边单元、车载设备、移动终端进行认证，需要保障设备的安全可信，阻止恶意节点的监听及篡改攻击。

智能网联汽车通过 LTE-V2X 等技术与邻近车辆和道路基础设施进行通信，通过 Wi-Fi、蓝牙等技术与用户的移动智能终端进行信息传递。Wang C. 等人提出了一种基于随机几何的包含窃听者（Eve）的蜂窝 – V2V 异构物理层安全系统模型，将其与相关系统模型相比较后发现，他们所提出的系统模型可以显著提高车辆网络通信的安全性。[1] Sutrala A. K. 等人利用椭圆曲线密码技术（ECC）在车联网环境中设计了一种新的基于条件隐私保护的批量验证的认证机制，一辆车可以对与其相邻的车辆进行认证，[2][3][4][5] 同时路侧单元（RSU）也可以对其附近车辆进行批量认证。与相关方案相比，

[1] Wang C., Song R., Liu Z., "Simulation of Vehicle Network Communication Security based on Random Geometry and Data Mining," *IEEE Access*, 2020, 8: 69389 – 69400.

[2] Sutrala A. K., Das A. K., Kumar N., et al., "On the Design of Secure User Authenticated Key Management Scheme for Multigateway - based Wireless Sensor Networks Using ECC," *International Journal of Communication Systems*, 2018: e3514.

[3] Vijayarangam S., Megalai J., Krishnan S., et al., "Vehicular Cloud for Smart Driving Using Internet of Things," *Journal of Medical Systems*, 2018, 42（12）.

[4] Habib M. A., Ahmad M., Jabbar S., et al., "Security and Privacy based Access Control Model for Internet of Connected Vehicles," *Future Generation Computer Systems*, 2019, 97（AUG.）: 687 – 696.

[5] Tian Z., Gao X., Su S., et al., "Vcash: A Novel Reputation Framework for Identifying Denial of Traffic Service in Internet of Connected Vehicles," 2019.

该方案具有更好的安全性和功能性。[①②] Vijayarangam S. 等人提出了一种使用哈希技术检测数据迷恋攻击的模型，通过调整竞争窗口的大小以在正确的时间将原始信息传输给其他互联车辆，从而增强互联车辆的安全性。Muhammad Asif Habib 等人提出了一个新颖的基于安全和隐私的访问控制（SPBAC）模型。该模型允许安全官员结合权限和角色来访问信息，而不是只访问属于同一车队的官员的角色。与其他的算法相比，SPBAC 模型以更安全、隐私和高效的方式提供安全层之间的通信。Z. Tian 等人假设部署的路边单元（RSU）可以在任何一对 RSU 和车辆之间提供有效的通信，提出了一种用于识别拒绝服务的信誉框架（Vcash）。实验结果表明，该方案避免了虚假事件的传播，并且框架中的车辆必须为交通事件检测做出贡献，才能正常使用交通服务，这鼓励了车辆参与交通事件的监测和验证。Ahmed K. J. 等人提出了一个基于密码棘轮的、基于 RLC 层 PC5 接口的 C-V2X 透明、独立的分布式安全协议。该协议提供了认证加密、完整性、前向和后向保密性服务。当车辆通过 PC5 接口进入一个 C-V2X 组时，安全程序会被激活。M. Kamal 等人利用 V2V 通信中无线网络的信道特性来生成链路指纹，通过区块链技术，实现了车辆间的实时数据认证。所提出的方法可用于解决车联网中的时间复杂度和延迟问题，具有轻量级和实时性，能够在网络中进行对手检测。

（三）车联网服务平台安全防护

智能汽车正式上路之后，云平台将成为智能汽车数据存储和智能计算、应用加速的平台。目前对服务平台进行安全防护的方法有：防火墙技术、入侵检测技术等。强化智能网联汽车安全防护能力的措施包括：一是设立云端安全检测服务，二是完善远程 OTA 更新功能，三是建立车联网证书管理机

---

① Ahmed K. J. , Hernandez M. , Lee M. , et al. , *End - to - End Security for Connected Vehicles* , 2021.

② Kamal M. , Srivastava G. , Tariq M. , "Blockchain - Based Lightweight and Secured V2V Communication in the Internet of Vehicles," *IEEE Transactions on Intelligent Transportation Systems* , 2020 , PP（99）.

制，四是开展威胁情报共享。

Q. Huang 等人提出了一种云辅助车联网中用于警告消息的安全且隐私保护的分发方案。首先，采用基于属性的加密技术对传播的预警信息进行保护，并提出了一种可验证的加密和解密外包构造，以降低车辆的计算开销。其次，提出了一种有条件的隐私保护机制，利用基于匿名身份的签名技术来保证匿名车辆认证和消息完整性检查，同时也允许可信机构追踪恶意车辆的真实身份。与相关方案相比，该方案获得了更多的安全性，并减少了车辆的计算开销。I. García-Magariño 等人提出了一种通过虚拟劫持来维护连接到互联网的车辆的安全性的技术。仿真结果表明，该方法通过基于直接观察到的信息和从其他车辆接收到的信息来管理信任和声誉，可以正确地区分被劫持车辆与其他车辆。[1] Rech A. 等人提出了一种新型的联合服务管理概念，以提高智能交通和智能城市领域不同服务的互操作性，该方法在汽车、司机和其他信息系统之间能提供安全的认证和授权。[2] Gupta M. 等人提出了一个正式的基于属性的访问控制系统。该模型引入了组的概念，根据不同的属性将组分配给不同的智能实体。它还提供了细粒度的安全策略的实现，并考虑了个性化的隐私偏好以及系统范围内的策略，以接受或拒绝来自不同的智能实体的通知、警报和广告。[3] Lu Y. 等人提出了一种基于联合学习的新架构，以减轻传输负载并解决提供商的隐私问题，保证共享数据的可靠性。他们所提出的数据共享方案具有较高的学习精度和较快的收敛性。[4] Benarous L. 等人概述了现有的隐私保护策略，并提出了一种新的解决方案，该解决方案使用户能够匿名和安全地受益于基于云的物联网位置服务和安全应用。通过将

① I. García-Magariño, Sendra S., Lacuesta R., et al., "Security in Vehicles With IoT by Prioritization Rules, Vehicle Certificates, and Trust Management," *Internet of Things Journal*, 2019, 6 (4): 5927 – 5934.

② Rech A., Pistauer M., Steger C., "A Novel Embedded Platform for Secure and Privacy-Concerned Cross-Domain Service Access," 2019 IEEE Intelligent VehiclesSymposium (IV), IEEE, 2019.

③ Gupta M., Awaysheh F. M., Benson J., et al., "An Attribute-Based Access Control for Cloud Enabled Industrial Smart Vehicles," *IEEE Transactions on Industrial Informatics*, 2020.

④ Lu Y., Huang X., Dai Y., et al., "Blockchain and Federated Learning for Privacy-Preserved Data Sharing in Industrial IoT," IEEE, 2020.

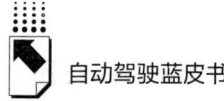
其与最先进的解决方案进行比较，结果表明，该方法超过了与之相比的方法。[①]

依据防护对象不同，车联网服务平台安全防护可分为站点安全、主机安全、数据安全、业务安全等内容（见图4）。

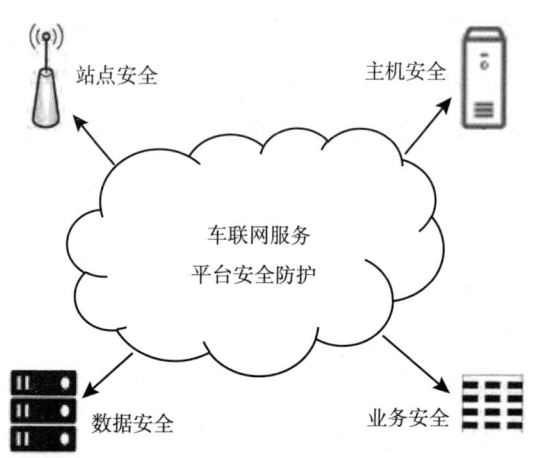

图4　基于不同防护对象的车联网服务平台安全防护内容

1. 站点安全

站点安全防护措施主要有：利用防火墙技术实现 Web 应用攻击防护、DDOS 防御；利用病毒过滤网关过滤拦截病毒、木马、间谍软件等恶意软件；通过上网行为管理系统防止非法信息传播、敏感信息泄露，并进行实时监控；通过文件底层驱动技术对 Web 站点目录提供全方位的保护，使任何类型的文件都不被非法篡改和破坏。

2. 主机安全

主机安全防护措施主要有：利用入侵检测技术实时检测和阻断包括溢出攻击、RPC 攻击、WebCGI 攻击、拒绝服务攻击、木马、蠕虫、系统漏洞等

---

① Benarous L. , Kadri B. , Bitam S. , et al. , "Privacy-preserving authentication scheme for on-road on-demand refilling of pseudonym in VANET," *International Journal of Communication Systems*, 2020, 33.

网络攻击行为，对木马、僵尸网络等异常行为进行高精度监测及旁路阻断，利用异常流量管理与抗拒绝服务识别出各种已知和未知的拒绝服务攻击流量，并能够实时过滤和清洗，确保网络服务的可用性。

3. 数据安全

数据安全的防护从两方面展开：一是基于统一管理框架，以数据防泄露为基础，通过深度内容分析和事务安全关联分析技术来识别、监视和保护静止、移动以及使用中的数据，确保敏感数据的合规使用；二是利用数据安全网关实现黑白名单管理、高危操作风险识别、用户访问权限控制、数据库攻击检测、数据库状态监控、操作行为审计、综合报表等功能，帮助用户实时阻断高风险行为，提高对数据库访问的可控度。

4. 业务安全

业务安全主要从以下两个方面展开：一是在固件包流转的每个网络通信过程中进行必要的安全防护以保障 OTA 系统的安全性；二是在固件提供方平台、T-Box、ECU 上集成安全组件，安全组件提供签名计算、证书解析、加解密等基础安全能力。在 OTA 平台提供安全服务系统，通过安全组件与安全服务系统的加入，使 OTA 系统中的每个参与方都具备安全通信的能力。

（四）移动应用安全防护

大多数智能汽车厂商使用自己开发或者第三方开发的移动应用软件来为客户提供相关服务。然而由于缺少规范的安全监管标准和流程，许多厂商不能对应用软件进行必要的安全性测试，结果导致智能汽车移动应用中的漏洞会在不知不觉的情况下被黑客利用，使智能汽车处于风险之中。目前较多整车厂商已与梆梆安全、奇虎360、腾讯科恩等安全公司开展合作。一方面通过代码混淆、加密、反调试等方式对车联网移动应用进行加固；另一方面，在应用正式发布前，邀请安全团队对车联网应用开展安全渗透测试，寻找漏洞并进行修复，借助安全厂商的力量提升移动智能终端应用的安全。J. Cui 等人提出了一种新的代码混淆方法，其目的是隐藏程序的基本数学运算。这种方法将基本运算分割成一组子运算，由受保护的查找表检索到的结果替换。为了增加攻击分析的难度，他们还设计了随机双射法和结构相似法，使不同混淆操作的控制流程相互之间无法区分。Homayoun S. 等人提出了一种基于区块链的恶意软件检测框架（B2MDF），用于检测移动应用商店中的恶意移动应用。[①] Chen L. 等人提出了一种基于规则匹配的移动应用本地拒绝服务漏洞检测方法。通过实验，验证了其在大量的移动应用中能够准确地发现具有此漏洞的移动应用。[②]

针对移动应用的安全风险，可以通过以下手段保障移动应用的安全：移动应用加固、敏感数据泄露防护、密钥白盒、移动应用安全检测等（见图5）。

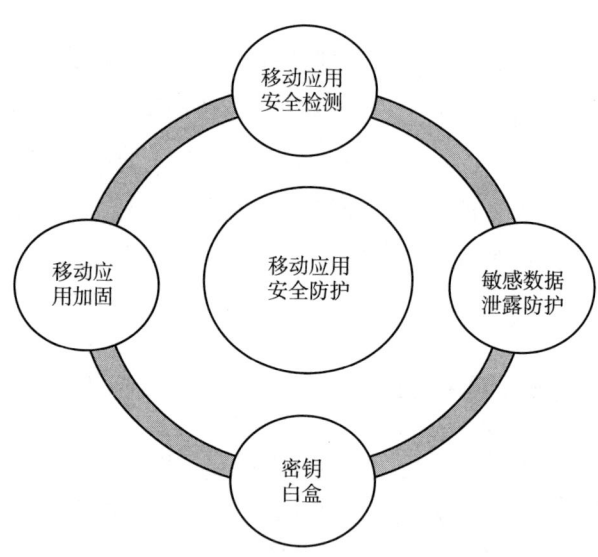

图5 移动应用安全防护技术

---

① Homayoun S. , Dehghantanha A. , Parizi R. M. , et al. , "A Blockchain-based Framework for Detecting Malicious Mobile Applications in App Stores," *IEEE*, 2019.

② Chen L. , Ma Y. , Shao Z. , et al. , "Research on Mobile Application Local Denial of Service Vulnerability Detection Technology Based on Rule Matching," 2019 IEEE International Conference on Energy Internet（ICEI）, IEEE, 2019.

1. 移动应用加固

移动应用加固是指在应用 APK 中集成应对各种安全威胁的加固保护技术，这种集成技术不需要改变应用源代码，通过文件加壳混淆等多元化技术组合的破解逆向防护，分级文件校验等多层技术应用的数据资源防护，调试注入防护等技术来提升应用的整体安全水平。

2. 密钥白盒

密钥白盒是将密码算法白盒化的过程，可分为静态密钥白盒和动态密钥白盒。其核心思想是混淆，通过在白盒环境下安全进行加解密操作，保护智能汽车移动应用的密钥，防止通过逆向分析还原出密钥，从而保障移动应用的安全。

3. 敏感数据泄露防护

对移动应用进行全方位检测、监控与保护，并通过数据安全管理中心进行统一策略管理、事件分析、可视化风险展现，掌握安全态势。监视和保护移动应用上静止的数据、移动的数据以及使用中的数据，确保敏感数据的合规使用，防止主动或无意识的数据泄露事件发生。

4. 移动应用安全检测

移动应用安全检测指对移动应用内部存在的安全风险利用检测技术（如静态、动态以及内容检测等检测技术）进行检测，并根据检测结果对存在的安全威胁给出解决建议。同时，提供高效、准确、完整的移动应用安全分析报告，协助开发、监管人员掌控移动应用中存在的风险，有效提高移动应用开发的安全性。

（五）身份认证和数据安全防护

为保障车联网安全，我国工信部和国家标准化管理委员会等联合印发了一系列文件，包括《国家车联网产业标准体系建设指南（总体要求）》、《国家车联网产业标准体系建设指南（车辆智能管理）》（简称《车辆智能管理》）、《国家车联网产业标准体系建设指南（信息通信）》（简称《信息通信》）等，其中，2020 年 4 月印发的《车辆智能管理》明确指出，要针对

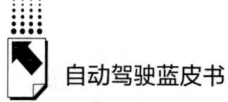

车联网环境下的车辆智能管理工作需求，指导身份认证与安全等领域标准化工作，并计划到 2022 年底，制修订身份认证与安全等领域重点标准 20 项以上，包括智能网联汽车身份与安全、道路交通管理设施身份与安全、身份认证平台及电子证件三部分，用以支撑网联汽车和道路管理系统、设施之间的身份认证。

密码手段是保障安全的重要手段，车联网中同样使用密码学手段保障通信安全，如作为 IEEE 1609 标准体系中的安全机制标准的 IEEE 1609.2 调用椭圆曲线集成加密方案（ECIES）进行非对称加密，调用椭圆曲线签名算法（ECDSA）进行签名验签。IEEE 1609.2 作为欧美采用的专用短程通信技术安全层标准，定义了车联网中的无线通信方案安全服务。

基于公钥证书的 PKI 机制作为保障 V2X 场景下设备间进行安全认证和通信的有效解决方法，V2X（包括 V2V、V2I、V2P 等）的直连通信安全可以使用数字签名等技术手段实现。

车联网中使用 X.509 证书签署消息，其作为一种证书管理和吊销方法，定义了一个可以提供实体和信息认证的完整的安全框架，用于数字签名的定义。X.509 证书的安全框架包括公钥证书和证书处理、直接认证的形式等。其中，公钥证书和证书处理包括定义证书格式、证书登记、证书撤销列表等，直接认证的形式则包括单向认证、双向交互式认证以及完全基于随机数的三向交互认证三种不同对话形式。由于车联网具有低时延、海量数据传输等特点，且在 C-V2X 场景下，证书发放规模巨大，对终端签名验证的效率和性能要求高，存在着证书吊销列表（CRL）更新的时间窗口等问题。因此，C-V2X 场景下的安全认证和安全通信的需求已难以通过传统的 X.509 证书来满足。目前，符合最新国家标准及行业标准要求、适合 C-V2X 场景、可支持车路协同场景下大容量、高性能的 PKI 体系数字证书正在设计。

中国通信标准化协会（CCSA）组织开展了《基于 LTE 的车联网通信技术安全证书管理系统技术要求》（简称《安全证书管理系统》）标准的制定工作，该工作基于 2019 年 C-V2X "四跨" 互联互通活动的 C-V2X 通信安全机制验证，进一步规范了 C-V2X 安全证书管理系统架构（见图 6）和安全证书交互流程等技术要求。2020 年 10 月，为进一步验证国内《安全证书管理系统》等标准，C-V2X "新四跨"活动在 C-V2X 工作组等单位组织下于上海亮相，由 C-V2X 工作组组织，参与搭建 CA 预商用系统的单位包括国汽智联、大唐移动、信大捷安、数字认证、吉大正元、格尔软件、卫士通、晟安信息、磐起信科、江苏先安、泰尔、信长城、信安世纪、中国移动等，可信根证书列表由中国信息通信研究院负责签发维护，可实现跨认证域身份认证的系统级验证。

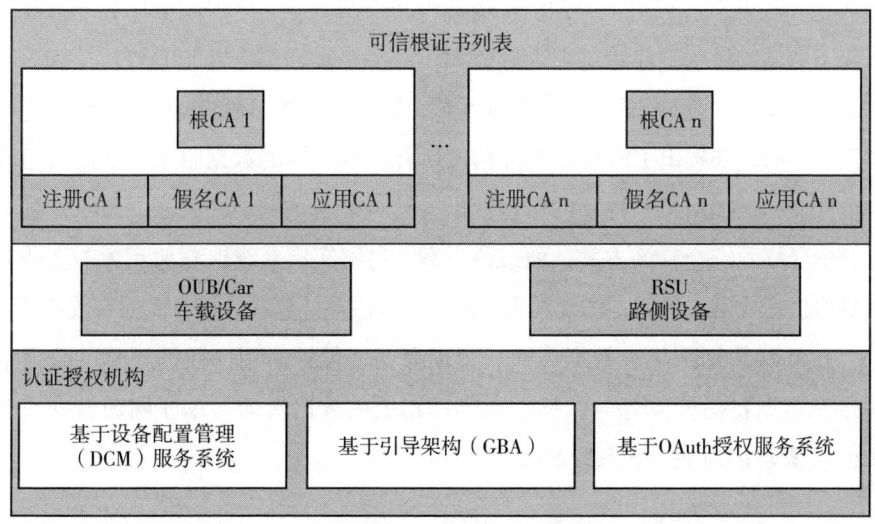

图 6 C-V2X 通信安全证书管理系统级验证方案架构

资料来源：《车联网 C-V2X 安全身份认证机制加速落地，10 余家安全厂商将齐齐亮相》，C114 通信网，2020 年 9 月 4 日，http://www.c114.com.cn/news/16/a1136525.html。

车联网数据防护的目标是保障在车联网信息服务过程中，数据的机密性、完整性、可用性。Q. Deng 等人提出了一种用于移动车辆的一致性信任验证策略（CTV-MV），提高了数据质量。[1] S. Lee 等人提出了一种可靠的汽车数据记录系统，它能确保车辆中生成的所有数据都保持完整性、连续性和不可否认性，

---

[1] Deng Q., Huang S., Tian S., et al., "A Security Trust Mechanism for Data Collection with Mobile Vehicles in Smart City," 2020 IEEE/CIC International Conference on Communications in China (ICCC).

并能检测到数据删除、替换等恶意操作。① 此外，他们所提出的方法还满足了消息认证密钥的前向完整性，并被设计为利用记录数据作为汽车取证的证据。C. Chen 等人提出了一种基于区块链的安全高效的车联网数据交易方法，来保证数据交易的安全性和真实性。② W. Zhang 等人提出了一种在雾计算环境下考虑隐私保护的高效、安全的车联网数据传输机制。与其他方法相比，该方法在抵抗攻击和提高消息传输效率方面具有更强的竞争力，能够实现高效、安全的数据传输。③ J. Cui 等人提出了一种细粒度的访问控制方案，以限制应用程序对联网汽车中数据的访问，并通过理论分析和仿真实验验证了该方法的可行性和有效性。④ Gang Sun 等人引入了一种智能车辆在维护安全和隐私的同时参与数据人群感知的方法，并提出了一种基于异构两层雾计算架构的数据收集方法的可追溯性。此外，还提出了一种新的可以获取参与者外包加密地图列表（MPL）的雾计算信任权限安全查询方案，通过该方案，最终实现在线追溯恶意参与者或对其身份进行检索。最后，仿真结果证明了该方法在计算和通信方面的有效性。⑤

车联网数据采集、数据传输、数据存储、数据使用、数据迁移、数据销毁以及数据备份恢复等与数据生命周期相关的数据活动是车联网数据安全防护的重要防护对象（见图7）。

图7 车联网数据生命周期

① Lee S., Choi W., Jo H. J., et al., "T-Box: A Forensics-Enabled Trusted Automotive Data Recording Method," *IEEE Access*, 2019, 7: 49738 – 49755.

② Chen C., Wu J., Lin H., et al., "A Secure and Efficient Blockchain-based Data Trading Approach for Internet of Vehicles," *IEEE Transactions on Vehicular Technology*, 2019, PP (99): 1 – 1.

③ Zhang W., Li G., "An Efficient and Secure Data Transmission Mechanism for Internet of Vehicles Considering Privacy Protection in Fog Computing Environment," *IEEE Access*, 2020, 8: 64461 – 64474.

④ Cui J., Chen X., Zhang J., et al., "Toward Achieving Fine-Grained Access Control of Data in Connected and Autonomous Vehicles," *IEEE Internet of Things Journal*, 2020, PP (99): 1 – 1.

⑤ Sun G., Sun S., Sun J., et al., "Security and privacy preservation in fog-based crowd sensing on the internet of vehicles," *Journal of Network and Computer Applications*, 2019, 134 (MAY): 89 – 99.

1. 车联网数据采集

针对车联网数据采集，主要依据车联网信息服务数据的安全目标、重要性、敏感度以及发生安全事件时造成的影响范围与严重程度对车联网数据安全防护划分为不同的等级，对不同安全等级的数据进行分类采集。

2. 车联网数据传输

针对车联网数据传输，可以采用安全的通信协议及相应的数据加密算法、数据签名等安全防护措施，保障车联网敏感及关键数据在通信传输过程中的保密性、完整性。

3. 车联网数据存储

针对车联网数据存储，可以采用一定安全等级的加解密算法、访问控制、安全检测及预警机制等安全防护措施。采取有效的车联网业务场景下存储数据磁盘保护或数据碎片化存储等方法，检测车联网数据在存储过程中完整性是否受到破坏，防止数据被篡改、删除和插入等，以保障车联网数据存储安全性、保密性、可用性。

4. 车联网数据使用

针对车联网数据使用，通过采用访问控制、身份鉴别、权限设置、安全审计等防护措施，保障车联网数据在使用过程中的机密性。对数据的使用进行授权和验证，确保数据使用的目的和范围符合《网络安全法》等国家相关法律法规的要求。同时对重要业务系统运行数据和敏感数据的使用进行审计，形成审计日志，确保数据在使用过程中的完整性与可用性。

5. 车联网数据迁移

在数据迁移前，系统性安全评估数据迁移的安全风险。基于可能存在的风险，提前做好相应的安全防护措施。保证车联网数据在不同数据设备之间迁移不影响业务应用的连续性，同时在车联网数据迁移过程中应做好数据备份及恢复的相关工作。

6. 车联网数据销毁

建立体系化数据管理制度和数据销毁安全策略，以保障车联网数据在销毁及流转过程中的安全性、合理性。运用技术手段协助清除因不同设备间迁

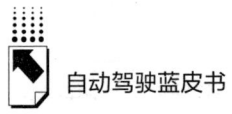

移、业务终止、合同终止等遗留的数据，清除车联网数据的所有副本，确保文件、目录和数据库记录等资源所在的存储空间被释放或重新分配给其他用户前得到完全消除，并采用技术手段禁止被销毁数据的恢复。

7. 车联网数据备份和恢复

通过数据冗余的备份技术和管理手段，实现车联网关键敏感数据的安全备份和恢复机制。车联网备份数据应与原数据具有相同的访问控制权限和安全存储要求，采用身份认证等安全认证措施，确保仅在授权情况下才能执行本地和远程备份及恢复数据的操作。

四　总结

目前，自动驾驶技术已经趋近成熟，但是在智能化方面仍需进行更长远的研究，同时自动驾驶在高精度地图、多传感器融合、人工智能等技术应用方面也存在许多问题。在 Uber 自动驾驶事故发生之后，越来越多的人开始质疑自动驾驶是否真正安全，它是否真的能够避免人的情绪化及疲劳感所导致的安全问题。产生上述问题的主要原因有以下几点：一是自动驾驶控制程序采用的是端到端的训练方式，使它不具备独立自主思考的能力，即使车辆在测试道路上能够安全行驶，但在正式道路中，它可能不能应对道路上的突发情况；二是目前在自动驾驶方面没有一套标准能够评估它的安全性，导致它在正式道路的环境中行驶的安全性无法确定；三是在网络安全方面，提供一个安全可靠的数据传输链面临极大的困难与挑战。

为了使自动驾驶汽车得到快速发展与应用，网络安全是核心要素。为此，国内外都高度重视自动驾驶汽车的网络安全，各国从技术、标准与产品等方面进行全方位布局。欧美从芯片安全、软件架构、智能交通与 V2X、生命周期等方面进行了标准制定与技术研究，并取得相应的研究成果。国内相关标准与技术方面的研究工作也在各部门、各机构中有序地进行着。但是，自动驾驶汽车的构造极其复杂，传统的互联网等领域的安全问题同样出现在自动驾驶汽车领域，也严重威胁着汽车工业的安全。因此，如何进行汽车网络安全方面的顶层设计，多角度（如标准、技术、人才、法律等）、全方位地保障汽车网络安全发展是关系到自动驾驶技术进一步发展的关键。保障汽车网络安全发展能够为自动驾驶汽车发展奠定坚实基础，促进自动驾驶汽车的跨越式发展。

只有全方位的防护，才能在一定程度上保证自动驾驶车辆数据在传输过程中的安全性，但当前的车联网通信安全防护主要集中于车云通信安全方面。现阶段智能网联汽车通常会配备负责车内通信和负责信息服务域通信的两个 APN 接入网络，分别负责传输 CAN 总线命令和相关敏感数据信息以及访问互联网公共资源。为了避免未经授权的非法用户的访问请求，针对连接到公共网络域的 T-Box 和 IVI 系统，可以使用网络隔离的方法实现安全控制管理。此外，建立不同级别的访问控制策略、增加访问 IP 白名单、对传输数据进行加密、建立 PKI 认证体系都是增强智能网联汽车通信安全的有效手段。其中，PKI 体系一方面可以用于车辆的身份认证，另一方面可以通过证书加密，进行密钥验证并加密通信数据，以提高安全性。车载防火墙可以为智能网联汽车的车载网络提供安全域隔离和访问控制功能，以抵抗恶意攻击，保证通信数据安全，而入侵检测系统则可以检测车内外的异常通信，保障安全。

参考文献

中国信息通信研究院：《2018 车联网网络安全白皮书》，2018 年 12 月 19 日，。

高惠民：《车联网 V2X 通信技术浅析与应用（下）》，《汽车维修与保养》2020 年第 7 期。

B.15
2020年国内外车路协同技术发展报告

李 力 郭宇晴 裴华鑫 崔昀宽 葛经纬 张嘉玮 许惠乐 王泽众 杨敬轩*

摘　要：　随着自动驾驶技术和智能网联技术的飞速发展、5G 的商用和
　　　　　车联网政策的推行，车路协同从产业链到标准层面都有了新
　　　　　的进展。车路协同可以提供更安全、更节能、更环保、更便
　　　　　捷的出行方式和综合解决方案，是国际公认的未来交通和汽
　　　　　车的重要发展方向。作为车联网的高级发展阶段，车路协同
　　　　　融合了通信、汽车、交通、信息等多个领域，构建了一个全
　　　　　新的生态。本文从信息交互、状态感知、数据处理、决策控
　　　　　制和测试验证等方面深入分析了国内外车路协同技术的发展
　　　　　状况，结合世界范围内智能交通系统的发展趋势，重点针对
　　　　　2020年车路协同的国内外研究成果、国内外重要项目、重大
　　　　　事件详尽介绍车路协同的发展现状，并指出未来车路协同的
　　　　　发展应加深对车路协同内涵的理解、把握车路协同的技术实
　　　　　质、提升车路协同服务体验并推进车路协同规模应用。

---

* 李力，清华大学自动化系副教授，IEEE Fellow，《自动化学报》编委，主要研究方向为人工
智能、智能控制和感知、智能交通系统和智能汽车、复杂系统和网络化系统；郭宇晴，清华
大学自动化系在读博士研究生，主要研究方向为智能交通系统和自动驾驶、协同驾驶；裴华
鑫，清华大学自动化系在读博士研究生，主要研究方向为基于车路协同的自动驾驶技术；崔
昀宽，清华大学自动化系在读博士研究生，主要研究方向为基于车路协同的交通主动控制理
论和技术；葛经纬，清华大学自动化系在读博士研究生，主要研究方向为基于车路协同的可
信交互与智能测试；张嘉玮，清华大学自动化系在读博士研究生，主要研究方向为强化学
习、自动驾驶与智能交通系统；许惠乐，清华大学自动化系在读博士研究生，主要研究方向
为基于车路协同的群决策与群规划；王泽众，清华大学自动化系在读博士研究生，主要研究
方向为基于车路协同的协同感知；杨敬轩，清华大学自动化系在读硕士研究生，主要研究方
向为排队优化理论。

关键词：　车路协同　协同感知　协同驾驶　协同规划

车路协同是指采用先进的无线通信和新一代互联网等技术，全方位实施车车、车路动态实时信息交互，并在全时空动态交通信息采集与融合的基础上开展车辆主动安全控制和道路协同管理，充分实现人、车、路的有效协同，保证交通安全，提高通行效率，形成的安全、高效和环保的道路交通系统。[①] 随着自动驾驶技术和智能网联技术的飞速发展，车路协同技术受到人们广泛关注。车路协同可以提供更安全、更节能、更环保、更便捷的出行方式和综合解决方案，是国际公认的未来交通和汽车的重要发展方向。[②] 车路协同系统涉及交通信息获取、实时交互和融合、驾驶安全控制、交通畅通管理等技术，特别要指出的是车路协同给无人驾驶提供了新的实现路线。车路协同研究和应用横跨了很多学科，是典型的交叉学科。[③]

一　国内外车路协同技术发展现状

近年来，车路协同系统在国内外相关领域中受到了广泛关注，国内外相关领域对其进行了深入研究。经过长时间的探索，目前已形成了一套较为系统的实现车路协同系统的技术路线，涉及 5 项主要关键技术，分别为：信息交互技术、状态感知技术、数据处理技术、决策控制技术和测试验证技术。

（一）信息交互技术

车路协同需要可靠的通信手段保证实时、可靠的信息交互。随着车路协

---

① 张毅、姚丹亚：《基于车路协同的智能交通系统体系框架》，电子工业出版社，2015。
② 郭宇晴等：《从集群智能角度分析协同驾驶：综述和展望》，《控制理论与应用》2021 年第 7 期。
③ 李克强等：《智能网联汽车（ICV）技术的发展现状及趋势》，《汽车安全与节能学报》2017 年第 1 期。

同应用需求的增加和通信技术的发展，车路协同对通信的覆盖范围、通信速度、可靠性等要求也发生了较大的变化。在信息交互中，一方面，由于车路协同有保障安全的应用需求，低时延、高可靠的通信技术和统一的标准成为保证车路协同可靠通信的基础；另一方面，由于繁杂的数据既涉及交通参与者的个人信息，也涉及交通管理与车辆控制，不恰当的数据泄露不仅会给系统造成不必要的麻烦，还会导致交通事故的发生，严重损害人身安全。因此，在车路协同中，可信的信息交互技术尤为重要。

目前，面向车路协同的关键通信技术主要包括 DSRC（Dedicated Short-Range Communication）、C – V2X（Cellular – V2X）两种通信技术，与之相对应的通信标准为 IEEE 802.11p 和 C – V2X 这两条技术标准路线。[①]

2010 年，IEEE（Institute of Electrical and Electronics Engineers，电气和电子工程师协会）完成了 IEEE 802.11p 技术相关的标准化工作，该技术支持车辆在 5.9GHz 专用频段进行 V2X、V2I 的直通通信。应用层部分标准由 SAE（Society of Automotive Engineers，汽车工程学会）完成，其中包括 SAE J2735、J2945 等标准。[②]

C – V2X 是 3GPP（The 3rd Generation Partnership Project）主导推动的、基于 4G/5G 蜂窝网通信技术演进形成的 V2X 技术，该技术可实现长距离以及更大范围内的通信，在技术先进性、性能及后续演进等方面，较 IEEE 802.11p 具有极大的优势。C – V2X 包括 LTE（Long Term Evolution） – V2X 和 NR（New Radio） – V2X，其中 LTE – V2X 由大唐在 2013 年 5 月提出，确定了 C – V2X 的蜂窝与直通融合的系统架构以及直通链路的关键技术框架。[③]

在车路协同通信标准选择上，由于 IEEE 802.11p 的技术标准制定和产业链发展起步较早，美国、欧洲、日本等早期均倾向于部署 IEEE 802.11p

---

① 陈山枝、时岩、胡金玲：《蜂窝车联网（C – V2X）综述》，《中国科学基金》2020 年第 2 期。

② M. Boban, A. Kousaridas, K. Manolakis, et al., "Connected Roads of the Future: Use Cases, Requirements, and Design Considerations for Vehicle-to-Everything Communications," *IEEE Vehicular Technology Magazin 3* (2018).

③ 陈山枝等：《LTE – V2X 车联网技术、标准与应用》，《电信科学》2018 年第 4 期。

标准，而由中国主导的 C – V2X 标准作为后起之秀，以技术先进、性能优越以及长期演进等优势获得了业界的支持，并且中国在国际 C – V2X、5G 等新一代通信标准的制定中发挥的作用也越来越重要。由大唐、华为等中国企业和 LG 等国际公司牵头推动，3GPP 于 2018 年 6 月启动了 NR – V2X 标准化工作，并于 2020 年 6 月宣布 R16 标准冻结，同期启动 R17 研究。R16 标准是第一个 5G – V2X 标准，支持 V2V 和 V2I 直连通信，它的冻结标志着5G 车路协同标准的确定，将加快 5G 的发展步伐。

2020 年 11 月，美国联邦通信委员会（FCC）投票决定分配 75MHz 频段（5.850～5.925GHz）用于 Wi – Fi 和 C – V2X，这标志着美国已放弃 DSRC，转向 C – V2X。由中国所推动的 C – V2X 新一代通信标准将进一步被接受，并成为全球统一的车路协同标准。

无论是 IEEE 主推的 802.11p 技术还是 3GPP 主推的 LTE – V2X 技术都已完成了技术研究和相关标准化工作，其交互标准体系已从国标层面完成了顶层设计，技术交互标准的完成将明确指导产业的发展，有力支持车路协同的发展。C – V2X 具有清晰的演进路线，为 5G – V2X 奠定了一定的技术基础。

除上述的通信技术标准外，建立可信的信息交互机制，保障信息交互的安全与可靠，也是车路协同信息交互的重要基础。根据信息交互的机理，可信的信息交互机制需要解决三类安全问题：计算机信息安全、移动通信过程安全以及传输的数据内容安全。

目前，建立全面、可靠的信任管理体系，是实现上述安全技术的重要技术路径，也是可信的信息交互机制的核心内容。

建立基于车路协同的车辆信任管理架构的主要方法有两种：集中式信任管理体系与分布式信任管理体系。集中式信任管理体系普遍采用公钥基础设施（PKI）方法，公钥基础设施可用来实现基于公钥密码体制的密钥和证书的产生、管理、存储、分发和撤销等功能，对车辆的信任关系进行集中式管理。[①]

---

① "Trends around PKI in 2020 – no flying, no handshake", Microsec, Dec. 2020, https://www.microsec.hu/en/pki – blog/pki – trends – 2020.

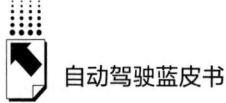
针对分布式信任管理体系，Pranav Kumar Singh 等人[1]在 2020 年提出使用区块链技术对车辆的信任程度进行持续保存和更新，并设计了激励机制以保证系统的良好运行。

国内同样对分布式信任管理体系进行了一系列研究。丁杰等人的研究以路侧设备为中心，将路侧设备控制区域内的车辆看作区域节点，利用区块链技术保证信息不可篡改，并实现通过硬件安全技术支持的链接访问数据，保证信息的可信交互。[2]

车路协同可信的信息交互机制的发展日趋成熟，但依然面临着诸多问题，如不同地区的信息交互标准不一致、车辆高速移动带来复杂的可信网络拓扑等。未来可信的信息交互机制的发展会更具有普适性，通过完善和统一信息交互标准等措施，能提高信息交互的安全性，进而推动车路协同技术的发展。

（二）状态感知技术

交通和车辆状态感知是车路协同系统的关键一环。只有准确地感知周边环境，并判断其他车辆、行人等潜在障碍物的位置，才能进行后续的决策与规划，实现系统的智能控制。感知技术已经从单一传感器感知发展到对交通全要素感知的多传感器泛感知。

传统状态感知技术通过车身携带的各种传感器以及定位系统等，获取道路、车辆与障碍物的信息，利用计算机视觉和人工智能等手段对信息进行处理，控制车辆的行驶。

交通状态感知是一个目标检测问题，即在给定传感器数据中，找出所有驾乘人员感兴趣的物体，并得出其位置与分类结果。在交通系统中，常用且

① P. K. Singh, R. Singh, S. K. Nandi, et al.，"Blockchain-based Adaptive Trust Management in Internet of Vehicles Using Smart Contract," *IEEE Transactions on Intelligent Transportation Systems* (2020).

② X. Chen, J. Ding, Z. Lu，"A Decentralized Trust Management System for Intelligent Transportation Environments," *IEEE Transactions on Intelligent Transportation Systems* (2020).

有效的传感器包括摄像头、激光雷达、毫米波雷达等。随着近些年深度学习领域研究的突飞猛进,目标检测领域也有了重大突破。尽管各类传感器的数据类型各不相同,但目前的主流方法都是深度学习方法。

传感器各具特性,没有哪一种传感器是绝对优于其他传感器的。如摄像头难以获取深度信息,激光雷达价格较高,难以配备在量产的自动驾驶汽车中,毫米波雷达数据过于稀疏,单车传感器感知范围有限,难以获取更大范围内的交通环境信息。而且,由于交通环境的复杂性,遮挡、光线等因素都会影响汽车对周围障碍物、车辆以及信号灯的感知。而一旦判断失误,就可能造成极为严重的后果。因此,一方面,如果能够综合利用不同种类的传感器,就有可能发挥出它们各自的优势;另一方面,多个同类型的传感器融合使用,也能产生更好的效果。多传感器融合可以实现更高的置信度与鲁棒性,扩大覆盖范围并降低成本。

2020年的状态感知技术仍平稳的发展。在2D目标检测领域,YOLOv4利用了CSPDarknet-53提取特征,采用了SPP的思想,引入了PANet。该研究采用了近年来CNN领域中常用的优化策略,涉及数据处理、主干网络、网络训练、激活函数、损失函数等各个方面的优化。其余相关研究也大致如此,多为对现有技术的综合利用,而直到2021年的Transformer才出现爆炸性突破。在3D目标检测领域,2020年受到较多关注的是PV-RCNN[1]和SVGA-Net。这两项研究都用到了体素化的数据,使感知效果又有了一定的提升。而在多传感器融合领域,PointPainting给出了一种先对图像数据做语义分割,再将激光雷达点云与语义信息相结合做3D目标检测的方法。总之,2020年,状态感知的各领域都有稳定的发展,感知准确率相比2019年都有提高,但没有像RCNN、ResNet、PointNet、Transformer这样的里程碑式的成果出现。

状态感知技术现已被应用到自动驾驶汽车产品中。特斯拉的Model S[2]配备了多摄像头、毫米波雷达与超声波雷达,已经实现辅助驾驶功能,具有

---

① 王哲:《车路协同环境下交通态势协同感知方法研究》,博士学位论文,清华大学,2021。

② 特斯拉网站,https://www.tesla.cn/models。

自动变道、自动泊车等功能。百度的 Apollo[1] 配备了激光雷达、摄像头、超声波雷达、毫米波雷达等传感器，能够实现 L4 自动驾驶功能，可以应对城市各类复杂场景。Momenta 的 Mpilo[2] 只依赖摄像头与毫米波雷达，可实现低成本的量产自动驾驶，同时也致力于打造 L4 自动驾驶。

传统的状态感知都是基于单车装载的传感器进行的。一辆自动驾驶汽车可能配备激光雷达、多摄像头，以及毫米波雷达、红外等传感器，但无法获得超出此范围的信息。这也是单车感知的极限。想要进一步提高感知精准度，只能继续提高目标检测精度。而相关研究也遇到了瓶颈，效果提升的速度在不断放缓，难以找到新的突破点。

近年来，随着传感器网络技术、无线通信技术的进一步发展，自动感知和泛在感知技术出现，这极大地改变了传统观念上的交通系统检测方法和手段，宽覆盖、长寿命、高精度、网络化和移动性高的协同感知成了车路协同系统的重要内容。其可综合利用大范围内的多传感器获取信息来解决死角、盲区与误差的问题。

清华大学在 2020 年提出车路协同环境下交通状态协同感知研究框架（见图 1），基于 V2X 技术构成的车路协同平台，可实现多传感器协同对交通状态的实时感知[3]。为实现复杂交通场景下跨平台多传感器全天候、多视角、超视距的协同感知，需考虑车载与路侧、运动与静止、同类与异类和同步与异步等不同的传感器组合进行协同感知的方法，并使用统一的交通对象模型来表示复杂的交通状态。美国加利福尼亚大学伯克利分校和加利福尼亚大学洛杉矶分校则通过传感器网络，将车载、路侧采集到的信息融合，得到较为全面的交通状态。此外，2020 年，"超视距"感知的理念也越来越被人们所接受。通过设计开发主动超视距视频传输、超视距可行使区域检测和超视距障碍物感知三个重要感知模块，为有限的车载端视线范围（肉眼限制或自动驾驶感知范围受限）提供一种提前感知前方路况的能力，有效增强驾驶安全性，

---

[1] 百度 Apollo 网站，https：//apollo.auto/。

[2] Momenta 网站，https：//www.momenta.cn/。

[3] 王哲：《车路协同环境下交通态势协同感知方法研究》，博士学位论文，清华大学，2021。

提升驾驶体验，同时也对道路的利用率、通行效率产生积极影响。①

协同感知技术，作为一个新兴领域，目前正处于蓬勃发展的阶段，但时空同步、数据真实性等协同感知中的诸多问题仍亟待解决。

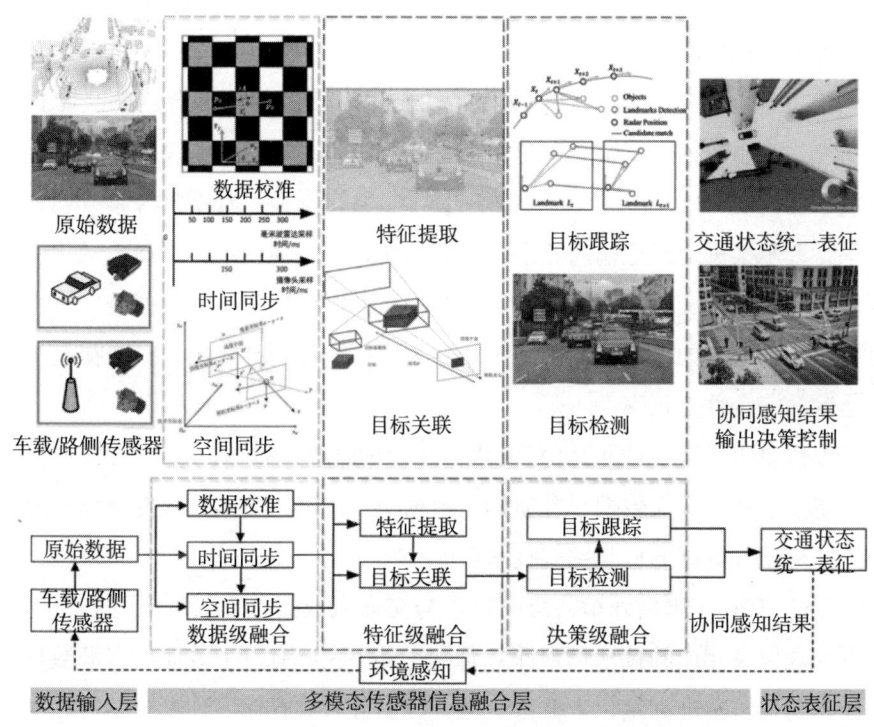

图1　车路协同环境下交通状态协同感知研究框架

资料来源：参见王哲《车路协同环境下交通态势协同感知方法研究》，博士学位论文，清华大学，2021。

（三）数据处理技术

1. 大数据技术

近年来，车路协同技术支撑共享交通体系建设，交通运输智能化与数字化水平显著提高，大数据技术在共享交通领域得到了切实发展。交通中规模庞大的信息和海量的数据已无法使用传统方法进行处理，需要大数据技术进

---

① 顾勤：《面向大数据的分布式存储技术研究》，《无线互联科技》2020年第15期

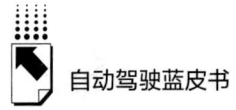

行整合分析，从中发现内在规律。①

根据交通运输部《推进综合交通运输大数据发展行动纲要（2020—2025年)》的总体要求，为加快实现交通强国，2020年车路协同技术在交通大数据基础平台建设、数据深度共享开放、交通大数据创新应用、数据安全等方面实现协同推进与发展。

2020年在车路协同技术的支撑下，交通大数据基础平台建设从数据采集出发，定制数据共享协议与通信标准，逐渐推进车路协同关键框架下大数据技术的研发与应用。基于车路协同技术，共享交通从数据资源整合与构建入手，逐步推进交通运输向数字化、智能化转型，稳步扩大交通大数据资源开放范围，进行交通大数据资源深度共享，同时确保交通大数据的安全性与可控性。车路协同技术全面推动了交通大数据的创新与应用，显著提高了交通运输的安全性与效率。

根据2020年国内外的研究现状，基于车路协同技术的交通大数据研究内容主要包括交通大数据平台架构与数据交互标准、交通大数据存储和检索技术、交通大数据分析与挖掘技术等。

基于2020年国内外车路协同技术与交通大数据处理的发展现状，许多瓶颈问题以及相应的技术仍须深入研究，其中主要有以下方面：多源数据采集技术与传输标准制定、千亿级交通大数据分布式存储、计算与实时检索访问、来自车载传感器与路侧传感器的多源交通数据深度融合以及针对典型关键交通数据的深度挖掘与分析②。

2. 云计算技术

同车路协同技术相伴而行的是基于大量的车辆驾驶与周边环境数据的大数据计算任务。2020年，云车协同计算以及车云一体化协同共驾成为解决该问题的关键技术路线③，以云计算解决智能网联环境下复杂耗时的驾驶计

---

① 顾勤：《面向大数据的分布式存储技术研究》，《无线互联科技》2020年第15期。
② 孙贝：《高速公路交通大数据分析及挖掘技术展望》，《机电信息》2020年第21期。
③ 李克强等：《智能网联汽车云控系统原理及其典型应用》，《汽车安全与节能学报》2020年第3期。

算任务成为行业的共识。然而，受限于交通大数据传输、存储以及检索所面临的问题，云车共驾以及车云一体化计算技术在国内外皆处于起步阶段①。

在车路协同框架下，云车共驾与车云一体化计算涉及三个关键技术，分别是驾驶数据和环境数据的多模式传输云端适配、超视距驾驶场景数据实时自动标注与生成以及车云一体化计算任务分配与计算资源优化。

首先，驾驶数据和环境数据的多模式传输云端适配技术是云车共驾技术的基础。不同车载端与路测端设备的多种传感器接收到的异构数据需要通过智能网联技术传输到云上进行重新整合，以实现更高效的复用。然而，多源数据在传输的过程中，往往会出现时空不能对齐、数据丢包、数据标准不统一等多重复杂问题。多模式传输云端适配旨在实现车云闭环的协同数据传输方式，为云车共驾提供智能、可靠的云计算，实现驾驶数据的云传输和云匹配耦合。

其次，超视距驾驶场景数据实时自动标注与生成技术是实现共享交通，提高数字化、智能化水平的关键技术。缺乏标注的驾驶场景数据难以直接用于提升车路协同系统的性能。为了降低数据传输的时延和带宽，需要对实时动态场景数据进行抽象概括和自动标注，抽取复杂场景中多源对象间的语义关联。同时，多源交通数据的语义逻辑以及时序关系可作为场景数据的关键特征，用以提升交通大数据检索的速度和准确度。另外，目前很多自动驾驶感知方面的研究工作尚停留在个体的属性特征分析与识别层面，尚不能系统地刻画场景中多个个体之间的属性和交互关系。超视距场景生成技术可提供个体之间的交互规律，可实现交通大数据的高效复用，进而加快自动驾驶车辆的训练与测试，显著降低车路协同技术的落地难度。

最后，车云一体化计算任务分配与计算资源优化技术是提升车云共驾技术的关键。云端计算单元使计算任务能够按需访问计算服务资源、数据存储空间和信息检索服务，为车载智能体提供灵活且可扩展的服务。由于数据量

---

① 李克强等：《智能网联汽车云控系统原理及其典型应用》，《汽车安全与节能学报》2020年第3期。

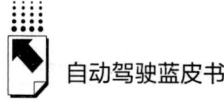

庞大、访问频繁等特点，计算任务的协同分配是提升车云—体化共驾系统的性能的关键。针对不同类型任务的需求不同及车辆移动性导致访问迁移的问题，需要使能满足迁移感知要求的智能网联云计算资源的协同优化。

（四）决策控制技术

随着车路协同技术的发展，交通控制方式逐渐由传统的被动控制发展成了主动控制和协同控制，有效提高了交通管控水平和服务质量。

1. 主动控制技术

通信技术与检测技术的发展大大促进了交通主动控制的研究。车路协同环境下的交通主动控制技术的具体实现可从两个角度出发，即主动式交通信号控制和主动式车辆控制。主动式交通信号控制方式可在提前获得交通流时空演化趋势的基础上形成基于预测的信号控制，比如城市道路中的自适应信号灯控制、快速路中的可变限速控制以及匝道合流信号控制等，以此提高交通控制水平和服务质量。主动式车辆控制可在提前获得交通信号信息的基础上对车辆的速度进行诱导，使车流运行更加安全流畅，提升交通管控水平。

相对于传统的被动控制，交通主动控制技术在很大程度上提升了交通安全和效率。随着车辆智能化程度的提升和车路协同系统的逐步推广，交通主动控制方式将逐渐发展为协同控制方式，可进一步提升交通管控性能。

2. 协同控制技术

随着自动驾驶技术的发展，交通场景中的自动驾驶车辆的比例会持续增长，在这种趋势下，主动式交通控制方式将逐渐演化为协同控制，即在车路协同环境下，车辆与车辆之间以及车辆与交通信号之间通过信息交互实现车辆轨迹和信号标志的协同优化。城市道路中的协同控制体现在有信号灯路口的车辆与交通信号之间的协同优化、无信号灯路口的车辆之间的协同控制以及快速路上的匝道合流和编队控制等。[①]

---

① S. feng, H. sun, Y. zhang et al., "Tube-based Discrete Controller Design for Vehicle Platoons Subject to Disturbances and Saturation Constraints," *IEEE Transactions on Control Systems Technologies* 3 (2020).

相对于交通主动控制，协同控制可更有效地提升交通管控水平，但目前协同控制技术还基本处于理论研究的层面。随着车路协同系统的规模化应用，交通协同控制技术将大幅度提升车路协同的服务体验。①

（五）测试验证技术

自动驾驶汽车的测试评价需要系统的、科学的、合理的测试理论，而其中的关键问题是由各种不同的测试场景所构成的场景库的生成问题。随着计算机仿真、封闭测试场、虚实结合系统等测试平台的建成，场景库的生成已成为测试评价领域关注的焦点。无论基于何种测试平台，测试场景库都决定了自动驾驶汽车测试的场景，会影响自动驾驶汽车测试的准确性和高效性。

场景的概念是广泛的，它包含了一切与自动驾驶测试相关的静态元素、动态元素在时间、空间上的状态演变。面向不同级别、不同阶段的测试需求，测试场景的复杂程度是不同的，包括静态、单一、离散的低复杂度的场景，动态、单一、离散的中复杂度的场景，以及动态、多样、连续的高复杂度的场景。

2016年6月，我国首个封闭测试场"国家智能网联汽车（上海）试点示范区"在上海正式开园运营，该测试场的占地面积是 Mcity 的数倍，侧重于智能汽车和网联通信两大类关键技术的测试。此后，中国交通运输部公路科学研究院、长安大学、重庆车辆检测研究院等也分别建立了面向自动驾驶汽车测试的封闭场地。2020年，全国第一个无驾驶人自动驾驶测试场地在长沙建成并投入使用，由此长沙智能网联汽车产业按下"加速键"。该场地全部位于湖南湘江新区，是一个面积达9500平方米的封闭测试广场。同时，长沙市在原有157公里基础上，新增了约18公里城市开放测试道路，以及橘子洲景区、洋湖湿地公园、金霞物流园等典型场景示范区域。2020年，

---

① H. Pei, S. Feng, Y. Zhang, et al., "A cooperative Driving Strategy for Merging at On-ramps Based on Dynamic Programming," *IEEE Transactions on Vehicular Technology* 12 (2019).

交通运输部在全国交通运输工作会议上宣布已分三批认定了北京、西安、重庆、上海、泰兴、襄阳、亦庄 7 个自动驾驶封闭场地测试基地。[①]

自动驾驶智能测试的目标是，针对多种类型自动驾驶汽车在复杂场景下的测试需求，科学地构建测试场景库，实现准确、高效的测试过程，最终得到对自动驾驶汽车性能定量的、客观的评价。其中，智能测试基础理论是解答自动驾驶汽车测试系列问题的理论基础，包括测试何种场景、测试场景的数量、测试汽车何种性能、如何分析测试的结果、如何分析测试里程的等效性等，这些都是各测试平台所面临的共性问题。而测试平台，作为自动驾驶汽车测试的载体，成了测试方法研究的热点。根据不同原理，测试平台可分为四类：计算机仿真、封闭测试场、真实道路和虚实结合系统。

新的测试平台与验证技术在不断研发中。2020 年，Henry Liu 教授团队依托于美国密西根大学交通研究所的大规模自然驾驶数据，提出了全新的驾驶环境生成方法[②]。该方法首先构建了自然驾驶环境，以复现真实道路环境中人类驾驶行为的分布特征，保证测试结果能够有效代表自动驾驶汽车在真实驾驶环境中的性能表现，即驾驶环境的"无偏性"；进一步地，借助人工智能技术，训练背景车辆能够在特定时刻执行特定的动作，生成了自然且有挑战性的驾驶环境，在保证"无偏性"的同时大幅度提高了测试环境的"挑战性"，有效降低了自动驾驶汽车所需的测试里程，显著提高了测试效率。

2020 年，西安交通大学针对传统测试手段场景局限、测试效率低等问题，融合虚拟仿真测试机制的高效性、真实测试模式的准确性等特点，研发了虚实结合的仿真测试机制，并提出了一套虚实结合的仿真测试体系。[③] 该体系包含异构仿真车辆、模拟驾驶车辆、硬件在环设备、实车在环车辆等多

---

① 张迅、李锦江：《自动驾驶相关数据集研究综述》，《中国设备工程》2021 年第 1 期。

② 封硕：《自动驾驶汽车智能测试理论与场景库生成方法》，博士学位论文，2019。

③ L. Li, Y. Lin, N. Zheng, et al., "Artificial Intelligence Test: a Case Study of Intelligent Vehicles," *Artificial Intelligence Review* 3 (2018).

个测试单元，通过虚拟系统构建面向多个物理测试空间的信息交互通路，开展车路协同环境下的大规模虚实结合仿真测试研究。[①] 面向大规模交通群体协同决策与智能控制技术测试验证的需求，北京交通大学还研究了车辆群体协同控制的仿真评估方法，这些方法主要包括多渗透率下车辆协同运动控制仿真方法、虚实结合仿真时间粒度优化方法和群体智能协同仿真行为效能评估方法，为构建异构交通主体群体协同行为仿真分析与测试平台提供理论支撑。

2020年，长安大学为了解决车路协同环境下，车辆群体协同控制性能测试验证问题，以异构车辆群体为测试对象，以复杂混合交通控制典型应用场景为主线，以群决策群控制理论与技术为指导，以人车状态感知与运动态势识别技术为依托，以车路协同交通控制为抓手，重点研究车路协同环境下车辆群体协同控制的测试评价体系、方法和技术。其研究内容包括集成验证技术分析、基于车辆行为辨识与预测的测试方法、虚实结合测试同步优化方法和车辆群体协同控制性能评价方法。它们是车辆群体协同决策与智能控制技术测试验证和集成演示的保障，对相关技术的快速落地具有重要的推动作用。

测试平台与验证技术在业界也有了许多应用。Waymo 2009年项目成立以来，全自动驾驶测试里程呈指数级增长，至2020年6月，累计路测里程达2500万英里，处于行业领先地位。2020年，高通公司在CES上推出Snapdragon Ride自动驾驶平台，提供先进且可扩展的开放自动驾驶解决方案，包括Snapdragon Ride安全系统级芯片、Snapdragon Ride安全加速器和Snapdragon Ride自动驾驶软件栈。2020年5月，英伟达发布安培（Ampere）架构，将其用于制造自动驾驶芯片，DRIVE Pegasus Robotaxi自动驾驶平台使用2颗Orin Soc芯片和2颗安培GPU芯片，性能可以达到2000 TOPS，这使这一代DRIVE Pegasus Robotaxi平台的算力提高了6倍，并构建了面向ADAS、L2 +以及L5自动驾驶的产品阵列。

---

① L. Li, N. Zheng, F. Wang, "A Theoretical Foundation of Intelligence Testing and Its Application for Intelligent Vehicles," *IEEE Transactions on Intelligent Transportation Systems*, 2020.

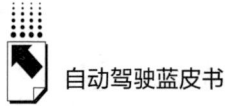

2020 年，华为继 2018 年发布 MDC 智能驾驶计算平台之后，推出更为细化的产品，分别是支持 L2 + 的 MDC 210 和支持 L3、L4 的 MDC 610，算力分别达到 48 TOPS 和 160 TOS，是华为"软件可裁剪、硬件可伸缩"的产品特性的体现，表现出华为在高级自动驾驶和量产自动驾驶领域的切实布局，并且相关系统和软件已经快速通过 ISO 26262 功能安全认证。2020 年，有 14 家企业共计 87 辆车参与北京市自动驾驶车辆一般性道路测试，其中百度有 43 辆车获批允许开展载人第三阶段测试、5 辆车获批开展无人化第一阶段测试，小马智行有 5 辆车获批允许开展载人第一阶段测试，奥迪、戴姆勒等测试主体通过方案迭代不断提升技术水平，丰田持续推进旗下量产车型的相关测试工作，沃芽科技在更多的车辆平台开展测试，美团也在持续探索开放道路测试。

不断发展的自动驾驶测试技术，是推动自动驾驶汽车应用落地的重要环节，是自动驾驶汽车安全可靠运行的必要保障。不同种类的自动驾驶测试方法，是相互支撑、环环相扣的关系。自动驾驶测试技术的发展和逐步成熟，还需要经历不断的技术积累和应用验证，提高仿真测试模型的准确性和真实性，开发性能优良、成本合理的自动驾驶测试装备，完善自动驾驶测试的相关规程和标准，向着更高效、更快速、更智能、更自动化的方向逐步推进。

二　国内外重大项目

近年来，为推进车路协同相关技术的快速发展，美国、日本、欧洲等国家和地区的相关组织与机构设立了一大批重大科研项目。在中国，科技部、国家自然科学基金委从国家基础研究、应用技术开发和规模示范等方面设立了相关项目支持车路协同研究。

（一）国外重大项目

1.美国设立的相关项目

2020 年 3 月，美国交通部发布新的 ITS 五年计划《智能交通系统

（ITS）战略规划2020 – 2025》。与强调交通连通性的2010版、重视车辆自动化和基础设施互联互通的2015版相比较，新版战略不仅关注自动驾驶、联网汽车的研究，更开始加速部署与应用，完善了识别评估技术、协调和领导、展示价值、支持部署、贯彻ITS技术的全生命周期流程，新版战略关注数据交互、网络信息安全等车路协同的支撑保障技术，在通信技术方面，新版战略未提及曾在2015版中明确的DSRC技术，更关注5G等快速发展的新型通信技术。

在测试方面，美国政府2015年以来实施的Connected Vehicle项目，于2020年7月开始在俄亥俄州进行涵盖1800辆配备车载单元的网联车和113个路口红绿灯在内的测试。此前，该项目已经在怀俄明州、佛罗里达州和纽约市都进行了测试。

在产业化方面，美国交通部计划2020年起为小型汽车强制加装V2X，通用、丰田美国、福特等车企也纷纷宣布在接下来1~2年将为新款车型加装V2X系统。

2. 日本设立的相关项目

日本的车路协同技术发展以实际应用和社会推广为导向，目前主要集中于在智慧公路（Smartway）基础上的ETC2.0项目。2020年6月日本国土交通省公布的《2020年日本国土交通白皮书》称，截至2020年3月，ETC普及率超过90%，ETC2.0普及率超过20%，具备进一步发展的基础。在通信交互方面，虽然DSRC在丰田超过10万辆车辆中广泛安装，在ETC2.0项目中也广泛使用，但2018年12月，日产、爱立信、大陆集团等已经完成了日本首次C – V2X联合实验，这标志着日本也在向蜂窝通信方式转型。

3. 欧洲设立的相关项目

欧洲从早年间的CVIS等项目起一直致力于推动协议和标准化，这有利于欧盟各国的车路系统之间信息互通，有利于统一进行项目建设。目前的Horizon 2020地平线计划中，在"智能、绿色和综合交通"板块下设立了"改善机动性、减少拥堵和提高安全性"的关键目标。欧洲的交通系统协同发展的技术路径主要围绕智能出行、生态出行、安全出行布局，强调面向使

用者的出行服务、高效节能，在欧盟的框架下建立具有一致性的道路基础设施和相关的信息服务。

近几年，荷兰、德国、奥地利等国开展了智慧走廊建设。它通过手机蜂窝通信、车载设备、控制中心，可以看到走廊上的每一辆车，将前方堵车信息传递给后车并提出减速建议以减缓堵车，从而进行成本很低的个性化、精细化管理控制。

在通信交互方面，2018年10月，大众汽车公司和西门子公司在德国沃尔夫斯堡进行了V2X试用，包括Car2X技术WLANp（ITS－G5）的试验，用10个交通信号系统传输了附近的红绿灯相位。2019年3月，欧盟宣布推动在欧洲道路上部署基于DSRC的V2X技术，大众也同年推出V2X车型。2019年4月，欧盟又授予C－V2X使用权，高通的C－V2X芯片于2020年3月完成了欧洲RED认证。

（二）国内重大项目

1. 科技部设立的相关项目

在2020年国家重点研发计划"综合交通运输与智能交通"等重点专项中，车路协同技术相关的研究项目主要有以下几类。

（1）决策控制方面

"车路协同系统要素耦合机理与协同优化方法"项目。该项目由北京航空航天大学牵头，联合清华大学、浙江大学、同济大学等14家单位共同开展研究，时间为2019～2022年。重点解决驾驶人风险认知与反应特性、车辆交互运动耦合机理、网络交通流演化规律、时空资源和系统状态协同优化等关键科学问题，突破驾驶意图识别、车群运动轨迹优化、交通瓶颈识别与可靠性预测、车道资源－车辆轨迹－交通信号协同优化、车路环境模拟与交通流一体化仿真等关键技术，为我国车路协同系统的建设和发展提供科技支撑。

"车路协同环境下车辆群体智能控制理论与测试验证"项目。项目由清华大学牵头，联合东南大学、同济大学、北京交通大学和长安大学等18家单位共同开展研究，时间为 2019 ~ 2021 年。项目面向未来车路协同环境下人、车、路异构交通主体构成的新型混合交通系统，针对其自组织、网络化、非线性、强耦合、泛随机和异粒度等特征，以车路协同环境为基础平台，以交通管理控制为应用对象，以仿真分析和实车测试为验证手段，重点研究复杂混合交通群体智能决策机理与协同控制理论，攻克车辆群体智能协同控制关键技术。

"路车智能融合控制与安全保障关键技术及应用"项目。2020 年新立项项目，由北京航空航天大学牵头，时间为 2021 ~ 2023 年。项目将研究应对极端路况、高动态未知环境的路与车多传感器超视距感知技术，研究业务感知的"车载 - 路侧 - 中心"多模式信息交互技术与信息安全保障技术，研究基于分布式敏捷路侧边缘计算的协同认知与控制决策技术，研发具备高精度定位、高可靠路车交互、主动安全协同辨识等功能的智能路侧装备，研究无人驾驶安全通行规则、交通组织方法及安全防控方法，基于重特大道路交通事故生成无人驾驶危险场景库，研发基于多场景业务需求驱动下的安全可信、自主可控的路与车智能融合控制技术，构建"端 - 边 - 云"架构的云智能平台。

（2）系统集成应用方面

"城市多模式交通系统协同控制关键技术与系统集成"项目。由公安部交通管理科学研究所牵头，联合浙江大学、同济大学、东南大学、青岛海信网络科技股份有限公司等 16 家单位共同开展研究，时间为 2019 ~ 2021 年。该项目重点解决交通拥挤准确诊断难、精细治理协同弱、智能管控程度低等瓶颈问题，研发适应交通动态变化的实时响应控制、均衡疏堵的主动调控新技术、新系统，建成新一代大数据驱动、区域联动的城市交通智慧协同管控平台，并通过规模化验证示范，形成可复制、可推广的新一代智能交通技术与应用体系，以提升城市路网通行效率、改善群众出行体验。项目在推动城市交通智慧管理技术提档升级，加快形成安全、便捷、高效、绿色的现代综合交通运输体系方面具有重要意义。

"高速公路智能车路协同系统集成应用"项目。由长安大学牵头，东南

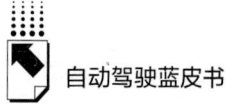

大学、中汽研汽车检验中心（广州）有限公司、北京主线科技有限公司、中国公路工程咨询集团有限公司等 12 家优势单位共同参与研究，2020 年启动。该项目主要围绕"高速公路车路协同系统全要素高可信感知交互与智能管控"关键科学问题展开研究，旨在突破"高速公路智能车路协同系统技术体系""虚实结合的车路协同系统量化测试评估""车路协同智能路侧系统及核心装备""基于云平台的高速公路全息信息融合及协同管控""自动驾驶专用车道设计及货车队列控制"等制约高速公路车路协同系统集成应用的重大共性关键技术。

（3）测试评估与示范方面

"封闭和半开放条件下智能车路系统测试评估与示范应用"项目。项目由交通运输部公路科学研究院牵头，联合北京航空航天大学、长安大学、华为技术有限公司和公安部交通管理科学研究所等 21 家单位共同开展研究，时间为 2019～2021 年。该项目重点突破"人－车－路－环境"强耦合的智能车路系统测试评估难题，聚焦集成测评技术和专用测评装备研发，建设封闭条件和半开放条件两类智能车路系统测试评估示范场地，并开展规模化示范应用。

"面向冬奥的高效、智能车联网技术研究及示范"项目。项目由中国联通携手北汽、首钢、国汽智联、大唐高鸿、清华大学等共同开展研究，2019 年立项。针对冬奥期间物资、设备、人员的高效安全运输问题，进行 5G、C－V2X、全面交通态势感知、车辆高精度定位等关键技术攻关，并打造安全、高效的智能车联网系统，拟应用于冬奥会测试赛及正式比赛。

2. 国家自然科学基金委设立的相关项目

2020 年度国家自然科学基金委支持的车路协同技术相关的各类申报项目，主要有以下几个大类。

（1）信息交互

在交通网联环境下的信息安全方面，有"车联网车路协同环境下安全与隐私保护研究（泰州学院，2019～2021 年，在研）"。

（2）感知定位

在群体智能感知方面，有"车路协同环境下大范围路网运行状态群智感知与预测研究"项目（北京航空航天大学，2019～2022年，在研）；在车队智能感知方面，有"人车路协同环境下半挂汽车列车队列安全换道的态势感知与容错控制"项目（中山大学，2018～2021年，在研）、"车路协同环境下高速公路车辆加入车队的群智感知与场论评价模型"项目（吉林大学，2020～2023年，在研）；在高精度地图定位方面，有"面向车路协同的动态高精地图时空一体化建模"项目（东南大学，2020～2023年，在研）。

（3）数据处理

在网联环境下的大数据管理方面，有"面向智能车路协同的超密集异构云雾网络资源管理技术研究"项目（华东交通大学，2020～2023年，在研）。

（4）建模、决策与控制

在车路协同交通流建模方面，有"车路协同环境连续交通流微观建模与仿真研究"项目（东南大学，2019～2021年，在研）；在城市交叉口控制方面，有"车路协同环境下单交叉口交通主动控制建模和优化"项目（清华大学，2017～2020年，结项）、"车路协同异构交通主体多交叉口间隙耦合控制方法"项目（北京交通大学，2020～2022年，在研）；在主动安全方面，有"基于车-路协同的汽车主动安全性关键技术研究"项目（西华大学，2018～2021年，在研）；在应急车辆、公交车道、可变车道等特定场景方面，有"基于车路协同的应急车辆与公交'路径跟踪'优先控制理论与方法研究"项目（长沙理工大学，2018～2021年，在研）、"自动驾驶条件下信号交叉口的可变车道设计及车路协同控制"项目（北京航空航天大学，2019～2022年，在研）。

三 国内外重大事件

随着车路协同系统研究热潮的到来，除了设立重大科研项目开展理论技术研究之外，国内外相关领域也举办了多项车路协同主题活动，为车路协同

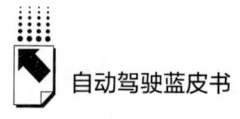
系统的研究、实现和应用提供了交流和学习的平台，很好地推进了车路协同相关技术的快速发展。

（一）国外事件

1. 第3届国际智能交通和网联汽车技术研讨会（The Third International Workshop on Intelligent Transportation and Connected Vehicles Technologies: ITCVT 2020）

2020年4月20~24日，第3届国际智能交通和网联汽车技术研讨会在匈牙利布达佩斯举办。会议主要关注与网联车相关的5G通信技术，以及车路协同带给交通系统的影响。该会议开展了多场关于车路协同网络的管理、协调和安全性保证等方面的专题报告。

2. 第23届IEEE国际智能交通系统会议（The 23rd IEEE International Conference on Intelligent Transportation Systems:IEEE ITSC 2020）

2020年9月20~23日，第23届IEEE国际智能交通系统会议在线上举办，在本次会议中讨论了车路协同相关的技术发展。会上，与会者就各个国家的车路协同发展现状展开了交流，并有多场报告介绍了5G通信技术和云端通信技术对车路协同技术带来的推动作用。

3. 第3届IEEE网联自动驾驶汽车会议（2020 IEEE 3rd Connected and Automated Vehicles Symposium:IEEE CAVS 2020）

2020年10月4~5日在加拿大的维多利亚举办了第3届IEEE网联自动驾驶汽车会议。会上，与会者对车路协同和智能车领域的发展进行了交流讨论，并详尽讨论了车路协同的较大产业价值以及未来带给交通系统和个人出行等方面的影响。

4. 第31届IEEE智能汽车会议（2020 IEEE Intelligent Vehicles Syposium）

2020年10月19日到11月13日，原定在美国拉斯维加斯举办的第31届IEEE智能汽车会议改为线上进行。在本次会议上，来自美国、加拿大和中国等国家的学者组织了多个与车路协同技术相关的研讨会。

（二）国内事件

1. 中国电动汽车百人会全球智能汽车前沿峰会（GIV 2020）召开

2020年8月22日，中国电动汽车百人会全球智能汽车前沿峰会（GIV 2020）正式开幕。峰会以"提速汽车智能化，打造产业新引擎"为核心命题，集中探讨了自动驾驶、车路协同乃至整个智能交通概念的产业化进程，对中国智能网联汽车的商业模式进行了探讨，有助于中国智能网联汽车的稳健发展。

2. 第七届国际网联汽车技术年会（CICV 2020）与2020中国汽车工程学会年会暨展览会（SAEC）合并举办

2020年10月27日，第七届国际智能网联汽车技术年会（CICV 2020）与2020中国汽车工程学会年会暨展览会（SAEC）在上海合并举办。会上，整车企业和各大高校签署了"人才培养战略合作协议"，为后续汽车行业人才培养奠定基础。

3. 第十五届中国智能交通年会（ITSAC 2020）在深圳召开

2020年11月5日，由中国智能交通协会（ITS China）主办的第十五届中国智能交通年会（ITSAC 2020）在深圳召开。本届年会以"新基建时期的ITS融合创新发展"为主题，聚焦新基建背景下智能交通领域的科技创新和产、学、研、用跨界融合，研究智能交通在新基建背景下的内涵与外延，勾画融合创新的新体系，交流切磋新技术、新成果，探讨行业发展新模式、新业态，努力构建智能交通发展的新格局，对加快智能汽车、智能交通、智慧城市一体化发展具有重要作用。

4. 世界智能网联汽车大会在中国国际展览中心（新馆）召开

2020年11月11~13日，2020世界智能网联汽车大会在北京市顺义区的中国国际展览中心（新馆）召开。大会以"智能新时代·车联新生活"为主题，设立整车、关键零部件、自动驾驶科创企业集群、ICT和人工智能、5G车联网与智能交通等主题展区，并同步设立了新基建和智能网联商用车展区、抗疫专区等特色展区。

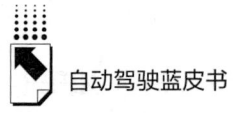

5. 第五届 i－VISTA 智能网联汽车国际研讨会召开

2020 年 12 月 3 日，由中国汽车工业协会、中国汽车工程学会、重庆市经济和信息化委员会、重庆两江新区管委会指导，中国汽车工程研究院股份有限公司主办，中汽院智能网联科技有限公司等单位联合承办的"第五届 i－VISTA 智能网联汽车国际研讨会"在重庆开幕，围绕"5G 融合·智联新生态"的主题，展开了技术分享和观点交流。

四　未来展望

车路协同系统发展至今已经取得了突出的阶段性成果，随着技术研究的逐渐成熟、产业应用的起步，以及 5G、AI 和无人驾驶的蓬勃发展，在车路协同概念理解、技术的更新、产业发展等方面出现了新的挑战。本文认为可以从以下四方面应对这些挑战。

加深车路协同内涵理解。在各方大力推进车路协同技术、服务及应用发展的过程当中，应当对智能车路协同系统的内涵保持统一且深入的理解，有助于加快车路协同系统的应用进程和提升车路协同系统的应用水平。"车路协同"不是一种技术，不是某几个应用场景，而是一种解决交通问题的方法。通过车与路、车与车、车与所有交通相关实体实时共享细粒度的交通信息，解决交通管控、车辆驾驶中信息获取不完全的问题，以此提高驾驶安全性和交通效率，特别是解决目前单车车辆驾驶技术和传统交通管理中无法解决的问题。

把握车路协同技术实质。在加深车路协同内涵理解的基础上，准确地把握车路协同技术实质是加快车路协同系统应用进程和提升车路协同系统应用水平的关键环节。车路协同技术的实质是通过通信技术（特别是直联通信技术），在所有（至少是多数）交通参与者之间实时可靠地交互各自的运动状态，使每一个交通参与者都可以全面了解周边的交通状态，实现安全驾驶和交通管控。因此，其中最重要的技术包括：鲁棒性、强适应性、低成本的亚米级定位技术，低延时、高可靠的移动直联通信技术（不要大带宽），协同环境下的驾驶安全控制和交通控制技术。

提升车路协同服务体验。在车路协同相关技术的研究进程中，本报告认为应当逐步提升车路协同系统的服务体验，以此体现智能车路协同系统在改善人类交通出行质量中所发挥的重要作用。在车路协同的安全和效率两大主要应用中，安全应用是鲜有个人体验的，其效果更多体现在事故下降、损失减少等社会效益中，需要在推广和实施中加强评估，让政府和管理部门切实体会到安全可以提高社会效益。而交通效率的提高是能让出行者有很好的体验的应用，特别是在减少人们日常通勤时间方面可以获得很好的体验。另外，车路协同的普及可以降低车辆能耗排放、改善人类乘车舒适度等，最终为人类呈现安全、高效、环保和舒适的服务体验。

推进车路协同规模应用。智能车路协同系统的规模化应用可最大限度地发挥其在改善人类生活质量中的重要作用，最大限度地体现车路协同研究与开发的价值。车/车通信应用起作用的必要条件是有足够的普及率，少量车辆安装系统，发挥不出提高安全性的作用；车/路通信应用需要车和路的配合，即使道路都变成了支持车路协同的智能道路，没有车的参与依然没有作用。为了保证车路协同规模应用，首先需要给有人驾驶的车辆提供服务，在存量车（特别是存量的商用车）中通过后装推广应用，通过智能道路建设和商用车应用推广带动乘用车的前装推广。

案 例 篇
Case Report

B.16
自动驾驶场地测试：国家级智能网联
测试示范区发展状况分析

张 莹　赵鹏超　赵 津*

摘　要：　智能网联汽车相关产品的研发升级需要通过示范区的实地
检验来不断完善，加速其产业化和商业化。宏观层面多部
委联合发布的《智能网联汽车道路测试管理规范（试行）》
《智能网联汽车道路测试与示范应用管理规范（试行）》等
政策法规为示范区的发展建设指明了方向。目前全国由部
委推进的国家级智能网联测试示范区已经有25家，覆盖了
全部的一线和中、东部二线城市，辐射效应已经形成。无
锡、天津、上海、长沙等多地的示范区建设已初见成效，呈
现以测试场为中心，由点到面，逐步向外拓展至半开放

* 张莹，中汽数据有限公司中汽智联部业务总监；赵鹏超，中汽数据有限公司技术发展室研发
主任，主要研究方向为车联网产业政策及应用示范平台构建；赵津，中汽数据有限公司智能
网联汽车产业咨询分析师，主要研究方向为智能网联汽车产业。

性、开放性道路，并逐步扩大应用试点区域的发展格局。未来、全国各地积极建设的先导示范区将进一步满足智能网联汽车多场景、多环境测试和应用示范需求，促进自动驾驶汽车全面落地。

关键词： 智能网联测试示范区　智能网联汽车　场地测试

一　基本情况

为满足智能网联汽车多场景、多环境测试和应用示范需求，推进国内示范区建设，国家发改委、工信部、国标委、公安部、交通部等陆续发布相关政策，推进智能网联汽车道路测试工作。2018 年 4 月，工信部、公安部、交通运输部联合印发了《智能网联汽车道路测试管理规范（试行）》，对测试主体、测试驾驶人及测试车辆，测试申请及审核，测试管理，交通违法和事故处理等进行了明确规定。为进一步优化完善智能网联汽车道路测试管理，满足智能网联汽车示范应用需求，2021 年 1 月，工信部、公安部、交通部发布《智能网联汽车道路测试与示范应用管理规范（试行）》，增加示范应用主体，鼓励开展异地互认，强化地方测试示范管理职责。据不完全统计，截至 2020 年底全国由部委推进的国家级智能网联测试示范区已经有 25 家，其中工信部授权 12 家、交通部授权 3 家、工信部与交通部联合授权 3 家、住建部授权 6 家、国家发改委授权 1 家，已经覆盖了全部的一线和中、东部二线城市，辐射效应已经形成。①

---

① 陈宇：《加强顶层设计推动汽车产业与城市协同发展》，《中国建设报》2020 年 1 月 20 日。

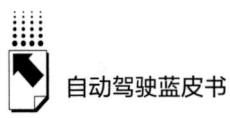

表1 国家级智能网联测试示范区

序号	分类	城市	名称	推进部委
1	车联网先导区	无锡	江苏(无锡)国家级车联网先导区	工信部
2		天津	天津(西青)国家级车联网先导区	工信部
3	示范区	上海	国家智能网联汽车(上海)试点示范区	工信部
4		北京	国家智能汽车与智慧交通(京冀)示范区	工信部
5		重庆	重庆智能汽车集成系统试验区(i-VISTA)	工信部
6		杭州	浙江5G车联网应用示范区	工信部
7		武汉	国家智能网联汽车(武汉)测试示范区	工信部
8		长春	国家智能网联汽车应用(北方)示范区	工信部
9		广州	广州智能网联汽车与智慧交通应用示范区	工信部
10		长沙	国家智能网联汽车(长沙)测试区	工信部
11		成都	中德智能网联汽车四川试验基地	工信部
12		上海	上海基于智能汽车云控基础平台的"车路网云一体化"综合示范	国家发改委
13		无锡	国家智能交通综合测试基地	工信部
14		北京	北京通州国家营运车辆自动驾驶与车路协同测试基地	交通部
15		重庆	重庆车检院自动驾驶测试应用示范基地	交通部
16		西安	长安大学车联网与智能汽车试验场	交通部
17	城市智慧汽车基础设施和机制建设试点	宁波	宁波城市智慧汽车基础设施和机制建设试点	住建部
18		德清	德清城市智慧汽车基础设施和机制建设试点	住建部
19		泉州	泉州城市智慧汽车基础设施和机制建设试点	住建部
20		莆田	莆田城市智慧汽车基础设施和机制建设试点	住建部
21		武汉	武汉城市智慧汽车基础设施和机制建设试点	住建部
22		广州	广州城市智慧汽车基础设施和机制建设试点	住建部
23	封闭测试场	上海临港新片区	上海临港智能网联汽车综合测试示范区	工信部和交通部联合
24		泰兴	自动驾驶封闭场地测试基地(泰兴)	工信部和交通部联合
25		襄阳	襄阳市智能网联汽车道路测试封闭测试场	工信部和交通部联合

资料来源：根据网络公开资料整理总结。

二 智能网联测试示范区功能侧重点

国家级智能网联测试示范区按照功能和定位不同可分为：车联网先导区（无锡、天津）、示范区（上海、重庆、长沙、武汉等）、城市智慧汽车基础设施和机制建设试点（宁波、德清、泉州、莆田、武汉、广州）、封闭测试

场（上海临港、泰兴、襄阳）。①

测试示范区的侧重点各有不同，整体覆盖全面。

（一）车联网先导区

车联网先导区是国家推进车联网产业发展，进行自主技术、产品形态、商业模式先行先试，促进行业标准、测试方法、政策法规加速出台，探索汽车、通信、交通等跨行业融合新兴业态的重要载体，是国家探索车联网规模化应用示范的新兴方式。我国已将车联网产业发展提升至国家战略高度，车联网先导区的建设对国家推动实现车联网产业高质量发展、拉动地方新兴经济具有重要意义。建设车联网先导区既是国家战略、产业发展的需求，也是智慧交通、智慧城市建设的最新发展方向，是惠及居民生产生活的民生工程重要实践。

1. 建设车联网先导区是落实国家车联网战略的有效支撑

国家相关部委相继出台多项顶层指导性文件，明确指出国家智能网联汽车的发展目标、方向及重点任务，赋予了车联网先导区是构建国家车联网产业发展基石的使命。同时也是加快5G、人工智能等技术在垂直行业的应用，打破国外发达国家的技术壁垒，落实制造强国、网络强国和交通强国战略，提升我国国际综合竞争力和话语权的有效路径。

2. 建设车联网先导区是产业发展的刚性需求

通过车联网先导区建设，构建协同开放的车联网技术创新体系，有力推动共性交叉技术研究，健全车联网测试评价体系及测试基础数据库；构建先进的车路协同基础设施体系，逐步实现智能汽车与基础设施、交通环境等方面的数据融合应用；构建系统完善的车联网法律法规、标准体系，健全法律法规、完善技术标准、推动认证认可，营造完备的产业发展软环境；构建科学规范的车联网产品监管体系，探索车联网产品生产管理和使用管理制度，探索车联网通信设备进网许可管理等，推进车联网商业化应用；构建全面高效的车联网信息安全体系，完善安全管理联动机制，提升信息安全防护能力，

---

① 赵鹏超等：《浅谈我国车联网先导区建设思路》，《时代汽车》2020年第1期。

加强数据安全监督管理，保障车联网运行安全；构建跨界融合的车联网产业生态体系，构筑产业服务平台，加速车联网新产品、新技术的推广应用，形成规模化产业创新发展态势。

3. 建设车联网先导区是智慧交通、智慧城市的重要组成部分

车联网先导区以促进车路云网一体化发展，构建数字化道路基础设施、高精度时空基准和地理信息服务、大数据云控服务平台等为内容，可实现各要素高度透明、数字化、被感知、被计算以及互联互通。车联网先导区建设横跨5G、大数据、人工智能、工业互联网、新能源汽车等五大领域，能够有效促进经济发展、提升交通管理水平和城市运行效率，是惠及居民生产生活的民生工程重要实践。

（二）示范区

示范区的建设综合性较强，一般分阶段进行规划布局，即封闭测试区、开放道路测试区及小范围开放城市，依次逐级扩大建设范围，丰富应用场景。

（三）城市智慧汽车基础设施和机制建设试点

以城市地形特色为基础，建设基础设施、探索商业模式，打造具备数字化基础设施的智慧城市。

（四）封闭测试场

将面向自动驾驶应用，为关键产品研发提供测试验证环境，为自动驾驶相关政策及标准提供先行先试的示范环境。

三　主要示范区的示范应用及示范效果

（一）江苏（无锡）国家级车联网先导区

1. 简介

2019年5月，工信部批复支持创建江苏（无锡）车联网先导区，无锡

成为全国首个获批建设国家级车联网先导区的城市。对于无锡先导区，工信部给予的主要任务目标是：完善联络协调机制、规模部署车联网网络、丰富应用场景、明确车联网运营主体、探索相关标准规范和管理规定、实现良好的规模应用效果、建立开放融合的产业生态，形成可复制、可推广的做法。

无锡也以创建先导区为契机，在已有应用示范基础上进一步扩大范围，建设车联网城市级示范应用项目。参与无锡先导区建设的单位包括公安部交通管理科学研究所、中国信息通信研究院、无锡市公安交警支队、中国移动无锡分公司、华为公司、无锡智慧城市建设发展有限公司、江苏天安智联有限公司等，这些单位还组织了 20 多家不同领域的合作伙伴，将城市产业和资源优势有机结合，优化区域布局，支持车联网产业链上下游联动。[1]

2. 示范应用及示范效果

江苏（无锡）国家级车联网先导区的建设已经取得阶段性成果。

（1）取得 C-V2X、路侧单元、感知监测等关键核心技术的突破创新。目前，无锡已建成全球规模最大的车联网城市级 C-V2X 网络，完成主城区、太湖新城近 280 个路口和 500 余个点段的路侧设施数字化改造，覆盖范围 220 平方公里，实现 LTE-V2X 通信网络全覆盖，形成全球第一个城市级开放道路的示范环境，在全球首次规模实现"人、车、路、网、云"数据的高效互联互通，也是全球首个拥有规模化用户的 C-V2X 应用示范区，用户总量超 10 万。

（2）加速推进车联应用开发与渗透普及，加快车联网商业化应用推广，改善百姓出行体验。固化了红绿灯信息、交通事件提示、公交优先、120/119 紧急车辆优先等 12 项应用，深化了结合灯色数据的交通灯巡航、闯红灯预警、导航路径规划以及路险信息警示、盲区预警/变道预警等 13 项应用，探索了车辆智能并线、路口协同起步、精准公交、信号灯辅助发动机启停精准控制、异常/故障车辆提醒等 7 项应用。研发了具备 V2X 功能的多款车载后视镜，开发了"智行无锡"App。

---

① 付奇：《掘金车联网，抢占未来产业制高点》，《新华日报》2020 年 12 月 8 日。

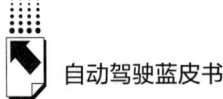

（3）以国家智能交通综合测试基地建设为契机，构建了国家级车联网测试、评估、认证平台，集聚多家整车厂商开展各类道路测试，制定完善车联网（智能网联汽车）测试规程及评价体系，推动长三角区域测试基地协同发展。在此基础上，制定了《国家车联网产业标准体系建设指南（车辆智能管理)》。并在无锡政府主导、公安部交通管理科学研究所和中国信息通信研究院牵头组织，中国移动、华为公司等多家单位参与编写下，发布了《无锡市车联网先导性应用示范白皮书》，并获得国家及省部级多个研究项目支持。

（4）发挥产业汇聚作用，车联网产业链不断完善。引入奥迪、福特、丰田、上汽大通、标致雪铁龙、丰疆智能、东南大学、博世、电装、四维图新、高德、航天大为、赛康交安（南京赛康交通安全科技股份有限公司）、江苏智行等14家产业链战略合作伙伴，吸引物联网创新中心、华为 Open Lab、奥迪研发中心、南山/博世集团锡山商务区小镇、省级汽车零部件产业基地等多家产学研机构落地无锡。加快建立开放融合、创新发展的产业生态联盟，引导车联网龙头骨干企业充分发挥各方优势，构建涵盖技术、标准、产品、应用和服务体系等完整的产业链条。

（5）积极发挥区位辐射效应，推动南京、苏州、常州、盐城等江苏各地车联网建设有序推进，形成了可复制、可推广的江苏经验，为全国车联网建设树立了标杆样板。随着先导区建设的推进，不久的将来，在无锡和苏州两城之前建设跨城市的车联网示范应用，形成大范围、大量信号控制路口的市际车联网示范应用环境，包含高速公路、国省道路、城市快速路等。

（二）天津（西青）国家级车联网先导区

1. 简介

2019年12月，工信部批复支持创建天津（西青）车联网先导区，对于西青先导区，工信部给予的主要任务目标是：发挥在标准机构、测试环境等方面的优势，积极探索跨行业标准化工作新模式，加快行业关键急需的标准制定和验证，加强测试评价体系建设，促进行业管理制度和规范的完善。规

模部署蜂窝车联网 C-V2X 网络，完成重点区域交通设施车联网功能改造和核心系统能力提升，明确车联网通信终端安装方案，建立车联网安全管理、通信认证鉴权体系和信息开放、互联互通的云端服务平台。明确车联网运营主体和职责，探索丰富车联网应用场景，构建开放、融合、创新、发展的产业生态，形成可复制、可推广的经验做法。

天津（西青）车联网先导区通过建设产业技术基础公共服务平台，服务车联网规模测试验证，为智慧交通和车路协同产业提供服务和支撑，可在较短时间内形成辐射性强的车联网产业生态圈，在全国乃至国际形成样板效应，引领产业生态、服务行业共性技术的发展。①

2. 示范应用及示范效果

目前，天津（西青）国家级车联网先导区正加速建设。

（1）积极推动车路协同环境构建。2020 年 7 月，天津先导区完成顶层规划设计工作，一期建设区域将涵盖天津南站商务区 86 个全息感知路口，60 公里道路车路协同环境具体建设方案，可支撑开展车联网规模验证及多场景运营。同时成立天津先导区建设联合工作组，协同华为公司、大唐高鸿、星云互联、中电海康、四维图新、ITS 中心、天大、北航等通信、交通行业优质企业院校，并联合长城、吉利、广汽等主流车企，从车路协同多终端主体互联互通、车联网云控平台系统开发、先导区运营与 V2X 仿真数据库建设、高精度地图采集与应用、高精度定位系统与技术研发、车路协同标准验证、3 级测试体系建设与应用、多场景规模化应用示范等细分领域持续推进天津先导区建设工作。

（2）深度挖掘多场景应用与服务，进行规模化车载终端部署。为推动车联网规模应用与用户渗透率，已联合华为、大唐、星云互联、高新兴、中电海康等企业，积极推进车载端、路侧端、云控端设备设施互联互通工作，致力于打通车联网物理信息孤岛，为行业提供成熟的车路协同解决方案。目前已与多家合作企业联合开展多终端协议匹配与功能验证工作。在

---

① 《天津：车联网先导应用创新示范样本》，《信息系统工程》2021 年第 4 期。

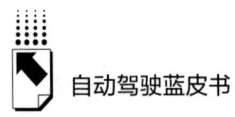

政务、公交、警用、医用等车联网信息服务方面，探索自主接泊、无人物流、无人环卫、车辆编组等自动驾驶应用场景，推动车联网与智慧交通深度融合。

（3）建立"虚拟仿真测试－封闭园区测试－开放道路测试"的 3 级测试体系。其中虚拟仿真测试场位于西青区中北镇中汽中心，可提供全场景的虚拟测试服务，加速企业测试研发；正在建设的封闭园区测试场位于王稳庄镇，占地面积 1475 亩，共规划 7 个测试分区，建成后将成为中国北方智能网联汽车测试功能最齐全的封闭园区测试场；开放道路测试的道路，天津已开放 24.5 公里。目前面向天津全市，同天津市交委、市工信等主管部门沟通，协助策划 298 公里的开放道路方案，并推动重点路段的数字化设备设施升级工作，为智能网联汽车提供全方位、一站式的测试场景。

（4）同时以行业标准为重要发力点，提供跨行业标准支撑服务。以天津先导区车路协同环境为载体，提前布局 V2X 标准验证工作，协同华为、大唐等行业伙伴，推动跨芯片、跨模组、跨终端等多跨形式下的通信协议及通信接口的标准研制及验证。积极参与 IMT－2020（5G）推进组及 C-V2X 工作组相关重要工作，与中国信息通信研究院、公安部交通管理科学研究所、交通运输部公路研究院等行业第三方机构深入接触，从接入层、网络层、消息层、通信安全、系统平台等多层面制定促进产业发展和应用的标准，加快车联网行业关键急需标准制定，积极推进车路协同等跨行业标准建设。

（5）持续深入推进自动驾驶系统研发与车联网应用场景探索工作。天津先导区致力于推进车规级、可量产解决方案落地，提高车联网先导区渗透率。围绕自动驾驶乘用车、无人小巴、无人巡逻车、自动驾驶售卖车等多类型车辆，推动单车智能与车路协同深度融合，构建多区域、多种类的应用示范。同时，与京东物流、斑马智行、百度、文远知行、蜗小白及金龙客车等多方主体深入交流沟通，达成合作共识，将在物流、环卫、接驳、运营等方面，充分发挥各方优势，共同探索不同场景的示范应用及商业模式落地。

（6）构建车联网安全防护体系。依托车联网信息安全技术研发、标准制定方面的优势，推进天津先导区车联网安全防护体系建设。其中重点联合

CA 供应商、芯片供应商、主机厂和 OBU 厂商，共同开展 CA 平台 - 智能网联汽车 - OBU 设备 - 协议栈 - 安全模组的完整商用集成测试，进一步完善 V2X CA 技术方案。加快 V2X CA 证书应用、管理功能、安全通信层面测试研发工作，推动 V2X CA 技术方案与车联网先导区云控平台的对接，推进先导区整体车路协同系统的全面信息安全防护体系构建，保障天津先导区规模化测试、示范及应用过程中的人员安全、车辆安全及网络安全。

（三）国家智能网联汽车（上海）试点示范区

1. 简介

国家智能网联汽车（上海）试点示范区是工信部批准的我国首个智能网联汽车示范区，已开放运营 6 年，由上海国际汽车城（集团）有限公司承担建设。根据产业技术进步的需求，示范区遵循分级推进、有序开放的原则，建设运营逐步从封闭测试区拓展到开放道路、典型城市和城际走廊，形成系统评价体系和综合性示范平台。

2. 示范应用及示范效果

国家智能网联汽车（上海）试点示范区经过 6 年多的积淀，已经取得了显著成果。

（1）一期 15.8 公里的智能网联汽车开放测试道路的测试环境建设已全部完成，二期 37.8 公里的测试环境建设项目也已正式启动。2020 年，已率先开放安亭镇、嘉定新城、嘉定工业区、汽车新能港"一镇三片区"共 261.4 公里智能网联汽车开放测试道路，累计开放测试道路 315 公里，覆盖面积近 110 平方公里。

（2）在开放测试路段，已实现 5G 信号全覆盖，高精度地图采集工作也已完毕。路侧同时建设了道路感知系统、车路协同应用系统、安全管控平台等智能交通基础设施，支撑智能网联汽车向示范应用、商业化运营大步迈进。

智能网联汽车的产业生态圈，正在上海试点加快完善。上海将继续为智能网联汽车示范应用及商业化试运营做好保障工作，在现有"一镇三片区"

开放测试道路的基础上，逐步实现嘉定全域 1300 公里道路，460 多平方公里范围的开放，构建完善的"车、路、城、云"智能协同应用环境。①

（四）国家智能网联汽车（长沙）测试区

1. 简介

国家智能网联汽车（长沙）测试区是由工信部授牌，基于 5G 和 C-V2X 环境的国家级智能系统测试区。2018 年测试区正式对外开放运营，由湖南湘江智能科技创新中心有限公司负责。测试区的终极目标是在智能网联汽车产业关键技术和零部件创新研发、产业集群和产业生态培育、应用示范和标准体系建设推广上走在全国乃至全球前列。

2. 示范应用及示范效果

经过 4 年的探索创新，长沙市智能网联汽车产业已实现领跑，长沙测试区已承接近 50 家企业 2200 余场智能网联汽车测试，总测试里程近 10 万公里，获得了政府及相关部委的高度认可。2020 年获得工信部批复建设湖南（长沙）国家级车联网先导区，向车联网产业发展高地再进一步。

（1）长沙示范区拥有完善的基础设施，提供封闭测试和开放测试服务。封闭测试项目用地面积为 1232 亩，总投资约 18.96 亿元，分为管理与研发调试区、模拟城市道路测试区、模拟高速公路测试区、模拟乡村道路测试区和模拟越野道路测试区 5 个测试区，应用于包括 AEB、LDW、ACC，超车预警辅助，行人避碰在内的 228 个智能网联汽车测试场景。

（2）长沙示范区的 5G-V2X 的应用水平位于国内前列。开放测试项目包括总长约 93 公里，总体定位为支持 L3 及以上高级自动驾驶的开放式车路协同高速公路，是国内首条基于 5G-V2X 的高速公路，总长 135 公里，全线支持 L3 及以上等级自动驾驶车辆测试与示范的开放道路项目。构建包含车路协同、自动驾驶等测试类相关场景和车辆行驶安全、道路信息提示等应用类

---

① 张晓鸣、薄小波：《上海启动智能网联汽车规模化载人示范应用》，《文汇报》2020 年 6 月 28 日。

场景 90 余个。

（3）与头部企业展开深度合作。2019 年 9 月 26 日，百度自动驾驶出租车开始在湘江新区 100 平方公里范围内开展开放道路载人测试。2020 年 4 月，百度自动驾驶出租车面向市民开放试运营。湖南智能网联汽车产业云在湘江新区发布，这是华为自动驾驶云服务在全球的首次落地。

（4）聚集行业优势资源，拓展产业伙伴队伍。长沙示范区已拥有 AI 算法、智能芯片、大数据、智能传感器等基础层企业 229 家，感知、识别、自动化等技术层企业 77 家，整车及汽车零部件、工程专用车、无人驾驶车辆等应用层企业 41 家，共 347 家企业，不断巩固智能网联汽车产业生态。

未来，国家智能网联汽车（长沙）测试区将依托湖南湘江新区智能网联汽车产业链、知识链、人才链、资金链、政策链 5 链齐动的产业开放生态平台。在研发测试技术标准共建、场景应用示范、技术成果转化、产业项目落地等方面展开探索创新，打造基于 5G 网络的智能网联汽车与智慧出行生态示范区。

（五）城市智慧汽车基础设施和机制建设试点

1. 简介

住建部 2018 年 7 月开始在浙江宁波，福建莆田、泉州三个城市部署开展城市智能汽车基础设施和机制建设的试点工作，2019 年 12 月新增了广州、武汉、德清作为第二批试点城市。

2. 示范应用及示范效果

经过试点，住建部进行了城市智能基础设施建设、智能汽车和智能交通的应用场景、多元主体的建设模式、技术创新方向等 4 个领域的探索，同时企业通过参与试点工作进一步积累了经验、明确了发展方向。

（1）宁波市政府基于吉利汽车研究院的研发实力，在杭州湾新区进行试点，同时对周边道路交通设施进行了智能化的改造，搭建了车路数据管理平台，初步建成了智能网联汽车开放道路的测试环境。

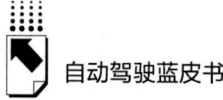

（2）莆田市依托湄洲岛作为旅游胜地的优势，因地制宜，建成了集电动公交、分时租赁、公共自行车于一体的绿色出行体系，同时实现全岛 5G 全覆盖，开展无人驾驶示范，将无人驾驶打造成为新的旅游体验项目。

（3）泉州从本市治理电动两轮车实际需要出发，运用信息化技术手段，智能分析、判断电动两轮车超速、闯红灯、超载等违章违规行为。

（4）2019 年新增的三个试点城市，如武汉、德清已经建成了智能汽车小型封闭式测试场，在试点区域实现了 5G 的全覆盖，建成了里程不同的智能化道路，广州的黄埔、番禺、南沙三个区都在进行相应的探索工作。

下一步住建部将加强对试点城市的指导和支持，适时扩大试点范围，提升试点层次，鼓励试点城市基于自身基础进行体制机制和商业模式的改革创新，建设城市数字化平台，打通城市数据链，为未来建设智慧城市打下坚实基础。

借 鉴 篇

Reference Report

B.17

国际自动驾驶产业发展报告

查理·程　理查德·戈贝尔　周博林　陈超　王赟芝*

摘　要：　了解美国、欧洲等地的自动驾驶汽车产业发展现状和学习
其先进经验，有助于探索自动驾驶汽车发展的道路，为国家
宏观政策引导、顶层设计、制定战略任务提供方向性的参
考，并推动我国自动驾驶汽车的产业化进程和相关技术的自
主研发和迭代创新。联合国欧洲经济委员会（UNECE）世界
车辆法规协调论坛（WP.29）发布了第一个强制性自动驾驶
法规（ALKS－联合国第157号法规），还发布了关于防止网
络威胁（联合国第155号法规）或错误软件更新（联合国第
156号法规）的法规。美国则先后发布《地面交通再授权法
案》《联邦机动车安全标准》等法规标准，为自动驾驶汽车

---

* 查理·程，车辆测试与标准化国际联盟（IAMTS）技术专家；查理德·戈贝尔，德国技术监督
协会（TÜV）汽车与移动部总监，管理委员会成员；周博林，中汽数据有限公司智能网联数据
室研发主任，IAMTS WG1 负责人；陈超，中汽数据有限公司智能网联数据室项目主管；王赟
芝，中汽数据有限公司智能网联数据室项目经理。

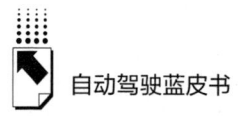

产业奠定发展的基础，发布《自动驾驶汽车综合计划》为自动驾驶汽车的安全融入做好交通系统准备。同时，美国联邦通信委员会划定特定频段用于智能交通系统。整车厂商方面，通用、福特、现代、特斯拉等企业相继发布高级别自动驾驶汽车计划。欧洲方面，法规（EU）2018/858为欧盟新型机动车的型式认证和投放市场提供了统一的法律框架，德国、法国修订道路交通法规将自动驾驶引入常规运营当中。ASAM标准协会的OpenX标准为自动驾驶仿真测试统一了数据格式和接口。但全球新冠肺炎疫情的暴发和自动驾驶汽车频频发生的交通事故延迟了车企推出预期的自动驾驶汽车，自动驾驶在世界范围内的全面商业化和落地尚有待相关技术发展。

关键词：　自动驾驶政策　自动驾驶立法　自动驾驶技术

一　美国自动驾驶汽车（AV）技术和政策

（一）自动驾驶汽车政策和法规

2021年下半年，美国国会将探讨美国境内机动车辆的未来发展状况，探讨的重点在于更新《地面交通再授权法案》，利用电动汽车转而建立更具可持续性的交通网络，为自动驾驶汽车的发展营造安全环境。2020年全球暴发了新冠肺炎疫情，大多数人减少了出行。然而对于汽车监管机构和技术创新人员而言，这一时期也非同寻常，他们获得了千载难逢的机会来展开跨行业探讨。

2020年3月，美国交通部下属的国家公路交通安全管理局（NHTSA）发

布了提议规则制定通知（NPRM），更新多个联邦机动车安全标准（FMVSS），澄清现行无传统手动控制装置车辆的乘员保护标准的矛盾之处，并调整对自动驾驶系统（ADS）的安全要求。①

发布该通知是为了给高度自动化车辆的商业运营铺平道路，这对美国汽车监管机构来说，尚属首次。2018 年 3 月，一辆优步自动驾驶汽车在亚利桑那州坦佩市发生交通事故，造成一名行人死亡，后来经调查，安全员分心和优步自动驾驶汽车缺乏安全性造成了这起死亡事故。② 因此，很多业内重要人事对该通知议论纷纷。

优步自动驾驶汽车交通事故发生一年后，国际汽车工程师学会（SAE）采取了行动，修正 SAE J3018《SAE 3 级、4 级和 5 级原型自动驾驶系统（ADS）的安全道路测试指南》。同年，车辆测试与标准化国际联盟（IAMTS）成立，它的使命和愿景是整合先进汽车生态系统，帮助开发公认的测试场景，验证、认证方法和术语框架。车辆测试与标准化国际联盟是一个机构，目的是开发全球性的物理、虚拟和信息物理测试平台组合，分享最佳实践，确保测试一致、可复现、可靠，最终促成全球标准和认证的统一。2021 年，其发布了首个关于虚拟测试工具链验证

① "NHTSA Issues First-Ever Proposal to Modernize Occupant Protection Safety Standards for Vehicles without Manual Controls," United States Department of Transportation, Mar. 2020, www.nhtsa.gov/press-releases/nhtsa-issues-first-ever-proposal-modernize-occupant-protection-safety-standards; "Docket No. NHTSA-2020-0014 Occupant Protection for Automated Driving Systems," United States Department of Transportation, Mar. 2020, www.nhtsa.gov/sites/nhtsa.gov/files/occupant_protection_for_ads_nprm_website_version.pdf.

② Andrew J. Hawkins, "The World's First Robot Car Death was the Result of Human Error-and It can Happen Again," The Verge, Nov. 2019, www.theverge.com/2019/11/20/20973971/uber-self-driving-car-crash-investigation-human-error-results#: ~: text = On% 20November% 2020th% 2C% 20the% 20National% 20Transportation% 20Safety% 20Board, the% 20world% E2% 80% 99s% 20first% 20death% 20by% 20a% 20self-driving% 20car; Chris Teale, "Uber AV Safety Driver Charged with Negligent Homicide in Fatal 2018 Crash," Smart Cities Dive, Nov. 2019, www.smartcitiesdive.com/news/uber-av-safety-driver-charged-with-negligent-homicide-in-fatal-2018-crash/567673/; "Collision Between Vehicle Controlled by Developmental Automated Driving System and Pedestrian Public Meeting," National Transportation Safety Board, Nov. 2019, www.ntsb.gov/news/events/Documents/2019-HWY18MH010-BMG-abstract.pdf.

的最佳实践。提出此最佳实践的工作机构包括国际汽车工程师学会、李斯特公司、南德意志集团、国际交通创新中心（ITIC）、TNO、Retrospect AV、北京赛目科技有限公司、Mcity、NVIDIA、塔林理工大学、佛罗里达理工大学、Uniquesec、GreenTEC Campus、3D Mapping Solutions、TÜV Nord、德国莱茵集团、Humanetics、Virtual Vehicle Research、DLR 以及 Flaming Creations[①]。

自 2020 年 3 月起，美国国家公路交通安全管理局和其他美国监管机构开始发布一系列提议规则制定预先通知。此处本文并不计划深入讨论这些提议规则制定，但这些文件起到了推动作用，促使汽车监管机构重新思考汽车的功能和形式，以及自动驾驶汽车的自行认证与传统汽车是截然不同的。

（二）美国自动驾驶汽车综合计划

2021 年 1 月 11 日，美国交通部发布了一项多式联运战略的综合计划，以促进合作，提高透明度，改进监管环境，为自动驾驶汽车的安全融入做好交通系统的准备。来自美国交通部长赵小兰（Elaine L. Chao）的文件揭示了人员运输和货物运输将经历何种巨大变革。[②]

《自动驾驶汽车综合计划》是在国会的指示下制定的，基于之前的推荐性准则：

– ADS 2.0 – 自动驾驶系统 2.0：安全愿景

– AV 3.0 – 为未来交通做准备：自动驾驶汽车 3.0

– AV 4.0 – 确保美国自动驾驶汽车技术领导地位：自动驾驶汽车 4.0

AV 3.0 体现了美国交通部围绕自动驾驶汽车所做的所有工作。AV 4.0 是首个由白宫直接参与发布的美国自动驾驶汽车指南，是整个政府部门中

---

① "IAMTS Releases Best Practice on Validation of Virtual Testing Toolchains," SAE International, Apr. 2021, www. sae. org/news/press – room/2021/04/iamts – releases – best – practice – on – validation – of – virtual – testing – toolchains.

② "USDOT's Automated Vehicles Comprehensive Plan," United States Department of Transportation, Jan. 2021, www. transportation. gov/av/avcp/5.

38 个致力于自动驾驶汽车技术的联邦机构共同努力的结果，这些联邦机构统一意见，共同协作。①

2021 年 6 月，美国交通部宣布了统一的春季监管议程，确定针对交通工作人员和广大出行人员安全的行动和承诺，应对气候变化，促进社会公平，推动经济复苏。该议程首先强调了提升道路和车辆安全性以及交通公平性。为了提升安全性，交通部建议制定自动紧急制动等安全技术标准，确保优化为自动驾驶汽车技术部署而进行的数据收集，以实现安全创新，这是其十年内首次改进道路设计和运营实践。美国交通部列出了许多重大转变，例如：

·要求重型车辆和轻型车辆装备自动紧急制动系统（美国国家公路交通安全管理局）；

·修订《街道和公路的道路交通管理标志统一守则》（美国联邦公路局）；

·制定要求严格的自动驾驶车辆测试标准，建立自动驾驶汽车交通事故的国家事故数据库（美国国家公路交通安全管理局）；

·为自动驾驶汽车的发展构建安全、可预测的环境（美国国家公路交通安全管理局）。②

（三）自动驾驶汽车测试

2020 年 6 月，美国国家公路交通安全管理局还启动了自动驾驶汽车透明度和参与安全测试（AV TEST）计划。这一举措的目的是为公众提供直接、简单的途径，帮助公众获得关于配备自动驾驶系统的车辆的测试信息、各州提供的关于活动、立法、法规、地方参与道路自动化的信息，以及自动

---

① "Preparing for the Future of Transportation: Automated Vehicles 3.0," United States Department of Transportation, Oct. 2018, www. transportation. gov/av/3; "Video: Expansion of Automated Vehicles Transparency and Engagement for Safe Testing Initiative (AV TEST)," National Highway Traffic Safety Administration, Jan. 2021, www. nhtsa. gov/filebrowser/download/280751.

② "U. S. Department of Transportation Releases Spring Regulatory Agenda," United States Department of Transportation, Jun. 2021, www. transportation. gov/briefing－room/us－department－transportation－releases－spring－regulatory－agenda.

驾驶系统开发和测试公司提供的信息。这项计划最初由 9 个州和 9 家公司发起，后来发展到 26 个州和 3 个协会。

（四）车联网（V2X）与智能交通系统（ITS）

2020 年 11 月 18 日，美国联邦通信委员会（FCC）首次发布报告，下令要求改变 5.850 ~ 5.925 GHz 频段（5.9 GHz 频段）上的 45 MHz 频谱的用途，以便扩大非授权中频段频谱业务，同时继续将 30 MHz 频谱用于重要的智能交通系统（ITS）业务。[①] 此外，该报告要求智能交通系统服务在过渡期结束时使用基于蜂窝车联网（C-V2X）的技术，以实现最有效地利用智能交通系统频谱。

在此之前，这一频谱划拨给汽车行业，用于专用短程通信（DSRC），时间已将近 20 年，但并没有出现大规模采用车联网功能的车辆和车队。该命令颁布后，许多行业利益相关者，如汽车创新联盟和智能交通系统（ITS）联合项目办公室（JPO）都发表了声明，呼吁美国联邦通信委员会重新审议该命令。汽车创新联盟代表的制造商生产的汽车和轻型卡车占美国销量的近 99%。2020 年 4 月，该联盟向美国联邦通信委员会承诺，在未来五年内会将至少 500 万台车联网无线电安装在车辆和道路基础设施上，前提是美国联邦通信委员会预留 5.9GHZ 安全频谱内的全部 75MHz 频谱，以提高交通安全，并允许蜂窝车联网技术与专用短程通信一起使用。[②]

2021 年 4 月 20 日，OmniAir Consortium 启动 C-V2X 认证计划。OmniAir

---

① "ET Docket No. 19 – 138 Use of the 5.850 – 5.925 GHz Band First Report and Order, Further Notice of Proposed Rulemaking, and Order of Proposed Modification," Federal Communications Commission, Nov. 2020, docs. fcc. gov/public/attachments/FCC – 20 – 164A1_ Rcd. pdf.

② "Auto Industry Unites Behind Safety Technology by Committing at Least 5 Million V2X Radios and Devices by the End of 2025," Alliance for Automotive Innovation, Apr. 2020, www. autosinnovate. org/ posts/press – release/auto – industry – unites – behind – safety – technology; "FCC Modernizes 5.9 GHz Band to Improve Wi-Fi and Automotive Safety," Federal Communications Commission, Feb. 2021, www. fcc. gov/document/fcc – modernizes – 59 – ghz – band – improve – wi – fi – and – automotive – safety – 0.

Consoritum 是领先的行业协会，其目的是促进智能交通系统、收费系统和联网车辆的互操作性和认证。该联盟正式宣布，通过采用经验证的测试案例、合格的测试设备和经认可的测试实验室网络，为基于 C-V2X 的设备制定了全球首个认证计划。经 OmniAir 认证的设备符合已发布的行业标准，并满足最低互操作性和安全要求，为部署机构和可靠的通信设备厂商提供保障。

OmniAir 在 2017 年推出了首个专用短程通信车联网设备测试和认证计划。这个新的认证项目建立在全面测试的基础上。OmniAir 的认证项目的范围涵盖 300 多个基于以下标准的验证测试案例：

· 3GPP 36 – 521 & 36 – 523（R14）

Radio Transmissions and Receptions 无线电发射和接收

· SAE J3161/1：2020

OBU LTE-V2X Communications 车载终端 LTE-V2X 通信

· IEEE 1609.2：2017，2a & 2b：2019

Security Services 安全服务

· IEEE 1609.2.1（CAMP）：2020

SCMS and Certificates SCMS 和证书

· IEEE 1609.3：2020

· IEE 1609.3：2020

Network Services 网络服务

· SAE J2735：2020

Message Decoding 信息解码

· SAE J3161/1A：2021（Adapted from J2945/1A Modified）

· SAE J3161/1A：2021（改编自 J2945/1A 修改版）

BSM（V2V）Minimum Performance，Location Field Accuracy

BSM（V2V）最低性能、位置字段准确度

· SAE J3161/1 & /1A：2021（Adapted from J2945/1）

· SAE J3161/1 & /1A：2021（改编自 J2945/1）

BSM Checklist Driving Test

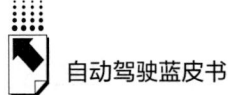

BSM 驾驶测试检查表

·SAE J2735 SPAT

783 – OA – TSS&TP – SPAT

·SAE J2735 MAP

782 – OA – TSS&TP – MAP

·USDOT FHWA – JPO – 17 – 589：2017

RSU 4.1 with selected NEMA TS10 Radio Adaptation for RSU

配备选定用于 RSU 的 NEMA TS10 无线电适配的 RSU 4.1[①]

美国联邦通信委员会发布命令约半年后，美国智能交通协会和美国各州公路暨运输工作者协会（AASHTO）就美国联邦通信委员会 2020 年 11 月关于使用 5.9GHz 频段的无授权设备的命令提出上诉。美国智能交通协会和美国各州公路暨运输工作者协会采取这一举措是为了确保能够继续在整个 5.9GHz 频段内安全使用车联网技术。[②]

美国交通工程师协会（ITE）成立于 1930 年，是由交通专业人员组成的国际成员协会，在 75 个国家拥有近 16，000 名成员。美国交通工程师协会的使命和愿景是成为特别的交通组织，为全球交通专业人士团体提供知识、实践、技能和交流途径，以满足团体需要，并帮助其在社会背景下塑造行业和交通的未来。[③]

联网交叉口（Connected Intersections）项目由美国交通部、智能交通系统联合项目办公室、标准制定组织（SDOS，包括美国各州公路暨运输工作者协会、美国交通工程师协会、美国电气制造商协会和国际汽车工程师学会）发起。联网交叉口是指向车辆发送信号相位和信时序（SPaT）、地图信

---

① "OmniAir Launches C-V2X Certification Program," OmniAir, Apr. 2021, omniair. org/news/omniair – launches – c – v2x – certification – program/.

② "5. 9GHz Notice of Appeal Exhibit," ITS America, May 2021, itsa. org/wp – content/uploads/2021/06/5. 9 – GHz – Notice – of – Appeal – Exhibit. pdf.

③ "Enabling Connected Intersections," Institute of Transportation Engineers, Feb. 202, www. ite. org/ITEORG/assets/File/Standards/Enabling Connected Intersections-Concept Paper ver 2 _ 8 – 02242020. pdf.

息和位置校正数据的基础设施系统。美国交通工程师协会目前正进行一项标准（或推荐实施规程）的制定和颁布工作，该标准规定了联网交叉口必须支持的关键能力和接口，以确保为州和地方基础设施所有者/经营者（IOO）提供互操作性。在这项工作中，"标准"一词也适用于通过系统工程流程并获得标准制定组织（SDO）利益相关者一致同意的最佳实践、推荐实施规程或实施指南文件。①

美国交通工程师协会指出，2016～2020 年，在 27 个州的近 50 个地点安装了车联网基础设施，这些基础设施通常带有可运行的车路通信（V2I）应用程序。几乎所有这些装置都采用在 5.9GHz 频段运行的专用短程通信无线电。同时，在这四年时间里，通用汽车在一款车型上装载了专用短程通信装置，时间已达两年之久。丰田宣布计划在量产车上装载专用短程通信装置，而福特承诺于 2022 年将在量产车上融入车采用 5.9GHz 频谱的蜂窝车联网技术。

（五）行业和技术发展

1. 通用汽车（GM）

通用汽车（GM）于 2021 年 1 月发布了新标识，向全世界表明自动化、网联化、电动化和共享化是汽车发展的趋势。

通用汽车于 2020 年 1 月推出 Cruise Origin，计划将这款车型用于自动驾驶出租车服务。纯电动 Origin 由通用汽车与本田合作开发而成，将在通用汽车的底特律哈姆特拉姆克组装厂生成，该组装厂还将生产 GMC Hummer EV。通用汽车有望率先在旧金山推出自动驾驶出租车服务，但其还与迪拜签订了长期合同，于 2023 年开始推出自动驾驶出租车服务。②

---

① "Connected Intersections," Institute of Transportation Engineers, www. ite. org/technical - resources/standards/connected - intersections/.

② Sam Abuelsamid, "Cruise Gets ＄5 Billion Pre-Approved Financing from GM to Buy Robotaxis," Forbes, Jun. 2021, www. forbes. com/sites/samabuelsamid/2021/06/15/cruise - gets - 5b - pre - approved - financing - to - buy - robotaxis/.

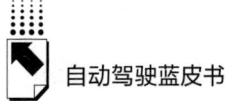

2. 福特 BlueCruise

福特公司宣布，将开始在车辆上搭载 BlueCruise 预选定分车道公路段脱手驾驶功能。这个功能称为在指定区域具备可脱手能力的驾驶辅助功能，已在北美完成了逾 10 万英里的路况测试。2020 年，福特派出了一支由 10 辆测试车组成的车队，这些测试车包括 5 辆 F - 150 皮卡和 5 辆 Mustang Mach-E SUV。[①]

BlueCruise 使用了先进的摄像头和雷达感应技术，并在智能自适应巡航控制的基础上，增加了即停即走、车道居中和速度标志识别功能。2021 年底，完成软件远程（OTA）升级后，2021 F - 150 和 2021 Mustang Mach - E 的用户可以使用这一新增功能。

2021 年 5 月，福特席执行官（CEO）吉姆·法利（Jim Farley）呼吁联邦政府制定完全自动驾驶或部分自动驾驶汽车标准，并加强电子驾驶系统的安全性。法利在接受美联社采访时曾发出呼吁，还向汽车监管机构发出呼吁，自动驾驶汽车是需要行业标准和监管的。[②]

3. 现代汽车集团

现代汽车集团于 2021 年 6 月完成对波士顿动力公司的收购，这家创新机器人公司的估值为 11 亿美元。[③] 这家韩国汽车巨头拥有了波士顿动力公司的控股权，而这家公司之前属于软银集团。在软银的管理下，推出了首批两款产品，并实现商业化。现代汽车集团的欧内斯廷·傅（Ernestine Fu）谈起这项收购时指出，现代汽车集团的 New Horizon Studios 已初步探讨了基于波士顿动力公司几十年的研究成果的多个"步行"汽车概念。

① "Ford's 'Mother of All Road Trips' Tests BlueCruise Hands-Free Driving ahead of over-the-Air Push to F - 150, Mustang Mach-E," Ford, Apr. 2021, media. ford. com/content/fordmedia/fna/us/en/news/2021/04/14/ford - mother - of - all - road - trips - bluecruise - hands - free - driving. html.
② Krisher Tom, "Ford CEO Says US Needs to Regulate Automated Driving Systems," Tech Xplore, May 2021, techxplore. com/news/2021 - 05 - ford - ceo - automated. html.
③ Heater Brian, "Hyundai Completes Deal for Controlling Interest in Boston Dynamics," TechCrunch, Jun. 2021, techcrunch. com/2021/06/21/hyundai - completes - deal - for - controlling - interest - in - boston - dynamics/.

现代汽车集团和起亚在 2019 年宣布成立合资企业，研究自动驾驶汽车。一年后，这两家汽车制造商也在与苹果公司就生产自动驾驶电动汽车进行谈判，但是，谈判失败了。而苹果公司似乎也决心进军这一市场，并计划在 2024 年生产一款乘用车①。

4. 特斯拉

特斯拉首席执行官埃隆·马斯克多年来一直致力于开发完全自动驾驶（FSD）软件。但一封向加州机动车辆管理局（DMV）的致信透露，特斯拉的自动驾驶功能并不能实现自动驾驶。埃里克·威廉姆斯（Eric Williams）是特斯拉的副总法律顾问，他表示："正如所知，自动驾驶是一套可选的驾驶辅助功能，属于 SAE 2 级自动驾驶。构成 Autopilot 的功能是交通感知巡航控制和自动转向，但 FSD 是一套可选的功能，基于 Autopilot 打造，也属于 SAE 2 级自动驾驶。"②

引起加州机动车辆管理局关注特斯拉 FSD 的原因在于，特斯拉首席执行官埃隆·马斯克提到 2020 年 12 月的假日升级"会让 FSD 成为焦点"。看到这条推文后，加州机动车辆管理局自动驾驶车辆分部主任米格尔·D·阿科斯塔（Miguel D. Acosta）告知特斯拉，自动驾驶汽车在加州上路需要许可证，而特斯拉却未获得这项许可证。预计，特斯拉将在 2021 年下半年发布 FSD，限量版车型的车主需要花费 1 万美元购买 FSD。

在一次关于计算机视觉和模式识别的活动中，特斯拉的人工智能高级主管详细介绍了这款新型超级计算机。这款计算机将成为特斯拉即将推出的

---

① Nellis Stephen et al. , "Exclusive: Apple Targets Car Production by 2024 and Eyes 'next Level' Battery Technology-Sources," Reuters, Dec. 2020, www. reuters. com/article/us – apple – autos – exclusive/exclusive – apple – targets – car – production – by – 2024 – and – eyes – next – level – battery – technology – sources – idUSKBN28V2PY; "Apple Plans Self-Driving Car 'in 2024 with next-Level Battery Technology'," The Guardian, Dec. 2020, www. theguardian. com/technology/2020/dec/22/apple – plans – self – driving – car – in – 2024 – with – next – level – battery – technology.

② Baldwin Roberto, "Tesla Tells California DMV That FSD Is Not Capable of Autonomous Driving," Car and Driver, Apr. 2021, www. caranddriver. com/news/a35785277/tesla – fsd – california – self – driving/.

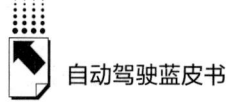

Dojo 超级计算机的前身。特斯拉称，这款超级计算机可谓是世界上第五大超级计算机，规格如下。

- 720 nodes of 8x A100 80GB（5760 GPUs total）
- 720 个节点，8x A100 80GB（共 5760 个 GPU）
- 1.8 EFLOPS（720 nodes ∗ 312 TFLOPS – FP16 – A100 ∗ 8 gpu/nodes）
- 1.8 EFLOPS（720 个节点 ∗ 312 TFLOPS – FP16 – A100 ∗ 8 gpu/节点）
- 10 PB of "hot tier" NVME storage @ 1.6 Tbps
- 10PB "热层" NVME 存储，1.6Tbps
- 640 Tbps of total switching capacity
- 640 Tbps 总交换容量

特斯拉的这位工程师表示，Dojo 将超过目前为神经网络训练而优化的超级计算机。马斯克此前曾表示，特斯拉计划将它的超级计算机提供给其他公司使用。

5. Stellantis

2020 年 7 月 15 日，菲亚特克莱斯勒汽车公司（FCA）和标致雪铁龙集团（Groupe PSA）合并，各持股 50%，并宣布，公司将更名为 Stellantis。

FCA 于 2020 年 12 月宣布，计划投资 1.5 亿美元在印度海得拉巴建立全球数字中心。该中心的核心愿景定位为推动数字化转型，提高自身能力、竞争力和打造领域专长[1]。

Voyage 于 2020 年 5 月宣布，将与 FCA 合作，加快 Voyage 部署完全无人驾驶汽车的步伐。新成立的 Stellantis 开始评估和整合组合中的 29 款电动车型和即将推出的 10 款车型，借此"减少开支，腾出资源开展电动技术和自主技术研究"[2]。

---

[1] Priya Shalini, "What Will FCA's $150 Mn Global Digital Hub Have in Store for India? – ET Auto," ETAuto, Dec. 2020, auto. economictimes. indiatimes. com/news/auto – technology/what – will – fcas – 150 – mn – global – digital – hub – have – in – store – for – india/79831885.

[2] Cameron Oliver, "Voyage Partners with FCA to Deliver Fully Driverless Cars," Voyage, May 2020, news. voyage. auto/voyage – partners – with – fca – to – deliver – fully – driverless – cars – 915c49ecb221.

尽管进行了合并,像许多其他汽车制造商一样,FCA 还进军飞机业务。2021 年 1 月,FCA 和致力于打造世界上首家全电动飞机的航空公司 Archer 公司宣布达成最终协议。根据该协议,Archer 能够受益于 FCA 的低成本供应链、先进复合材料方面的能力以及工程和设计经验。空中交通市场持续发展,摩根士丹利估计到 2040 年这一市场价值将达到 1.5 万亿美元。

(六)自动驾驶安全性有待提高

疫情防控常态化时期,全球汽车制造商测试和部署了自动驾驶汽车服务,向需要帮助的人员运送食品、学习用品、药品、试剂盒,将病人送往医院。[①] 其他的重要车企,如 Nuro、来福车、Aptiv、英伟达、文远知行、图森未来、Aurora、Argo. ai、Zoox,以及以提高交通安全意识为宗旨的自动驾驶联盟等协会开始合作,实现自动驾驶汽车的全面和安全集成。然而,由于许多车企延迟推出预期的自动驾驶汽车,2021～2030 年美国街头不会出现高度自动化汽车或将成为事实。这也让很多人质疑 SAE 5 级自动驾驶能否成为现实。

自动驾驶汽车技术困境出现以来,Waymo 汽车已发生了 18 起与行人、骑自行车的人、司机和其他物体有关的交通事故。因为 30 起司机使用自动驾驶功能造成的交通事故,导致 10 人死亡,特斯拉现在可谓臭名昭著。越来越多的人担心,监管机构和其他相关观察人士无法获得足够的安全性信息。根据《电子工程专辑》的一篇文章,现有的唯一的安全性信息是开发自动驾驶汽车的公司向美国国家公路交通安全管理局(NHTSB)提交的报告。这些报告被称为自愿性安全自我评估(VSSA)报告,美国国家公路交通安全管理局并未要求这些公司履行报告数据的义务。Semicast Research 的首席分析师科林·巴登(Colin Barnden)曾表示:"美国食品药品监督管理局不允许在随机选取的路人身上测试新药,

---

① Grzelewski Jordyn, "Ford's Self-Driving Vehicles Deliver Food, School Supplies to Families in Need," Detroitnews, Dec. 2020, www. detroitnews. com/story/business/autos/ford/2020/12/07/ ford – using – self – driving – vehicles – deliver – food – families – need/6479794002/.

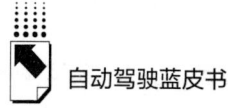

美国联邦航空局也不允许在人口稠密地区的上空测试实验飞机设计……不断在同样的路线上行驶，虽然没有出现不好的情况，也没有人丧生，但这并不能证明一项新技术就是安全的。"

《电子工程专辑》创建了一份表格，列出了符合 ISO 26262、ISO/DIS 21448 等国际安全标准，NCAP、NHTSA 建议的公司，甚至提到了这些标准。该表还列出了 24 家提交自愿性安全自我评估报告的公司的评级，分析了它们的安全报告，以确定 Glossy Pix Ratio（GPR），即报告中专门展示图片的页数与文本页数之比。因此，与页数较少但 GPR 较低的报告相比，页数较多但 GPR 较高的报告可能包含的信息更少。自愿性安全自我评估得分是对自愿性安全自我评估的评价。

二 欧洲全自动驾驶监管框架的形成①

（一）介绍

正如亚历克斯·罗伊所说："自主性的概念完全是二元的：一辆车要么能在没有人监督的情况下自行驾驶，要么不能。如果它需要任何人的监督，它就不是自主的。"②

这一说法似乎是清晰明确的，它解决了决策者在采用适当的监管框架认证具有自动驾驶功能的车辆时所面临的复杂性和挑战。在这篇文章中，IAMTS 指出欧盟 2021 年上半年在加强汽车行业监管框架方面的立法取得了一些进展。它还提出了改进 L3 SAE（SAE J3016）以上机动车辆安全验证和道路性能的最佳实践建议。建立统一的监管框架是网联和自动驾驶以及引入

---

① "Revised Safety Considerations for Activities othe than Driving Undetaken by the Driver in a Vehicle When its Automated Driving System is Engaged," May. 2021, https://unece.org/sites/default/files/2021–04/ECE–TRANS–WP1–2021–Informal–No.1e.pdf.

② Alex Roy, "Alex Roy's Glossary of BS in Mobility, Self-Driving and Autonomy（Winter 2019/2020）," The Drive, Jan. 2020, The Drive, Jan. 2020.

更高的自动驾驶功能的核心先决条件。否则，将无法认证具有相应驾驶功能的车辆。

（二）背景和概述

网联和自动化驾驶的快速发展是汽车工业结构变化的根本驱动力。事实上，在争论中有两种自动化车辆：第一种是 M 类（客运）和 N 类（货运）车辆，其辅助和自动驾驶技术有助于人类驾驶；第二种是完全自动化的车辆，根本不需要人驾驶。有辅助驾驶技术的汽车已经在世界各地得到推广落地。这些汽车需要一个坐在驾驶座上的司机时刻注意，随时准备完全控制汽车。辅助驾驶技术可能和自适应巡航控制一样简单，当前方车辆减速时，它会减速，也可能包括自动紧急制动或高速公路转向等功能。联合国欧洲经济委员会（UNECE）WP.29 通过了 2021 年初生效的新要求。它们关于监测、功能要求和试验的规定将成为 SAE 3 车辆认证的重要组成部分。UNECE 的 WP.29 不仅规定了自动车道保持系统的第一个强制性要求（ALKS－联合国第 157 号法规），还要求采取措施防止网络威胁（联合国第 155 号法规）或错误软件更新（联合国第 156 号法规）。所有这些新要求都将由 UNECE《1958 年协议》缔约方的技术服务机构或认证机构进行审核。UNECE 法规对约占全球汽车总产量 1/3 的机动车型式认证提出了要求。关于三级以上自动驾驶功能的规定目前尚未起草。

然而，SAE 分类第 4 级定义的全自动（即无人驾驶）系统也已用于道路交通。这些车辆完全可以在没有任何人工协助的情况下运行，并且不需要人工驾驶员随时控制车辆。这并不一定意味着这些全自动车辆可以在任何情况下自行驾驶。这只是一种情况，即车辆知道何时何地可以运行，如果需要帮助，它可以达到一个安全的状态，并不期望人类驾驶员控制车辆。一家公司制造或使用的每辆车都可能有不同的约束或设计运行域（ODD）。这将是在可预见的未来评估全自动车辆所需要的关键信息。就目前的情况来看，这些车辆尤其用于当地公共交通或最后一英里的货运。2021 年 5 月 28 日，德国通过了一项法律，为在特定作业区域安全批准这些全自动（即无人驾驶）

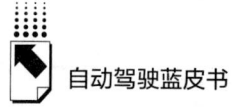

公共道路车辆，提供了统一的国家监管框架。这项法律被认为是世界上第一部使用这类机动车的法律。①

（三）欧盟关于自动驾驶系统的立法活动

2020 年 9 月 1 日起，法规（EU）2018/858 为欧盟新型机动车的型式认证和投放市场提供了统一的法律框架。型式认证法规的核心是法规（EU）2018/858 附件 II 中对机动车辆的技术要求。② 但是，这些法规不包含对全自动车辆的要求。根据其范围的措辞和技术要求（驾驶人的座椅、转向系统、发生事故时对驾驶车辆的人的保护、视野等），特别是 Regulation（EU）2018/858 始终假定有人驾驶车辆，因此车辆的综合可控性（"待驾驶"）。

1. 德国

通过修订道路交通法规，德国认为未来的交通形式尚未引入常规运营。《自动驾驶法》为全自动车辆的实际操作创造了必要的法律基础，即道路交通中适当运行领域的无人驾驶系统（SAE 4 级）和相关的交通创新。这些系统的特点正是它们不需要人类的指导。一些例子是所谓的"搬运工"或"货物搬运工"。根据最终开发阶段的不同，它们更可能被视为合法车辆（机器人），而不是法规（EU）2018/858 所指的机动车。SAE 5 级指全自动驾驶（"方向盘可选"），其中，在任何道路和环境条件下，动态驾驶任务在没有人类驾驶员的情况下执行，通常也由人类驾驶员控制。德国法律不包括这一级别。

2. 法国

法国自 2017 年底一直致力于自动化车辆发展的全球一致战略——任命一名高级代表，并在公共当局和私人行为者之间实施协作工作方法。根

---

① "The German Autonomous Driving CAct is Available in English," https：//ec. europa. eu/growth/tools – databases/tris/index. cfm/de/search/? trisaction = search. detail&year = 2021&num = 81&dLang = EN.

② Regulation（EU）2018/858，https：//eur – lex. europa. eu/legal – content/EN/TXT/HTML/? uri = CELEX：32018R0858&from = de.

据法国《2020－2022 年自动化道路出行发展战略》，考虑到当时各种使用案例的成熟度，法国打算在 2022 年前建立允许自动驾驶车辆在法国行驶的立法和监管框架。该框架将涵盖高水平的自动化，为此，系统能够在其操作范围内处理所有驾驶情况，而无需任何驾驶员干预，或者当操作员位于车辆外以及乘客和货物运输时。欧盟其他成员国也通过了类似的政策目标。[①]

3. 欧盟

进步绝不能止于国界，立法必须跟上技术发展的步伐，否则在自动和全自动驾驶方面的重要创新将无法被应用到实际中。法律的确定性是社会接受全自动驾驶的先决条件。欧盟委员会非常了解这一原则，目前正在欧洲制定统一的全自动无人驾驶系统的法律框架。欧盟委员会机动车工作组（MVWG）的一个特别工作组正在加紧制定一项法规，该法规规定了通用安全法规［（EU）2019/2144］的应用规则，涉及机动车型式认证的统一程序和技术规范自动驾驶系统，自 2021 年 6 月起生效。与德国和法国法律相比，本法规规定了整个欧盟单一自动驾驶汽车市场的性能、评估和测试以及型式认证证书的要求。假设法律框架也将尊重欧盟网络安全局（ENISA）和联合研究中心（JRC）报告中的建议。这两个机构都警告说，全自动车辆中的人工智能（AI）系统容易受到旨在破坏安全功能的蓄意攻击。这类攻击可能采取多种形式，从操纵人工智能系统或中断通信渠道，到在道路上实际涂刷油漆以混淆导航系统，或在停车标志上粘贴标签以防止车辆识别。立法程序计划于 2022 年初完成。

考虑到欧洲的做法，德国和法国的法律框架都应理解为过渡或临时解决方案，以确立处于自动化、全自动化和联网驾驶前沿的国家，以及 2022～2025 年欧洲部署自动化道路机动的首选地。

---

① "Franch Stategy for the Development of Automated Road Mobility 2020－2022," https：// www. ecologie. gouv. fr/sites/default/files/20171_ strategie－nationale－vehicule% 20automatise_ web_ 0. pdf.

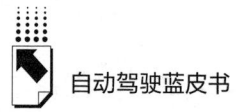

（四）德国自动驾驶法案

在德国国家认证程序中，高度自动化的车辆已经通过了测试，并获得了特殊许可或豁免。在这个框架内，明确了车辆自动化的可控性和安全运行设定和检查的要求。2021年5月起，关于自动驾驶的新法律旨在建立一个法律框架，允许在正常运行中使用全自动无人驾驶车辆（SAE 4级）。这项行动计划在德国全国范围内的公共道路上的特定作业区内进行，以适应多种作业场景。操作场景包括穿梭运输、短途自动客运系统（人员搬运工）、物流中心之间的无人驾驶连接（Hub2Hub运输）、农村地区非高峰时段的需求导向型运输服务以及双模式车辆，例如自动代客泊车（驾驶员可以下车，让车辆自行驶入车库）。

该法案尚未直接启用所谓的遥控驾驶。但是，制定这些车辆全国测试技术要求的先决条件将是确定的。

根据法律规定，具有全自动驾驶功能的车辆在运行过程中不再需要人驾驶车辆。但是，为了确保符合UNECE WP.1的现行国际法规，需要一名负责人。这一负责人应为由新引进的"技术主管"。技术主管是一名自然人，负责确保始终遵守道路交通法的规定，即使不需要对驾驶操作进行永久监控。

为了使车辆获得运行许可证，必须满足有关全自动驾驶功能的多项要求。具体包括：按照交通规则，在各自规定的工作范围内独立完成驾驶任务；系统的事故预防和充分安全的无线连接在任何时候，特别是与技术主管，如果失去连接，车辆应自动恢复至最低风险状态（MRC）；如果只有通过违反道路交通法、达到系统限制或发生技术故障才能继续行驶，则独立转换为最低风险状态；向技术主管独立提供数据，在某些情况下，独立提出可能的驾驶操作建议；审查技术主管指示的驾驶操作，如有必要，如果这会对其他道路使用者造成危险，则不执行该操作；通知技术主管需要启动备用驾驶操作或停用车辆，以及在发生损坏的情况下；可追溯激活已安装的全自动驾驶功能。

并不是所有的问题都能在法律中得到解答，也可通过一项补充法律的法律条例来解决。与以往有关自动驾驶的规定不同，有些规定非常具体，例如，如果换道车辆切入，并且在 0.72 秒前可以察觉到，车辆必须通过制动防止碰撞。为了缩小这一差距，IAMTS 成立了几个工作组，为自动化车辆的测试和验证提供最佳实践方法。

德国联邦政府正在采用这项新的法律的核心部分，将全自动驾驶付诸实践，并为各种机动部门提供使用机会。基于这项法律在研究、开发和制造方面所释放的潜力，其在未来可以变得更通用，使自动驾驶变得更安全和更环保。

（五）ASAM 标准协会 OpenX 标准助力自动驾驶落地

德国自动化及测量系统标准协会（Association for Standardization of Automation and Measuring Systems，简称 ASAM）是一家非营利性的汽车领域标准化制定机构，1998 年由数位行业专家为标准化 ECU 开发与测试中的数据交互而创立，致力于实现开发流程中各环节的数据信息自由交换。截至 2020 年，共有来自亚洲、欧洲、北美洲的 500 余家整车厂、供应商及科研机构加入成为会员。ASAM 推出的标准主要涉及 7 个汽车标准领域，包括仿真、测量与校准、ECU 网络、软件开发、诊断、测试自动化和数据管理与分析。

随着自动驾驶技术的发展，仿真测试对于自动驾驶安全落地的重要性日趋凸显，在此背景下 ASAM 发布的自动驾驶场景仿真 OpenX 系列标准得到了全球广泛关注。成员单位提出希望制定更多的仿真领域标准，并以 OpenX 命名，其中就包括 OpenSCENARIO、OpenLABEL 等。2019 年 10 月，由宝马开发的 OSI 标准正式移交 ASAM 进行维护与开发。至此，ASAM 目前已启动的 OpenX 标准项目共计 7 项，同时随着全球自动驾驶测试需求的增加，更多的标准提案与计划已经被提上日程。2020 年不仅仅是自动驾驶元年，也是 OpenX 标准的元年。

目前，在 ASAM 仿真验证领域，OpenX 系列标准主要包括 OpenCRG、

OpenDRIVE、OpenSCENARIO、Open Simulation Interface（OSI）、OpenLABEL、OpenODD、OpenXOntology 7 大板块。在仿真测试的整体流程中，OpenCRG 则实现了路面物理信息与静态道路场景的交互，OpenDRIVE 和 OpenSCENARIO 针对仿真场景的不同数据格式进行统一，OpenLABEL 将对于原始数据和场景给出统一的标定方法，OSI 连接了自动驾驶功能与仿真工具，同时集成了多种传感器，OpenODD 定义设计运行域（ODD）的标准化格式，OpenXOntology 通过一个由本体论表示的公共域模型将 OpenX 标准串联起来。

2021 年，基于以上内容不断拓展，逐渐形成了更加完整的测试体系，并依赖于以上内容，设立更加完整的测试体系，新设立的多项标准进一步打通各项测试内容。在仿真测试领域，进一步打通各项研究内容，形成完整测试流程，实现全方位测试流程体系。

（六）确保全自动车辆的安全可靠性

未来车辆概念的要求已经在欧洲和国际上通过欧洲通用安全法规、UNECE 软件更新和网络安全的未来授权法案进行了定义。公众对新车型的信任和接受，只有通过在车辆的整个生命周期内独立验证系统的安全和保障才能实现。在向公众出售自动驾驶系统之前，在进行型式认证时不能对其性能进行 100% 的评估，自动化车辆在其整个生命周期中将面临新的风险。自动驾驶系统需要不断更新，以确保安全可靠的操作，这也将触发重新认证。无线软件更新可能每周或每月发布一次，这基本上改变了汽车部署后的"大脑"，立法者将不得不决定有多少改变需要重新认证。考虑到这一点，许多利益相关者迫切希望当局或主权公共机构在车辆的整个使用寿命内对其性能进行监控。

此外，还需要制定新的法规，这对环境检测和自动驾驶系统的可靠性提出更高的要求。车辆的安全性和环境兼容性越来越依赖于电子元件和软件版本。为了确保未来高度自动化和全自动化的车辆在其整个生命周期内安全可靠地运行，独立和可靠的数据共享和利用是必要的。例如，对于定期道路适应性试验程序，应能够通过使用电子车辆接口验证任何自动驾驶功能的正确运行状态及其软件完整性①。

从 SAE 3 级开始，各种环境传感器（激光雷达、雷达、超声波等）对于高度自动化/全自动驾驶至关重要。对于高度自动驾驶车辆（SAE 4 级和 5 级），需要具备"故障操作"能力，前提是多个传感器的系统冗余。冗余已经是航空领域最有用的工具之一，可以降低影响飞机和任何乘客安全的重大故障的概率。在未来，这一概念也可能在汽车行业更加适用。② 传感器的功能在受到意外碰撞或不当维修的严重影响后，其有效性得不到充分保证，在此背景下，需要在整个车辆生命周期内对系统进行独立的连续检查。

此外，车辆 AI 组件的安全评估应在其整个生命周期内定期进行，为了确保车辆在遇到意外情况或恶意攻击时始终正确运行③，还应决定采用由威胁情报支持的持续风险评估过程，以便能够识别潜在的 AI 风险和吸收 AI 相关的新兴威胁。正确的人工智能安全政策和人工智能安全文化应控制汽车行业的整个供应链。

除了所描述的挑战之外，社会的接受是这项技术未来取得突破的先决条件。与全自动驾驶有关的问题，包括道德方面和批准道路交通无人驾驶系统的程序，不能由汽车制造商单独回答。对全自动车辆的监管涉及做出基于政策的初步决策，这些决策必须考虑所有利益相关者。

---

① "Cybersecurity Challenges in the Untake of Artificial Intelligence in Autonomous Driving," https：//www. enisa. europa. eu/publications/enisa – jrc – cybersecurity – challenges – in – the – uptake – of – artificial – intelligence – in – autonomous – driving/at_ download/fullReport.

② CITA, https：//citainsp. org/wp – content/uploads/2020/09/Road – Safety – Aspects – of – Roadworthiness – Package. pdf.

③ TÜV Rheinland, "Ensuring life time performance of ADAS," 2021, https：//wiki. unece. org/download/attachments/123667402/PTI% 2021 – 02. pdf? api = v2.

附 录
Appendix

B.18
自动驾驶政策、法规、标准环境
发展现状

黎宇科 张 行 张淼 刘洋洋 翟 洋 陈蕙 郑彤*

一 政策法规

（一）国际政策法规层面

UN/WP.29 的全称为联合国世界车辆法规协调论坛，是我国汽车行业参

---

* 黎宇科，高级工程师，中国汽车技术研究中心有限公司中国汽车战略与政策研究中心副总工
程师；张行，中国汽车技术研究中心有限公司标准化研究所工作人员，主要研究方向为智能
网联汽车标准化；张淼，中国汽车技术研究中心有限公司标准化研究所工作人员，主要研究
方向为智能网联汽车标准化；刘洋洋，中国汽车技术研究中心有限公司中国汽车战略与政策
研究中心高级研究员，主要研究方向为智能网联汽车网络安全、数据安全、软件升级等；翟
洋，中汽数据有限公司智能网联数据室项目主管，主要研究方向为智能网联汽车场景仿真技
术；陈蕙，中汽数据有限公司智能网联数据室项目经理，主要研究方向为智能网联汽车标准
化；郑彤，中汽数据有限公司智能网联数据室工程师，主要研究方向为智能网联汽车标准化。

加的主要国际汽车技术法规组织，其制定的汽车法规和认证标准对我国汽车产业规范化和开展汽车国际贸易具有重大影响。为对智能网联汽车健康有序的发展提供支撑，2018 年 6 月，UN/WP. 29 对组织机构进行了最大力度的改革，将原制动与行驶工作组（GRRF）与智能交通/自动驾驶非工作组（ITS/AD IWG）整合重组，成立自动驾驶车辆工作组（GRVA），主要职责包括加快推进自动驾驶功能要求、自动驾驶测试验证方法、网络安全、软件升级等自动驾驶相关法规的制定与协调①。目前，主要的工作成果有四项：《自动驾驶汽车框架文件》、UNR155《关于批准车辆的网络安全和网络安全管理体系统—规定的法规》、UNR156《关于批准车辆的软件升级和软件升级管理体系统—规定的法规》与 UNR157《自动车道保持系统（ALKS）》。

《自动驾驶汽车框架文件》是中国、欧盟、日本和美国共同提出的，2019 年 6 月在日内瓦举行的 UN/WP. 29 第 178 次全体会议审议通过。该文件旨在对 L3 及以上的自动驾驶汽车在安全方面进行规定，并为 UN/WP. 29 其他相关的工作组提供工作框架，并确定主要原则，其安全愿景的核心是保证道路使用者的安全。提出了优先工作中未列出的四个问题：车辆的维护和检查、消费者的教育和培训、防撞性和兼容性以及碰撞后自动驾驶汽车的行为。提出了九个共性原则：原则一，系统安全，自动驾驶系统应当使驾驶员及其他道路使用者免于不合理的安全风险；原则二，失效保护响应，自动驾驶系统能够检测车辆故障并采取相应的最低风险策略；原则三，人机交互界面，自动驾驶系统能够在需要驾驶员参与的情况下发出接管请求，并且在驾驶员不适驾时，要求其交出驾驶任务；原则四，目标事件探测与响应，自动驾驶汽车应当能够对其运行范围内的合理可预见物体进行检测和响应；原则五，设计适用范围，车辆制造商应描述自动驾驶汽车采用自动驾驶模式行驶的具体情形；原则六，系统安全验证，车辆制造商应该以设计出免于不合理安全风险的自动驾驶系统和保证符合道路交通法规与《自动驾驶汽车框架文件》列出的原则为目标，根据系统工程方法呈现完整的设计和验证过程；

---

① 联合国世界车辆法规协调论坛网站，https：//unece. org/wp29 - introduction。

原则七，网络安全，基于已建立的网络车辆物理系统最佳实践方案，自动驾驶汽车应免受网络攻击；原则八，软件升级，车辆制造商应确保可根据需要、以安全的方式进行系统更新；原则九，事件数据记录和自动驾驶汽车数据存储系统，自动驾驶汽车应具有采集和记录与系统状态、故障发生、降级或失效相关的必要数据的功能。

UNR155《关于批准车辆的网络安全和网络安全管理体系统一规定的法规》于 2021 年 1 月 22 日生效，该法规适用于 M 类、N 类、至少装有 1 个控制单元的 O 类以及具备 L3 及以上等级自动驾驶功能的 L6 和 L7 类车辆，并将会被《1958 年协议》各缔约国广泛采纳。部分传统汽车制造发达国家、地区和组织陆续发布实施该法规的时间计划，其中，欧盟发布计划将在 2022 年 7 月，把网络安全纳入新车型准入的强制性检测项目之一，于 2024 年 7 月覆盖至所有新生产车型。该法规从两部分对汽车的网络安全进行规定：针对生产企业的网络安全管理体系认证（Cyber Security Management System，简称 "CSMS 认证"）审查和针对车型的车辆型式审批。其中，CSMS 认证的审查主要是整车厂在概念、开发、生产、运营、维护、报废等汽车的全生命周期中是否制定了网络安全相关的流程，并确保流程落地实施，相关流程包括网络安全组织管理流程、供应商管理流程、应急响应流程等。车辆型式审批基于 CSMS 认证，旨在保证实施于车辆的网络安全防护技术在进行审查、测试过程中，是有效和全面的，是至少能够避免该法规中列举的威胁的。此外，CSMS 认证是车辆型式审批的必要条件，车辆型式审批包括风险评估、测试验证等。该法规与 ISO/SAE 21434 "道路车辆—网络安全工程" 的内容相关。

UNR156《关于批准车辆的软件升级和软件升级管理体系统一规定的法规》适用于允许软件升级的 M、N、O、R、S 和 T 类车辆，并将于 2021 年 1 月起正式生效，ISO 24089《道路车辆—软件升级工程》标准作为该法规的支撑。本法规主要涵盖两部分：针对生产企业的软件升级管理体系认证（Software Update Management System，简称 "SUMS 认证"）和针对车型的汽车软件升级车型型式审批。SUMS 认证包括流程要求、单词升级文件留存和额外要求三大部分，具体情况如下：一是安全留存本规定相关文件和可提供给审批机关或技术服务机构的流程、所有的软件版本可唯一确定的流程、升级前和升级后的 RXSWIN 的信息可被获得和更新的流程等流程；二是描述软件升级使用流程和阐述合规的相关标准的文件、描述升级前和升级后所有相关车型批准系统的配置的文件等单次升级留存文件；三是保证软件升级的网络安全等额外要求。汽车软件升级车型型式审批包括一般要求和额外要求等两部分，具体如下：一是保护软件升级的真实性和完整性，每个 RXSWIN 应唯一可识别，并随着车型批准相关软件改变而改变等一般要求；二是确保在升级失败或中断的情况下，车辆能够将系统恢复到以前的版本，或车辆能够处于安全状态，确保只有当车辆有足够的功率完成升级过程时，才能执行软件升级等远程升级额外要求。

UNR157《自动车道保持系统（ALKS）》法规是针对 L3 自动驾驶功能的第一个具有约束力的国际法规，于 2020 年 6 月 24 日通过，计划在 2021 年 1 月起实施。本法规适用于最多八座（含驾驶员）且实现最大速度 60km/h 的乘用车。即在不超过 60km/h 的行驶速度下，无须驾驶员操控即可使车辆保持在车道上行驶。此外，法规规定了大量涉及监控驾驶员行为和驾驶员收回控制权的条款。联合国《自动驾驶框架文件》在系统安全、失效保护响应、人机交互界面、事件数据记录自动驾驶汽车数据存储系统、网络安全、软件升级等方面提出要求。其中，"系统安全"指系统被激活之后，可执行全部动态驾驶任务；"失效保护响应"指系统应具备在检测到车辆故障后，自动采取碰撞应急策略和最小风险策略等的功能；"人机交互界面"指明确系统被激活和系统退出的条件，在此过程中规定了系统必须进行提示；"事件数据记录自动驾驶汽车数据存储系统"指应具备记录系统的驾驶状态等数据；"软件升级"要求系统应满足网络安全法规和软件升级法规等方面的要求。

（二）国外主要国家或区域政策法规层面

一是在管理上，主要国家或地区出台相应法律法规对智能网联汽车进行

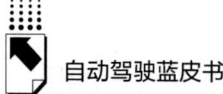

管理。2019 年 3 月 8 日，日本政府在内阁会议上通过了《道路交通法》修正案，对智能网联汽车中的车辆和驾驶人应满足的条件做出说明：自动驾驶功能被激活时，驾驶员可进行除驾驶外的其他活动，如接打电话、注视手机以及车载信息交互系统屏幕等，但驾驶员应时刻保持警惕，一旦发生紧急状况，须立刻切换为人工驾驶状态。德国在 2017 年 5 月发布的《道路交通法第八修订案》中规定了自动驾驶汽车驾驶员的特殊权利、义务和责任：自动驾驶功能被激活时，驾驶员可以不对交通状况和车辆进行实时关注，但驾驶员应时刻保持警惕，当自动驾驶系统向驾驶员发出接管请求，或驾驶员意识到自动驾驶系统不再具备工作条件时，驾驶员应立刻接管驾驶，进入人工状态。[①] 美国提出了安全标准豁免制度，在《自动驾驶汽车法案》等中均有体现，同时授权美国高速公路安全管理局对汽车生产企业相关的自动驾驶产品执行豁免。

二是在智能网联汽车相关基础设施方面，出台相关文件进行规划和促进。欧盟委员会出台的《通往自动化出行之路：欧洲未来移动出行战略》为实现 2020 年公交车辆 L4 低速运营、2022 年全部新车互联网接入等目标，提出了继续开展泛欧 5G 跨境走廊项目，部署智能化道路基础设施等建议。美国《智能交通系统战略计划 2015—2019》中针对研讨智能交通系统中各元素的互通性以及以重点项目带动技术创新和应用，共提出两个项目方向：

（1）如何使智能交通系统各元素——车辆、设备、基础设施及应用软件发挥作用，使它们能随时随地与系统的其他部分进行有效沟通；

（2）建立相关体系及标准，使智能交通系统的相关技术、机构与操作从无法相互沟通与协调的旧系统与体制中脱离。

三是在信息通信方面，存在不同技术路径。美国放弃 DSRC 技术采用 C - V2X 技术。2020 年 11 月，联邦通信委员会（FCC）正式投票决定将 5.9GHz

---

① 张韬略、蒋瑶瑶：《德国智能汽车立法及〈道路交通法〉修订之评介》，《德国研究》2017
年第 3 期。

频段（5.850~5.925GHz）划拨给 Wi-Fi 和 C-V2X 使用。根据新通过的频段划分计划，将较高的 30MHz 频谱划拨用于 C-V2X 技术来提高汽车安全。欧盟国家保持"技术中立"的态度，允许同时使用 DSRC 和 C-V2X。

四是在网络安全方面，各个主要国家和地区高度重视。2020 年 1 月，美国交通运输部在《确保美国在自动驾驶汽车技术中的领导地位：自动驾驶汽车 4.0》中明确了网络安全对交通运输系统至关重要。美国各政府部门通过开展多项工作全力打造智能网联汽车网络安全保障体系。其中，能源部集中开展了关于汽车、充电设备、建筑物等互联的网络安全研究，国土安全部提供了网络安全工具、事件响应服务和评估以保护当地网络，交通运输部主要关注软件漏洞及其他可能导致机动车辆或机动车辆设备发生碰撞或安全降级的威胁，其已针对涉及安全关键系统的事件建立了车辆网络安全响应程序。日本《网络安全战略》明确将汽车列入物联网系统安全领域，提出要创造安全的物联网系统环境，调整形成整体性、步调统一的工作体制，对汽车领域中的物联网系统安全开展综合性指导。欧盟于 2020 年 9 月 1 日生效的车辆型式批准框架技术法规（EU）2018/858 中规定，L3 及以上等级自动驾驶汽车可通过豁免程序获得型式批准，其中涉及网络安全的规定。此外，欧盟、日本等国家和地区将 UNR155《关于在网络安全与网络安全管理体系方面批准车辆的统一规定》纳入强制准入要求。

五是在数据安全保障方面，同网络安全一样，各个主要国家和地区高度重视。美国交通运输部在《确保美国在自动驾驶汽车技术中的领导地位：自动驾驶汽车 4.0》中将确保隐私与数据安全确立为政府原则中的一部分，其将采用基于风险的整体分析法来保障数据安全和个人隐私权。欧盟相继颁布了《一般数据保护条例》（General Data Protection Regulation，以下简称"GDPR"）、《非个人数据自由流动条例》、《欧洲数据治理条例（数据治理法）》等法律法规，并基于 GDPR，发布《车联网数据指南》等智能网联汽车领域指南类规定。2017 年，针对汽车产业供应链复杂、车辆数据安全难以保障等问题，德国推出了 TISAX（Trusted Information Security Assessment Exchange，信息安全的评估和交换机制）认证进行供应链管理。2020 年，

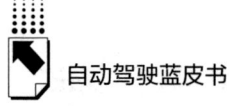

个人信息保护委员会，起草完成《个人信息保护法》再次修正案并力争提交国会审议，同样适用于智能网联汽车领域。

（三）中国国家政策法规层面

智能网联汽车是汽车、电子、通信、互联网等产业融合发展的载体，需要多个政府部门协作管理。目前，包括国家发展改革委、工信部、交通部、公安部、市场监管总局、自然资源部、住建部、科技部、能源局、财政部、网信办等在内的部委，均在智能网联汽车管理中承担了一定的职责。

其中，国家发展改革委从产业整体角度协调制定顶层战略和配套规划，并承担外商投资指导工作。工信部负责智能网联汽车相关标准制定和产品《公告》管理，以及信息通信领域的电子信息技术开发及应用示范、通信网建设管理、网络准入及市场管理、频谱管理，信息安全领域的软件、信息服务管理以及网络安全管理。交通部负责道路基础设施管理及相关标准制定、车辆营运和车辆维修管理。公安部负责交通管理领域的车辆登记、驾驶员管理、交通执法和车辆保险，以及道路设施领域的智能化道路交通信号设施管理，信息安全领域的网络安全评估、执法以及病毒防御。网信办负责统筹协调网络安全工作和相关监督管理工作，重点监管网络安全、个人信息保护、数据安全等内容；市场监管总局主要负责产品质量安全监管。自然资源部职能集中于高精度地图管理。科技部负责制定及推动科技专项规划和关键技术攻关，在高精度地图及信息通信领域主要负责科技保密（含军民融合）；能源局负责道路设施领域的充电设施科研及管理工作。财政部主要负责出台智能网联汽车相关的财政支持政策、税收政策。住建部负责智慧城市交通基础设施规划、建设和监察工作，如道路规划、智能停车场及智能充电桩建设等，制定智慧城市交通设施建设标准，制定智能化城市道路设施（道路部分）定价标准。

1. 管理层面

我国智能网联汽车产品管理法规的核心原则是确保产品符合相关标准，保障人身财产安全。从汽车产品全生命周期看，现行产品管理法律体系涵盖了测试示范、产品准入、销售服务、售后管理、回收利用等多个环节，部分法律法规不适用于智能网联汽车发展，需进行修订。

我国没有专门的汽车产品管理法律法规，汽车产品管理有关要求分散在多部法律、法规中，如《大气污染防治法》《道路交通安全法》《缺陷汽车产品召回管理条例》等。

（1）测试示范环节，我国采取限定条件下的公共道路测试

智能网联汽车技术体系以机器为核心，进行道路测试的目的是为了验证尚未开发成熟的自动驾驶技术，并基于测试情况对该技术不断修正，这意味着智能网联汽车在公共道路上测试时，极有可能会给道路其他参与者（如行人、机动车、非机动车等）带来威胁。但从技术发展角度来看，公共道路测试又是智能网联汽车通向商业化的必经之路。为了更好地平衡科技发展与社会公共安全，我国采取限定条件的测试方式，规范智能网联汽车的公共道路测试。

2018 年 4 月 3 日，由工信部、公安部、交通运输部共同印发《智能网联汽车道路测试管理规范（试行）》（以下简称《规范》）。该规范依据《道路交通安全法》《公路法》等法律法规，以加快汽车智能化、网联化技术发展和产业应用，推进交通运输转型升级创新发展，规范道路测试管理而制定，于 2018 年 5 月 1 日起正式施行。该规范的总体要求是被测试的车辆以实车测试的方式应在封闭道路、场地等特定区域进行充分测试，由国家或省市认可的从事汽车相关业务的第三方检测机构对其交通标志和标线的识别及响应、前方车辆（含对向车辆）行驶状态的识别及响应、障碍物识别及响应、跟车行驶（包括停车和起步）、靠路边停车、超车、并道行驶、自动紧急制动、人工操作接管、交通信号灯识别及响应、行人和非机动车的识别及响应、交叉路口通行、环形路口通行、联网通信等 14 项内容进行测试验证，其中前 9 项为必测项目，后 5 项为选测项目。另外该规范中规定的通过条件如下：除自动紧急制动和人工操作接管的测试场景外，所有测试都应在测试车辆自动驾驶状态完成。该规范依托 5 个基本原则：以保障自动驾驶测试的安全为底线，兼顾智能化和网联化两条技术路线，坚持功能和性能导向原

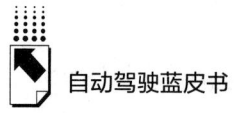

则，以整车自动驾驶功能评价为核心，考虑乘用车和商用车测试场景差别，注重测试场景选取典型性和代表性，注重测试规程操作可行性和合理性。

其主要内容包括 6 个部分，第一章是总则，第二章是测试主体、测试驾驶人及测试车辆，第三章是测试申请及审核，第四章是测试管理，第五章是交通违法和事故处理，第六章是附则，主要介绍智能网联汽车的定义，附录包括智能网联汽车自动驾驶功能检测项目和智能网联汽车道路测试通知书。

（2）产品准入环节，我国具有四个汽车产品准入管理规则，智能网联汽车在公告管理方面有进展

我国汽车产品准入管理制度的核心是以确保产品质量为目标，引用了相关国家标准、行业标准，并将产品对标准的符合性作为准入的条件，维护汽车行业秩序。目前，我国共有工信部主管的公告管理、市场监管总局主管的强制性产品认证管理、交通部主管的道路运输车辆燃油消耗量达标管理、环保部主管的机动车环保信息公开管理四个准入管理制度。其中，智能网联汽车的公告管理在政策文件方面有进展。

公告准入是工信部对车辆产品实施的准入许可规划，是车辆产品生产、销售、办理车辆注册登记的基本条件，其以《道路机动车辆生产企业及产品准入管理办法》（以下简称《办法》）为基础性文件。《办法》要求以现行的国家标准和技术规范对企业申报的产品的符合性进行测试验证，并提供完整的测试报告，审查通过后，才可以列入《公告目录》进行国内销售。由于智能网联汽车等创新技术产品存在不符合现行标准的情况，同时为促进产业的发展，《办法》提出了建立产品准入豁免制度。但其实施细则尚未正式出台，具体的制度和方式有待明确。

2021 年 4 月 7 日，工信部公开征求对《智能网联汽车生产企业及产品准入管理指南（试行）（征求意见稿）》（以下简称《指南》）的意见。《指南》共包含 5 部分内容，其中：正文部分共 10 条，包含《指南》文件宗旨、企业及产品管理要求、准入程序等内容；附件 1《智能网联汽车生产企业安全保障能力要求》共 3 节 28 条，对正文第 2 条进行了补充细化，对企业应满足的功能安全及预期功能安全保障要求、网络安全保障要求以及企业

软件升级管理要求进行了规定；附件2《智能网联汽车产品准入过程保障要求》共3节14条，对正文第9条进行了补充细化，对智能网联汽车产品准入中包括整车尤其是驾驶自动化系统的功能安全过程保障要求、驾驶自动化系统预期功能安全过程保障要求和网络安全过程保障要求进行了规定；附件3《智能网联汽车产品准入测试要求》共6节32条，对正文第9条进行了补充细化，对申请准入的智能网联汽车产品应满足的模拟仿真测试要求、封闭场地测试要求、实际道路测试要求、车辆网络安全测试要求、软件升级测试要求和数据存储测试要求进行了规定；附件4为名词解释部分，对《指南》中部分名词的定义和范围进行了解释说明。

《指南》主要目的是明确管理方向，既可发挥引导作用也能有效规范行业发展。对于智能网联汽车准入管理本身来讲，《指南》为有自动驾驶等功能的智能网联汽车产品打通了准入渠道，对行业发展有积极作用。

《指南》重点针对功能安全、预期功能安全、网络安全、软件升级等内容提出了管理要求，填补了现行准入体系在智能网联汽车产品领域的空白，是《道路机动车辆生产企业及产品准入管理办法》的重要支撑文件。其与《道路机动车辆生产企业准入审查要求》《道路机动车辆产品准入审查要求》不同，《指南》的规定有一定可操作性，但更多是引导性，具体执行效力暂时不明。其针对智能网联汽车产品的设计、研发、验证、测试等过程提出了非常详细的要求，通过保障过程安全达到保障产品质量的目的。《指南》对产品本身的要求描述较少，这主要是因为技术标准暂未出台，尚无法对产品提出特别详细的要求。未来智能网联汽车产品的审查、准入依然将由工信部依照《道路机动车辆生产企业及产品准入管理办法》组织开展。

（3）销售服务环节，我国要求汽车销售商必须保证消费者合法权益

我国汽车销售服务管理的核心是规范供应商、经销商的销售行为，保护消费者合法权益，维护汽车行业秩序，促进市场经济健康发展。根据《产品质量法》等，消费者在购买、使用商品和接受服务时享有人身、财产安全不受损害的权利。在我国境内销售汽车的供应商、经销商，应当建立完善的汽车销售体系，销售的产品应当符合国家有关规定和标准，要明确收费标

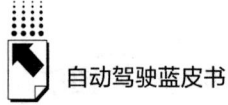

准，不得随意加价销售，不得绑定销售保险、金融、配件等。生产企业价值后移，智能网联汽车产品更要重视此环节。

（4）售后管理环节，汽车经销商、供应商有义务为消费者提供售后服务

智能网联汽车售后管理主要属于市场监管总局和公安部的职责监管范围，市场监管总局的职责包括缺陷汽车产品召回、三包等，公安部对上路后的车辆进行监管。当前，市场监管总局对智能网联汽车远程升级技术召回需备案方面进行了规范，公安部主要依托《道路交通安全法》对智能网联汽车进行规范。

依据市场监管总局职责，对缺陷汽车产品，生产者必须依法进行召回。根据《产品质量法》《缺陷汽车产品召回管理条例》，生产者对已销售的产品具有跟踪观察的义务，生产者以主动或被动的方式知悉某汽车产品可能存在缺陷的，应立即开展调查分析，并向国务院产品质量监督部门报告调查分析结果。一旦确认汽车产品存在缺陷，应当立即停止生产、销售、出口缺陷汽车产品，并实施召回。2020 年 11 月 25 日，市场监管总局发布《关于进一步加强汽车远程升级（OTA）技术召回监管的通知》（以下简称《通知》）。《通知》根据《缺陷汽车产品召回管理条例》（以下简称《条例》）及《缺陷汽车产品召回管理条例实施办法》（以下简称《实施办法》），为加强监管，规范 OTA 技术在召回工作中的应用而制定。《通知》正文共计 5 条条款，监管主要采用向市场监管总局质量发展局进行备案或报告的方式，主要内容如下：①在中国境内依法设立的生产汽车产品并以其名义颁发产品合格证的企业，以及从中国境外进口汽车产品到境内销售的企业采用 OTA 方式对已售车辆开展技术服务活动的，应进行备案；②采用 OTA 方式消除汽车产品缺陷、实施召回的，应按照《条例》及《实施办法》要求，制订召回计划，应进行备案；③其生产、销售或进口的车辆或 OTA 实施过程中的车辆，在中国市场上发生被入侵、远程控制等安全事故时，应组织调查分析并上报结果；④消费者、零部件生产者、软件与系统或数据服务商等获知采用 OTA 方式隐瞒车辆缺陷、逃避召回责任的，可直接上报；⑤鼓励加强

安全监管技术研究、探索监管数据平台的建设、开展安全技术评估以及召回监督工作。

在公安部职责范围内，2021 年 4 月 1 日，公安部对《道路交通安全法（修订建议稿）》进行公开征求意见。其中在自动驾驶方面，该法规在两方面进行了规定，一是对具有自动驾驶功能的汽车进行道路测试与通行的要求，二是对其违法行为和事故责任的认定。具体内容如下：一是在测试方面，应当经具有国家授予资质的从事汽车相关业务的第三方检测机构进行检测，在指定时间、区域、路线开展道路测试，在开展道路测试或上道路通行时，应当实时记录行驶数据，同时驾驶员应当处于车辆驾驶座位上，监控车辆运行状态及周围环境，可随时接管车辆。在封闭道路、场地内测到达合格，并规定在有限条件下，才能依照相关法律法规进行生产、销售、进口。二是在事故处理方面，当发生道路交通安全违法行为或交通事故时，应依法调查、分析并确定驾驶员、自动驾驶系统开发单位的责任，并依照有关法律、法规确定损害赔偿责任，构成犯罪的依法追究刑事责任。三是对于例外情况，具有自动驾驶功能但不具备人工直接操作功能的汽车上道路通行的，将由国务院有关部门另行规定。

（5）回收利用环节，我国实施机动车强制报废制度

根据《道路交通安全法》《报废机动车回收管理办法》等法律法规，我国对达到报废标准的机动车实施强制报废制度。应当报废的机动车必须及时办理注销登记，达到报废标准的机动车不得上道路行驶。其中，对于大型客、货车及其他营运车辆的报废，需在公安机关交通管理部门的监督下进行解体。在报废阶段，智能网联汽车存在网络与数据安全以及关键核心部件重复使用的问题。

2. 关键技术层面

（1）道路基础设施

一是道路基础设施管理相关法律法规对自动驾驶的发展具有一定阻碍作用。道路基础设施管理的目的是保障道路基础设施正常有序运行。具体管理内容主要涉及规范道路基础设施建设，规定智能化设备、系统与道路基础设

施互联互通需要符合技术标准，为保护道路免受非自然损耗和破坏，出于维护道路的目的，对在道路上行驶的机动车做出了相关规定。结合智能网联汽车的特性，尤其是车路协同技术，因此，需要修订《公路法》《公路安全保护条例》等相关法律法规。

二是国家促进智能化道路基础设施规划与建设。2020 年 2 月 24 日，国家发展改革委、工信部、科技部等 11 部委联合印发《智能汽车创新发展战略》，指出分两个阶段构建智能汽车战略愿景。到 2025 年，中国标准智能汽车的技术创新、产业生态、基础设施、法规标准、产品监管和网络安全体系基本形成；2035～2050 年，中国标准智能汽车体系全面建成、更加完善。安全、高效、绿色、文明的智能汽车强国愿景逐步实现。其还明确指出发展的五大主要任务。一是构建协同开放的智能汽车技术创新体系。围绕突破关键基础技术、完善测试评价技术、开展应用示范试点等三个方面展开，逐步满足智能汽车技术发展需求。二是构建跨界融合的智能汽车产业生态体系。增强产业核心竞争力，整合优势资源，培育新型市场主体，推动新技术转化应用。三是构建先进完备的智能汽车基础设施体系。分阶段、分区域推进道路基础设施的信息化、智能化和标准化建设，在重点地区、重点路段建立新一代车用无线通信网络，建设覆盖全国路网的道路交通地理信息系统，筹建国家智能汽车大数据云控基础平台。四是构建系统完善的智能汽车法规标准体系和监管体系。从顶层法律法规到技术标准，建设中国特色的体系，逐步形成涵盖认证认可的全生命周期的车辆管理机制。五是注重智能汽车的网络安全和数据安全。以家网络安全法律法规和等级保护为基础，构建安全管理联动、防护的网络安全的完整体系。

（2）高精度地图

高精度地图通俗上讲是精度更高、数据维度更多的导航电子地图，主要的责任主体是自然资源部。高精度地图法律法规体系涉及数据采集、地图制作、地图审核、商用及更新等相关环节。

一是数据采集时，要注意相关信息的保密处理。空间位置坐标、曲率等地理信息数据属于涉密信息，应依法进行保密处理。《地图管理条例》等法

律法规指出，利用涉及国家秘密的测绘成果编制的公开地图，在依法报送测绘行政主管部门进行地图审核前应当采用有关部门规定的统一方法进行保密技术处理。

二是只有具有导航电子地图甲级资质才能制作可用于自动驾驶的高精度地图。《测绘法》等法律法规提出从事测绘活动需要依法取得测绘资质。目前，测绘资质管理规定未单设"自动驾驶测绘活动"资质。国家测绘局2016年出台了《关于加强自动驾驶地图生产测试与应用管理的通知》，明确了自动驾驶地图是导航电子地图的新型种类，导航电子地图制作的资质管理适用于其资质。因此，在我国从事高精度地图测绘活动应取得导航电子地图甲级资质。

三是高精度地图在公开使用前需要报相关部门审核。《测绘法》等法律法规中规定，公开发布的地图应当报送有审核权的测绘地理信息行政主管部门进行审核。申请人向相应的测绘地理信息部门提交规定的材料，进行审核申请。地图审核申请受理部门按照法律法规的要求，对申请人提交的材料进行审查，确定其是否符合规定。

四是《测绘法》《保密法》等法律法规要求做好保密管理和监管，信息设备应采取保密措施，不得对外提供涉密成果，不允许超范围人员接触地图数据，并且数据服务器设施应设在中国境内。另外，若涉及国家秘密的地图数据，禁止在互联网及其他公共信息网络或者利用未采取保密措施的有线和无线通信进行传播。

（3）信息通信

我国智能网联汽车信息通信领域管理主要包括终端、网络、平台、应用等四方面内容。其中，终端包括车、路、人端支持通信互联的各项终端产品，网络主要指辅助通信功能实现的电信设备建设、无线通信手段等，平台主要指运营商提供云端服务的支撑平台，应用主要是指面向客户层面通信业务需满足的服务要求。

一是终端。主要是指车路网云体系各个环节内的电信设备。①要求进行入网许可。《电信设备进网管理办法》进一步明确了接入公用电信网的电信终端设备、无线电通信设备和涉及网间互联的设备必须符合国家规定的标准并取得进网许可。智能网联汽车连接网络的关键部件在此要求范围内。②开展对车联网卡实行实名登记管理的研究。有关部门按照《中华人民共和国网络安全法》《中华人民共和国反恐怖主义法》等相关法律法规要求对车联网卡开展实名登记管理的研究。③计划对汽车雷达无线电进行管理，将76~79GHz频段规划用于汽车雷达。工业和信息化部于2021年3月31日，对《汽车雷达无线电管理暂行规定（征求意见稿）》进行公开征求意见。根据《中华人民共和国无线电管理条例》《中华人民共和国无线电频率划分规定》等法规规章，以及国际电信联盟《无线电规则》，制定了13条正文内容，以及汽车雷达技术要求、汽车雷达使用及干扰规避指南、我国射电天文台台址等3方面的附件内容。

二是网络。要求设立车联网通信专用频段。为满足车联网等智能交通系统使用无线电频率的需求而促进智能网联汽车在我国的应用和发展，工信部于2018年11月发布《车联网（智能网联汽车）直连通信使用5905~5925MHz频段管理规定（暂行）》，提出将5905~5925MHz频段作为基于LTE-V2X技术的车联网（智能网联汽车）直连通信的工作频段。生产或者进口在我国境内销售、使用的车联网（智能网联汽车）直连通信无线电发射设备，应按照有关规定向国家无线电管理机构申请并取得无线电发射设备型号核准证。

三是平台及应用。在《增值电信业务经营许可证》中规定经营增值电信业务应取得经营许可证，这在智能网联汽车领域同样适用。另外有关法律法规规定，只有在提供明确、完整的软件功能等信息，并征得用户同意后，服务提供者才能在用户的智能网联汽车终端上进行软件下载、安装、运行、升级、卸载等操作。

3. 网络安全与数据保障层面

在中国，涉及数据监管的法律法规包括《网络安全法》《中华人民共和国个人信息保护法（草案二次审议稿）》《中华人民共和国数据安全法（草案二次审议稿）》，专门在汽车领域的是《汽车数据安全管理若干规定（征

求意见稿）》等。这些法律法规是对数据安全进行等级保护的重要原则。

一是对智能网联汽车个人信息进行保护。2021 年 4 月 26 日，第十三届全国人大常委会第二十八次会议对《中华人民共和国个人信息保护法（草案二次审议稿）》进行了审议，并将草案在中国人大网公布进行公开征求意见。本草案共八章七十三条，赋予了用户对个人信息的控制权，基于"通知－同意"原则，在智能网联汽车领域，即赋予了车主或乘客对车联网涉及的个人信息的控制权，比如车联网其他主体在处理个人信息时，用户或者乘客被赋予同意权、拒绝权、访问权、限制处理权、纠偏权、删除权、可携带权等。

二是主要不依赖数据主体的同意，由法律直接做出强制性规定。2021 年 4 月 26 日，第十三届全国人大常委会第二十八次会议对《中华人民共和国数据安全法（草案二次审议稿）》进行了审议，并将草案在中国人大网公布进行公开征求意见。本草案共七章五十三条，基于"风险－安全"的原则，对数据处理活动进行规范和对数据安全监管进行要求。其核心目的是对数据安全风险地避免、安全隐患的消除以及安全问题的应急处理等进行规范。在智能网联汽车数据领域应用，也要以分类分级为基础，建立完整的数据安全治理体系，涵盖应急处置、风险评估、监测预警等。

三是逐步完善数据跨境监管体系。在上位法层面，《中华人民共和国个人信息保护法（草案）》首次提出构建相对全面的个人信息跨境流动制度，其中以分类分级管理思想设计了四种跨境个人信息跨境条件：

（1）通过国家网信部门组织的安全评估；

（2）按照国家网信部门的规定经专业机构进行个人信息保护认证；

（3）与境外接收方订立合同，约定双方的权利和义务，并监督其个人信息处理活动达到本法规定的个人信息保护标准；

（4）法律、行政法规或者国家网信部门规定的其他条件，比如《中华人民共和国数据安全法（草案）》第三十三条规定"境外执法机构要求调取存储于中华人民共和国境内的数据的，有关组织、个人应当向有关主管机关报告，获得批准后方可提供"。

四是在汽车领域设置专门管理文件，具有指导意义。2021 年 5 月 12

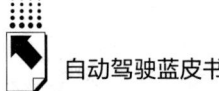
日，国家互联网信息办公室就《汽车数据安全管理若干规定（征求意见稿)》公开征求意见。该征求意见稿共计 21 条，确定了汽车个人信息和重要数据保护对象和要求，其中，规定汽车重要数据共六类：

（1）军事管理区、国防科工等涉及国家秘密的单位、县级以上党政机关等重要敏感区域的人流车流数据；

（2）高于国家公开发布地图精度的测绘数据；

（3）汽车充电网的运行数据；

（4）道路上车辆类型、车辆流量等数据；

（5）包含人脸、声音、车牌等的车外音视频数据；

（6）国家网信部门和国务院有关部门明确的其他可能影响国家安全、公共利益的数据。

（四）中国地方政策法规层面

一是地方政府陆续发布智能网联汽车创新发展指导文件。2020 年 12 月，安徽省发展改革委等 11 个部门联合印发《安徽省智能汽车创新发展战略实施方案》（以下简称《方案》），成为首批发布省级专项政策来落实国家《智能汽车创新发展战略》的省份之一。《方案》明确将智能汽车作为安徽省汽车产业发展重点方向，并提出未来五年在智能汽车关键技术突破、生态体系构建等方面的发展目标及主要任务。二是地方政府陆续出台智能网联汽车测试示范指导规范。截至 2020 年 3 月，已有北京、上海、重庆等 20 余个城市先后发布地方级智能网联汽车道路测试指导性文件。地方性指导文件与国家层面的《智能网联汽车道路测试管理规范（试行)》在原则和思路上基本保持一致，主要围绕测试申请及审核，测试管理，交通违法和事故处理管理机构及职责，测试主体、驾驶人及车辆，交通违法和事故处理等内容展开，但部分城市在测试模式选择、测试评估主体及事故处理办法等方面又都存在些许差异。同时，截至 2020 年 3 月，国内已累计颁发超过 250 张智能网联汽车公共道路测试牌照。三是深圳率先发布智能网联汽车准入管理办法。2021 年 3 月，深圳市根据《深圳市制定法规条例》规定，发布《深圳经济特区智能网联汽车管理条例（征求意见稿）》及说明。该征求意见稿共计十章，涉及准入和登记、使用管理、网络安全和数据保护、道路测试和示范应用、车路协同基础设施、交通事故及违章处理、法律责任等内容。

二　标准

（一）国际标准发展历程

1. 国际标准化组织建设

ISO（International Organization for Standardization）于1947年成立，中央办事机构位于瑞士日内瓦。以"在全世界范围内促进标准化工作的发展，以便于国际物资交流和服务，并扩大在科学、知识、技术和经济方面的合作"为宗旨。ISO的主要活动是制定国际标准，在世界范围内对标准化工作进行协调，组织各技术委员会和成员国进行情报交流，并与其他国际组织进行合作，共同研究标准化相关问题。

中国国家标准化管理委员会（SAC）代表中国参加ISO工作。

ISO发展至今，下设249个技术委员会（TC），与汽车工业领域直接相关的技术委员会为ISO/TC22（道路车辆技术委员会）[①]。

ISO/TC22目前由11个分技术委员会组成，如表1所示。

表1　ISO/TC22道路车辆技术委员会的组成

分委员会编号	分委员会名称	工作范围
SC31	数据通信	用于车辆应用的数据通讯。这里包括：V2X通信(包括V2G)，数据总线和协议(包括专用的传感器通信)，诊断，数据格式，接口和网关(包括游牧设备的网关)，测试协议，标准化数据内容
SC32	电气、电子元件以及通用系统	电子、电气系统及部件主要性能要求，其中主要包括：线束，环境条件，专用连接器(拖车、OBD连接器)，特殊电子、电器部件(发电机、保险丝)，电磁兼容，功能安全

---

① 国际标准化组织网站，https：//www.iso.org/committee/46706.html。

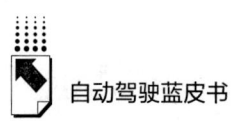

续表

分委员会编号	分委员会名称	工作范围
SC33	车辆动力学及底盘部件	影响车辆动力学的控制/系统/功能标准和横向和纵向车辆动力学,例如底盘部件、车轮、转向、制动器和悬架。这包括自动驾驶、避免和减轻碰撞的方法和性能
SC34	动力系统、传动系统及传动液(不包括制动液)	基于燃烧的推进系统和部件,例如:冷却剂,动力总成,发动机,测量测试设备,过滤器,活塞销/活塞环,测试程序,测试方法,燃料喷射设备,以及特性和添加剂流体定义(例如(AUS32)),但润滑剂,制动液和燃料除外
SC35	照明系统及可视性	显眼性和可见性;光信号、照明、安全玻璃材料
SC36	安全及碰撞试验	保护乘客和弱势道路使用者。这包括:被动安全评估(包括车辆安全预处理),发布碰撞安全,虚拟测试,评估系统和设备,事故分析,功能分析
SC37	电动推进车辆	电动系统,电动车辆、相关部件和车辆集成一些具体方面
SC38	摩托车及轻便摩托车	摩托车、轻便摩托车及其部件的标准化,其中涉及安全性、兼容性、互换性术语和测试程序(包括仪器的特性),以评估其性能
SC39	人机工程学	驾驶环境、驾驶员、驾驶系统三者之间的关系
SC40	商用车、大客车和挂车的具体情况	具体情况包括拖车、公共汽车、重型卡车、商用车辆以及TC22的其他SC未涵盖的接口及车身(例如:联轴器)
SC41	燃气车辆具体情况	燃气车辆部件的结构、安装和实验规范,包括与加油系统的接口和其组件

资料来源:ISO/TC22(国际标准化组织/道路车辆技术委员会)组织机构。

与智能网联汽车标准化直接相关的分技术委员会主要有:

- SC31 数据通信;
- SC32 电气、电子元件及通用系统;
- SC33 车辆动力学及底盘部件;
- SC39 人机工程学。

(1) ISO/TC22/SC31 数据通讯

ISO/TC22/SC31 的范围主要关注车辆应用的数据通讯,包括:数据总线和协议、V2X 通信、诊断、测试协议、接口和网关、标准化数据内容(见表2)。

表 2　ISO/TC22/SC31 车辆通讯分委会的组成

工作组编号	工作组名称
ISO/TC22/SC31/JWG1	联合 ISO/TC22/SC31 – IEC/TC69WG：车辆到电网通信接口（V2G CI）
ISO/TC22/SC31/WG2	车辆诊断协议
ISO/TC22/SC31/WG3	车内网络
ISO/TC22/SC31/WG4	网络应用
ISO/TC22/SC31/WG5	测试设备/数据交换格式
ISO/TC22/SC31/WG6	网联车辆/远程诊断
ISO/TC22/SC31/WG7	电子定期技术检验（ePTI）
ISO/TC22/SC31/WG8	车辆领域 – 数据收集系统
ISO/TC22/SC31/WG9	用于自动驾驶功能的传感器数据接口
ISO/TC22/SC31/WG10	车外数据通信

资料来源：ISO/TC22（国际标准化组织/道路车辆技术委员会）组织机构。

（2）ISO/TC22/SC32 车辆电气、电子部件及通用系统

ISO/TC22/SC32 的范围主要包括：电气和电子元件、电磁兼容性、环境条件、功能安全、网络安全和软件更新（见表 3）。

表 3　ISO/TC22/SC32 车辆电气、电子部件及通用系统分委会的组成

工作组编号	工作组名称
ISO/TC22/SC32/WG1	点火设备
ISO/TC22/SC32/WG2	环境条件
ISO/TC22/SC32/WG3	电磁兼容性
ISO/TC22/SC32/WG4	汽车电缆
ISO/TC22/SC32/WG5	保险丝和断路器
ISO/TC22/SC32/WG6	车载电气连接
ISO/TC22/SC32/WG7	点火设备和发电机的功能特性
ISO/TC22/SC32/WG8	功能安全
ISO/TC22/SC32/WG9	牵引车和被拖车辆间的电气连接
ISO/TC22/SC32/WG10	光学元件——测试方法和要求
ISO/TC22/SC32/WG11	信息安全

资料来源：ISO/TC22（国际标准化组织/道路车辆技术委员会）组织机构。

（3）ISO/TC22/SC33 车辆动力学及底盘部件

ISO/TC22/SC33 的目的是发布关于纵向、横向的车辆动力学，以及影响车辆动力学的系统/控制/功能的标准。它还包括自动驾驶、规避或缓解碰撞的方法和性能。

表4　ISO/TC22/SC33 车辆同动力学及底盘部件分委会的组成

工作组编号	工作组名称
ISO/TC22/SC33/WG2	乘用车的车辆动力学
ISO/TC22/SC33/WG3	驾驶员辅助和主动安全功能
ISO/TC22/SC33/WG4	制动系统的功能和组件
ISO/TC22/SC33/WG5	车轮
ISO/TC22/SC33/WG6	重型商用车和公共汽车的车辆动力学
ISO/TC22/SC33/WG9	自动驾驶系统测试场景
ISO/TC22/SC33/WG10	刹车片和摩擦片
ISO/TC22/SC33/WG11	仿真
ISO/TC22/SC33/WG14	制动液
ISO/TC22/SC33/WG15	制动调制系统的现场负载规范
ISO/TC22/SC33/WG16	主动安全测试设备

资料来源：ISO/TC22（国际标准化组织/道路车辆技术委员会）组织机构。

（4）ISO/TC22/SC39 人体工程学

ISO/TC22/SC39 的目的是发布关于驱动程序与环境和系统交互的标准。

表5　ISO/TC22/SC39 人体工程学委员会的组成

工作组编号	工作组名称
ISO/TC22/SC39/WG3	操纵件、指示器及信号装置
ISO/TC22/SC39/WG5	标志
ISO/TC22/SC39/WG7	手操作空间范围及 H 点 R 点确定
ISO/TC22/SC39/WG8	车载人机界面智控系统

资料来源：ISO/TC22（国际标准化组织/道路车辆技术委员会）组织机构。

2. 标准制定现状

ISO/TC22 当前正在开展和已发布的智能网联汽车领域的标准见表6。

表6　ISO/TC22 当前智能网联汽车领域的标准制定现状

主题		工作小组	标准项目
车辆系统	车辆控制	SC33/WG3 驾驶员辅助主动安全功能	ISO 22735 道路车辆　车道保持系统性能评价的试验方法（已发布） ISO 22733 道路车辆　自动紧急制动系统性能评价的试验方法 第1部分：车对车已发布 第2部分：汽车对行人（AWI）
		SC33/WG9 自动驾驶测试场景	ISO/CD 34501 道路车辆　自动驾驶系统测试场景术语和定义 ISO/CD 34502 道路车辆　基于场景安全评价的工程框架和流程 ISO/AWI 34503 道路车辆　自动驾驶系统设计运行范围分类 ISO/WD 34504 道路车辆　场景属性和分类
		SC33/WG11 仿真	ISO 19364 乘用车　车辆动态仿真和验证　稳态循环驾驶行为（已发布） ISO 19365 乘用车　车辆动态仿真和验证　正弦停稳控制试验（已发布） ISO 22140 乘用车　车辆动力学仿真的验证　横向瞬态响应测试方法（已发布）
		SC33/WG16 主动安全测试设备	ISO 19206 道路车辆　用于评估主动安全功能的目标车辆，易受伤害的道路使用者和其他物体的测试设备 第1部分：乘用车尾部目标要求（已发布） 第2部分：行人目标要求（已发布） 第3部分：乘用车 3D 目标要求（已发布） 第4部分：自行车目标要求（已发布） ISO/AWI TS 22133 道路车辆　主动安全和自动/自主车辆测试的测试对象监控 第1部分：功能要求、规范和通信协议（AWI）
人为因素	标志	SC39/WG5 标志	ISO DIS 2575 道路车辆　操纵件、指示器和信号装置符号
	过渡过程	SC39/WG8 车载 MMI	ISO/TR 21959 道路车辆　自动驾驶环境下的人因和状态 第1部分：通用概念 第2部分：设计用于研究过渡过程的实验时的注意事项

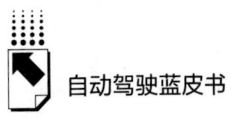

主题		工作小组	标准项目
人为因素	外部视觉传达	SC39/WG8 车载 MMI	ISO/TR 23049 道路车辆 从自动驾驶车辆到其他道路使用者的外部视觉传达的人体工程学方面 ISO/AWI TR 23735 道路车辆 从自动驾驶车辆到其他道路使用者的外部视觉通信的人体工程学设计指南 ISO/AWI TR 23720 道路车辆 在自动车辆外部通信情况下评估其他道路使用者行为的方法
安全要求	信息安全	SC32/WG11 信息安全	ISO/SAE FDIS 21434 道路车辆 信息安全工程 ISO/DPAS 5112 道路车辆 信息安全工程审核准则
	预期功能的安全性 SOTIF	SC32/WG8 功能安全	ISO/DIS 21448 道路车辆 预期功能安全
	软件升级	SC32/WG12 软件升级	ISO/CD 24089 道路车辆 软件升级工程
数据通信	车辆诊断协议	SC31/WG2 车辆诊断协议	ISO 15765 道路车辆 控制器局域网诊断通信(DoCAN) 　第2部分:传输协议和网络层服务(已发布) 　第4部分:排放相关系统的要求(已发布) 　第5部分:与诊断链路连接器(CD)相连的车内网络规范(FDIS) ISO 14229 道路车辆 统一诊断服务(UDS) 　第1部分:应用层(已发布) 　第2部分:会话层服务(已发布) 　第3部分:CAN实现上的统一诊断服务(UDSonCAN)(已发布) 　第4部分:FlexRay实现上的统一诊断服务(UDSonFR)(已发布) 　第5部分:Internet协议实现上的统一诊断服务(UDSonIP)(已发布) 　第6部分:K线实现上的统一诊断服务(UDSonK Line)(已发布) 　第7部分:本地互联网络上的UDS(UDSonLIN)(已发布) 　第8部分:时钟扩展外围接口上的USD(UDSonCXPI)(已发布) ISO 13400 道路车辆 互联网协议诊断通信(DoIP) 　第2部分:传输协议和网络层服务(已发布) 　第3部分:基于IEEE 802.3的有线车辆接口(已发布) 　第4部分:基于以太网的高速数据链路连接器(已发布)

续表

主题	工作小组	标准项目
数据通信	车载网络 SC31/WG3 车载网络	ISO 11898 道路车辆　控制器局域网（CAN） 　第 1 部分：数据链路层和物理信令（已发布） 　第 2 部分：高速介质访问单元（已发布） 　第 3 部分：低速、容错、介质相关接口（已发布） 　第 4 部分：时间触发通信（已发布） ISO 16845 道路车辆　控制器局域网（CAN）一致性测试计划 　第 1 部分：数据链路层和物理信令（已发布） 　第 2 部分：高速介质接入单元一致性测试计划（已出版） ISO 21111 道路车辆　车载以太网 　第 1 部分：一般信息和定义（已发布） 　第 2 部分：通用物理层设备规范和媒体独立接口（已发布） 　第 3 部分：光学 1－Gbit/s 物理层设备规范和一致性测试计划（已发布） 　第 5 部分：光学 1－Gbit/s 物理层系统规范和互操作性测试计划（已发布） 　第 6 部分：电气 100 Mbit/s 物理层设备规范和一致性测试计划（FDIS） 　第 9 部分：数据链路层要求和一致性测试计划（DIS） 　第 10 部分：传输层和网络层一致性测试计划（DIS） 　第 11 部分：应用层到会话层的一致性测试计划（DIS）
	网络应用程序 SC31/WG4 网络应用	ISO 11992 道路车辆　牵引车和被牵引车之间电气连接的数字信息交换 　第 1 部分：物理和数据链路层（已发布） 　第 2 部分：制动器和传动装置的应用层（已发布） 　第 3 部分：制动器和传动装置以外设备的应用层（已发布） 　第 4 部分：诊断通信（已发布）
	测试设备/数据交换格式 SC31/WG5 测试设备/数据交换格式	ISO 22901 道路车辆　开放式诊断数据交换（ODX） 　第 1 部分：数据模型规范（已发布） 　第 2 部分：排放相关诊断数据（已发布） 　第 3 部分：故障症状交换描述（FXD）（已发布） ISO 17356 道路车辆　嵌入式汽车应用开放接口 　第 1 部分：通用结构和术语、定义和缩略语（已发布） 　第 2 部分：OSEK/VDX OS、COM 和 NM 绑定规范（已发布） 　第 3 部分：OSEK/VDX 操作系统（OS）（已发布） 　第 4 部分：OSEK/VDX 通信（COM）（已发布） 　第 5 部分：OSEK/VDX 网络管理（NM）（已发布） 　第 6 部分：OSEK/VDX 实现语言（OIL）（已发布）

主题	工作小组	标准项目
数据通信	车辆域数据采集系统	SC31/WG8 车辆领域 - 数据收集系统	ISO 23239 道路车辆　车辆领域数据收集服务（VDS）第 1 部分：一般信息和用例定义（已发布）
	用于自动驾驶功能的传感器数据接口	SC31/WG9 用于自动驾驶功能的传感器数据接口	ISO 23150 道路车辆　自动驾驶传感器与数据融合单元间的数据通信　逻辑接口（已发布）

资料来源：根据 ISO/TC22 国际标准化组织/道路车辆技术委员会发布的相关信息整理。

（二）中国国家和行业标准发展历程

1. 国家标准体系规划

2017 年 12 月，为加强顶层设计，全面推进车联网行业技术研发和标准制定工作，促进整个行业健康可持续地发展，工信部与国标委联合发布了《国家车联网产业标准体系建设指南（智能网联汽车）》。

根据智能网联汽车技术逻辑结构的构建方法、产品的物理结构，以及不同功能需求、产品和技术类型的融合，以及各子系统之间的信息流，将智能网联汽车标准系统框架定为"基础""通用规范""产品与技术应用""相关标准"四部分。同时，根据各个具体标准在内容范围和技术水平上的共性和差异，将四个部分进一步细分，形成完整的内容和结构。如图 1 所示，展示了 14 个分界线合理清晰的子类。

（1）基础（100）

基础类标准中主要包括智能网联汽车的术语和定义、分类和编码、标识和符号等三类基础标准。用于统一智能网联汽车相关的基本概念的是术语和定义标准，可以为各相关行业的兼容和协调奠定良好的基础，同时也支撑其他各部分标准的制定。用于帮助各方统一认识和理解智能网联标准化的对象、边界以及各部分的层级关系和内在联系的是分类和编码标准。标识和符号标准则用于标识与解析智能网联汽车中各类技术、产品和功能对象，为人机界面的简化和统一奠定基础。

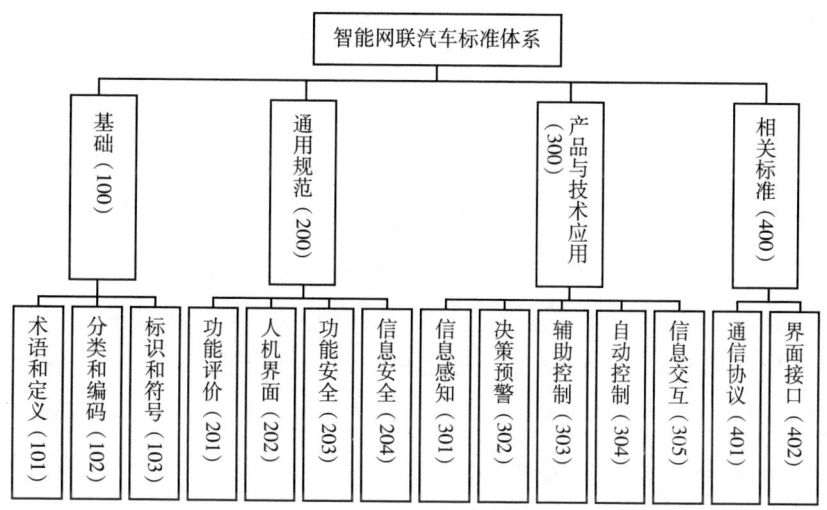

图1 智能网联汽车国家标准体系

资料来源：汽车标准化委员会。

（2）通用规范（200）

通用规范标准从整车层面提出了总体要求和规范，主要包括功能评价、人机界面、功能安全和信息安全等。

从整车及系统层面提出智能化、网联化功能评价规范以及相应的测试评价应用场景的是功能评价标准，在一定程度上反映了对产品和技术应用前景的判断。

人机界面标准主要考虑智能网联汽车产品形态较传统汽车在人机工程、功能信息传递上的差异，同时着重考虑驾驶模式切换等问题，人机界面的优劣与驾驶安全密切相关，同时也会影响驾乘体验和对产品的接受度。

功能安全标准侧重于规范智能网联汽车各主要功能节点及其下属系统在安全性保障能力方面的要求，其主要目的是要确保智能网联汽车整体及子系统功能运行的可靠性，并在系统部分或全部发生失效后仍能最大限度地保证车辆安全运行。

信息安全标准按照信息安全的一般要求，在保证交通安全的基础上，以稳定可靠运行为核心，主要对车辆和车辆通信系统、数据、软件和硬件进行

安全防护，从车辆、系统等方面防范对车辆的攻击、入侵、干扰、破坏和非法使用以及事故等。

（3）产品与技术应用（300）

产品与技术应用类标准主要包括信息感知、决策预警、辅助控制、自动控制和信息交互等智能网联汽车核心技术和应用的功能、性能要求及试验方法，但不局限于具体的技术方案，避免对以后的技术创新和应用发展产生制约。

信息感知标准是指车辆利用自身搭载的传感器，对车辆驾乘人员进行探测和监控、车辆本身运行情况及周围环境（包括道路、行人、交通设施、其它车辆及其他交通参与者等）的驾驶相关信息，覆盖人员状态监测系统、车身传感探测系统，驾驶员视野拓展系统，以及传感器、雷达、摄像头等关键部件的功能、性能要求及试验方法。

决策预警标准是指车辆通过一些逻辑规则对车辆运行状态进行检测和监控，如对周围的环境信息等进行处理、分析和决策，确定车辆处于发生危险倾向时，或在危险状态或达到其他（例如可能危及其他交通参与者）需要提醒驾驶员注意或采取相应措施时，或发出报警信号（采取光、声及其他易识别的手段），覆盖车辆前后向行驶、转向等不同行驶工况下的提醒和报警系统及其关键部件的功能、性能要求及试验方法。

智能控制主要指两方面：一是其组合对车辆行驶状态的调整和控制，二是车辆行驶过程中横向（方向）控制和纵向（速度）控制，涉及发动机、底盘、制动、变速器等系统。根据车辆智能控制的复杂程度、自动化水平和适应工况不同，又可分为辅助控制和自动控制两类。其中，辅助控制类标准覆盖车辆静止状态下的动力传动系统控制，车辆行驶状态下的横向（方向）控制和纵向（速度）控制，以及整车和系统层面的功能、性能要求和试验方法。自动控制类标准则以城市道路、公路等不同道路条件以及交通拥堵、事故避让、倒车等不同工况下的应用场景为基础，提出车辆功能要求以及相应的评价方法和指标。

信息交互标准主要是指可在车辆自身传感器探测的基础上，且具备网联功能的车辆，通过车载通信设备来和外部节点进行信息交互，为车辆提供更加全面的环境信息，可视作一种特殊的环境感知传感器。未来能够在信息交

互的基础上进行网联化协同决策与控制，实现车辆安全、有序、高效、节能运行。该类标准不局限于车辆自身范畴，还涉及交叉口通行支持、违规警告、事故救援等功能和服务，也包括车载通信装置、通信协议及对应的界面接口。

（4）相关标准（400）

相关标准在通信协议——车辆信息通信的基础方面，主要包含了实现V2X（人、车、路、云端等）智能信息交互的短程、中程通信、广域通信等方面的协议规范；在各种物理层和不同的应用层之间，还包含软件界面和硬件界面接口的标准规范。

2. 组织建设

为了支撑智能网联汽车标准体系建设，2017 年国家标准化技术委员会批准成立了"全国汽车标准化技术委员会智能网联汽车分技术委员会（SAC/TC114/SC34）"（以下简称"智能网联汽车分标委"），主要负责车辆驾驶环境感知与预警、自动驾驶、驾驶辅助和与车辆驾驶直接相关的车载信息服务等领域的国家标准制定和修订工作，由工信部负责日常管理和业务指导，秘书处由中国汽车技术研究中心有限公司承担。

以搭建智能网联汽车专家平台为目标，吸纳智能网联汽车相关企业加入标准研发和制修订中来，促进相关技术标准研究，推动和引导智能网联汽车技术和产业良好发展，智能网联汽车分标委先后组建先进驾驶辅助系统、自动驾驶、信息安全、网联功能与应用、资源管理与信息服务、功能安全（与 SAC/TC114/SC29 共建）等 6 个标准工作组（见图 2）。

3. 标准制定现状

在智能网联汽车先进驾驶辅助系统和自动驾驶领域，同步制定 38 项相关标准，其中已发出 6 项标准，已报批 5 项，征求意见 3 项，新获批立项 4项，新提交立项 8 项，新开展预研 12 项。其中，具体标准如下。

GB/T 38185 –2019《商用车辆电子稳定性控制系统性能要求及试验方法》、GB/T 38186 –2019《商用车辆自动紧急制动系统（AEBS）性能要求及试验方法》、GB/T 39323 –2020《乘用车车道保持辅助系统（LKA）性能要求及试验方法》、GB/T 39263 – 2020《道路车辆先进驾驶辅助系统

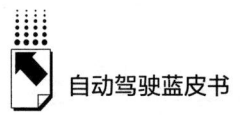

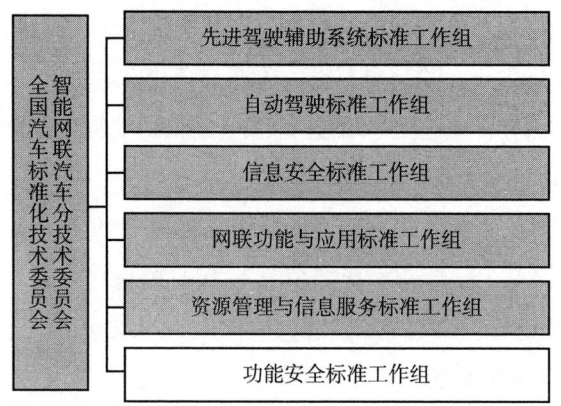

图2　全国汽车标准化技术委员会智能网联汽车分技术委员会组织架构

资料来源：汽车标准化委员会。

（ADAS）术语及定义》、GB/T 39265－2020《道路车辆—盲区监测（BSD）系统性能要求及试验方法》、GB/T 39901－2021《乘用车自动紧急制动系统（AEBS）性能要求及试验方法》等6项标准已发布；《汽车驾驶自动化分级》《商用车辆车道保持辅助系统性能要求及试验方法》《智能泊车辅助系统性能要求及试验方法》《驾驶员注意力监测系统性能要求及试验方法》《智能网联汽车　自动驾驶功能场地试验方法及要求》等5项标准已报批；《乘用车夜视系统性能要求与试验方法》《乘用车后部交通穿行提示系统性能要求及试验方法》《乘用车车门开启预警系统性能要求及试验方法》《汽车智能限速系统性能要求及试验方法》《智能网联汽车　术语和定义》等5项已面向社会征求意见；《汽车全景影像监测系统性能要求及试验方法》《智能网联汽车　操纵件、指示器及信号装置的标志》等2项标准新获批立项。

参考文献

张韬略、蒋瑶瑶：《德国智能汽车立法及〈道路交通法〉修订之评介》，《德国研究》2017年第3期。

Abstract

With the development of autonomous driving (AD) technology, a new round of technological revolution and industrial transformation are reconstructing the global automobile industry. Under the impact of the COVID - 19, the AD industry in 2020 has still made a series of breakthroughs in 2020. At the level of macro regulations and standards, the World Forum for Coordination for Vehicle Regulations (UNECE) adopted the first binding international regulation for automated lane keeping systems (ALKS) - "Proposal for a new UN Regulation on uniform provisions concerning the approval of vehicles with regards to Automated Lane Keeping System", China also publicized the standard of autonomous driving classification in March, which is defined according to the actual situation of China. At industry related components and technologies level such as AD chips, intelligent car-cabin, sensors, internet communication, high-precision map and road infrastructure construction continue to develop. At the application level, driverless began to explore commercialization in multiple application scenarios, such as automatic parking, mining area, port and terminal distribution. At the technical level, scenario-based simulation testing and scenario library construction technology have attracted more and more attention from industry experts because of their advantages of low risk, high scenario coverage and low cost. China is gradually forming a comprehensive verification test system of "simulation test, closed field test and open road test". At the same time, the research on functional safety and expected functional safety, human-computer co-driving and HMI, network security and vehicle road coordination technology is also developing continuously.

"The blue book of autonomous driving" is an annual research report that

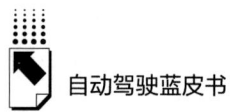

comprehensively and systematically describes the current situation and development achievements of China's and even international autonomous driving industry. It was first published in 2020. This book is the second version. This book is mainly composed of seven chapters: general report, policies report, industry report, application report, technology report, case report and reference report. Compared with the previous work, this book added an introduction to the relevant international standards and national standard system of AD, and analysised the key technologies of AD industry in the technical chapter.

Now the development of the AD industry still faces many problems, such as some laws, regulations and standards are not applicable to the AD, relative technology is immature, safety issue, lack of infrastructure construction, public's confidence issue, lacks of insurance guarantee, data security. Despite all kinds of challenges and changes, but with the development of the market and the improvement of technology, the development of the AD industry in the future may gradually show the characteristics and trends of realizing the commercialization of unmanned driving in batches according to the specific scenarios, the fine development of the industrial chain, paying attention to the L3 AD mass-produced vehicles, and the joint promotion of automatic driving by government and enterprises, vehicle road cooperative drive high-level autonomous driving.

Keywords: Aufomatic Driving; Intelligent Transportation; Communication Technology; Intelligent Networked Vehicle; Vehicle Road Coopertian

Contents

I General Report

Abstract: It was key time point for China's autonomous driving industry transferring from the technological exploration to the industrialization development in 2020. "Intelligent Vehicle Innovation and Development Strategy" was jointly issued by NDRC (National Development and Reform Commission), MIIT (Ministry of Industry and Information Technology of the People's Republic of China) and other 9 ministries and commissions, and the strategic planning of autonomous driving industry was gradually upgraded and detailed. In addition, the standard system regarding to automatic driving classification was further refined, and the new breakthrough has been made in key technology including chip, 5G communication and high precision map etc. The test verification method is more rich and standardized, and the carmakers were working more closely with internet, component and communications giants. Though the autonomous driving industry was in a new stage, the industry faces many Problems. There were still some blind spots in the legal standards, and the technology was still immature. Supporting facilities and insurance needed to be improved, data security

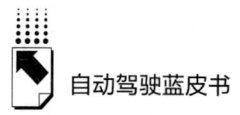

and social advocacy needed to be strengthened and so on. In the future, the autonomous driving industry will take the scenario as the lead, be commercialized in batches, and the industrial chain tends to be elaborative development. L3 autopilot will be the key layout, and V2X is the driving forces to the more advanced autonomous driving. Government and enterprise will devote cooperation to promote the implementation of autonomous driving.

Keywords: Autonomous Driving Industry; Driving Automation Classification; Vehicle Infrastructure Cooperation

II Industry Repots

B . 2 Research on the Development of Autonomous Driving
Marketof OEMs in 2020

Zhu Guanhong, Hao Bin and Yu Shucong / 023

Abstract: From the perspective of R & D planning, technological progress and mass production, the report describes development of the autonomous driving (AD) vehicle in China's market in 2020. Focuses on the development planning of AD of major OEMs across the world, such as FAW, Dongfeng Motor, GAC, SAIC, Tesla, Volkswagen, BMW and Mercedes Benz, and introduces the key technology from two aspects: AD data acquisition technology (lidar, millimeter wave radar, infrared thermal imaging sensor, camera, etc.) and v2x technology. At the same time, the current situation of actively building AD demonstration areas in many places and the imperfect laws and regulations of high-level AD are discussed. In 2020, the models equipped with ADAS developed by various vehicle enterprises will be listed, some L3 products launched, and the research and development of higher-level AD vehicles will be stepped up. The research and development of autopilot has also promoted the cooperation of more and more traditional automakers and high-tech enterprises, integrating the resources and technology accumulation of both sides. In the future, a win-win situation of traditional automakers are gradually transforming to conform to the times and the landing of intelligent industrial technology is emerging

Keywords: OEMs; Autonomous Driving Planning; Autonomous Driving Technology

B.3 Market Development Status and Prospects of Autopilot Chip in 2020

Zhang Lingyu, Song Qi, Guo Lijun and Li Kailong / 038

Abstract: In order to understand the development status of the automatic driving chip market in 2020, this report investigates the development of Horizon Robotics, Black Sesame Technologies, Huawei, Mobileye, Nvidia and Tesla in the field of automatic driving chips. By analyzing the supply chain of automatic driving chip in 2020, and the advantages and disadvantages of the six enterprises, it can be seen that 2020 is a key moment for the development of domestic chip enterprises. Compared with foreign chips, Chinese automatic driving chips are not poor in performance and power consumption, but they are still in the early exploration process in terms of architecture design, research and development investment and vehicle specification application. Compared with foreign countries, there is still a significant gap. Finally, in view of the problems existing in the development of automatic driving chips in China, some suggestions are put forward, such as, adhere to long-term investment, focus on vertical fields, build an industry university research ecosystem and refine the process technology.

Keywords: Automatic Driving; Chip Enterprise; Chip Technology

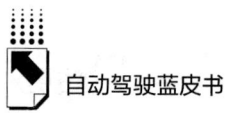
B . 4   Development Status and Prospect of Intelligent Cockpit

Wang Yilong, Ge Yang, Gu Jiawei, Wu Binbin and Ding Qilong / 057

Abstract: Cockpit is the core carrier to realize the space scene, which puts forward higher requirements for human-machine interaction, intelligent internet connection, entertainment information system and other technologies in the cockpit. In the era of "software defines cars", intelligent cockpit will be the focus of major OEMs, as well as the focus of consumers. Firstly, this report defined the concept that the intelligent cockpit should be an intelligent space integrating "home, entertainment, work and social", and then made an in-depth research and analysised on the development status of the cockpit from aspects of cockpit hardware equipments and software system. At the hardware level, the rapid development of AI chip provides a strong support for cockpit technology. At the same time, a new generation of technology and products of vehicle display, human-machine interaction, network communication and health systems have been loaded into a new generation of intelligent cockpit. For software aspect, Google Android automotive system, Huawei Hongmeng OS2. 0, Baidu, Tencent, Zebra and other automotive operating systems have been launched one after another, greatly improving the user experience. In the future, the intelligent cockpit is becoming more and more digital. According to the current situation, the driver's state perception technology and multimodal interaction are also important development directions of the cockpit.

Keywords: Intelligent Cockpit; Intelligent Automobile; Vehicle Operation

B . 5   Development Status and Trend of Dashboard Sensors for Automatic Driving in 2020

Song Qi, Wang Hongyan and Ma Xiping / 073

Abstract: Autonomous vehicles make use of sensors to perceive the surrounding environment and make decisions. Currently, the widely used vehicle sensors including camera, ultrasonic radar, MMW radar and laser radar. With the improvement of the level of autonomous driving, the dashboard sensor has become much more important, and its market size has evidently expanded. With analysis of the development of status of domestic and foreign automotive sensors, this report believes that no single sensor can meet the needs of high-level autonomous driving, and the development direction of automotive sensors is multi-sensor fusion, Although the automotive sensor market is mainly monopolized by several major foreign manufacturers, but with the development of domestic sensor technology and quality improvement, relying on cost-effective advantages, the Chinese manufacturers will gradually replace imports products. Therefore, in order to promote the development of Chinese automatic driving vehicle sensors, first of all is to establish a sound vehicle sensor test evaluation system and test database, secondly, it is necessary to increase R&D investment for breaking through foreign technical barriers as soon as possible. It is also necessary to reduce sensor costs, especially the cost of laser lidar.

Keywords: Autonomous Driving; Dashboard Sensor; Domestic Substitution

B.6 Development Status and Prospect of Autonomous Driving Vehicles Interconnection in 2020

Wu Dongsheng, Li Fengna, Xia Ningxin and Yang Yiqi / 089

Abstract: With the continuous development of 5G communication, internet of vehicle (IoV), the technical route of autonomous driving (AD) has gradually changed from single vehicle intelligent to intelligent connected vehicle. As the key technology of information interaction in intelligent connected vehicle, c – v2x technology plays an important role in the evolution and development of AD. Under this background, this report first analysised the important significance of intelligent connected communication technology in the aspects of technology

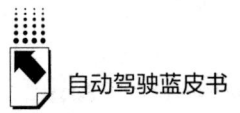
supplement, cost control and benefit improvement. Based on the analysis of the policy orientation, technology and standard development and application progress over the world, it is considered that the IoV technology is converging with the single vehicle intelligent technology, and gradually forms a development trend of vehicle-to-vehicle, vehicle-to-road oriented AD intelligent network technology. When a large number of traffic travelers participate in traffic and other unknown scenarios at the same time, the IoV technology is facing the challenge that it is difficult to meet the needs of AD in terms of delay, reliability and bandwidth. In the future, it is necessary to strengthen the coordination and cooperation among automobile, communication, transportation, electronics and etc., combine the IoV technology with various industry systems, and carry out the connected vehicle test demonstration in stages, steps and scenarios, so as to realize the iterative evolution and commercial landing of IoV technology.

Keywords: Autonomous Driving; 5G Communication; C −v2x Technology

B.7   Development Status of Automatic Driving High-precision

Maps in 2020   *Wang Hongyan，Song Qi and Guo Lijun ∕ 104*

Abstract: With the rapid development of autonomous vehicles, the importance of high precision maps is highlighted. The high precision map contains a wealth of dynamic and static information, which provides accurate positioning, auxiliary environment perception and optimal route planning for automated vehicles, allowing autonomous vehicles to "know" what the next "invisible" roads looks like, thereby improving the safety of automated driving. This report analys the current status of high-precision map policies, regulations, standards, as well as the development status of leading companies. report believes that there is still a big gap between the development status of high-precision maps and the needs of autonomous driving, and it faces high surveying and update costs. The recent challenges are focus on high cost and large storage capacity required. In response to the problems in the development of high-precision maps, suggestions for promoting the rapid development of Chinese high-precision map industry are proposed, namely, to improve relevant laws, regulations and standards, update data in a timely and accurate manner, establish a data exchange sharing platform, and strengthen corporate collaboration and resource sharing.

Keywords: Autopilot; High Precision Map; Standardization of Mapping

B.8 Developing Situation and Tendency of the Intelligent

Highway Infrastructure in 2020

Zhang Lingyu, Song Qi, Li Kailong and Ma Xiping / 115

Abstract: The continuous improvement of the intelligent level of road infrastructure has effectively promoted the coordinated development of human-vehicle-road. This report sorts out a number of strategies related to intelligent road infrastructure issued by the state in 2020. The central government has issued intensive policies, and the planning and construction of intelligent road infrastructure has become a national strategy. By analyzing the landing application of intelligent road infrastructure, intelligent highways is determined as the main application scenario, and the development status of subdivided fields such as C-V2X technology of Internet of Vehicles, the device market of roadside perception, highway overload control and off-site law enforcement and the cloud control platform are introduced. At the same time, the situation of intelligent highways opened in some provinces in 2020 are Clarified. Finally, aiming at the problems existing in the development of intelligent road infrastructure, this paper puts forward some suggestions, such as taking data as the development core, breaking through the core technology, exploring the direction of technological innovation, and unifying relevant standards and technical specifications.

Keywords: Intelligent Highways; New Infrastructure; Standardization

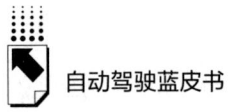

自动驾驶蓝皮书

Ⅲ Application Reports

B.9 Development Status and Prospect of Automatic Parking

Huang Xiaoyan, Ding Tianmei and Lv Jiliang / 128

Abstract: The automatic parking has broad application prospects and social value, and is an important function of high levelautonomous driving vehicles. By investigating the development of automatic parking industry, this report focuses on combing the main functions and technical routes of automatic parking, including Parking Assist System (PAS), Auto Parking Assist (APA), Remote Parking Assist (RPA), Automated Valet Parking (AVP) technical scheme and assembly key components. Listed the key data of automatic parking market, the layout of various manufacturers and analysised of automatic parking standards. It is considered that the future automatic parking technology will change from single parking mode to full scenario parking application mode, so as to promote the phased upgrading and evolution of automatic parking system. At the same time, with the further improvement of "new infrastructure" infrastructure such as empty parking space identification equipment, indoor positioning equipment, communication equipment, object detection and human camera system. It will drive the rapid growth of automatic parking industry.

Keywords: Automatic Parking; Technical Scheme; Vendor Layout

B.10 Application Status of Autonomous vehicle in Mining area

Yu Guizhen, Zhou Bin and Liao Yaping / 143

Abstract: With the sharp increase in the demand for mineral resources, the pain points of poor production environment, difficult employment, low transportation safety and high cost in mining area transportation have become increasingly prominent. To break the traditional operation mode of low efficiency and safety in mining area, autonomous vehicle (AV) technology has become the mainstream trend of mining area transportation development, and its advantages of autonomous controllability, high efficiency and high security coincide with the goal of wisdom construction in mining area. Based on an in-depth analysis of the current situation of research and landing application of AVs at home and abroad, report believes that there is still a certain gap in the development of AVs between domestic and foreign mining areas. The technology of AVs is still in the stage of system development, test and application, and there are still some challenges such as low transportation safety and low efficiency in the harsh road environment with multi-slope and multi-bend. Finally, in terms of the challenges existing in the application and development of AVs in mining areas, some suggestions are put forward to promote the rapid development of autonomous transportation industry in Chinese mining areas, that is, to develop road-vehicle integration technology model, formulate relevant regulations and standards, promote enterprise cooperation, and create an industry leading platform.

Keywords: Mining Area; Driverless; Intelligent Mining

B.11 Research on Application Status of Port Unmanned Vehicle

He Yi, Gao Lin and Wu Qing / 161

Abstract: unmanned vehicles are an essential part of the future smart ports. The rapid development of technologies, such as automatics driving, artificial intelligence and 5G, make the realization of unmanned vehicles for ports has become possible. This report focuses on the development of unmanned vehicles using in port, the characteristics of traditional container tractors, AGV tractors and IGV tractors, the application of 5G technology in port unmanned vehicles, and the key technology and application research progress under the scene are reviewed. The report looks forward to the future development prospects of port unmanned vehicles, it is believed that the combination of port unmanned vehicles

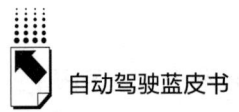

and 5G + AI + automatic driving technologies to form an intelligent system with comprehensive perception, ubiquitous interconnection, and port-vehicle collaboration is an important technological development direction in the future.

Keywords: Port Unmanned Vehicle; 5G Technology; Smart Ports

B.12 Research on Application of Autonomous Driving in the
Field of Unmanned Distribution

Zhang Qingyu, Pan Xia / 178

Abstract: Due to the terminal distribution presents a high frequency, small batch and decentralized working mode, and the distribution service has the characteristics of time and space decentralization at the same time, it has formed the industry pain point of low efficiency and high cost. Unmanned distribution can solve many problems of urban terminal distribution, and is expected to become the final solution of "the last mile". The domestic distribution scene has Chinese characteristics. If unmanned distribution is successfully applied and promoted in the future, it will help a series of important technology breakthroughs, such as unmanned driving technology, machine learning and automatic control. At the same time, it can update the traditional distribution mode, and further make the transformation of the industry into a technology driven service industry.

Keywords: Terminal Delivery Application Scenario; Unmanned Distribution; Automatic Driving Technology

Ⅳ Technology Reports

B . 13 Research on the Development of Frontier Technology

of Autonomous Driving

Abstract: The real realization ofautonomous driving (AD) landing is determined by the development of key technologies such as scenario library and simulation. This report illustrated on the key technologies of AD across the world, including scenario-based simulation and testing technology, scenario library construction, functional safety and safety of the intended functionality, human-machine co-driving and human-machine interaction technology. Focused on simulation test technology of the model in the loop (MIL), software in the loop (SIL), hardware in the loop (HIL) and vehicle in the loop (VIL) that applied in development stages and simulation platform. Analysised the Pegasus based construction models and examples of the virtual scene database around the characteristics of infinity, expansibility, batch and automation of the virtual scene database. Key technologies of functional safety development of high-level AD function, vehicle functional safety verification, construction of safety scenario database, vehicle level hazard identification and analysis are introduced. Finally, the control authority cooperation of human-machine co-driving is summarized and analysised from the three dimensions of information perception, strategic decision-making and operation execution. It is believed that the development of the technology of scene database, simulation test and functional safety will further promote the realization of the landing of AD.

Keywords: Scenario-based Simulation Test; Scenario Library Construction; Functional Safety and Safety of the Intended Functionality; Human-machine interaction.

# 自动驾驶蓝皮书

B.14　Research on the Development of Autonomous Driving
　　　　Cyber Security Technology

Zhang Yanan, Li Huijuan, Ning Yuqiao, Hu Xiaoya,

Wang Licheng and Zhang Qiao / 204

Abstract: The Internet of Vehicles (IoV) facilitates vehicles travel, alleviates traffic pressure, improves users' driving experience, and provides users with entertainment and other services. Noticeably, autonomous driving, as the core service for the deployment and development of the IoV, can make intelligent decisions such as path planning, velocity planning, and trajectory planning by sensing surrounding data. The network security of autonomous driving is of paramount importance. This report will start with five aspects: intelligent vehicles, communications, service platforms, mobile applications, identity authentication and data, and study the safety threats and safety protection methods faced by autonomous driving emphatically. On this basis, the current situation and development prospects of autonomous driving network security are also summarized and refined.

Keywords: Cyber Security; Intelligent Vehicle; Automatic Driving

B.15　Research on the Development of V2X Technology at Home
　　　　and Abroad in 2020

Li Li, Guo Yuqing, Pei Huaxin, Cui Yunkuan, Ge Jingwei,

Zhang Jiawei, Xu Huile, Wang Zezhong and Yang Jingxuan / 242

Abstract: With the rapid development of automatic driving technology and intelligent networked technology, the implementation of 5G commercial and vehicle networking policies, vehicle-road collaboration has made new progress from the industrial chain to the standard level. Vehicle-road collaboration can provide safer, more energy-saving, more environmentally friendly, and more convenient travel modes and comprehensive solutions, and is an internationally recognized important development direction for future transportation and automobiles. As the advanced development stage of the Internet of Vehicles, vehicle-road collaboration comprehensively integrates communications, automobiles, transportation, information and other fields to build a brand-new ecology. This report deeply analyzes the development of vehicle-road collaboration technology in different countries from the aspects of information interaction, state perception, data processing, decision control and test verification, combined with the development trend of intelligent transportation systems.

Keywords: V2X; Cooperative Perception; Cooperative Driving; Cooperative Planning

V   Case Report

B.16   ICV Field Test: Development Status of National Intelligent Network Net

Zhang Ying, Zhao Pengchao and Zhao Jin / 266

Abstract: With the rapid development of the intelligent connected vehicles, the research and development of the products need to be improved continuously through the test of the demonstration area to speed up its industrialization and commercialization. In response to this demand, the industry is actively developing the city-level intelligent network demonstration area construction in recent years, to provide the actual operating environment for the intelligent network vehicles. At present, the pilot area and demonstration area are built around the test field, from point to surface, gradually expanding to semi-open and open road, and gradually opening up the application pilot area. This chapter mainly introduces the Construction and operation of key pilot and demonstration zones in China.

Keywords: Intelligent Network Connection Test Demonstration Area; Intelligent Vehicle; Site Test

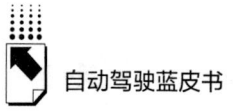

VI Reference Report

B.17 Report on the Development of International Autonomous
Driving Industry *Charlie Cheng, Richard Goebelt,*
Zhou Bolin, Chen Chao and Wang Yunzhi / 279

Abstract: Knowing about the development status and learning from the advanced experience of the autonomous driving (AD) industry in the United States and Europe would helps us to explore the road of the development of autonomous vehicle, and provide direction reference for national macro policy guidance, top-level design and strategic tasks. It also promotes the industrialization process of China's AD and the independent R & D and iterative innovation of related technologies. The UNECE WP. 29 issued the first mandatory AD regulation (ALKS – UN Regulation 157), also issued regulations on preventing cyber threats (UN Regulation 155) and faulty software updates (UN Regulation 156). The United States has issued the "Surface Transportation Reauthorization Act" and "Federal Motor Vehicle Safety Standards" and etc. to lay the foundation for the development of the AD industry. The AD technology comprehensive plan is issued to prepare the traffic system for the safety of autonomous vehicles. At the same time, the Federal Communications Commission has designated specific frequency bands for intelligent transportation systems. In terms of vehicle manufacturers, GM, Ford, Hyundai, Tesla and other enterprises have launched a high level automatic driving vehicle program. In Europe, regulation (EU) 2018 / 858 provides a unified legal framework for the type approval and marketing of new motor vehicles in the EU. Germany and France revised road traffic regulations to introduce AD into routine operation. The OpenX standards of ASAM unifies the data format and interface for AD simulation test. At present, the outbreak of COVID – 19 and the frequent occurrence of traffic accidents on autonomous vehicles have delayed the OEMs to launch the expected autonomous vehicles. The overall commercialization and landing of AD in the world still need technical development, such as environmental sensors and other core components, and the improvement of laws and regulations.

Keywords: Automated Vehicle Policies; Lawmaking Activities for Automated Driving Systems; Autonomous Driving Teconology

Ⅶ Appendix

社会科学文献出版社

皮 书

智库报告的主要形式
同一主题智库报告的聚合

❖ 皮书定义 ❖

皮书是对中国与世界发展状况和热点问题进行年度监测，以专业的角度、专家的视野和实证研究方法，针对某一领域或区域现状与发展态势展开分析和预测，具备前沿性、原创性、实证性、连续性、时效性等特点的公开出版物，由一系列权威研究报告组成。

❖ 皮书作者 ❖

皮书系列报告作者以国内外一流研究机构、知名高校等重点智库的研究人员为主，多为相关领域一流专家学者，他们的观点代表了当下学界对中国与世界的现实和未来最高水平的解读与分析。截至2021年，皮书研创机构有近千家，报告作者累计超过7万人。

❖ 皮书荣誉 ❖

皮书系列已成为社会科学文献出版社的著名图书品牌和中国社会科学院的知名学术品牌。2016年皮书系列正式列入"十三五"国家重点出版规划项目；2013~2021年，重点皮书列入中国社会科学院承担的国家哲学社会科学创新工程项目。

权威报告·一手数据·特色资源

皮书数据库
ANNUAL REPORT(YEARBOOK)
DATABASE

分析解读当下中国发展变迁的高端智库平台

所获荣誉

- 2019年，入围国家新闻出版署数字出版精品遴选推荐计划项目
- 2016年，入选"'十三五'国家重点电子出版物出版规划骨干工程"
- 2015年，荣获"搜索中国正能量 点赞2015""创新中国科技创新奖"
- 2013年，荣获"中国出版政府奖·网络出版物奖"提名奖
- 连续多年荣获中国数字出版博览会"数字出版·优秀品牌"奖

成为会员

通过网址www.pishu.com.cn访问皮书数据库网站或下载皮书数据库APP，进行手机号码验证或邮箱验证即可成为皮书数据库会员。

会员福利

- 已注册用户购书后可免费获赠100元皮书数据库充值卡。刮开充值卡涂层获取充值密码，登录并进入"会员中心"—"在线充值"—"充值卡充值"，充值成功即可购买和查看数据库内容。
- 会员福利最终解释权归社会科学文献出版社所有。

数据库服务热线：400-008-6695
数据库服务QQ：2475522410
数据库服务邮箱：database@ssap.cn
图书销售热线：010-59367070/7028
图书服务QQ：1265056568
图书服务邮箱：duzhe@ssap.cn

社会科学文献出版社 皮书系列
SOCIAL SCIENCES ACADEMIC PRESS (CHINA)
卡号：594122142789
密码：

基本子库
SUB DATABASE

中国社会发展数据库（下设 12 个子库）

整合国内外中国社会发展研究成果，汇聚独家统计数据、深度分析报告，涉及社会、人口、政治、教育、法律等 12 个领域，为了解中国社会发展动态、跟踪社会核心热点、分析社会发展趋势提供一站式资源搜索和数据服务。

中国经济发展数据库（下设 12 个子库）

围绕国内外中国经济发展主题研究报告、学术资讯、基础数据等资料构建，内容涵盖宏观经济、农业经济、工业经济、产业经济等 12 个重点经济领域，为实时掌控经济运行态势、把握经济发展规律、洞察经济形势、进行经济决策提供参考和依据。

中国行业发展数据库（下设 17 个子库）

以中国国民经济行业分类为依据，覆盖金融业、旅游、医疗卫生、交通运输、能源矿产等 100 多个行业，跟踪分析国民经济相关行业市场运行状况和政策导向，汇集行业发展前沿资讯，为投资、从业及各种经济决策提供理论基础和实践指导。

中国区域发展数据库（下设 6 个子库）

对中国特定区域内的经济、社会、文化等领域现状与发展情况进行深度分析和预测，研究层级至县及县以下行政区，涉及省份、区域经济体、城市、农村等不同维度，为地方经济社会宏观态势研究、发展经验研究、案例分析提供数据服务。

中国文化传媒数据库（下设 18 个子库）

汇聚文化传媒领域专家观点、热点资讯，梳理国内外中国文化发展相关学术研究成果、一手统计数据，涵盖文化产业、新闻传播、电影娱乐、文学艺术、群众文化等 18 个重点研究领域。为文化传媒研究提供相关数据、研究报告和综合分析服务。

世界经济与国际关系数据库（下设 6 个子库）

立足"皮书系列"世界经济、国际关系相关学术资源，整合世界经济、国际政治、世界文化与科技、全球性问题、国际组织与国际法、区域研究 6 大领域研究成果，为世界经济与国际关系研究提供全方位数据分析，为决策和形势研判提供参考。

法律声明